Vorgemeinschaftliche Übereinkünfte im Spannungsfeld zwischen Europa- und Völkerrecht

Europäische Hochschulschriften
Publications Universitaires Européennes
European University Studies

Reihe II
Rechtswissenschaft

Série II Series II
Droit
Law

Bd./Vol. 4448

PETER LANG
Frankfurt am Main · Berlin · Bern · Bruxelles · New York · Oxford · Wien

Georg Schulze Zumkley

Vorgemeinschaftliche Übereinkünfte im Spannungsfeld zwischen Europa- und Völkerrecht

Eine Untersuchung zu Art. 307 EG

PETER LANG
Europäischer Verlag der Wissenschaften

Bibliografische Information der Deutschen Nationalbibliothek
Die Deutsche Nationalbibliothek verzeichnet diese Publikation in der Deutschen Nationalbibliografie; detaillierte bibliografische Daten sind im Internet über <http://www.d-nb.de> abrufbar.

Zugl.: Potsdam, Univ., Diss., 2006

517
ISSN 0531-7312
ISBN 978-3-631-55601-6

www.peterlang.de

Meinen Eltern

Vorwort

Diese Arbeit wurde von der juristischen Fakultät der Universität Potsdam im Wintersemester 2005/2006 als Dissertation angenommen. Stand der Arbeit ist Mitte 2005, vereinzelt konnte noch später veröffentlichte Rechtsprechung eingearbeitet werden.

Meinem Doktorvater, Herrn Prof. Dr. Eckart Klein, dessen Anregungen und Leitung die Arbeit immer voran gebracht haben, danke ich für seine Betreuung sehr herzlich. Herrn Prof. Dr. Markus Krajewski danke ich für die Übernahme des Zweitgutachtens, Frau Privatdozentin Dr. Stefanie Schmahl für ihre Mitwirkung als Fachprüferin bei der Disputation.

Der Konrad-Adenauer-Stiftung e. V. danke ich ganz besonders für die Förderung als Student und Graduierter. Wichtige Schritte meines Werdegangs konnte ich nur dank der großzügigen ideellen und materiellen Förderung der Stiftung gehen.

Ich danke Frau Alexandra Kemmerer, die das Manuskript Korrektur gelesen und mich nicht nur bei der Entstehung dieser Arbeit mit mannigfaltigen Anregungen begleitet hat. Für diese Anregungen danke ich auch meinen Studienfreunden und Herrn Dr. Tobias Weimer.

Meiner Frau Christine verdanke ich, dass die Arbeit zwei Tage vor der Geburt unserer Tochter Anna abgeschlossen wurde – und das Glück meines Lebens.

Dieses Buch ist meinen Eltern gewidmet. Ihnen verdanke ich alles.

Georg Schulze Zumkley
Berlin, 30. Juni 2006

Inhaltsverzeichnis

Abkürzungsverzeichnis

a. A.	andere Auffassung
a. a. O.	am angegebenen Ort
ABl.	Amtsblatt der Europäischen Gemeinschaften
Abs.	Absatz
AFDI	Annuaire Francais de Droit International
ADM	Annuaire de Droit Maritime
AdV	Archiv des Völkerrechts
a. F.	alte Fassung
Art.	Artikel
Aufl.	Auflage
Bd.	Band
BGBl.	Bundesgesetzblatt
BVerfGG	Bundesverfassungsgerichtsgesetz
CMLR	Common Market Law Review
ebd.	ebenda
EJIL	European Journal of International Law
ELRev	European Law Review
EPIL	Encyclopedia of Public International Law
EuGH	Europäischer Gerichtshof
EuR	Europarecht (Zeitschrift)
EuZW	Zeitschrift für Europäisches Wirtschaftsrecht
EWS	Europäisches Wirtschafts- und Steuerrecht (Zeitschrift)
f., ff.	folgende
GA	Generalanwalt
Fn.	Fußnote
FS	Festschrift
GASP	Gemeinsame Außen- und Sicherheitspolitik
GATT	General Agreement on Tariffs and Trade, Allgemeines Zoll- und Handelsabkommen vom 30. Oktober 1947
Hrsg.	Herausgeber
Hs.	Halbsatz
JuS	Juristische Schulung
ILM	International Legal Materials
IAO	Internationale Arbeitsorganisation

ICLQ	International and Comparative Law Quarterly
insb.	insbesondere
iSv.	im Sinne von
JORF	Journal officiel de la République francaise
m. w. N.	mit weiteren Nachweisen
NJW	Neue Juristische Wochenschrift
Nr.	Nummer
PJZS	Polizeiliche und Justizielle Zusammenarbeit in Strafsachen
RdC	Académie de Droit International, Recueil des Cours
Rs.	Rechtssache
RSDIE	Revue suisse de droit international et européen (s. SZIER)
Rspr.	Rechtsprechung
RTDE	Revue trimestrielle de droit européen
S.	Satz
S.	Seite, Seiten
s.	siehe
S.I.	Statutory Instrument
Slg.	Sammlung der Rechtsprechung des Europäischen Gerichtshofs und des Gerichts erster Instanz
st. Rspr.	ständige Rechtsprechung
StIGH	Ständiger Internationaler Gerichtshof
SZIER	Schweizer Zeitschrift für Internationales und Europäisches Recht (s. RSDIE)
TRIPS	Agreement on Trade Related Aspects of Intellectual Property Rights
u. a.	unter anderem
UNTS	United Nations Treaty Series
Urt.	Urteil
v.	vom
Verf.	Verfasser
vgl.	vergleiche
VN	Vereinte Nationen
VVDStRL	Veröffentlichungen der Vereinigung der Deutschen Staatsrechtslehrer
WTO	World Trade Organisation
ZaöRV	Zeitschrift für ausländisches öffentliches Recht und Völkerrecht

§ 1 Einleitung, Problemaufriss

A. Einführung

Gegenstand der vorliegenden Untersuchung ist die gemeinschaftsrechtliche Behandlung völkerrechtlicher Verträge, welche die Mitgliedstaaten vor Inkrafttreten der Römischen Verträge am 1. Januar 1958 bzw. vor ihrem Beitritt mit Staaten geschlossen haben, die nicht Mitglied der Europäischen Union sind – im Folgenden: *„vorgemeinschaftliche Übereinkünfte“*. Derartige Übereinkünfte von Mitgliedstaaten mit Drittstaaten werden zum Gegenstand juristischer Betrachtung aus europarechtlicher Sicht, wenn sie mit europarechtlichen Normen nicht in Einklang stehen. Diesen Fall der Konkurrenz vertraglicher Normen[1] regelt Art. 307[2], der frühere Art. 234 EWG.[3]

Der aktuelle Bezug dieser Problematik des Bestehens von mit Gemeinschaftsrecht kollidierenden völkerrechtlichen Verpflichtungen bei Beitritt zur Gemeinschaft liegt auf der Hand. Zum 1. Mai 2004 traten in einem historischen Schritt zehn Staaten der Europäischen Union bei. Diesem Beitritt ging ein umfangreicher Prozess der Rechtsangleichung voraus.[4] Dennoch ist nicht auszuschließen, dass im Einzelfall völkerrechtliche Verpflichtungen, die mit dem Gemeinschaftsrecht unvereinbar sind, vor dem Beitritt nicht gelöst werden konnten. Die Regelung des Art. 307 hat damit Aussicht auf weitere Präzisierung in der Rechtsprechung von Gericht erster Instanz und Gerichtshof der Europäischen Gemeinschaften.[5]

---

1 Vertragskonkurrenz bezeichnet das Zusammentreffen von Bestimmungen in mehreren völkerrechtlichen Verträgen, die ein Völkerrechtssubjekt in Bezug auf denselben Sachverhalt mit demselben anderen Völkerrechtssubjekt oder mit denselben oder auch verschiedenen anderen Völkerrechtssubjekten abgeschlossen hat. Vgl. Klein, Wörterbuch des Völkerrechts, Bd. 3, S. 555

2 Art. ohne Vertragsbezeichnung sind im Folgenden solche des EG.

3 Soweit in einem Originaltext Art. 234 EWG zitiert wird, wird diese Bezeichnung zur Vermeidung von Unklarheiten beibehalten.

4 Vgl. generell zum Integrationsprozess Bermann, EUSA Review 2001, 4 und exemplarisch zu den Pflichten der Beitrittsstaaten zur Übernahme des gemeinschaftlichen Besitzstandes im Bereich der Mobilfunkfrequenzvergabe Bartosch, Koenig, ZUM 1999, 865, die dabei von der „normativierende[n] Kraft des Beitrittsprozesses im Sinne einer fortschreitenden Pflichtenverdichtung“ sprechen.

5 Im Folgenden: „Gerichtshof“ oder „EuGH“

Neben dieser Ausgangsüberlegung gaben den konkreten Anlass zur vorliegenden Untersuchung zwei neuere Urteile des Gerichtshofs.[6] In diesen konstatierte er die Pflicht der Mitgliedstaaten, vorgemeinschaftliche Übereinkünfte gegebenenfalls zu kündigen und so den Konflikt zwischen Gemeinschaftsrecht und den Regelungen dieser Übereinkünfte zu lösen.

Der EuGH hat in seinen Urteilen zu Fragen im Zusammenhang mit vorgemeinschaftlichen Übereinkünften immer wieder den Vorrang europarechtlicher Normen gegenüber früheren völkerrechtlichen Verträgen festgestellt.[7] Dabei kam er zu Aussagen wie der, dass völkerrechtliche Verträge, welche die Gemeinschaft selbst mit Staaten geschlossen habe, eine früher auf diesem Gebiet geltende völkerrechtliche Regelung überlagert[8] oder diese ersetzt[9] hätten. Solche weitreichenden Aussagen hat der Gerichtshof aber regelmäßig nicht völkerrechtlich begründet.[10] Selbst die bloße Erwähnung von Normen des Völkervertragsrechts[11] unterbleibt. Dieses Vorgehen ist methodisch angreifbar, stellt doch das Völkerrecht ein Instrumentarium zur Lösung von Normkonflikten zur Verfügung.[12]

Noch weitergehende Kritik, die sich auch auf Art. 307 stützt,[13] hat die Rechtsprechung des EuGH zum GATT 1947 und WTO-Abkommen erfahren. Die Behandlung dieser Übereinkünfte durch den Gerichtshof hat eine eigene wissenschaftliche Diskussion ausgelöst. Im Zusammenhang mit der Bananenmarktordnung[14] muss der Gerichtshof sich den Vorwurf gefallen lassen, dass darin getroffene Aussagen „kaum mit dem völkerrechtlichen Vertragsrecht in Einklang zu

---

6 Urt. v. 04.07.2000, Rs. C-84/98, Kommission der Europäischen Gemeinschaften ./. Portugiesische Republik, Slg. 2000 I-5215; Urteil vom 4. Juli 2000, Rs. C-62/98, Kommission der Europäischen Gemeinschaften ./. Portugiesische Republik, Slg. 2000 I-5171

7 Urt. v. 14.10.1980, Rs. 812/79, Attorney-General ./. Burgoa, Slg. 1980, 2787

8 Vgl. Burgoa Slg. 1980, 2787, 2807, Rn. 24

9 Vgl. Urt. v. 08.12.1981, Rs. 181/80, Procureur Général ./. Arbelaiz-Emazabel, Slg. 1981, 2961, 2982; Urt. v. 08.12.1981, verb. Rs. 180/80 und 266/80, Tome ./. Procureur de la République, Procureur de la République ./. Yurrita, Slg. 1981, 2997, 3016

10 Vgl. die Kritik von Churchill/Foster, ICLQ 1987, 504, 510, 520

11 „Völkervertragsrecht" bezeichnet im Folgenden die völkerrechtlichen Normen, die u. a. Abschluss, Geltung und Beendigung von völkerrechtlichen Verträgen regeln und in der WVK und WVK IO kodifiziert sind oder als Völkergewohnheitsrecht gelten. „Vertragsvölkerrecht" wird dagegen als Oberbegriff für in völkerrechtlichen Verträgen getroffene Regelungen verwendet, vgl. ausführlich unten § 3A.II.

12 Vgl. Manzini, EJIL 2001, 781, 790

13 Vgl. Petersmann/Spennemann, in: von der Groeben/Schwarze, Art. 307 Rn. 29

14 Vgl. hierzu Stein, EuZW 1998, 261; Hahn/Schuster, EuR 1993, 261; Rabe, NJW 1996, 1320

bringen“ seien.[15] Die Tendenz des Gerichtshofs, ein vom Völkerrecht abweichendes Rechtssystem des Gemeinschaftsrechts zu schaffen,[16] spiegele nicht selten einen vorschnellen Entschluss zur Aufgabe bewährter Rechtsprinzipien, der sachlich auch bei integrationsfreundlicher Betrachtung nicht erforderlich sei.[17]

Es ist davon die Rede, der Gerichtshof wolle möglicherweise die Einführung des „trojanischen Pferdes“[18] des allgemeinen Völkerrechts in die Gemeinschaftsrechtsordnung vermeiden.

Art. 307, der Gegenstand der folgenden Untersuchung, ist Kristallisationspunkt dieser Kontroverse. Er bildet in dem hier skizzierten Rahmen das Bindeglied zwischen Gemeinschaftsrechtsordnung und Vertragsvölkerrecht.[19] Im Hinblick auf diese Funktion soll sein Regelungsgehalt untersucht werden. Die Rechtsprechung zu Art. 307 bietet dabei ein eingegrenztes, gleichwohl schillerndes Spektrum von Fallkonstellationen, die das Zusammenwirken von Grundsätzen des klassischen Völkerrechts und solchen der Gemeinschaftsrechtsordnung veranschaulichen.

An die systematische Aufarbeitung dieser einschlägigen Rechtsprechung knüpft dann die völkerrechtliche Analyse von Aussagen, die der EuGH zu Art. 307 getroffen hat, an. Diese geht von der Frage aus, ob tatsächlich unauflösbare Widersprüche zum Vertragsvölkerrecht bestehen, die einen das Völkerrecht außer Betracht lassenden Ansatz bei der Behandlung von vorgemeinschaftlichen Übereinkünften erforderlich machen. Dieser Teil der Untersuchung dient der Systematisierung des Rechtsprechungsmaterials, dem Aufzeigen von Entwicklungen in der Argumentation und der Beantwortung der Frage, inwieweit Völker- und Gemeinschaftsrechtsordnung miteinander in Einklang zu bringen sind.

In Fällen, in denen das nicht der Fall ist, werden dann spezifisch europarechtliche Ansätze, wie sie durch die Rechtsprechung des EuGH ihre Ausprägung gefunden haben, auf der Grundlage der Regelung des Art. 307 analysiert. Art. 307 Abs. 2 verpflichtet die Mitgliedstaaten zur Anwendung aller „geeigneten Mittel“, um Unvereinbarkeiten zwischen vorgemeinschaftlichen Übereinkünften und Gemeinschaftsrecht zu beheben. Diese Verpflichtung der Mitgliedstaaten ist inhaltlich noch nicht näher konkretisiert. Der Gerichtshof hat allerdings in seiner neueren Rechtsprechung angedeutet, die Mitgliedstaaten könnten auch zur Kündigung

15 Stein, EuZW 1998, 263; weniger kritisch aufgrund rechtspolitischer Überlegungen Seidl-Hohenveldern, FS Luther, 177, 188 ff.
16 Vgl. Hancher, NYIL 1994, 259-98; McGoldrick, International Relations Law, S. 207
17 Vgl. Krück, Völkerrechtliche Verträge, S. 4
18 So Pescatore, FS Mosler, S. 663, Fn. 5
19 Ein weiteres dieser Bindeglieder ist z. B. Art. 300 Abs. 2.

einer vorgemeinschaftlichen Übereinkunft verpflichtet sein.[20] Ausgehend von dieser Rechtsprechung wird die Verpflichtung der Mitgliedstaaten, eine vorgemeinschaftliche Übereinkunft zu kündigen, untersucht. Denn diese Verpflichtung, die bislang kaum Gegenstand juristischer Betrachtung ist, könnte in Zukunft in der erweiterten Gemeinschaft weitaus stärker zum Tragen kommen, als das bislang der Fall ist.[21] Darum sollen ihre Konturen, die noch undeutlich sind, aus völkerrechtlicher und gemeinschaftsrechtlicher Sicht gezeichnet werden.

B. Entwicklung des Vertragstextes

Art. 307 erhielt seine aktuelle Fassung durch den Amsterdamer Vertrag. Durch diesen wurde der Vertragstext[22] in Absatz 1 geändert, dessen ursprüngliche Fassung Probleme aufwarf.

Nach der wörtlichen Auslegung hätte sich die Regelung nur auf Verträge bezogen, die vor dem Inkrafttreten des EWG-Vertrages am 1. Januar 1958 geschlossen wurden. In der Praxis wurde deshalb in den Betrittsakten Klauseln dahingehend eingefügt, dass Art. 234 a. F. für sämtliche von den beitretenden Staaten bis zum Zeitpunkt des Beitritts geschlossenen Verträge gelte.[23] Durch die

---

20 Vgl. Urt. v. 04.07.2000, Rs. C-62/98, Kommission ./. Portugal, Slg. 2000 I-5194; Urt. v. 04.07.2000, Rs. C-84/98, Kommission ./. Portugal, Slg. 2000 I-5219

21 Vgl. Hinweis bei Petersmann/Spennemann, in: von der Groeben/Schwarze, Art. 307 Rn. 8, Fn. 35

22 „Rechte und Pflichten aus Übereinkünften, die vor dem Inkrafttreten dieses Vertrages zwischen einem oder mehreren Mitgliedstaaten einerseits und einem oder mehreren dritten Ländern andererseits geschlossen wurden, werden durch die Regelungen dieses Vertrags nicht berührt."
Engl. Text: „The rights and obligations arising from agreements concluded before the entry into force of this Treaty between one or more member states on the one hand, and one or more third countries on the other, shall not be affected by the provisions of this treaty."
Frz. Text: "Les droits et obligations résultant de conventions conclues antérieurement à l'entrée en vigeur du présent traité entre un ou plusieurs États membres, d'une part, et un ou plusieurs États tiers, d'autre part, ne sont pas affectés par les dispositions du présent traité. »
Die Aufarbeitung der historischen Entwicklung der Regelung des Art. 307 ist erschwert durch den Umstand, dass die Protokolle der Vorbereitungsarbeiten zu den Verträgen über die Gründung der Gemeinschaften nie veröffentlicht wurden, vgl. zur Heranziehung unveröffentlichter Materialien Zuleeg, EuR 1969, 97, 101 f.

23 Vgl. Art. 5 der Akten über den Beitritt Dänemarks, Irlands und des Vereinigten Königreichs, ABl. 1972 Nr. L 73, Art. 5 der Akte über den Beitritt Griechenlands, ABl. 1979 Nr. L 291 und der Akte über den Beitritt Spaniens und Portugals, ABl. 1985 Nr. L 302, Art. 6 der Akte über die Bedingungen des Beitritts von Finnland, Schwe-

Änderung unter Bezugnahme auch auf einen späteren Beitritt erfolgte eine Klärung, so dass der Wortlaut der Regelung *ratione temporis* nun auch solche Verträge erfasst, die nach Inkrafttreten und vor dem Beitritt des jeweiligen Mitgliedstaates geschlossen wurden:

„Die Rechte und Pflichten aus Übereinkünften, die vor dem 1. Januar 1958 oder, im Falle später beigetretener Staaten, vor dem Zeitpunkt ihres Beitritts zwischen einem oder mehreren Mitgliedstaaten einerseits und einem oder mehreren dritten Ländern andererseits geschlossen wurden, werden durch diesen Vertrag nicht berührt."

Die Absätze 2 und 3 lauten:

„Soweit diese Übereinkünfte mit diesem Vertrag nicht vereinbar sind, wenden der oder die betreffenden Mitgliedstaaten alle geeigneten Mittel an, um die festgestellten Unvereinbarkeiten zu beheben. Erforderlichenfalls leisten die Mitgliedstaaten zu diesem Zweck einander Hilfe; sie nehmen gegebenenfalls eine gemeinsame Haltung ein.

Bei Anwendung der in Absatz 1 bezeichneten Übereinkünfte tragen die Mitgliedstaaten dem Umstand Rechnung, dass die in diesem Vertrag von jedem Mitgliedstaat gewährten Vorteile Bestandteil der Errichtung der Gemeinschaft sind und daher in untrennbarem Zusammenhang stehen mit der Schaffung gemeinsamer Organe, der Übertragung von Zuständigkeiten auf diese und der Gewährung der gleichen Vorteile durch alle anderen Mitgliedstaaten."

C. Kollisionsprobleme: Verortung von Artikel 307 EG im gemeinschaftsrechtlichen Gefüge

Art. 307 regelt den Fall der Kollision von Gemeinschaftsrecht mit völkerrechtlichen Verpflichtungen der Mitgliedstaaten. Das Stichwort, das im Zusammenhang mit Kollisionsproblemen häufig fällt, ist „Vorrang des Gemeinschaftsrechts". Wie zu zeigen ist, hat Art. 307 gerade nicht die Funktion, einen Vorrang des Gemeinschaftsrechts sicherzustellen. Vielmehr ist die Lösung in Art. 307 die, dass ausnahmsweise das Gemeinschaftsrecht zurücktritt gegenüber Verpflichtungen der Mitgliedstaaten aus vorgemeinschaftlichen Übereinkünften. Das spezifische Kollisionsproblem des Art. 307 wird im folgenden in den Zusammenhang der übrigen Konstellationen gestellt, in denen gemeinschaftsrechtliche Normen mit solchen anderer Rechtsordnungen nicht in Übereinstimmung stehen.

---

den und Österreich, ABl. 1994 Nr. C 241 S. 21, vgl. Petersmann, ZaöRV Bd. 35 (1975), 213, 258 f., Manzini, EJIL 2001, 781, 782, Fn. 3; Voss, SZIER/RSDIE 1996, 161, 166

I. Einordnung nach Konfliktfällen

Die Schaffung einer europäischen Rechtsordnung als „*eigener Rechtsordnung*“[24] hat dazu geführt, dass Normen dieser Rechtsordnung mit solchen anderer Ordnungen in Konflikt stehen können. Die dabei möglichen Konstellationen lassen sich aus gemeinschaftsrechtlicher Sicht folgendermaßen skizzieren.

Die Grundfrage vorab ist stets, mit welcher Norm Gemeinschaftsrecht kollidiert. Für nationale und völkerrechtliche Rechtsnormen gelten unterschiedliche Regelungen.

Für nationale Rechtsnormen, seien es einfachgesetzliche oder verfassungsrechtliche, gilt der Vorrang des Gemeinschaftsrechts, sei es Primär- oder Sekundärrecht. Das ist Ausdruck der Tatsache, dass die Integration auf dem Grundsatz der beschränkten Übertragung von Souveränitätsrechten durch die Mitgliedstaaten beruht. Solche Kollisionsproblematiken ergeben sich aus der unmittelbaren Wirkung von europarechtlichen Normen des Primär- und Sekundärrechts. Rechtstechnisch handelt es sich dabei um Fragen der Einordnung von Normen in eine Hierarchie im Sinne der Über- und Unterordnung.

Handelt es sich dagegen bei der kollidierenden Norm um Völkerrecht, so ist der Vorrangsanspruch des Gemeinschaftsrechts nicht so eindeutig formulierbar, weil in der Völkerrechtsordnung der Grundsatz souveräner Gleichheit herrscht. Stehen gemeinschaftsrechtliche Regelungen mit Völkerrecht im Konflikt, so ist die Qualität der völkerrechtlichen Norm maßgeblich. Das Ius cogens hat stets Vorrang. Die Stellung von anderen völkerrechtlichen Normen, insbesondere des Gewohnheitsrechts, wird unten unter § 3 näher untersucht. Soweit Regelungen in völkerrechtlichen Verträgen der Mitgliedstaaten mit Gemeinschaftsrecht nicht in Einklang stehen, ist zu fragen, zu welchem Zeitpunkt sie geschlossen wurden. Für solche Verträge, die vor Beitritt geschlossen wurden, also vorgemeinschaftliche Übereinkünfte, enthält Art. 307 die Kollisionsregel des Gemeinschaftsrechts.[25] Solche Fälle ergeben sich aus der Integration eines Mitgliedstaats als Partei einer vorgemeinschaftlichen Übereinkunft in die Gemeinschaft durch den völkerrechtlichen Beitrittsakt. In diesen Konfliktfällen besteht kein Vorrangverhältnis zwischen den kollidierenden Normen. Generalanwalt *Capotorti* bezeichnet entsprechend Art. 307 als „*Bestimmung zur Koordination des EWG-Vertrags mit früheren Übereinkünften.*“[26]

---

24 Vgl. zu dieser Terminologie nur Urt. v. 15.07.1964, Rs. 6/64, Costa ./. ENEL, Slg. 1964, 1251, 1269 f.

25 Zur analogen Anwendung auch auf nach dem Beitritt geschlossene Verträge s. unten § 2B.II.

26 Vgl. Schlussanträge GA Capotorti v. 10.07.1980, Rs. 812/79, Attorney-General ./. Juan C. Burgoa, Slg. 1980, 2809, 2812

II. Einordnung nach Rechtsordnungen

Nach einer Ansicht lassen sich vier verschiedene Rechtsordnungen feststellen, innerhalb derer die Gemeinschaften tätig werden können: Die innerstaatliche Rechtsordnung der Mitgliedstaaten, die Ordnung des Gemeinschaftsrechts, die Rechtsordnung des gemeinschaftsrechtlich beeinflussten Völkerrechts und die Völkerrechtsordnung.[27]

Die Einordnung nach diesen Rechtsordnungen, die nicht unumstritten ist,[28] ist für die vorliegende Untersuchung nicht weiterführend, da hier von der Ordnung des Fallmaterials, nicht der Zuordnung von Normen ausgegangen wird. Auch wenn die Unterscheidung darum an dieser Stelle nicht weiter behandelt wird, kann sie für die Untersuchung vorgemeinschaftlicher Übereinkünfte insofern Orientierung liefern, als sie jedenfalls aufzeigt, dass Art. 307 das Bindeglied zwischen verschiedenen Rechtsordnungen ist.

III. Einordnung nach Typen völkerrechtlicher Verträge im Gemeinschaftsrecht

Allgemein hat die Behandlung von völkerrechtlichen Verträgen im Gemeinschaftsrecht immer wieder Rechtsfragen ganz grundlegender Art aufgeworfen.[29] Daher ist die untersuchte Problematik der vorgemeinschaftlichen Übereinkünfte abzugrenzen von anderen Fragen, die sich im Zusammenhang mit sonstigen völkerrechtlichen Verträgen stellen. Dabei ist die Stellung der vorgemeinschaftlichen Übereinkünfte als besonderer Fall der Stellung von völkerrechtlichen Verträgen im Gemeinschaftsrecht herauszuarbeiten, um die Fragen, die sich speziell

27 Vgl. Krück, Völkerrechtliche Verträge, S. 22 f., im Anschluss an Pescatore, RdC103 (1961 II), S. 22. ff.; Raux, Relations extérieures, S. 26 f.

28 Vgl. Krück, Völkerrechtliche Verträge, S. 23: „*Problematisch ist die Rechtsordnung, die sich, falls es sie gibt, zwischen das Gemeinschaftsrecht und das Völkerrecht einschiebt. Es sind Rechtsbeziehungen denkbar, die zwischen den Gemeinschaften und einem oder mehreren Mitgliedstaaten bestehen können und, da nicht unmittelbar unter die Gemeinschaftskompetenzen fallend, nicht durch die Gründungsverträge geregelt sind. Diese Rechtsverhältnisse werden häufig zum nichtmodifizierten Völkerrecht gezählt. ... dennoch sollte bei diesen Rechtsbeziehungen nicht übersehen werden, dass hier Beziehungen zwischen einem Staat und einer Organisation, an deren Bildung jener beteiligt war, bestehen. Diese Rechtsverhältnisse sind möglicherweise nicht rein völkerrechtlicher Natur, sondern können von allgemeinen, sich aus den Gemeinschaftsverträgen ergebenden Verpflichtungen überlagert werden.*“

29 Vgl. hierzu umfassend Wünschmann, Geltung und Geltendmachung völkerrechtlicher Verträge

im Zusammenhang mit vorgemeinschaftlichen Übereinkünften stellen, identifizieren zu können:

Insoweit sind drei verschiedene Kategorien völkerrechtlicher Verträge zu unterscheiden, die jeweils eigene Probleme aufwerfen. Dies sind erstens Abkommen der Gemeinschaft nach Art. 300, zweitens so genannte „gemischte Abkommen“ und drittens Abkommen der Mitgliedstaaten. Zu letzteren gehören auch die vorgemeinschaftlichen Übereinkünfte.

In der Rechtsprechung des Gerichtshofs haben sich für jede dieser Kategorien jeweils spezielle Rechtsgrundsätze entwickelt.[30] Die Unterscheidung nach Typen völkerrechtlicher Verträge im Gemeinschaftsrecht entspricht damit dem methodischen Ansatz, der von der Analyse des einschlägigen Fallmaterials ausgeht.[31] Vorgemeinschaftliche Übereinkünfte bilden also eine spezielle Fallgruppe von völkerrechtlichen Verträgen, die durch die Mitgliedstaaten mit Dritten abgeschlossen werden.

Art. 307 ist die für diese bestimmte Kategorie völkerrechtlicher Verträge maßgebliche primärrechtliche Kollisionsnorm.

---

30 dazu unten § 3C..; ausführlich auch Kaddous, Relations extérieures, S. 267 ff.

31 S. o. § 1A.. Dagegen entwickelt Wünschmann, Geltung und Geltendmachung völkerrechtlicher Verträge, auf Grundlage eines dogmatischen Ansatzes eine umfassende Konzeption für die Geltung völkerrechtlicher Verträge im Gemeinschaftsrecht, der auf der Annahme eines einheitlichen gemeinschaftlichen Geltungsbefehls beruht.

§ 2 Artikel 307 EG in der Rechtsprechung

A. Artikel 307 Abs. 1 EG – Rechtsprechungsanalyse

Der Gehalt der Regelungen in Art. 307 wird zunächst anhand der einschlägigen Rechtsprechung ermittelt. Die Rechtsprechung des Gerichtshofs und des Gerichts erster Instanz zu Art. 307 soll in chronologischer Reihenfolge aufgearbeitet werden, um im Rahmen dieser umfassenden Analyse wesentliche Entwicklungen und Argumentationsmuster aufzuzeigen.

Die Rechtsprechung ist – charakteristisch für den Gerichtshof – auch in diesem Bereich nicht systematisch in dem Sinne, dass die Urteile aufeinander aufbauen. Vielmehr hat der Gerichtshof von Fall zu Fall jeweils Aussagen getroffen, die einzelne Aspekte interpretatorisch erhellen. Dieses Fallmaterial wird hier mit dem Ziel einer Systematisierung analysiert, die Rückbezüge ermöglicht und inhärente systematische Strukturen offen legt.

I. Die Urteile des EuGHs und des Gerichts erster Instanz

Erstmals nahm der Gerichtshof im Jahre 1961 Stellung zu Art. 307, dem früheren Art. 234 EWG, dann EGV:

1. Kommission ./. Italien, Rs. 10/61[32]

a. Sachverhalt

Die Italienische Republik hatte nach dem Inkrafttreten des EWG-Vertrages auf die Einfuhr von Elektronenröhren für Rundfunkempfangsgeräte mit einem bestimmten Zollwert aus den anderen Mitgliedstaaten einen spezifischen Mindestzoll angewandt. Diesen Zollsatz hatte sie als Ausgangszollsatz für die Berechnung der aufeinanderfolgenden Zollherabsetzungen gegenüber den anderen Mitgliedstaaten gewählt. Im Vertragsverletzungsverfahren ging es daraufhin um die von der Kommission beantragte Feststellung, dass Italien gegen Verpflichtungen aus dem EWG-Vertrag verstoßen habe. Denn die italienische Regelung sei un-

32 Urt. v. 27.02.1962, Rs. 10/61, Kommission ./. Italien, Slg. 1962, 1

vereinbar mit gemeinschaftsrechtlichen Regelungen hinsichtlich solcher Zollsätze.

Die Beklagte erhob hiergegen unter anderem Einwände aufgrund von Art. 234 des EWG-Vertrages.[33] Dieser wahre Rechte und Pflichten aus vorgemeinschaftlichen Übereinkünften. Sie trug vor, sie habe sich in dem am 23. Mai 1956 in Genf unterzeichneten sechsten Protokoll zum GATT damit einverstanden erklärt, einen Zollsatz von 35 % auf die fraglichen Waren abzuschaffen und ihn durch einen Zollsatz von 30 % zu ersetzen; als Gegenleistung sei ihr die Befugnis eingeräumt worden, einen Mindestzoll von 150 Lire pro Stück einzuführen. Dieses Recht müsse nach dem Wortlaut von Art. 234 Bestand haben.

Die Kommission wandte ein, die Begriffe „Rechte und Pflichten“ in Art. 234 a. F. bezögen sich, was das Wort „Rechte“ anbelange, auf die *Rechte dritter Länder* und, was das Wort „Pflichten“ anbelange, auf die *Pflichten der Mitgliedstaaten.*[34] Darüber hinaus trug sie vor, es sei im Völkerrecht anerkannt, dass ein Staat, der eine im Widerspruch zu seinen Rechten aus früheren Verträgen stehende Verpflichtung eingehe, sich ipso facto verpflichte, auf die Ausübung seiner Rechte zu verzichten, soweit dieser Verzicht zur Erfüllung der neuen Verpflichtung notwendig sei. Deshalb sei im Art. 234 a. F. lediglich Ausnahmen von Verpflichtungen aus dem EWG-Vertrag in Ansehung von gegenüber dritten Ländern übernommenen *Pflichten* gestattet.

b. Entscheidung des Gerichtshofs

Der Gerichtshof stellte entsprechend dem Antrag der Kommission eine Vertragsverletzung durch die Italienische Republik fest. Der von der Beklagten vorgetragenen Ansicht, die Mitgliedstaaten könnten sich insofern auf Abs. 1 berufen, als die Rechte, die nicht berührt werden sollen, auch solche seien, die Mitgliedstaaten aufgrund eines Vertrags mit Dritten eingeräumt würden,[35] erteilte der Gerichtshof eine Absage. Er stellte fest, dass Art. 234 a. F. sich insoweit darauf beschränke, *„die Rechte dritter Länder aus früheren Übereinkünften zu garantieren.“*[36]

Im Hinblick auf das Argument der Beklagten, nach dem Rechte eines Mitgliedstaates aus einer vorgemeinschaftlichen Übereinkunft geschützt seien, führte der Gerichtshof aus, nach den Grundsätzen des Völkerrechts verzichte ein Staat, der eine im Widerspruch zu seinen Rechten aus einem früheren Vertrag stehende

---

33 Vgl. aaO. S. 18
34 Vgl. aaO. S. 19
35 Vgl. aaO. S. 5, 19
36 AaO. S. 5, 2. Leitsatz

neue Verpflichtung eingehe, *„ipso facto darauf, diese Rechte auszuüben, soweit dieser Verzicht zur Erfüllung der neuen Verpflichtung notwendig sei.“*[37]

c. *Kommentar*

Diese beiden Aussagen zur Auslegung von Art. 307 hat der EuGH in der Folgezeit zum Ausgangspunkt seiner Rechtsprechung gemacht.

Bemerkenswert ist, dass der Gerichtshof das Prinzip des „Ipso-facto-Verzichts“ nicht argumentativ herleitet. Er gibt insoweit lediglich die Argumentation der Kommission wieder und macht sie sich lapidar zu eigen mit dem Satz „Die Auslegung der Klägerin ist zutreffend; die Einrede der Beklagten ist zurückzuweisen.“[38] Insbesondere erläutert der EuGH nicht die „Grundsätze des Völkerrechts“, aus denen der Ipso-facto-Verzicht hervorgeht.

Ohne weitere Begründung konstatiert der EuGH den Verzicht, der bei Kollisionen im Rahmen von Art. 307 weitreichende Folgen hat. Zwar wird nicht deutlich, ob der Verzicht zum Erlöschen der Rechte aus vorgemeinschaftlichen Übereinkünften führen soll – ob er also nach deutscher Rechtsterminologie „dingliche Wirkung“ hat.[39] Jedenfalls aber erscheint ein Ipso-facto-Verzicht als eine weitreichende Folge der Übernahme von kollidierenden Pflichten aus dem EG.

2. *International Fruit Company, verb. Rs. 21-24/72*[40]

a. *Sachverhalt*

Aufgrund von Verordnungen über die schrittweise Errichtung einer gemeinsamen Marktorganisation für Obst und Gemüse und zur Koordinierung und Vereinheitlichung der von den einzelnen Mitgliedstaaten gegenüber dritten Ländern angewandten Einfuhrregelungen für Obst und Gemüse erließ die Kommission am 11. Februar 1970 die Verordnung 459/70 über die bei der Einfuhr von Tafeläpfeln anzuwendenden Schutzmaßnahmen. Durch diese Regelungen sollten ernste Störungen des Gemeinschaftsmarktes für Äpfel durch zu große Einfuhren verhindert werden. Gemäß Art. 1 Abs. 1 der VO 459/70 war vom 1. April bis 30. Juli 1970 zur Einfuhr von Äpfeln aus Drittländern eine Einfuhrlizenz erforderlich.

37 AaO. S. 22 f.
38 Vgl. aaO. S. 23
39 Dies wird unten unter § 4C. Gegenstand der Untersuchung sein.
40 Urt. v. 12.12.1972, verb. Rs. 21-24/72, International Fruit Company NV u. a. ./. Produktschap voor groenten en fruit, Slg. 1972, 1219; Darstellung im Überblick auch bei Klein, EPIL II S. 1144 ff.

Die im Mai 1970 von der International Fruit Company NV und anderen holländischen Unternehmen bei der Produktschap voor groenten en fruit, der dafür zuständigen niederländischen Stelle, beantragten Einfuhrlizenzen wurden unter Hinweis auf die genannten Verordnungen abgelehnt. Daraufhin erhoben die Unternehmen vor dem College van Beroep voor het Bedrijsleven Klagen auf Aufhebung der ablehnenden Bescheide. Die Klagen wurden u. a. damit begründet, dass die genannten Verordnungen nicht mit Art. XI des GATT vereinbar seien, der mengenmäßige Beschränkungen der Ein- und Ausfuhr verbietet. Das College van Beroep setzte das Verfahren aus und ersuchte den Gerichtshof um Vorabentscheidung über folgende Fragen:

Umfasst der Begriff der „Gültigkeit" der Handlungen der Organe der Gemeinschaft in Artikel 177 EWG-Vertrag auch die Gültigkeit nach anderem internationalen Recht als dem Gemeinschaftsrecht?

Sind – falls die erste Frage bejaht wird – die Verordnungen (EWG) Nr. 459/70, 565/70 und 686/70 wegen Verstoßes gegen Artikel XI des Allgemeinen Zoll- und Handelsabkommens (GATT) ungültig?

Die International Fruit Company und die anderen Unternehmen trugen vor, aus Art. 234 ergebe sich, dass die Gemeinschaftsorgane nicht zum Erlass von Maßnahmen befugt seien, welche im Widerspruch zum GATT stünden.[41] Die Kommission führte aus, die EWG habe sich mit Billigung der anderen GATT-Vertragsparteien von Anfang an als durch das GATT gebunden angesehen und im eigenen Namen die den Mitgliedstaaten zukommenden Rechte und Pflichten wahrgenommen. Somit sei die EWG wirksam an die Regeln des GATT gebunden. Art. XI des GATT sei jedoch nicht genügend klar und vollständig, um durch die Gerichte unmittelbar angewendet zu werden.[42]

b. Entscheidung des Gerichtshofs

Der Gerichtshof stellte zunächst fest, dass seine Zuständigkeit nach Art. 177 Abs. 1 sich auf sämtliche Ungültigkeitsgründe erstrecke, die den Handlungen der Organe anhaften könnten und er auch prüfen müsse, ob ihre Gültigkeit dadurch beeinträchtigt werden könne, dass sie einer Regel des Völkerrechts widersprächen.[43]

Dazu müsse die Gemeinschaft selbst an die völkerrechtliche Bestimmung gebunden sein. In diesem Zusammenhang verwies der Gerichtshof zunächst darauf, dass die Mitgliedstaaten an das GATT als vorgemeinschaftlicher Übereinkunft

41 Vgl. aaO. Slg. 1972, 1219, 1224

42 Vgl. aaO. Slg. 1972, 1219, 1225

43 AaO. S. 1227, Rn. 5/6

gebunden seien. Ein entsprechender Wille der Mitgliedstaaten, die GATT-Verpflichtungen zu achten, ergebe sich u. a. aus Art. 234 Abs. 1.[44] Die Gemeinschaft sei an das GATT gebunden, soweit sie aufgrund des EWG-Vertrages früher von den Mitgliedstaaten im Anwendungsbereich des GATT ausgeübte Befugnisse übernommen habe.[45]

Art. XI des GATT begründe aber kein Recht der Gemeinschaftsangehörigen, sich vor Gericht auf ihn zu berufen.[46] Der Gerichtshof prüft insoweit Sinn, Aufbau und Wortlaut des Abkommens.[47] Das GATT sei durch die „große Geschmeidigkeit seiner Bestimmungen gekennzeichnet."[48] Insbesondere weist der Gerichtshof auf die Möglichkeit der Vertragsparteien hin, Verpflichtungen einseitig aufzuheben oder ein Zugeständnis zurückzunehmen.[49]

c. *Kommentar*

Der Schwerpunkt der Entscheidung liegt auf der Frage der Bindung der Gemeinschaft an das GATT. Hier entwickelt der Gerichtshof seine Dogmatik, nach der die Gemeinschaft die Verpflichtungen der Mitgliedstaaten aus dem GATT übernommen hat. Eine einheitliche Begrifflichkeit für diese Dogmatik hat der Gerichtshof nicht vorgegeben. Im Folgenden wird der Begriff „Funktionsnachfolge-Lösung" verwendet, weil die Lösung sich jedenfalls weder mit einer Substitution der Mitgliedstaaten noch mit einer Rechtsnachfolge erklären lässt, die Gemeinschaft aber die Funktionen der Mitgliedstaaten als Mitglieder des GATT ausübte.[50]

Weiter stellt sich die Frage, wann sich ein Gemeinschaftsangehöriger auf völkerrechtliche Regelungen berufen kann, um die Ungültigkeit einer Verordnung geltend zu machen. Der Gerichtshof prüft insoweit, ob die Regelungen des GATT ein Recht begründen, sich vor Gericht auf sie zu berufen,[51] wann diese also unmittelbare Wirkung[52] im Gemeinschaftsrecht entfalten.

Die Antragsteller im Ausgangsverfahren dagegen stützten die Ungültigkeit nicht auf die unmittelbare Wirkung des GATT. Sie interpretierten Art. 234

---

44 AaO. S. 1227, Rn. 10/13
45 AaO. S. 1227 f., Rn. 14/18
46 AaO. S. 1229, Rn. 27, vgl. zur Frage der unmittelbaren Wirkung unten § 7C.III.
47 AaO. S. 1228, Rn. 20
48 AaO. S. 1228, Rn. 21
49 AaO. S. 1229, Rn. 26
50 Vgl. dazu im einzelnen unten § 4D.
51 AaO. S. 1228, Rn. 20
52 Zur Begrifflichkeit vgl. unten § 7C.III.1.

Abs. 1 im Sinne einer originären Kompetenzbeschränkung.[53] Danach hätte die Gemeinschaft nicht die Befugnis, eine Maßnahme zu erlassen, die mit den Regelungen einer vorgemeinschaftlichen Übereinkunft unvereinbar ist. Die betroffenen Einzelnen könnten sich auf die Unanwendbarkeit einer entgegen dieser Beschränkung getroffenen Maßnahme berufen. Der Gerichtshof nahm dieses Argument nicht auf, sondern prüfte, nachdem er die Bindung der Gemeinschaft an das GATT festgestellt hatte, inwieweit die in Frage stehenden Regelungen unmittelbar wirksam seien.

Zur Frage der Kompetenz zur Auslegung des GATT äußert sich der Gerichtshof in der Sache indirekt: Dadurch, dass er prüft, ob die fragliche Regelung des GATT unmittelbare Wirkung haben kann, erklärt er sich selbst insoweit für zuständig für die Auslegung, nachdem er festgestellt hat, dass die Gemeinschaft an dieses gebunden ist. Die Regelung des Artikels 307 Abs. 1 wird in diesem Verfahren vom Gerichtshof herangezogen als Beleg für den Willen der Mitgliedstaaten, an das GATT als vorgemeinschaftliche Übereinkunft gebunden zu sein.

3. *Nederlandse Spoorwegen, Rs. 38/75*[54]

a. *Sachverhalt*

Die Klägerin des Ausgangsverfahrens, NV Nederlandse Spoorwegen, führte aus einem Drittland ein Trockenkopiergerät zur Vervielfältigung von Dokumenten ein. Die niederländische Zollverwaltung belastete dieses Gerät gemäß dem Gemeinsamen Zolltarif mit einem Zollsatz von 14 %. Die Tarifierung entsprach einer zusätzlichen Vorschrift zu Kapitel 90 des Gemeinsamen Zolltarifs. Diese Vorschrift war durch die Verordnung (EWG) Nr. 1/71 des Rates[55] eingeführt worden. Ihr lag wiederum ein im Dezember 1965 abgegebener Tarifavis des Rates für die Zusammenarbeit auf dem Gebiet des Zollwesens, der für die Durchführung des am 15. Dezember 1950 in Brüssel unterzeichneten Abkommens über das Zolltarifschema Sorge zu tragen hat, zugrunde. Dieses Abkommen wird begleitet von dem am selben Tage unterzeichneten Abkommen über die Gründung eines Rates für die Zusammenarbeit auf dem Gebiet des Zollwesens.

Vor Inkrafttreten der Verordnung und der entsprechenden Tarifierung galt für Waren von der Art der durch die Klägerin eingeführten der im Rahmen der GATT-Runden auf 7,2 % gesenkte Zollsatz. Die Klägerin sah in der Neuzuwei-

53 Vgl. Petersmann, ZaöRV Bd. 35 (1975), 213, 257; s. u. § 2A.II.2.b.
54 Urt. v. 19.11.1975, Rs. 38/75, Zollagent der NV Nederlandse Spoorwegen ./. Inspektor der Einfuhrzölle und Verbrauchssteuern, Slg. 1975, 1439
55 Verordnung (EWG) Nr. 1/71 des Rates vom 17.12.1970 zur Änderung der Verordnung (EWG) Nr. 950/68 über den Gemeinsamen Zolltarif, ABl. 1975 Nr. L 1, S. 335

sung der Ware durch die Verordnung einen Verstoß gegen Art. II des GATT-Abkommens.[56] Sie erhob nach erfolglosem Einspruch Klage bei der niederländischen Tariefcommissie. Diese setzte das Verfahren aus und legte dem Gerichtshof im Vorabentscheidungsverfahren Fragen zur Vereinbarkeit der Regelung der Ratsverordnung (EWG) Nr. 1/71 mit dem GATT vor. Weiter fragte die Tariefcommissie, ob der Rat durch den Erlass der Tarifierungsvorschrift nicht gegen die Verpflichtungen der Mitgliedstaaten aus dem Brüsseler Abkommen über das Zolltarifschema verstoßen habe. Dieses untersagt den Mitgliedstaaten, Änderungen vorzunehmen, die Abschnitte und Positionen des Zolltarifschemas verändern könnten.[57]

Die Kommission äußerte hierzu die Ansicht, dass die Bestimmungen des GATT, vor allem dessen Art. II über die Konsolidierung der Zollsätze, den Gemeinschaftsangehörigen nicht das Recht gewährten, sich vor Gericht auf sie zu berufen. Weiter habe die Gemeinschaft mit Zustimmung der übrigen vertragschließenden Teile stufenweise die aus dem GATT-Abkommen folgenden Verpflichtungen übernommen.[58] Hinsichtlich des Brüsseler Abkommens über das Zolltarifschema war sie der Ansicht, dass zunächst zu prüfen sei, ob dieses die Gemeinschaft binde, und weiter, ob durch seine Bestimmungen ein Recht der Gemeinschaftsangehörigen begründet werde, sich vor Gericht darauf zu berufen. Sie war der Ansicht, die Gemeinschaft, auf die alle Rechte und Pflichten der Mitgliedstaaten aus dem Abkommen übergegangen seien, sei nunmehr selbst an dieses gebunden. Ein Recht der Gemeinschaftsangehörigen, sich vor Gericht auf seine Bestimmungen zu berufen, also unmittelbare Wirkung, erzeuge dieses aber nicht.[59]

b. *Entscheidung des Gerichtshofs*

Der Gerichtshof stellte die materielle Vereinbarkeit der zusätzlichen Vorschrift mit dem GATT fest.[60] Da die Gemeinschaft „*anstelle der Mitgliedstaaten für die Erfüllung der Verpflichtungen aus dem GATT einzustehen [habe]*“, beurteile sich deren rechtliche Verbindlichkeit nach den einschlägigen Bestimmungen der Gemeinschaftsrechtsordnung und nicht nach den Vorschriften, durch die diese früher in den nationalen Rechtsordnungen Geltung erlangten.[61]

---

56 Vgl. Urt. v. 19.11.1975, Rs. 38/75, Zollagent der NV Nederlandse Spoorwegen ./. Inspektor der Einfuhrzölle und Verbrauchssteuern, Slg. 1975, 1439, 1441
57 Vgl. aaO., Slg. 1975, 1439, 1442
58 Vgl. aaO., Slg. 1975, 1439, 1443
59 AaO., Slg. 1975, 1439, 1444
60 Vgl. aaO., Slg. 1975, 1439, 1448 ff., Rn. 13 ff.; insb. 1450, Rn. 18/19
61 AaO. Slg. 1975, 1439, 1449, Rn. 15/16

Hinsichtlich des Brüsseler Abkommens über das Zolltarifschema traf er folgende Aussage:

„Die Gemeinschaft hat ebenso wie die Verpflichtungen aus dem GATT anstelle der Mitgliedstaaten auch die Verpflichtungen aus dem Abkommen (...) über das Zolltarifschema und aus dem Abkommen (...) über die Gründung eines Rates für die Zusammenarbeit auf dem Gebiete des Zollwesens übernommen und ist an diese Verpflichtungen gebunden.“[62] Im weiteren führte er aus, die Ratsverordnung sei materiell mit dem Abkommen vereinbar.

c. Kommentar

Beide Abkommen vom 15. Dezember 1950 sind vorgemeinschaftliche Übereinkünfte. In der Folge des Urteils in den verbundenen Rechtssachen 21-24/72, *International Fruit Company*, wendet der Gerichtshof die von ihm für das GATT entwickelte Lösung auch auf die Brüsseler Zollabkommen an. Das GATT bleibt also insofern kein Einzelfall.[63]

Das *obiter dictum*, nach dem die Gemeinschaft für die Erfüllung der Verpflichtungen der Mitgliedstaaten aus dem GATT einzustehen habe, schließt an die Rechtsprechung in den verbundenen Rechtssachen 21-24/72, *International Fruit Company,* an.

4. Burgoa, Rs. 812/79[64]

a. Sachverhalt

In dem Vorabentscheidungsverfahren[65] in der Rechtssache 812/79, *Burgoa*, ging es um die Frage, ob nationales irisches Recht, das in Umsetzung von EWG-Fischereiverordnungen ergangen war, mit vorgemeinschaftlichen Übereinkünften vereinbar sei.

Im Juli 1978 war der Angeklagte, *Juan Burgoa*, festgenommen worden, als er 20 Seemeilen vor der irischen Küste fischte. Vor einem irischen Gericht wurde er angeklagt, ohne Lizenz in der irischen 200-Seemeilen-Zone gefischt zu haben. Er machte geltend, dass das Londoner Fischereiabkommen vom 9. März 1964[66] ihm Rechte verleihe, die durch das Gemeinschaftsrecht, insbesondere Art. 234 a. F.

---

62 AaO., Slg. 1975, 1439, 1450 f., Rn. 21/22

63 S. a. Kaddous, Relations extérieures, S. 282

64 Urt. v. 14.10.1980, Rs. 812/79, Attorney-General ./. Juan C. Burgoa, Slg. 1980, 2787

65 Gem. Art. 234, Art. 177 a. F.

66 UNTS 581, 57

gewahrt würden. Das veranlasste das Gericht, dem EuGH Fragen zur Auslegung von Art. 234 a. F. zu stellen.

b. Entscheidung des Gerichtshofs

Die Leitsätze der Entscheidung[67] sind von grundlegender Bedeutung und werden daher, soweit sie sich auf Art. 307 beziehen, im Wortlaut wiedergegeben:

„Artikel 234 EWG-Vertrag ist eine Vorschrift von allgemeiner Tragweite; er gilt unabhängig von dem in ihnen geregelten Gegenstand für alle internationalen Übereinkünfte, die sich auf die Anwendung des Vertrags auswirken können.

Durch Artikel 234 soll in Übereinstimmung mit den Grundsätzen des Völkerrechts klargestellt werden, dass die Geltung des Vertrages die Verpflichtungen des betreffenden Mitgliedstaats nicht berührt, die Rechte dritter Länder, die aus einer vor Inkrafttreten des Vertrages oder gegebenenfalls vor dem Beitritt des betreffenden Mitgliedstaats geschlossenen Übereinkunft resultieren, zu achten und die ihnen entsprechenden Pflichten zu erfüllen.

Artikel 234 würde seinen Zweck verfehlen, wenn mit ihm nicht stillschweigend eine Verpflichtung der Gemeinschaftsorgane begründet würde, die Erfüllung der Pflichten, die sich für die Mitgliedstaaten aus früheren Übereinkünften ergeben, nicht zu behindern. Durch diese Verpflichtung der Gemeinschaftsorgane soll es jedoch dem betreffenden Mitgliedstaat lediglich ermöglicht werden, seinen Verpflichtungen aus den früheren Übereinkünften nachzukommen, ohne dass damit die Gemeinschaft dem fraglichen Drittland gegenüber gebunden werden soll.

Artikel 234 Absatz 1 kann keine Änderung der Natur der Rechte zur Folge haben, die sich möglicherweise aus früher geschlossenen Übereinkünften mit dritten Ländern ergeben. Daraus folgt, dass diese Vorschrift nicht etwa einzelnen, die sich auf eine solche Übereinkunft berufen, von den Gerichten der Mitgliedstaaten zu schützende Rechte verleiht. Ebensowenig beeinträchtigt sie die Rechte, die einzelnen aufgrund einer solchen Übereinkunft möglicherweise zustehen.

Die Übergangsregelung, die die Gemeinschaft in den Verordnungen Nrn. 341/78 und 1376/78 nach ihren eigenen Vorschriften getroffen hat, fügt sich in den Rahmen der Beziehungen ein, die die Gemeinschaft und Spanien mit dem Ziel aufgenommen haben, die mit den Maßnahmen zur Erhaltung und zur Bewirtschaftung der Fischbestände sowie mit der Ausdehnung der ausschließlichen Fischereigebiete verbundenen Probleme zu lösen und sicherzustellen, daß die

---

67 Urt. v. 14.10.1980, Rs. 812/79, Attorney-General ./. Juan C. Burgoa, Slg. 1980, 2787, 2788

Fischer der anderen Partei zu den solchen Maßnahmen unterliegenden Gewässern Zugang haben. Diese Beziehungen haben die früher in diesen Gebieten geltende Regelung überlagert, um der allgemeinen Entwicklung des Völkerrechts auf dem Gebiet der Hochseefischerei Rechnung zu tragen.

[...]"

c. *Kommentar*

Der Gerichtshof verwendet die Formulierung, nach der *die Geltung des Vertrages die Verpflichtungen des betreffenden Mitgliedstaats nicht berührt,* die sich aus einer vorgemeinschaftlichen Übereinkunft ergeben, im Anschluss an dieses Urteil in ständiger Rechtsprechung. Im folgenden wird Art. 307 Abs. 1, soweit auf diese Funktion Bezug genommen wird, als „Unberührtheitsklausel" bezeichnet.[68]

Im Urteil findet sich der Ursprung der Aussage des Gerichtshofs, nach der Beziehungen, die die Gemeinschaft und ein Drittstaat aufgenommen haben, die früher auf dem Gebiet der Hochseefischerei geltende Regelung, die auch in vorgemeinschaftlichen Übereinkünften geregelt waren, überlagert haben, um der allgemeinen Entwicklung des Völkerrechts auf dem Gebiet der Hochseefischerei Rechnung zu tragen. Diese vom Gerichtshof angenommene Überlagerung oder besser Ersetzung der Regelungen vorgemeinschaftlicher Übereinkünfte wird im Folgenden als „Substitutionslösung" bezeichnet, weil der Gerichtshof in seiner weiteren ständigen Rechtsprechung zu ähnlich gelagerten Fällen davon spricht, dass Regelungen „ersetzt" worden seien.[69]

Die weiteren inhaltlich neuen Aussagen des EuGH zu Art. 307 beziehen sich auf den Anwendungsbereich, sowie auf den fehlenden Regelungsgehalt von Art. 307 in Bezug auf Individualrechte aus vorgemeinschaftlichen Übereinkünften.

---

68 Vgl. unten § 2A.II.2.a.

69 Vgl. hierzu unten § 4E., sowie Urt. v. 08.12.1981, verb. Rs. 180, 266/80, Strafverfahren gegen José Crujeiras Tome und Anton Yurrita, Slg. 1981, 2997; Urt. v. 08.12.1981, Rs. 181/80, Generalstaatsanwalt bei der Cour d'appel Pau u. a. ./. José Arbelaiz-Emazabel, Slg. 1981, 2961; Urt. v. 28.10.1982, verb. Rs. 138, 139/81, Directeur des Affaire Maritimes du Littoral du su-Ouest ./. Marticorena-Otazo und Parada, Slg. 1982, 3819, siehe hierzu Urteilsanmerkung von Akehurst, BYIL 1983, 347, 350; Urt. v. 28.10.1982, verb. Rs. 137, 140/81, Directeur des Affaire Maritimes du Littoral du su-Ouest ./. Sagarzazu und Sagasti, Slg. 1982, 3847; Urt. v. 28.10.1982, verb. Rs. 13-28/82, José Arantzamendi-Osa u. a. ./. Procureur de la République und Procureur Général ; Urt. v. 28.10.1982, verb. Rs. 50-58/82, Administrateur des Affaires Maritimes ./. José Dorca Marina u. a., Slg. 1982, 3927, s. hierzu Urteilsanmerkung von Akehurst, BYIL 1983, 347, 353

Der Gerichtshof begründet darüber hinaus im Fall die Pflicht der Gemeinschaftsorgane, die Erfüllung der Pflichten der Mitgliedstaaten aus vorgemeinschaftlichen Übereinkünften nicht zu behindern, also eine Kooperationspflicht der Institutionen gegenüber den Mitgliedstaaten. Diese Pflicht leitet der EuGH aus Art. 307 ab mit der Argumentation, dass die Vorschrift ihren Zweck verfehlen würde, bestünde nicht die besagte stillschweigende Verpflichtung.[70] Es handelt sich danach um eine spezifisch gemeinschaftsrechtliche Pflicht der Gemeinschaftsorgane gegenüber den Mitgliedstaaten.

5. *Henn und Darby, Rs. 34/79*[71]

a. *Sachverhalt*

Die Angeklagten im Ausgangsverfahren hatten illegal pornographisches Material nach Großbritannien verbracht. Hierfür wurden sie strafrechtlich verurteilt. Die Verurteilung beruhte untern anderem auf Sektion 42 des Customs Consolidation Act 1876 und Sektion 304 des Customs and Excise Act 1952, nach denen die Einfuhr von „anstößigen oder unzüchtigen" Artikeln in das Zollgebiet des vereinigten Königreiches verboten ist. Fraglich war, ob dieses Verbot mit der Warenverkehrsfreiheit zu vereinbaren war. Unter anderem stellte sich die Frage, ob Verpflichtungen des Vereinigten Königreichs aus dem Genfer Abkommen zu Bekämpfung der Verbreitung unzüchtiger Veröffentlichungen aus dem Jahre 1923 und aus den Verträgen des Weltpostvereins nach Art. 234 Abs. 1 a. F. die Beschränkungen rechtfertigten. Im Rechtsmittelverfahren legte das britische House of Lords dem Gerichtshof im Vorabentscheidungsverfahren Fragen zur Auslegung von Art. 30 und 36 a. F. vor. Zudem stellte es die Frage:

„Kann ein Mitgliedstaat die Einfuhr solcher Waren aus einem anderen Mitgliedstaat angesichts des Artikels 234 des Vertrages rechtmäßig aufgrund seiner Verpflichtungen aus dem Genfer Abkommen zur Bekämpfung der Verbreitung unzüchtiger Veröffentlichungen aus dem Jahre 1923 und aus den Verträgen des Weltpostvereins (...) verbieten?"

70 Urt. v. 14.10.1980, Rs. 812/79, Attorney-General ./. Juan C. Burgoa, Slg. 1980, 2787, 2803, Rn. 9

71 Urt. v. 14.12.1979, Rs. 34/79, Strafverfahren gegen Maurice Donald Henn und John Frederick Ernest Darby, Slg. 1979, 3795

b. Entscheidung des Gerichtshofs

Der Gerichtshof antwortete, Art. 234 stehe der Erfüllung der Verpflichtungen aus dem Genfer Abkommen zur Bekämpfung der Verbreitung unzüchtiger Veröffentlichungen aus dem Jahre 1923 und aus den Verträgen des Weltpostvereins durch einen Mitgliedstaat insoweit nicht entgegen, als dieser von dem in Artikel 36 a. F. enthaltenen Vorbehalt zum Schutze der öffentlichen Sittlichkeit Gebrauch mache.[72] Untersuche man die völkerrechtlichen Bestimmungen, auf die das House of Lords Bezug nehme, so werde deutlich, dass bei der Ausführung der genannten völkerrechtlichen Abkommen durch das Vereinigten Königreich keine Widersprüche zu den Bestimmungen über den freien Warenverkehr entstehen könnten, wenn man die Ausnahme berücksichtige, die Art. 36 a. F. für Einfuhrverbote aus Gründen der öffentlichen Sittlichkeit zulasse.[73]

c. Kommentar

Das Urteil ist aufschlussreich im Hinblick auf die Frage der Kompetenz des Gerichtshofs zur Auslegung einer vorgemeinschaftlichen Übereinkunft im Rahmen eines Vorabentscheidungsverfahrens. Der EuGH gelangt zu dem Ergebnis, Art. 234 stehe der Erfüllung von Verpflichtungen aus dem fraglichen Abkommen nicht entgegen, indem er selbst diese völkerrechtlichen Bestimmungen auslegt. Dies steht im Widerspruch zu der später getroffenen eindeutigen Aussage, im Rahmen des Vorabentscheidungsverfahrens sei das nationale Gericht für die Auslegung der möglicherweise nicht dem EG-Recht vereinbaren völkerrechtlichen Norm zuständig.[74]

6. Conegate, Rs. 121/85[75]

a. Sachverhalt

Der Sachverhalt in der Rechtssache 121/85, *Conegate* war ähnlich gelagert wie der in der Rechtssache *Henn und Darby.*[76] Die Rechtsmittelführerin im Ausgangsverfahren wandte sich gegen die Beschlagnahme von Gegenständen durch

72 Urt. v. 14.12.1979, Rs. 34/79, Strafverfahren gegen Maurice Donald Henn und John Frederick Ernest Darby, Slg. 1979, 3795, 3796, 5. Leitsatz

73 AaO. S. 3816, Rn. 26

74 Dazu unten § 2C.I.

75 Urt. v. 11.02.1986, Rs. 121/85, Conegate Limited ./. HM Customs & Excise, Slg. 1986, 1007

76 S. o. § 2°.I:5.

die britischen Zollbehörden. Diese hatten am 7. und 11. Oktober 1982 Gummipuppen für Sexualpraktiken, die als „Schaufensterpuppen“ deklariert waren, beschlagnahmt. Später wurde die Einziehung der Waren angeordnet mit der Begründung, sie seien anstößig oder unzüchtig im Sinne von Section 42 des Customs Consolidation Act von 1876 und somit gemäß dem Customs and Excise Management Act von 1979 einzuziehen. Im Rechtsmittelverfahren gegen diese Maßnahme stellten sich für den High Court, Queen's Bench Division, Fragen zur Auslegung von Art. 36 EWG-Vertrag a. F.

Unter anderem fragte der High Court, ob das völlige Verbot der Einfuhr von Gegenständen, die als anstößig oder unzüchtig eingestuft werden, in Übereinstimmung mit Art. 234 a. F. stehe, wenn es gemäß der Genfer Übereinkunft zur Bekämpfung der Verbreitung und des Vertriebs unzüchtiger Veröffentlichungen von 1923 und dem Weltpostvertrag (erneuert in Lausanne 1974, in Kraft getreten am 1. Januar 1976) erlassen werde.

Der Generalanwalt führte hierzu in seinen Schlussanträgen aus, die entsprechenden Abkommen seien nicht anwendbar. Dieser Ansicht waren auch die Rechtsmittelführer, das Vereinigte Königreich und die Kommission.[77] Nach Ansicht des Generalanwalts gingen jedenfalls die sich aus diesen beiden Übereinkünften ergebenden Verpflichtungen – unbeschadet ihrer Wirkungen im Verhältnis zu Drittländern – keinesfalls den Verpflichtungen der Mitgliedstaaten untereinander vor.[78]

b. Entscheidung des Gerichtshofs

Der Gerichtshof antwortete, dass ein Mitgliedstaat sich nicht auf Gründe der öffentlichen Sittlichkeit im Sinne von Artikel 36 EWG-Vertrag, Art. 30 EG, berufen könne, um die Einfuhr bestimmter Waren mit der Begründung zu verbieten, sie seien anstößig oder unsittlich, wenn nach seinem Recht keinerlei Verbot der Herstellung oder Vermarktung der gleichen Waren in seinem Hoheitsgebiet bestehe.[79]

Weiter führte der EuGH unter Bezugnahme auf sein Urteil in der Rs. 812/79, *Burgoa*,[80] aus, ein Mitgliedstaat könne sich nicht nach Art. 234 EWG-Vertrag, Art. 307 EG, auf eine vorgemeinschaftliche Übereinkunft berufen, um Beschränkungen des Handels zwischen den Mitgliedstaaten zu rechtfertigen. Dieser Arti-

---

77 Vgl. aaO. S. 1024, Rn. 23

78 Vgl. Schlussanträge GA Slynn v. 21.01.1986, Slg. 1986, 1008, 1015

79 Urt. v. 11.02.1986, Rs. 121/85, Conegate Limited ./. HM Customs & Excise, Slg. 1986, 1007, 1023, Rn. 20

80 S. o. § 2A.I.4.

kel beziehe sich nur auf die Rechte und Pflichten im Verhältnis zwischen den Mitgliedstaaten und Drittländern.[81]

c. *Kommentar*

Das Urteil stellt klar, dass Art. 307 völkerrechtliche Verpflichtungen nur gegenüber Drittstaaten schützt, dass sich die Mitgliedstaaten hingegen nicht innergemeinschaftlich auf eine vorgemeinschaftliche Übereinkunft berufen können, um die Geltung von Gemeinschaftsrecht zu beschränken.

Der Gerichtshof geht zur Auslegung des Art. 307 über, ohne zu prüfen, ob dieser überhaupt anwendbar ist, d. h. ob eine vorgemeinschaftliche Übereinkunft vorliegt, die mit Gemeinschaftsrecht in Widerspruch steht. Hierfür sind zwei Gründe denkbar. Zum einen war dem Gerichtshof möglicherweise daran gelegen, sich zur Anwendbarkeit von Art. 307 zwischen Mitgliedstaaten zu äußern. Zum anderen vermeidet er auf diese Weise, zur Auslegung der vorgemeinschaftlichen Übereinkünfte selbst Stellung zu nehmen, wie noch in der Rechtssache 34/79, *Henn und Darby*.[82] Insbesondere die zweite Frage steht im Zusammenhang mit der im Rahmen von Artikel 307 EG auftauchenden Jurisdiktionsproblematik: Es fragt sich, inwieweit der Gerichtshof zur Auslegung völkerrechtlicher Abkommen der Mitgliedstaaten überhaupt *ratione materiae* zuständig ist.

7. *Deserbais, Rs. 286/86*[83]

a. *Sachverhalt*

In einer ähnlichen Konstellation wie in der Rechtssache *Conegate*[84] ging es in diesem Vorabentscheidungsverfahren u. a. um die Frage, inwieweit ein Mitgliedstaat unter Berufung auf eine vorgemeinschaftliche Übereinkunft die Warenverkehrsfreiheit beschränken kann. Der Rechtsmittelführer im Ausgangsverfahren war vom Tribunal de Police Straßburg zur Zahlung einer Geldstrafe verurteilt worden, weil er Käse aus Deutschland nach Frankreich unter der Bezeichnung „Edamer“ eingeführt hatte. Dieser entsprach nicht den gesetzlichen französischen Anforderungen, deren Erfüllung zur Bezeichnung als „Edamer“ berechtigte. Danach hätte der Käse einen Mindestanteil an Trockenmasse von 52 % und einen Mindestfettgehalt von 40 % haben müssen. Diese Maßstäbe ergeben sich aus

---

81 AaO. S. 1025, Rn. 25 f.

82 S. o. § 2A.I.5.

83 Urt. v. 22.09.1988, Rs. 286/86, Ministère Public ./. Deserbais, Slg. 1988, 4907

84 S. o. § 2A.I.6.

dem „Internationalen Übereinkommen über die Verwendung der Ursprungsbezeichnungen und sonstigen Bezeichnungen für Käse“ von 1951, genannt „Übereinkommen von Stresa“, dessen Partei Frankreich war. Der Rechtsmittelführer im Ausgangsverfahren war der Ansicht, die französische Regelung verstoße gegen die Warenverkehrsfreiheit. Dem stehe auch das Übereinkommen von Stresa nicht entgegen. Art. 234 komme insoweit nicht zur Anwendung, da die Beziehungen lediglich zwischen Mitgliedstaaten und nicht zwischen Mitgliedstaaten und Drittländern berührt seien.

b. Entscheidung des Gerichtshofs

Der Gerichtshof entschied, dass sich ein Mitgliedstaat nicht auf die Bestimmungen einer vorgemeinschaftlichen Übereinkunft berufen könne, um eine Beschränkung des Inverkehrbringens von Erzeugnissen aus einem anderen Mitgliedstaat zu rechtfertigen, wenn deren Inverkehrbringen nach den Grundsätzen des EG-Vertrages über den feien Warenverkehr statthaft sei.

Nicht zulässig sei eine solche Beschränkung unter Berufung auf Art. 234 Absatz 1 EWG-Vertrag, wenn die Rechte dritter Länder nicht berührt seien. Artikel 234 Absatz 1 EWG-Vertrag solle in Übereinstimmung mit den Grundsätzen des Völkerrechts klarstellen, dass die Geltung des EG-Vertrages die Verpflichtungen des betreffenden Mitgliedstaates, die aus einer früheren Übereinkunft resultierenden Rechte dritter Länder zu achten und die ihnen entsprechenden Pflichten zu erfüllen, nicht berühre.[85]

c. Kommentar

Das Urteil stellt im Anschluss und noch deutlicher als in der Rechtssache 121/85, *Conegate,*[86] klar, dass Art. 307 den Mitgliedstaaten innergemeinschaftlich keine Einrede gegenüber der Geltung von Gemeinschaftsrecht gibt. Diese Einrede besteht nur, wenn eine Verpflichtung gegenüber einem Drittstaat aus einer vorgemeinschaftlichen Übereinkunft mit einer Verpflichtung aus dem Gemeinschaftsrecht kollidiert.

---

85 Vgl. aaO. Rn. 15-19

86 S. o. § 2°.I.6.

8. *Matteucci, Rs. 235/87*[87]

a. *Sachverhalt*

Das Vorabentscheidungsverfahren in der Rs. 235/87, *Matteucci*, hatte zum Gegenstand die Vereinbarkeit einer Entscheidung der belgischen Behörden mit Art. 7, 48, 59, 60 und 128 EWG a. F., nach der bestimmte Stipendien für ein Auslandsstudium belgischen Staatsbürgern vorbehalten seien. Diese stützte sich auf das deutsch-belgische Kulturabkommen von 1956, nach dem jede der vertragschließenden Parteien den Staatsangehörigen der anderen Partei Studienstipendien gewährt. Die Antragstellerin im Ausgangsverfahren war italienische Staatsbürgerin. Die belgischen Behörden versagten ihr ein Stipendium für ein Studium in Berlin aufgrund ihrer Staatsangehörigkeit.

Die französische Regierung machte in dem Verfahren als Streithelferin geltend, dass das Abkommen vor Inkrafttreten des EWG-Vertrages geschlossen worden sei und dass die Mitgliedstaaten nicht verpflichtet seien, ein solches Abkommen nach Art. 234 a. F. zu ändern, da der Anwendungsbereich des Abkommens nicht in die Zuständigkeit der Gemeinschaft falle.[88]

b. *Entscheidung des Gerichtshofs*

Der Gerichtshof erinnerte daran, dass Art. 234 a. F. sich auf Übereinkünfte zwischen einem oder mehreren Mitgliedstaaten einerseits und einem oder mehreren Ländern andererseits beziehe; er betreffe deshalb nicht die nur zwischen Mitgliedstaaten geschlossenen Übereinkünfte.[89] Weiter entschied er, der EWG-Vertrag gehe nach ständiger Rechtsprechung[90] auf den von ihm geregelten Gebieten den vor seinem Inkrafttreten zwischen den Mitgliedstaaten geschlossenen Übereinkünften vor. Daher könne ein bilaterales Abkommen zwischen Mitgliedstaaten der Anwendung des gemeinschaftsrechtlichen Gleichbehandlungsgrundsatzes[91] letztlich nicht entgegenstehen.

---

87 Urt. v. 27.09.1988, Rs. 235/87, Anunziata Metteucci ./. Communauté francaise de Belgique und Commissariat général aux relations internationales de la Communauté francaise de Belgique, Slg. 1988, 5589

88 Vgl. aaO. Slg. 1988, 5589, 5612, Rn. 20

89 Vgl. aaO. Slg. 1988, 5589, 5612, Rn. 21

90 Hier bezieht der Gerichtshof sich auf sein Urt. v. 27.02.1962, Rs. 10/62, Kommission ./. Italien, Slg. 1962, 7.

91 Hier aus Art. 7 der Verordnung (EWG) Nr. 1612/68 über die Freizügigkeit der Arbeitnehmer innerhalb der Gemeinschaft, ABl. 1968 Nr. L 257 v. 19.10.1968, vgl. Sartorius II 180

c. *Kommentar*

Wie bereits regelmäßig zuvor lässt der Gerichtshof es nicht zu, dass ein Mitgliedstaat sich auf ein Abkommen mit anderen Mitgliedstaaten beruft, um die Nichtanwendung von Gemeinschaftsrecht zu rechtfertigen. Bei solchen Abkommen handelt es sich nicht um eine vorgemeinschaftliche Übereinkunft iSv. Art. 307, wie der Gerichtshof deutlich macht. Art. 307 ist nur anwendbar auf Abkommen zwischen Mitgliedstaaten und Drittstaaten. Daher greifen im Fall die Grundsätze vom Vorrang des Gemeinschaftsrechts gegenüber völkerrechtlichen Abkommen zwischen den Mitgliedstaaten.

9. *Radio Telefis Eireann, Rs. T-69/89, British Broadcasting Corporation and BBC Enterprises Limited, Rs. T-70/89, Independent Television Publications Limited, Rs. T-76/89*

a. *Sachverhalt*

In den drei Rechtssachen T-69/89, *Radio Telefis Eireann,* T-70/89, *British Broadcasting Corporation and BBC Enterprises Limited* und T-76/89, *Independent Television Publications Limited,*[92] beantragten die Klägerinnen die Annulierung einer kartellrechtlichen Entscheidung der Kommission. Diese hatte eine Politik der Klägerinnen, die jeweils Veranstalter von Fernsehprogrammen sind, hinsichtlich der Information über ihre Programme für unzulässig erklärt. Nach dieser Politik untersagten die Klägerinnen die Veröffentlichung ihrer Programme in Druckerzeugnissen in anderer als der von ihnen bestimmten Form. Die Bedingungen der Veröffentlichung legten die Klägerinnen jeweils in einer unentgeltlich erteilten Lizenz fest. Ihre Einhaltung überwachten sie und gingen gegen Veröffentlichungen, die diese Bedingungen nicht erfüllten, gegebenenfalls gerichtlich vor.[93] So verhinderten sie auf gerichtlichem Wege die Veröffentlichung ihrer wöchentlichen Programmvorschauen durch die Magill TV Guide Ltd.

---

92 Urt. des Gerichts v. 10.07.1991, Rs. T-69/89, Radio Telefis Eireann ./. Kommission, Slg. 1991 II-485; Urt. des Gerichts v. 10.07.1991, Rs. T-70/89 The British Broadcasting Corporation and BBC Enterprises Limited ./. Kommission, Slg. 1991 II-535; Urt. des Gerichts v. 10.07.1991, Rs. T-76/89, Independent Television Publications Limited ./. Kommission, Slg. 1991 II-575

93 Vgl. Urt. des Gerichts v. 10.07.1991, Rs. T-69/89, Radio Telefis Eireann ./. Kommission, Slg. 1991 II-485, 494, Rn. 9; Urt. des Gerichts v. 10.07.1991, Rs. T-70/89 The British Broadcasting Corporation and BBC Enterprises Limited ./. Kommission, Slg. 1991 II-535; Urt. des Gerichts v. 10.07.1991, Rs. T-76/89, Independent Television Publications Limited ./. Kommission, Slg. 1991 II-575

Die Kommission gab ihnen daraufhin, gestützt auf Art. 3 der VO Nr. 17 des Rates vom 6. Februar 1962[94] auf, Dritten die Veröffentlichung ihrer wöchentlichen Programmvorschauen zu gestatten. Gegen diese Entscheidung wandten sich die Klägerinnen unter anderem mit der Begründung, dass eine entsprechende Verpflichtung, selbst wenn sie nach dem Sekundärrecht zulässig sei, die Berner Übereinkunft zum Urheberrecht von 1886 verletze und daher nichtig sei. Die Kommission wandte hiergegen ein, die Übereinkunft sei sowohl *ratione personae* als auch *ratione materiae* nicht anwendbar. Die Gemeinschaft sei nicht durch die Übereinkunft gebunden. Diese sei auf wöchentliche Fernsehprogrammübersichten nicht anwendbar.[95]

b. Entscheidung des Gerichts

Das Gericht Erster Instanz stellte fest, dass die Gemeinschaft nicht Partei der von ihren Mitgliedstaaten ratifizierten Übereinkunft von Bern sei. Unter Hinweis auf das Urteil des Gerichtshofs in der Rechtssache 121/85, *Conegate,*[96] führte es aus, dass mit Art. 234 a. F. bezweckt sei, dass die Geltung des EWG-Vertrags weder der gebotenen Achtung der Rechte, die dritten Ländern aufgrund einer früher mit einem Mitgliedstaat geschlossenen Übereinkunft zustehen, noch der Einhaltung der sich aus der Übereinkunft ergebenden Verpflichtungen durch diesen Mitgliedstaat entgegensteht; ein Mitgliedstaat könne sich also im Rahmen seiner Beziehungen zu anderen Mitgliedstaaten nicht auf vor Inkrafttreten des EWG-Vertrags geschlossene Übereinkünfte berufen, um Beschränkungen des innergemeinschaftlichen Handels zu rechtfertigen.[97] Art. 234 sei gemäß Art. 5 der Beitrittsakte anwendbar auf die Übereinkünfte, die vor dem Beitritt Irlands und des Vereinigten Königreiches am 1. Januar 1973 geschlossen wurden. Daraus folge, dass die Vertragsvorschriften in den innergemeinschaftlichen Beziehungen durch die Berner Übereinkunft, die vor dem Beitritt ratifiziert worden sei, nicht berührt werden könnten. Die Klägerinnen könnten sich somit nicht zur Rechtfertigung

94 Verordnung Nr. 17 des Rates vom 06.02.1962, Erste Durchführungsverordnung zu den Artikeln 85 und 86 des Vertrages, ABl. 1962 Nr. 13, S. 204

95 Vgl. Urt. des Gerichts v. 10.07.1991, Rs. T-69/89, Radio Telefis Eireann ./. Kommission, Slg. 1991 II-485, 531, Rn. 101; Urt. des Gerichts v. 10.07.1991, Rs. T-70/89 The British Broadcasting Corporation and BBC Enterprises Limited ./. Kommission, Slg. 1991 II-535, 571, Rn. 75; Urt. des Gerichts v. 10.07.1991, Rs. T-76/89, Independent Television Publications Limited ./. Kommission, Slg. 1991 II-575, 609, Rn. 74

96 S. o. § 2A.I.6.

97 Hier verweist das Gericht auf die Urteile des Gerichtshofs v. 27.02.1962, Rs. 10/61, Kommission ./. Italien, Slg. 1962, 10 und v. 14.10.1980, Rs. 812/79, Attorney-General ./. Juan C. Burgoa, Slg. 1980, 2787

von Einschränkungen des Systems des freien Wettbewerbs auf die Berner Übereinkunft berufen.[98]

c. *Kommentar*

Auffallend ist, dass das Gericht die in der Rechtsprechung entwickelten Grundsätze über die Wirkung vorgemeinschaftlicher Übereinkünfte nach Art. 307, nach denen die Mitgliedstaaten sich auf solche Übereinkünfte nicht in den innergemeinschaftlichen Rechtsbeziehungen berufen können, ohne weiteres auf den gegebenen Sachverhalt überträgt. Hier handelt es sich aber um eine andere Konstellation als die, für die diese Grundsätze entwickelt wurden. Denn es geht um den Fall, dass Marktteilnehmer sich auf Individualrechte aus einer vorgemeinschaftlichen Übereinkunft berufen. Diesen Aspekt lässt das Gericht außer acht, wenn es mit der oben skizzierten Begründung die Berufung der Klägerinnen auf eine vorgemeinschaftliche Übereinkunft zurückweist. Die Frage, ob sich ein Einzelner gegenüber Gemeinschaftsrecht auf eine vorgemeinschaftliche Übereinkunft berufen kann,[99] ist zu unterscheiden von der, ob ein Mitgliedstaat sich auf eine Einrede aus Art. 307 berufen kann.[100]

10. *Kommission ./. Italien, Rs. C-235/89, Kommission ./. Vereinigtes Königreich, Rs. C-30/90*

a. *Sachverhalt*

Die Rechtssachen C-235/89, *Kommission ./. Italien* und C-30/90, *Kommission ./. Vereinigtes Königreich*,[101] hatten jeweils nationale patentrechtliche Regelungen zum Gegenstand. Danach konnte in bestimmten Fällen, in denen der Patentinhaber sein Ausschließlichkeitsrecht nicht oder nicht hinreichend ausnutzte, dies durch die Erteilung einer Zwangslizenz für die Produktion eines patentgeschützten Erzeugnisses sanktioniert werden.[102] Die italienischen Vorschriften sahen da-

---

98 Vgl. Urt. des Gerichts v. 10.07.1991, Rs. T-69/89, Radio Telefis Eireann ./. Kommission, Slg. 1991 II-485, 531 f., Rn. 102 f.; Urt. des Gerichts v. 10.07.1991, Rs. T-70/89 The British Broadcasting Corporation and BBC Enterprises Limited ./. Kommission, Slg. 1991 II-535, 572 f., Rn. 76 f.; Urt. des Gerichts v. 10.07.1991, Rs. T-76/89, Independent Television Publications Limited ./. Kommission, Slg. 1991 II-575, 610, Rn. 75 f.

99 S. u. § 2A.II.4. und eingehend § 7C.

100 S. u. § 2A.II.3.

101 Urt. v. 18.02.1992, Rs. C-235/89, Kommission ./. Italien, Slg. 1992 I-777; Urt. v. 18.02.1992, Rs. C-30/90, Kommission./.Vereinigtes Königreich, Slg. 1992 I-829

102 Vgl. hierzu Tzimas, Zwangslizenzen

bei vor, dass die Erfindung, die Gegenstand des Patents war, im Staatsgebiet zu benutzen sei. Die Einfuhr im Ausland hergestellter Gegenstände oder deren Verkauf im Staatsgebiet stelle keine Benutzung der Erfindung dar.[103] Im Vereinigten Königreich war u. a. die unzureichende Ausübung des Patentes als Grundlage für die Erteilung einer Zwangslizenz vorgesehen. Dieser Nichtausübung war der Fall gleichgestellt, dass die Nachfrage nach dem durch das Patent geschützten Erzeugnis auf dem Inlandsmarkt nur durch Einfuhren aus anderen Mitgliedstaaten befriedigt werde.[104] Der Effekt der Vorschriften war, den Patentinhaber zu veranlassen, im Gebiet des Staates, in dem das Patent erteilt wurde, zu produzieren, anstatt das durch das Patent geschützte Erzeugnis aus dem Gebiet anderer Mitgliedstaaten einzuführen.[105]

Die Kommission trug vor, dass diese Regelungen als Maßnahmen mit gleicher Wirkung wie Einfuhrbeschränkungen gegen die Warenverkehrsfreiheit verstießen.[106]

Die Beklagten beriefen sich zu ihrer Rechtfertigung u. a. jeweils auf Artikel 5 der Pariser Verbandsübereinkunft zum Schutz des gewerblichen Eigentums vom 20. März 1883 (im folgenden: Pariser Übereinkunft).[107] Dieser sieht vor, dass es jedem der Verbandsländer freistehe, gesetzliche Maßnahmen zu treffen, welche die Gewährung von Zwangslizenzen zur Verhütung von Missbrauch vorsehen, u. a. wegen unterlassener oder ungenügender „Ausübung“ des Patentes.

Auf gemeinschaftsrechtlicher Ebene[108] war 1975 ein Übereinkommen über das europäische Patent für den Gemeinsamen Markt (Gemeinschaftspatentübereinkommen) unterzeichnet worden.[109] Diese stellt ein „besonderes Übereinkommen“ im Sinne des Übereinkommens über die Erteilung europäischer Patente dar.

---

103 Vgl. Urt. v. 18.02.1992, Rs. C-235/89, Kommission ./. Italien, Slg. 1992 I-777, 820, Rn. 2 ff.

104 Vgl. Urt. v. 18.02.1992, Rs. C-30/90, Kommission./.Vereinigtes Königreich, Slg. 1992 I-829, 860, Rn. 2 ff.

105 Vgl. Urt. v. 18.02.1992, Rs. C-30/90, Kommission./.Vereinigtes Königreich, Slg. 1992 I-829, 866, Rn. 24

106 Vgl. Urt. v. 18.02.1992, Rs. C-235/89, Kommission ./. Italien, Slg. 1992 I-777, 822, Rn. 10; vgl. Urt. v. 18.02.1992, Rs. C-30/90, Kommission./.Vereinigtes Königreich, Slg. 1992 I-829, 863, Rn. 14.

107 Revidiert in Brüssel am 14. Dezember 1900, in Washington am 2. Juni 1911, in Haag dem 6. November 1925, in London am 2. Juni 1934, in Lissabon am 31. Oktober 1958 und in Stockholm am 14. Juli 1967, UNTS 828, Nr. 11851, S. 306; vgl. Urt. v. 18.02.1992, Rs. C-235/89, Kommission ./. Italien, Slg. 1992 I-777, 823, Rn. 11; vgl. Urt. v. 18.02.1992, Rs. C-30/90, Kommission./.Vereinigtes Königreich, Slg. 1992 I-829, 864, Rn. 15

108 Vgl. hierzu Sitzungsbericht in der Rs. C-235/89, Kommission ./. Italien, Slg. 1992 I-778, 779 f.

109 ABl. 1976 Nr. L 17, S. 1

Ein weiteres Übereinkommen über Gemeinschaftspatente wurde 1989 unterzeichnet.[110] Dieses regelte in Art. 1 Abs. 4 ausdrücklich, dass es mit seinem Inkrafttreten das Übereinkommen von 1975 ersetze. Hinsichtlich der nationalen Patente enthielten beide Übereinkommen die Regelung, dass auf die Erteilung von Zwangslizenzen an nationalen Patenten wegen Nichtausübung oder wegen unzureichender Ausübung die Regelung für das Gemeinschaftspatent entsprechend anzuwenden seien. Danach galt:

„Zwangslizenzen wegen Nichtausübung oder wegen unzureichender Ausübung dürfen an Gemeinschaftspatenten nicht erteilt werden, wenn das in einem Vertragsstaat hergestellte, durch das Patent geschützte Erzeugnis im Hoheitsgebiet eines anderen Vertragsstaats, in dem die Erteilung einer solchen Lizenz beantragt ist, in einem Umfang in Verkehr gebracht wird, der für die Bedürfnisse im Gebiet dieses Vertragsstaats ausreicht. [...]"[111]

Das Übereinkommen von 1975 trat mangels Ratifizierung durch alle Mitgliedstaaten nicht in Kraft. Zum Zeitpunkt des Urteils lag das Übereinkommen von 1989 zur Ratifizierung auf.

b. *Entscheidung des Gerichtshofs*

Der Gerichtshof stellte die Unvereinbarkeit der nationalen Patentvorschriften mit Art. 30 a. F. fest. Diese stellten diskriminierende Regelungen mit gleicher Wirkung wie mengenmäßige Einfuhrbeschränkungen dar.[112] Die Bestimmungen des Artikels 5 der Pariser Übereinkunft könnten jedenfalls keine Maßnahmen rechtfertigen, die aufgrund ihres diskriminierenden Charakters gegen den EWG-Vertrag verstießen. Das begründete er damit, dass diese Regeln von den Unterzeichnerstaaten der Gemeinschaftspatentübereinkommen berücksichtigt worden seien. Art. 82 des Übereinkommens von 1975 und Art. 77 des Übereinkommens von 1989 sähen nämlich die Anwendung derjenigen Vorschriften über die Gemeinschaftspatente auf nationale Patente vor, die die Erteilung von Zwangslizenzen im Hoheitsgebiet eines Mitgliedstaates dann nicht zulassen, wenn der Bedarf

---

110 ABl. 1989 Nr. L 401, S. 1

111 Vgl. Sitzungsbericht in der Rs. C-235/89, Kommission ./. Italien, Slg. 1992 I-778, 780

112 Nach der sog. „Dassonville-Formel", Urt. v. 11.07.1974, Rs. 8/74, Staatsanwaltschaft ./. Benoit und Gustave Dassonville, Slg. 1974, 837, 852, Rn. 5; vgl. zur Dogmatik der Warenverkehrsfreiheit: Füller, Warenverkehrsfreiheit; Keßler, System der Warenverkehrsfreiheit

dieses Staates durch Einfuhren dieses Erzeugnisses aus einem anderen Mitgliedstaat gedeckt wird.[113]

c. *Kommentar*

Bei der Pariser Übereinkunft handelt es sich um eine vorgemeinschaftliche Übereinkunft. Berufen sich die Mitgliedstaaten auf eine solche, so stellt sich an sich die Frage nach der Anwendung des Art. 307 Abs. 1. So bezieht der Generalanwalt *van Gerven* sich in seinen Schlussanträgen auf Art. 234 a. F.[114] Er stellt zunächst fest, dass Art. 5 der Pariser Übereinkunft nicht bestimme, was unter „Ausübung" eines Patentes zu verstehen sei, und konstatiert dann:[115]

„Nach Artikel 5 EWG-Vertrag und Artikel 234 Absatz 2 Satz 1 EWG-Vertrag, der eine besondere Anwendung des Artikels 5 darstellt, sind die Mitgliedstaaten, die auch die Pariser Übereinkunft unterzeichnet haben, verpflichtet, die ihnen in Artikel 5 [der Pariser Übereinkunft] (...) überlassene Befugnis in Übereinstimmung mit Artikel 30 EWG-Vertrag auszulegen und daher unter „Ausübung" auch die Einfuhr von patentierten Erzeugnissen aus einem anderen Mitgliedstaat zu verstehen."

Da die Pariser Übereinkunft vor Inkrafttreten des EWG-Vertrages geschlossen worden sei und alle Mitgliedstaaten sie ratifiziert hätten, könnten die Bestimmungen dieser Übereinkunft nach der ständigen Rechtsprechung des Gerichtshofs[116] auch keine Beschränkungen des Handels zwischen Mitgliedstaaten rechtfertigen.

Das Argument der Mitgliedstaaten, ihnen stehe aufgrund einer vorgemeinschaftlichen Übereinkunft eine Befugnis zu, nationale Rechtsvorschriften im Widerspruch zu Gemeinschaftsrecht fortgelten zu lassen, weist der Gerichtshof zurück. Die Konstellation scheint Parallelen aufzuweisen zur Rechtssache 10/61, *Kommission ./. Italien*. In diesem Verfahren hatte der Gerichtshof angenommen, dass auf Befugnisse aus vorgemeinschaftlichen Übereinkünften „ipso facto verzichtet" werde. Es stellt sich die Frage, weshalb der Gerichtshof auf diese Recht-

---

113 Vgl. Urt. v. 18.02.1992, Rs. C-235/89, Kommission ./. Italien, Slg. 1992 I-777, 826, Rn. 27 f.; vgl. Urt. v. 18.02.1992, Rs. C-30/90, Kommission./.Vereinigtes Königreich, Slg. 1992 I-829, 867, Rn. 31 f.

114 Schlussanträge GA van Gerven v. 13.12.1991, Rs. C-235/89, Kommission ./. Italien und Rs. C-30/90, Kommission ./. Vereinigtes Königreich, Slg. 1992 I-805, 814 f., Rn. 14

115 AaO. S. 815, Rn. 14

116 Hier bezieht sich der GA van Gerven (Schlussanträge GA van Gerven v. 13.12.1991, Rs. C-235/89, Kommission ./. Italien und Rs. C-30/90, Kommission ./. Vereinigtes Königreich, Slg. 1992 I-805, 814 f., Rn. 14) auf das Urteil vom 11.03.1986, Rs. 121/85, Conegate Limited ./. HM Customs & Excise, Slg. 1986, 1007.

sprechung hier nicht zurückgreift. Erklären lässt sich das wohl mit zwei wesentlichen Unterschieden der Sachverhalte: Italien hatte sich in der Rechtssachen 10/61 auf das sechste Protokoll zum GATT, das am 23. Mai 1956 in Genf unterzeichnet worden war und das zwischen den Mitgliedstaaten grundsätzlich Geltung hatte, berufen. Hier dagegen kann der Gerichtshof auf die Übereinkommen von 1975 und 1989 zurückgreifen. Er deutet sie so, dass die Regelungsbereiche, die Art. 5 der Pariser Übereinkunft betrifft, von dem Mitgliedstaaten „berücksichtigt" worden seien. Der Gerichtshof führt aber nicht aus, welche rechtliche Wirkung sich hieraus ergibt. Er kann darauf aufgrund eines zweiten maßgeblichen Sachverhaltsunterschiedes verzichten: Im Wege einer gemeinschaftsrechtskonformen Auslegung der Pariser Übereinkunft lässt sich hier eine Kollision vermeiden. Dieser Aspekt wird allerdings erst deutlich, wenn man das Urteil im Zusammenhang mit den Schlussanträgen des Generalanwalts interpretiert.

Methodisch wird damit deutlich, dass eine gemeinschaftsrechtskonforme Auslegung[117] einer vorgemeinschaftlichen Übereinkunft zur Vermeidung von Kollisionen der Anwendung von Art. 307 vorangeht.

Erneut bestätigt sich, dass Mitgliedstaaten sich zur Rechtfertigung von Regelungen, die die Grundfreiheiten beschränken, nicht auf vorgemeinschaftliche Übereinkünfte berufen können. In innergemeinschaftlichen Rechtsbeziehungen rechtfertigen die vorgemeinschaftlichen Übereinkünfte die Nichtanwendung von Gemeinschaftsrecht nicht.

11. Levy, Rs. C-158/91[118]

a. Sachverhalt

Gegen den Angeklagten im Ausgangsverfahren, das zur Vorabentscheidung in der Rechtssache C-158/91, *Levy*, führte, war ein Strafverfahren eingeleitet worden, weil er in seinem Betrieb Frauen in Nachtarbeit beschäftigt hatte. Damit verstieß er gegen Art. L 213-1 des französischen Code du travail, der Nachtarbeit für Frauen untersagte. Diese Regelung war zur Durchführung des IAO-Übereinkommens Nr. 89 vom 9. Juli 1948 erlassen worden, das die Nachtarbeit von Frauen verbietet.[119] Das mit dem Strafverfahren befasste nationale Gericht legte dem Gerichtshof die Frage vor, ob eine Regelung wie das Nachtarbeitsverbot für

---

117 Vgl. dazu unten § 2A.II.3.b.

118 Urt. v. 02.08.1993, Rs. C-158/91, Strafverfahren gegen Jean-Claude Levy, Slg. 1993 I-4287

119 Vgl. Schlußanträge des GA Tesauro vom 27.10.1992, Slg. I-4295, Rn. 3

Frauen gegen das Diskriminierungsverbot aus Art. 5 der Richtlinie 76/207[120], die sog. „Gleichbehandlungsrichtlinie“, verstoße und ob dies auch unter Berücksichtigung des IAO-Übereinkommens so sei.

b. Entscheidung des Gerichtshofs

Im Hinblick auf die Vereinbarkeit des nationalen Nachtarbeitsverbots für Frauen mit dem Gemeinschaftsrecht entschied der Gerichtshof unter Hinweis auf das Urteil in der Rs. C-345/89, *Stoeckel*,[121] dass Art. 5 der Richtlinie 76/207 hinreichend bestimmt sei, um die Mitgliedstaaten zu verpflichten, das Verbot der Nachtarbeit von Frauen – auch wenn davon Ausnahmen bestünden – nicht als gesetzlichen Grundsatz aufzustellen, wenn es kein Verbot der Nachtarbeit von Männern gebe. Somit sei das nationale Gericht grundsätzlich verpflichtet, für die volle Wirkung dieser Norm zu sorgen, indem es jede entgegenstehende nationale Bestimmung unangewendet lasse.[122]

Weiter ging dann der EuGH darauf ein, inwieweit dies auch gilt, wenn das nationale Recht auf der Umsetzung vorgemeinschaftlicher Übereinkünfte beruht. Zunächst rekapitulierte der Gerichtshof den Inhalt von Art. 234 Abs. 1 und Abs. 2 a. F. und wiederholte, der Art. 234 a. F. habe allgemeine Tragweite und gelte für alle vorgemeinschaftlichen Übereinkünfte unabhängig von ihrem Gegenstand.[123] Weiter hieß es, Artikel 234 Abs. 1 diene der Klarstellung, dass gemäß den Grundsätzen des Völkerrechts die Anwendung des Vertrages nicht die Verpflichtung des betroffenen Mitgliedstaats berühre, die Rechte dritter Staaten aus einer früheren Übereinkunft zu wahren und seine sich daraus ergebenden Verpflichtungen zu erfüllen. Die Begriffe „Rechte und Pflichten“ dieser Bestimmung bezögen sich daher, was die „Rechte“ anbelange, auf die Rechte dritter Staaten und, was die „Pflichten“ anbelange, auf die Pflichten der Mitgliedstaaten. Um festzustellen, ob eine Gemeinschaftsbestimmung gegenüber einer vorgemeinschaftlichen Übereinkunft zurückzutreten hat, sei demnach zu prüfen, ob diese

---

120 Richtlinie 76/207/EWG zur Verwirklichung des Grundsatzes der Gleichbehandlung von Männern und Frauen hinsichtlich des Zugangs zur Beschäftigung, zur Berufsbildung und zum beruflichen Aufstieg sowie in Bezug auf die Arbeitsbedingungen vom 09.02.1976, ABl. 1976 Nr. L 39/40

121 Urt. v. 25.07 .1991, Rs. C-345/89, Strafverfahren gegen Alfred Stoeckel, Slg. 1991 I-4047

122 Urt. v. 02.08.1993, Rs. C-158/91, Strafverfahren gegen Jean-Claude Levy, Slg. 1993 I-4287, 4304 f., Rn. 9 unter Hinweis auf Urt. v. 09.03.1978, Rs. 10/77, Staatliche Finanzverwaltung ./. S.p.A. Simmenthal – "Simmenthal II", Slg. 1978, 629

123 Urt. v. 02.08.1993, Rs. C-158/91, Strafverfahren gegen Jean-Claude Levy, Slg. 1993 I-4287, 4304, Rn. 11

dem betroffenen Mitgliedstaat Pflichten auferlege, deren Erfüllung die der Übereinkunft beigetretenen Drittstaaten weiterhin verlangen können.[124]

Hinsichtlich seiner Kompetenz zur dabei erforderlichen Auslegung einer vorgemeinschaftlichen Übereinkunft im Rahmen eines Vorabentscheidungsverfahrens stellte der Gerichtshof klar, dass nicht er, sondern das nationale Gericht festzustellen habe, welche Verpflichtungen der betroffene Mitgliedstaat aus einer früheren internationalen Übereinkunft und deren Grenzen so abzustecken habe, dass ermittelt werden könne, inwieweit diese Verpflichtungen der Anwendung von Gemeinschaftsrecht entgegenstehen.[125]

Der Gerichtshof ging auch auf das Vorbringen der Kommission ein, die zwei Argumente gegen einen möglichen Vorrang der Verpflichtung aus dem IAO-Übereinkommen vortrug. Zum einen berechtige die Verpflichtung aus dem IAO-Übereinkommen, die Nachtarbeit von Frauen zu untersagen, nicht zu einer Missachtung des Grundsatzes der Gleichbehandlung von Männern und Frauen, der ein Gemeinschaftsgrundrecht darstelle.[126] Der Gerichtshof stellte insoweit fest, dass die Gleichbehandlung von Männern und Frauen zwar ein in der Gemeinschaftsrechtsordnung anerkanntes Grundrecht darstelle, dass aber dessen Verwirklichung selbst auf Gemeinschaftsebene nur schrittweise erfolge und ein Tätigwerden des Rates durch den Erlass von Richtlinien notwendig mache, die zudem vorübergehend bestimmte Ausnahmen vom Grundsatz der Gleichbehandlung zuließen. "*Unter diesen Umständen*" sei die Berufung auf den Grundsatz der Gleichbehandlung nicht ausreichend, um die Erfüllung von Verpflichtungen auszuschließen, die ein Mitgliedstaat aufgrund einer vorgemeinschaftlichen Übereinkunft in diesem Bereich habe und deren Einhaltung Art. 234 Abs. 1 sichere.[127]

Die Kommission trug weiter vor, das Völkerrecht im Bereich des IAO-Übereinkommens habe sich geändert.[128] Hierzu stellte der Gerichtshof fest, dass Art. 234 Abs. 1 a. F. nicht anwendbar wäre, wenn das im IAO-Übereinkommen vorgesehen Verbot der Nachtarbeit von Frauen durch spätere Übereinkünfte zwischen den gleichen Parteien aufgehoben worden sei.[129] Die Kompetenz zur Feststellung einer entsprechenden völkerrechtlichen Entwicklung und damit des Umfangs der Verpflichtungen des Mitgliedstaates aus der vorgemeinschaftlichen Übereinkunft habe aber im Rahmen des Vorabentscheidungsverfahrens das nationale Gericht.[130] Dieses sei verpflichtet, für die volle Beachtung des Gemein-

124 AaO. S. 4304, Rn. 13
125 AaO. S. 4307, Rn. 21
126 Vgl. aaO. S. 4305, Rn. 15
127 AaO. S. 4305, Rn. 16 f.
128 Vgl. aaO S. 4306, Rn. 18 f.
129 AaO S. 4306, Rn. 20
130 AaO. S. 4307, Rn. 21

schaftsrechts zu sorgen, indem es jede entgegenstehende Bestimmung des nationalen Rechts unangewendet lasse, es sei denn, dass die Anwendung dieser Bestimmung zur Erfüllung von Verpflichtungen des Betroffenen Mitgliedstaats erforderlich sei, die sich aus einer vorgemeinschaftliche Übereinkunft ergäben.[131]

c. *Kommentar*

Drei Aspekte des Urteils sind maßgeblich und erweitern den argumentativen Rahmen bei der Auslegung von Art. 307: Auslegungskompetenz, Konsequenz der Anwendung von Art. 307 sowie Gemeinschaftsgrundrechte als mögliche Grenze der Geltung vorgemeinschaftlicher Übereinkünfte nach Art. 307.

aa. *Auslegungskompetenz*

Der EuGH trifft hinsichtlich seiner Kompetenz zur Auslegung von vorgemeinschaftlichen Übereinkünften die Aussage, dass hierfür die nationalen Gerichte zuständig seien. Diese Aussage gilt für das Vorabentscheidungsverfahren. Diese eindeutige Festlegung stellt eine Weiterentwicklung der Rechtsprechung des EuGH dar.

Der EuGH hatte hinsichtlich seiner Zuständigkeit zur Auslegung völkerrechtlicher Vereinbarungen zuvor in der Rs. 130/73, *Vandeweghe*,[132] die Ansicht geäußert, er sei aufgrund von Art. 177 EWG-Vertrag nicht befugt, über die Auslegung völkerrechtlicher Bestimmungen zu entscheiden, die zwischen den Mitgliedstaaten Bindungen außerhalb des gemeinschaftsrechtlichen Bereichs schaffen.[133]

In den Fällen der spanischen Fischer, beginnend mit der Rechtssache 812/79, *Burgoa*[134], hatte sich das Problem in ähnlicher Weise gestellt.[135] Dort hatte der

---

131 AaO. S. 4307, Rn. 22

132 Urt. v. 27.11.1973, Rs. 130/73, Magdalena Vandeweghe u. a. ./. Berufsgenossenschaft für die chemische Industrie, Slg. 1973, 1329

133 AaO. S. 1333, Rn. 2

134 S. o. § 2A.I.4.

135 Vgl. Urt. v. 14.10.1980, Rs. 812/79, Attorney-General ./. Juan C. Burgoa, Slg. 1980, 2787; Urt. v. 08.12.1981, verb. Rs. 180, 266/80 Strafverfahren gegen José Crujeiras Tome und Anton Yurrita, Slg. 1981, 2997; Urt. v. 08.12.1981, Rs. 181/80, Generalstaatsanwalt bei der Cour d'appel Pau u. a. ./. José Arbelaiz-Emazabel, Slg. 1981, 2961; Urt. v. 28.10.1982, verb. Rs. 138, 139/81, Directeur des Affaire Maritimes du Littoral du su-Ouest ./. Marticorena-Otazo und Parada, Slg. 1982, 3819; Urt. v. 28.10.1982, verb. Rs. 137, 140/81, Directeur des Affaire Maritimes du Littoral du su-Ouest ./. Sagarzazu und Sagasti, Slg. 1982, 3847; Urt. v. 28.10.1982, verb. Rs. 13-28/82, Arantzamendi-Osa u. a. ./. Procureur de la République und Procureur Géné-

Gerichtshof aber nicht gezögert, sich der Kollisionsproblematik anzunehmen. Vielmehr hatte der Gerichtshof die Doktrin der Überlagerung oder Ersetzung der Regelungen von vorgemeinschaftlichen Übereinkünften aufgestellt und damit den Umfang der völkerrechtlichen Verpflichtungen aus der vorgemeinschaftlichen Übereinkunft selbst bestimmt. Auch in der Rechtssache 34/79, *Henn und Darby*, ging der Gerichtshof so vor.[136] Nun zeigt er sich erheblich zurückhaltender.

bb. Konsequenz der Anwendung von Art. 307

Der Gerichtshof gibt dem nationalen Gericht auf, eine nationale Vorschrift, die mit dem Gemeinschaftsrecht nicht vereinbar ist, unangewendet zu lassen, es sei denn, es ist zur Erfüllung von Verpflichtungen aus einer vorgemeinschaftlichen Übereinkunft erforderlich. Zum ersten Mal in der Rechtsprechung wird damit deutlich, dass Konsequenz der Anwendung von Art. 307 sein kann, dass das mit den Regelungen einer vorgemeinschaftlichen Übereinkunft kollidierende Gemeinschaftsrecht von nationalen Gerichten nicht anzuwenden ist.

cc. Gemeinschaftsgrundrechte als mögliche Grenze der Geltung vorgemeinschaftlicher Übereinkünfte nach Art. 307

Der EuGH widmet sich der Frage, inwieweit der Grundsatz des Pacta sunt servanda des Art. 307 eingeschränkt werden kann. Die Möglichkeit, die in diesem Urteil deutlich wird, ist die, dass die Wahrung von Gemeinschaftsgrundrechten der Durchsetzung der Verpflichtungen aus einer vorgemeinschaftlichen Übereinkunft gegenüber einem Mitgliedstaat entgegensteht. Im Fall lässt der EuGH die Frage offen, indem er darauf hinweist, dass die Verwirklichung des Grundsatzes der Gleichbehandlung nur schrittweise erfolgt sei und dass die hierzu erlassenen Richtlinien Ausnahmen zuließen. Der Gerichtshof folgert: „*Unter diesen Umständen ist die Berufung auf den Grundsatz der Gleichbehandlung nicht ausreichend, um die Erfüllung von Verpflichtungen auszuschließen, die ein Mitgliedstaat aufgrund einer früheren internationalen Übereinkunft in diesem Bereich*

---

ral ; Urt. v. 28.10.1982, verb. Rs. 50-58/82, Administrateur des Affaires Maritimes ./. Dorca Marina u. a., Slg. 1982, 3927, siehe hierzu Urteilsanmerkung von Akehurst, BYIL 1983, 347

135 Urt. v. 08.12.1981, Rs. 181/80, aaO., 3. Leitsatz; Urt. v. 08.12.1981, verb. Rs. 180, 266/80, aaO.

136 Urt. v. 14.12.1979, Rs. 34/79, Strafverfahren gegen Maurice Donald Henn und John Frederick Ernest Darby, Slg. 1979, 3795, vgl. S. 3816, Rn. 26, s. o. § 2A.I.5.; s. a. Schlussanträge GA Warner v. 25.10.1979, Slg. 1979, 3818, 3833

hat und deren Einhaltung Artikel 234 Absatz 1 EWG-Vertrag sichert.“[137] Grundsätzlich schließt dieses Diktum aber die Möglichkeit einer Einschränkung der Verpflichtungen, soweit Gemeinschaftsgrundrechte entgegenstehen, nicht aus. Der gemeinschaftsrechtliche Grundrechtsschutz könnte sich danach auf völkerrechtliche Verpflichtungen der Mitgliedstaaten auswirken.[138]

12. *Minne, Rs. C-13/93*[139]

a. *Sachverhalt*[140]

Die Berufungsführerin im Ausgangsverfahren war beim Arbeitsamt in Belgien als Arbeitslose gemeldet. Sie erklärte, keine Nachtarbeit in ihrem früheren Tätigkeitsgebiet annehmen zu können. Die nationale Behörde war deshalb der Auffassung, dass sie die Aufnahme einer *geeigneten Beschäftigung* abgelehnt habe, und entschied, ihr kein Arbeitslosengeld zu zahlen. Die Klage hiergegen war erfolgreich. Das Gericht stellte fest, dass es sich bei der Nachtarbeit nicht um eine *geeignete Beschäftigung* handele, da die Beschäftigung von Frauen im Hotelgewerbe zur Nachtzeit nach nationalem belgischen Recht verboten sei. Nach belgischem Recht war der Grundsatz des Verbotes der Nachtarbeit für Männer und Frauen geregelt, im Hotelgewerbe waren jedoch – nur für männliche Arbeitnehmer – Ausnahmen zulässig.

Das daraufhin angerufene Berufungsgericht legte dem Gerichtshof in der Rechtssache C-13/93, *Minne,* die Frage vor, ob der Grundsatz der Gleichbehandlung in Artikel 5 der Richtlinie 76/297/EWG der Anwendung einer nationalen Rechtsvorschrift entgegenstehe, die nur Frauen die Erbringung von Nachtarbeit in dem fraglichen Gewerbe verbiete. Dabei wies es darauf hin, dass die entsprechende nationale Regelung erlassen worden sei, um den Verpflichtungen nachzukommen, die in verschiedenen völkerrechtlichen Übereinkommen, hauptsächlich dem Übereinkommen Nr. 89 der IAO vom 9. Juli 1948, enthalten seien, dessen Partei Belgien zum für die Entscheidung maßgeblichen Zeitpunkt war.

---

137 Urt. v. 02.08.1993, Rs. C-158/91, Strafverfahren gegen Jean-Claude Levy, Slg. 1993 I-4287, 4305 f., Rn. 16 f.

138 Vgl. hierzu unten § 7C.

139 Urt. v. 03.02.1994, Rs. C-13/93, Office national de l’emploi ./. Madeleine Minne, Slg. 1994 I-371

140 Vgl. Schlussanträge GA Tesauro v. 09/12/1993, Slg. 1994 I-373 f.

b. Entscheidung des Gerichtshofs

Der Gerichtshof beantwortete die Vorlagefrage entsprechend der Aussagen im Urteil in der Rechtssache C-158/98, *Levy*,[141] dahingehend, dass Artikel 5 der Gleichstellungsrichtlinie es einem Mitgliedstaat, der die Nachtarbeit für Männer und Frauen verbiete, nicht gestatte, Ausnahmeregelungen von diesem Verbot beizubehalten, die hauptsächlich im Hinblick auf das Verfahren ihres Erlasses und die erlaubte Dauer der Nachtarbeit unterschiedlich seien, wenn dieser Unterschied nicht zum Schutz der Frau, insbesondere bei Schwangerschaft und Mutterschaft, notwendig und damit gerechtfertigt sei.[142]

Es brauche nicht geprüft zu werden, ob das IAO-Übereinkommen anwendbar sei. Belgien habe dieses jedenfalls gekündigt, um seinen Gemeinschaftsverpflichtungen nachzukommen.[143]

Das staatliche Gericht habe für die volle Durchsetzung des Gemeinschaftsrechts zu sorgen, indem es entgegenstehendes nationales Recht unangewendet lasse, sofern dessen Anwendung nicht gemäß Artikel 234 Abs. 1 zur Erfüllung von Verpflichtungen des betroffenen Mitgliedstaats erforderlich sei, die sich aus einer vorgemeinschaftlichen Übereinkunft ergäben.[144] Es sei Sache des vorlegenden Gerichts, nicht des Gerichtshofs im Rahmen eines Vorabentscheidungsverfahrens, festzustellen, in welchem Umfang die Verpflichtungen aus der vorgemeinschaftlichen Übereinkunft der Anwendung des Gemeinschaftsrechts entgegenstünden. Hierzu habe es zu prüfen, welche Verpflichtungen der betroffene Mitgliedstaat aus einer solchen Übereinkunft habe, und ob die fraglichen nationalen Bestimmungen diese Verpflichtungen durchführen sollen.[145]

c. Kommentar

Soweit die Entscheidung Art. 5 der Gleichstellungsrichtlinie 76/297/EWG behandelt, macht der EuGH keinen Unterschied danach, ob die Benachteiligung im Grundsatz des Nacharbeitsverbots wie in der Rechtssache C-158/91, *Levy*,[146] oder, wie hier, in diskriminierend wirkenden Ausnahmeregelungen besteht.

Im Hinblick auf die der Anwendung des Artikels 5 möglicherweise entgegenstehende Verpflichtung aus dem IAO-Abkommen meint der EuGH, es brauche

141 S. o. § 2A.I.11.

142 Urt. v. 03.02.1994, Rs. C-13/93, Office national de l'emploi ./. Madeleine Minne, Slg. 1994 I-371, 385, Rn. 19

143 AaO. S. 384, Rn. 15

144 AaO. S. 384, Rn. 17

145 AaO. S. 384 f., Rn. 18

146 S. o. § 2A.I.11.

wegen der Kündigung Belgiens nicht geprüft zu werden, ob der Fall unter das Abkommen falle. Die Begründung überzeugt nicht. Wenn zum entscheidungsrelevanten Zeitpunkt, d. h. zum Zeitpunkt, den das Ausgangsgericht seiner Entscheidung zugrundelegt, eine vorgemeinschaftliche Übereinkunft der Anwendung entgegensteht, so bleibt dies auch relevant, wenn die Übereinkunft später gekündigt wird. Die tatsächliche Begründung dafür, dass eine Prüfung nicht vorzunehmen ist, liegt in der Beschränkung seiner Prüfungskompetenz, die der EuGH hier entsprechend dem Urteil in der Rechtssache C-158/91, *Levy,* wiederholt.

13. Kommission ./. Französische Republik, Rs. C-197/96; Kommission ./. Italien, Rs. C-207/96

a. Sachverhalt und Entscheidung

In der Folge der Urteile in den Rechtssachen C-158/91, *Levy* und C-13/93, *Minne,* befasste sich der Gerichtshof auch im Rahmen von Vertragsverletzungsverfahren mit dem auf Abkommen Nr. 89 der IAO beruhenden mitgliedstaatlichen Verbot der Nachtarbeit für Frauen. In den Rechtssachen C-197/96, *Kommission ./. Frankreich*[147] und C-207/96, *Kommission ./. Italien,*[148] urteilte der Gerichtshof jeweils, dass die Mitgliedstaaten gegen die Verpflichtung zur Umsetzung der Gleichstellungsrichtlinie 76/207/EWG des Rates vom 9. Februar 1976[149] verstoßen hätten. Den Verstoß sah der Gerichtshof darin, dass beide Mitgliedstaaten die nationalen Rechtsnormen auch nach Kündigung des Abkommens Nr. 89 der IAO nicht angepasst hatten.[150]

b. Kommentar

Indem der Gerichtshof im Urteil die Aussage trifft, dass die Mitgliedstaaten nicht gegen ihre Verpflichtung zur Umsetzung des Gemeinschaftsrechts verstoßen, solange eine vorgemeinschaftliche Übereinkunft sie wirksam bindet, macht er deutlich, wie Art. 307 Abs. 1 rechtstechnisch zu qualifizieren ist. Seinem Rechtscharakter nach erscheint Art. 307 Abs. 1 damit als *dilatorische Einrede* der Mit-

147 Urt. v. 13.03.1997, Rs. C-197/96, Kommission ./. Französische Republik, Slg. 1997 I-1489

148 Urt. v. 01.12.1997, Rs. C-207/96, Kommission ./. Italienische Republik, Slg. 1997 I-6869

149 ABl. 1976 Nr. L 39, S. 40

150 Urt. v. 13.03.1997, Rs. C-197/96, Kommission ./. Französische Republik, Slg. 1997 I-1489, 1500, Rn. 13; Urt. v. 01.12.1997, Rs. C-207/96, Kommission ./. Italienische Republik, Slg. 1997 I-6869, 6884, Rn. 25

gliedstaaten gegenüber der Verpflichtung zur Umsetzung von Gemeinschaftsrecht. Dieser Begriff wird im Folgenden verwendet.[151]

14. Evans, Rs. C-324/93[152]

a. Sachverhalt

Das Unternehmen Evans Medical Ltd (Evans) war vor 1992 einziger zugelassener Monopolist für die Versorgung medizinischer Einrichtungen mit Diacetylmorphin (Heroin) zur Schmerztherapie in Großbritannien. Macfarlan Smith Ltd (Macfarlan) war einziger in Großbritannien zugelassener Zulieferer von Evans. Das Diacetylmorphin wurde jeweils von der zuständigen Gesundheitsbehörde angekauft. Im August 1992 teilte der zuständige Secretary of State for the Home Department mit, dass er keine Gründe sehe, die dem entgegenstünden, nunmehr der Firma Generics (UK) Ltd (Generics) die Genehmigung zur Einfuhr einer Sendung Diacetylmorphin aus den Niederlanden zu erteilen. Er berief sich u. a. darauf, dass eine andere Entscheidung nicht mit Art. 30 und 36 a. F., Art. 28, 30 n, F., zu vereinbaren sei. Diese seien anzuwenden. Ihnen stehe nicht die Regelung des am 30. März 1961 in New York geschlossenen und vom Vereinigten Königreich 1964 ratifizierten Einheits-Übereinkommnens über Suchtstoffe[153] (Übereinkommen) entgegen. Diacetylmorphin ist ein Suchtstoff, der von dem Übereinkommen erfasst ist.

Das Übereinkommen sieht u. a. vor, dass die Vertragsstaaten,

„alle erforderlichen Gesetzgebungs- und Verwaltungsmaßnahmen [treffen], ... um ... die Gewinnung, Herstellung, Ausfuhr, Einfuhr, Verteilung, Verwendung und den Besitz von Suchtstoffen sowie den Handel damit auf ausschließlich medizinische und wissenschaftliche Zwecke zu beschränken“ (Art. 4 lit. c),

„eine Genehmigungspflicht für den Suchtstoffhandel und die Suchtstoffverteilung vor[schreiben], soweit diese nicht durch staatliche Unternehmen erfolgen“ (Art. 30 Abs. 1 lit. a), und

„im Wege einer Genehmigungspflicht die Suchtstoffeinfuhr und –ausfuhr [kontrollieren], soweit diese nicht durch staatliche Unternehmen erfolgen“ (Art. 31 Abs. 3 lit. a).

---

151 Vgl. auch unten § 2A.II.3.c.

152 Urt. v. 28.03.1995, Rs. C-324/93, R ./. Secretary of State for the Home Department, ex parte Eans Medical Ltd und Macfarlan Smith Ltd, Slg. 1995 I-563

153 UNTS 520, 204; eine deutsche Übersetzung des Übereinkommens in seiner durch das Protokoll vom 25.03.1972 geänderten Fassung ist im BGBl. 1977 II S. 111 abgedruckt.

Evans und Macfarlan klagten daraufhin im Ausgangsverfahren auf Feststellung, dass die Entscheidung, die Einfuhr zu genehmigen und damit die vorherige Politik des nationalen Monopols aufzugeben, der Begründung nach rechtlich fehlerhaft, damit nichtig und aufzuheben sei. Sie waren der Ansicht, dass die Anforderungen des Übereinkommens mit den Art. 30 bis 36 a. F. unvereinbar seien. Diese seien daher bereits nicht anwendbar. Das nationale Gericht setzte das Verfahren zur Vorlage an den Gerichtshof aus. Es fragte in der Rechtssache C-324/93, *Evans*, u. a., inwieweit Art. 30 a. F. auf eine nationale Praxis anwendbar sei, nach der die Einfuhr von Suchtstoffen untersagt werde, die vom Übereinkommen erfasst werden.

b. Entscheidung des Gerichtshofs

Hierauf antwortete der EuGH, dass Art. 30 a. F. anwendbar sei. Die Tatsache, dass eine den freien Warenverkehr beschränkende Maßnahme sich möglicherweise aus einer vorgemeinschaftlichen Übereinkunft ergebe, und dass der Mitgliedstaat die Maßnahme gemäß Art. 234 a. F. trotz ihres behindernden Charakters beibehalte, führe nicht dazu, dass sie dem Anwendungsbereich des Art. 30 a. F. entzogen sei; denn Art. 234 a. F. greife nur dann ein, wenn die Übereinkunft einem Mitgliedstaat eine mit dem Vertrag unvereinbare Verpflichtung auferlege.[154]

Eine weitere Frage bezog sich darauf, ob Art. 30 a. F. dahin auszulegen sei, dass ein Mitgliedstaat für die volle Wirksamkeit dieser Bestimmung sorgen muss, indem er eine nationale Praxis unangewendet lässt, die darin besteht, die Einfuhr von Diacetylmorphin zu untersagen, wenn die Praxis, die sich als unvereinbar mit der Gemeinschaftsbestimmung erweist, zur Durchführung eines Übereinkommens dient, das wie das Übereinkommen über Suchtstoffe von dem betreffenden Mitgliedstaat mit anderen Mitgliedstaaten und mit Drittstaaten vor dem Inkrafttreten des Vertrages oder dem Beitritt dieses Mitgliedstaats geschlossen wurde und dessen Einhaltung die Aufteilung von Quoten auf beteiligte Unternehmen und die Anwendung eines wirksamen Kontrollsystems erfordere.[155]

Der Gerichtshof rekapitulierte hierzu die Aussagen aus dem Urteil in der Rechtssache C-158/91, *Levy*.[156] Danach sei insoweit zu prüfen, ob die vorgemeinschaftliche Übereinkunft dem betreffenden Mitgliedstaat Verpflichtungen

---

154 Urt. v. 28.03.1995, Rs. C-324/93, R ./. Secretary of State for the Home Department, ex parte Eans Medical Ltd und Macfarlan Smith Ltd, Slg. 1995 I-563, 604 f., Rn. 22 f.

155 Vgl. aaO. S. 605, Rn. 25

156 Urt. v. 02.08.1993, Rs. C-158/91, Strafverfahren gegen Jean-Claude Levy, Slg. 1993 I-4287, s. o. § 2A.I.11.

auflege, deren Erfüllung noch von den Drittstaaten, die der Übereinkunft beigetreten sind, verlangt werden könne. Die Prüfung, welche Verpflichtung ein Mitgliedstaat aus einer vorgemeinschaftlichen Übereinkunft habe, sei nicht Sache des Gerichtshofs im Rahmen des Vorabentscheidungsverfahrens, sondern die des nationalen Gerichts.[157]

Weiter stellte der EuGH fest, dass, wenn eine internationale Übereinkunft es einem Mitgliedstaat gestatte, eine Maßnahme zu treffen, die mit dem Gemeinschaftsrecht unvereinbar erscheine, ohne ihn jedoch dazu zu verpflichten, der Mitgliedstaat vom Erlass einer solchen Maßnahme absehen müsse.

c. *Kommentar*

Maßgeblich sind die Aussagen des EuGH zur Auslegungskompetenz und zur Pflicht eines Mitgliedstaats zum Verzicht auf eine gemeinschaftsrechtswidrige, aber nach einer vorgemeinschaftlichen Übereinkunft gestattete Maßnahme.

aa. *Kompetenz des Gerichtshofs zur Auslegung einer vorgemeinschaftlichen Übereinkunft*

Im Hinblick auf seine Auslegungskompetenz rekapituliert der Gerichtshof seine Aussagen aus dem Urteil in der Rechtssache C-158/91, *Levy*,[158] wie oben angesprochen.

Sehr aufschlussreich sind die Ausführungen des Generalanwalts *Lenz*, der in den Schlussanträgen ausführlich zu diesem Thema Stellung nimmt.[159] Danach entspricht die Ansicht des Gerichtshofs dem Vertrag, „da Artikel [234] dem Gerichtshof lediglich die Befugnis zur Auslegung des *Gemeinschaftsrechts* zuweist.“[160] Eine Kompetenz zur Auslegung einer vorgemeinschaftlichen Übereinkunft hat der Gerichtshof nach Ansicht des Generalanwalts allerdings in drei Fällen:

Im Rahmen des Verfahrens nach Art. 177 a. F. ist der Gerichtshof nach seinem Urteil in der Rechtssache *SPI*[161] zur Auslegung des GATT befugt. Der Ge-

---

157 Vgl. Urt. v. 28.03.1995, Rs. C-324/93, R ./. Secretary of State for the Home Department, ex parte Eans Medical Ltd und Macfarlan Smith Ltd, Slg. 1995 I-563, 606, Rn. 28 ff.

158 § 2A.I.11.

159 Vgl. Schlussanträge GA Lenz v. 01.10.1995, Slg. I-566, 580 ff., Rn. 38 ff.

160 AaO. S. 581, Rn. 39; Hervorhebung im Original

161 Urt. v. 16.03.1983, verb. Rs. 267-269/81, Administrazione delle finanze dello Stato ./. Società Petrolifera Italiana S.p.A. (SPI) und S.p.A. Michelin Italiana (SAMI), Slg. 1983, 801

neralanwalt sieht aber hier den wesentlichen Aspekt, der zur Zuständigkeit des EuGH führt, in dem Umstand, dass die Gemeinschaft „hinsichtlich der Erfüllung der Verpflichtungen aus dem GATT [...] *an die Stelle der Mitgliedstaaten* getreten" sei.[162]

Im Rahmen der Prüfung, ob eine Verordnung gegen Art. 307 verstoßen haben könnte, müsste der Gerichtshof selbst das völkerrechtliche Abkommen auslegen, da nur er die Ungültigkeit der gemeinschaftsrechtlichen Norm, um die es geht, feststellen kann.[163]

In Fällen, in denen ein Mitgliedstaat das Gemeinschaftsrecht außer acht lässt, ohne dazu durch Art. 307 ermächtigt zu sein, kann eine Vertragsverletzungsklage nach Art. 226 oder 227 erhoben werden. Im Rahmen eines *solchen* Verfahrens hätte der Gerichtshof zu prüfen, ob das Verhalten dieses Mitgliedstaates aufgrund von Art. 307 gerechtfertigt ist und erforderlichenfalls festzustellen, ob die Auslegung des betreffenden Übereinkommens durch den Mitgliedstaat zutreffend ist.[164]

Anhand dieser Ausführungen zur Auslegungskompetenz zeigt sich, dass ein systematisches Verständnis der Aussagen des Gerichtshofs sich erst in der nachträglichen Gesamtschau ergibt. Insoweit entspricht das Vorgehen des Generalanwalts dem hier gewählten Ansatz.

bb. Pflicht der Mitgliedstaaten zum Verzicht auf eine gemeinschaftsrechtswidrige, aber nach einer vorgemeinschaftlichen Übereinkunft gestattete Maßnahme

Mit der Aussage, ein Staat müsse möglicherweise auf die Vornahme einer durch eine vorgemeinschaftliche Übereinkunft gestatteten Maßnahme verzichten, konstatiert der Gerichtshof die Pflicht zur Gemeinschaftstreue im Rahmen von Art. 307. Die Aussage lenkt den Blick auf die Aussage vom „Ipso-facto-Verzicht" in der Rechtssache 10/61, *Kommission ./. Italien.*[165] Ohne diesen Begriff zu verwenden, trifft der EuGH erneut die Aussage, ein Mitgliedstaat müsse gegebenenfalls auf die Ausübung von Rechten aus einer vorgemeinschaftlichen Übereinkunft verzichten.

---

162 Schlussanträge GA Lenz v. 01.10.1995, Slg. I-566, 581, Rn. 40; Hervorhebung im Original

163 AaO. S. 582, Rn. 42

164 AaO. S. 583, Rn. 44; Hervorhebung im Original

165 S. o. § 2A.I.1.

15. Centro-Com, Rs. C-124/95[166]

a. Sachverhalt

Die Rechtssache C-124/95, *Centro-Com,* war eine von drei Vorlagen an den Gerichtshof, die die Durchführung von Wirtschaftssanktionen gegen die Bundesrepublik Jugoslawien (Serbien und Montenegro) im Zusammenhang mit dem Krieg im früheren Jugoslawien betrafen.[167] Diese Sanktionen waren vom Sicherheitsrat der VN mit der am 30.05.1992 angenommenen Resolution 757 (1992) verhängt worden, deren Grundlage Kapitel VII, Art. 41, der VN-Charta war.[168] Sie schlossen ein Verbot aller Ausfuhren mit Ausnahme bestimmter lebenswichtiger Güter[169] und ein finanzielles Embargo[170] ein. Danach sollten die VN-Mitgliedstaaten *„der Bundesrepublik Jugoslawien oder kaufmännischen oder industriellen Unternehmen oder öffentlichen Versorgungsunternehmen keine Gelder oder sonstigen finanziellen oder wirtschaftlichen Mittel zur Verfügung [stellen].*" In der Gemeinschaft führte der Rat die Resolution durch den Erlass der Verordnung Nr. 1432/92, gestützt auf Art. 113 a. F.[171] durch.[172]

Die Centro-Com, eine italienische Gesellschaft, erhielt von den italienischen Behörden eine Genehmigung für die Ausfuhr bestimmter pharmazeutischer Erzeugnisse in die Republiken Serbien und Montenegro. Ihre Lieferungen sollen von einem Konto der National Bank of Yugoslavia bei der Barclays Bank (London) bezahlt werden. Infolge einer Änderung der Politik des Vereinigten Königreichs hinsichtlich der Freigabe serbischer Gelder erhielt die Centro-Com keine vollständige Zahlung: Angesichts neuer, auf einen Missbrauch des Systems der

---

166 Urt. v. 14.01.1997, Rs. C-124/95, R. ./. HM Treaasury, ex parte Centro-Com Srl, Slg. 1997 I-81

167 Vgl. Urt. v. 30.07.1996, Rs. C-84/95, Bosphorus Hava Yollari Trizm ve Ticaret A. S. ./. Minister for Transport, Energy and Communications, u. a., Slg. 1996, I-3953 und Urt. v. 27. 02.1997, Rs. C-177/95, Ebony Maritime SA und Loten Navigation Co. Ltd ./. Prefetto della Provincia di Brindisi u. a., Slg. 1997 I-1111

168 Charta der Vereinten Nationen vom 26.06.1945, vgl. United Nations Conference on International Oganization Documents, Bd. XV (1945), S. 335 ff.

169 Vgl. Abschnitt 4 der Resolution

170 Vgl. Abschnitt 5 der Resolution

171 Art. 133 EG

172 Regelungen für den Erlass von Sanktionen wurden später durch den Amsterdamer Vertrag eingefügt, vgl. Art. 301 (Wirtschaftssanktionen, Art. 228a a. F.) und 60 (finanzielles Embargo, Art. 73g a. F.), vgl. Schlussanträge GA Jacobs v. 24.09.1996, Rs. C-124/95, R. ./. HM Treaasury, ex parte Centro-Com Srl, Slg. 1997 I-84, 99, Rn. 42. Vgl. zu Fragestellungen im Zusammenhang mit der Verhängung von Wirtschaftssanktionen durch die Gemeinschaft umfassend Burkard, GASP, S. 71 ff., Hüwelmeier, GASP, S. 387 ff.

Ausfuhrgenehmigungen hindeutender Informationen beschloss die Regierung des Vereinigten Königreichs, zur Sicherstellung der Wirksamkeit der Sanktionen vorzuschreiben, dass Gelder nur für die Zahlung von Ausfuhren aus dem Vereinigten Königreich selbst freigegeben werden dürften. Dadurch sollte die Kontrolle der Ausfuhren und Zahlungen sichergestellt werden.[173]

In Verfahren vor englischen Gerichten beanstandete die Centro-Com die Änderung der Politik. Sie berief sich dabei darauf, die Praxis verstoße gegen Gemeinschaftsrecht. Die ausschließliche Zuständigkeit der Gemeinschaft für die Handelspolitik gestatte den Mitgliedstaaten nicht, einseitig solche ausfuhrbeschränkenden Maßnahmen zu ergreifen. Das englische Gericht legte dem Gerichtshof die Frage vor, inwieweit die nationale Maßnahme mit der gemeinsamen Handelspolitik der Gemeinschaft vereinbar sei. Weiter fragte es danach, ob die Vorschriften des Art. 234 a. F. EG-Vertrag die Antwort auf diese erste Frage berührten.

b. Entscheidung des Gerichtshofs

Der Gerichtshof beantwortete die erste Frage zunächst dahingehend, dass eine Maßnahme wie die des Vereinigten Königreiches unvereinbar mit der gemeinsamen Handelspolitik sei. Denn die Regelung beschränke die Zahlung des Preises der Waren, die ebenso wie deren Lieferung ein wesentlicher Bestandteil des Ausfuhrgeschäfts sei.[174]

Soweit Großbritannien vorgetragen hatte, es habe lediglich mitgliedstaatliche Befugnisse der Außen- und Sicherheitspolitik wahrgenommen, hielt der Gerichtshof dem entgegen, dass die Mitgliedstaaten nationale Maßnahmen, die die Verhinderung oder Beschränkung der Ausfuhr bestimmter Güter bewirken, dem Bereich der gemeinsamen Handelspolitik nicht mit der Begründung entziehen könnten, dass mit ihnen außen- oder sicherheitspolitische Zwecke verfolgt würden.[175]

Zu Art. 307 wiederholte der Gerichtshof die zuvor getroffenen Aussagen zum Zweck der Regelung,[176] zur erforderlichen Prüfung, ob einen Bestimmung einer vorgemeinschaftlichen Übereinkunft einem Mitgliedstaat Verpflichtungen auferlege, die mit dem Gemeinschaftsrecht unvereinbar seien,[177] sowie zur Zuständig-

---

173 Vgl. Urt. v. 14.01.1997, Rs. C-124/95, R. ./. HM Treaasury, ex parte Centro-Com Srl, Slg. 1997 I-81, 119 f., Rn. 16

174 AaO. S. 126, Rn. 41

175 AaO. S. 122 f., Rn. 23-26; s. a. unten § 10C.

176 AaO. S. 130, Rn. 56

177 AaO. S. 130, Rn. 57

keit des nationalen Gerichts und nicht des Gerichtshofs im Rahmen eines Vorabentscheidungsersuchens für diese Prüfung.[178]

Das nationale Gericht habe somit zu prüfen, ob in dem von ihm zu entscheidenden Fall die Änderungen der Politik des Vereinigten Königreichs und die Entscheidungen, mit denen die Freigabe der Gelder untersagt wurde, erforderlich waren, um sicherzustellen, dass der betreffende Mitgliedstaat seine Verpflichtungen aus der VN-Charta und der Resolution 757 (1992) des Sicherheitsrats erfüllte.[179] Dabei betont der Gerichtshof: „*Gestattet im übrigen eine internationale Übereinkunft einem Mitgliedstaat, eine Maßnahme zu treffen, die mit dem Gemeinschaftsrecht unvereinbar erscheint, ohne ihn jedoch dazu zu verpflichten, so muss der Mitgliedstaat vom Erlass einer solchen Maßnahme absehen.*“[180]

c. *Kommentar*

Der Gerichtshof wiederholt im Wesentlichen seine Aussagen zu Art. 307. Insbesondere greift er die Formulierung aus den Urteilen in der Rechtssache C-158/91, *Levy,*[181] und C-324/93, *Evans,*[182] – und anders als in der Rechtssache 13/93, *Minne,*[183] – auf, das nationale Gericht habe dem Gemeinschaftsrecht nur dann nicht den Anwendungsvorrang gegenüber dem nationalen Recht zu geben, wenn dessen Anwendung zur Erfüllung einer Verpflichtung aus einer vorgemeinschaftlichen Übereinkunft „erforderlich“ sei, wieder auf.

Das Sonderproblem des Verhältnisses von Gemeinschaftsrecht und außen- und sicherheitspolitischen Kompetenzen der Mitgliedstaaten, das der Fall aufwirft, stellt sich auch im Rahmen des Zusammenwirkens der Mitgliedstaaten nach Art. 307 Abs. 2, nach dem sie gegebenenfalls eine gemeinsame Haltung annehmen, und wird unten näher behandelt.[184]

---

178 AaO. S. 130 f., Rn. 58

179 AaO. S. 131, Rn. 59; Brandl, AdV 2003, 101, 107, analysiert die Entscheidung missverständlich, da sie nicht deutlich macht, dass die fragliche vorgemeinschaftliche Übereinkunft, deren Erfüllung dem Gemeinschaftsrecht möglicherweise vorgeht, die Satzung der Vereinten Nationen ist und nicht die aufgrund der Gemeinschaftssanktionen beendeten Abkommen mit Jugoslawien.

180 AaO. S. 131, Rn. 60

181 Urt. v. 02.08.1993, Rs. C-158/91, Strafverfahren gegen Jean-Claude Levy, Slg. 1993 I-4287, 4307, Rn. 22; s. o. § 2A.I.11.

182 Vgl. Urt. v. 28.03.1995, Rs. C-324/93, R ./. Secretary of State for the Home Department, ex parte Eans Medical Ltd und Macfarlan Smith Ltd, Slg. 1995 I-563, 607, Rn. 33; s. o. § 2A.I.14.

183 Urt. v. 03.02.1994, Rs. C-13/93, Office national de l'emploi ./. Madeleine Minne, Slg. 1994 I-371; s. o. § 2A.I.12.

184 Vgl. dazu unten § 10C.

16. T. Port III, verb. Rs. C-364/95 und C-365/95[185]

a. Sachverhalt

Die Klägerin des deutschen Ausgangsverfahrens war eine traditionelle Importeurin von Bananen aus Lateinamerika. Der Import von Bananen wurde u. a. durch die Verordnung (EWG) Nr. 404/93 des Rates vom 13.02.1993 über die gemeinsame Marktorganisation für Bananen[186] geregelt. Durch diese wurden die zuvor von Mitgliedstaat zu Mitgliedstaat unterschiedlichen Regelungen für die Einuhr von Bananen vereinheitlicht.[187] Titel IV der Verordnung, der die Regelung für den Handel mit dritten Ländern betrifft, sieht in Art. 18 Abs. 1 in der Fassung der Verordnung (EG) Nr. 3290/94 des Rates vom 22.12.1994 über erforderliche Anpassungen und Übergangsmaßnahmen im Agrarsektor zur Anwendung der im Rahmen der multilateralen Handelsverhandlungen der Uruguay-Runde geschlossenen Übereinkünfte[188] vor, dass jährlich ein Zollkontingent in Höhe von 2,2 Mio. Tonnen (Eigengewicht) für Einfuhren von Drittlandsbananen und nichttraditionellen AKP-Bananen eröffnet wird. Art. 19 Abs. 1 teilt das Zollkontingent auf: 66,5 % erhält die Gruppe der Marktbeteiligten, die Drittlandsbananen oder nichttraditionelle AKP-Bananen vermarktet haben, 30 % erhält die Gruppe der Marktbeteiligten, die Gemeinschaftsbananen oder traditionelle AKP-Bananen vermarktet haben und 3,5 % erhalten die in der Gemeinschaft niedergelassenen Marktbeteiligten, die ab 1992 mit der Vermarktung von anderen als Gemeinschafts- oder traditionellen AKP-Bananen beginnen. Aufgrund von Bescheinigungen über die in den Jahren 1989 bis 1991 durchschnittlich vermarkteten Mengen sollten die Kontingentsanteile den Marktbeteiligten zugeteilt werden.

Im Einklang mit der Gemeinschaftsregelung wurden der Klägerin im Ausgangsverfahren auf ihren Antrag hin nur geringe Einfuhrbescheinigungen für die Jahre 1993, 1994 und 1995 zugeteilt. Die Klägerin beantragte daraufhin die Zuteilung weiterer Bescheinigungen im Wege der einstweiligen Anordnung, die der Hessische Verwaltungsgerichtshof im Februar 1995 erließ; gleichzeitig legte er dem Gerichtshof Fragen zur Vorabentscheidung vor, die dieser in der Rechtssache C-68/95, *T. Port ./. Bundesanstalt für Landwirtschaft und Ernährung,*[189] beantwortete. Beim Finanzgericht Hamburg reichte T. Port im Mai 1995 weitere Anträge auf Erlass einstweiliger Anordnungen ein. Diesen wurde stattgegeben

---

185 Urt. v. 10.03.1998, verb. Rs. C-364/98 und C-365/98, T. Port GmbH & Co. KG ./. Hauptzollamt Hamburg-Jonas, Slg. 1998 I-1023

186 ABl. 1993 Nr. L 47, S.1

187 Vgl. Überblick bei Rabe, NJW 1996, 1320

188 ABl. 1994 Nr. L 349, S. 105

189 Urt. v. 26.11.1996, Slg. 1996, I-6065

mit Hinweis darauf, dass es zweifelhaft sei, ob die Bestimmungen der Grundverordnung in Deutschland anwendbar seien, da sie im Widerspruch zu den Bestimmungen des GATT stünden, die in Deutschland Gültigkeit hätten. Gleichzeitig legte das Finanzgericht dem Gerichtshof Fragen nach der Auslegung des Art. 234 Abs. 1 a. F. im Zusammenhang mit dem GATT zur Vorabentscheidung vor, Rs. C-182/95, *T. Port ./. Hauptzollamt Hamburg-Jonas.*[190] Diese Beschlüsse wurden vom Bundesfinanzhof im August 1995 per Beschluss aufgehoben, der wiederum von T. Port vor dem Bundesverfassungsgericht angefochten wurde.

Aufgrund des Aufhebungsbeschlusses des Bundesfinanzhofs erließ das Hauptzollamt Hamburg-Jonas Bescheide über die Nachentrichtung von Zoll für Bananen, die T. Port im Mai 1995 aufgrund der Beschlüsse des Finanzgerichts Hamburg aus Ecuador eingeführt hatte. T. Port erhob zunächst Einspruch gegen den Bescheid und beantragte gleichzeitig die Aussetzung der Vollziehung. Nach Ablehnung des Antrags auf Aussetzung der Vollziehung erhob T. Port Klage beim Finanzgericht Hamburg. Unter Hinweis auf Zweifel über die Rechtmäßigkeit der Bescheide über die Nachentrichtung aufgrund des Verstoßes der Grundverordnung gegen das GATT gab dieses der Klage statt. Die Vollziehung wurde ausgesetzt, bis der Gerichtshof über die Fragen in der Rechtssache T. Port II entschieden habe.

Diese gingen dahin, ob Art. 234 Abs. 1 a. F. dahin auszulegen sei, dass Art. I, II und III des GATT in der Bundesrepublik Anwendungsvorrang vor der fraglichen Grundverordnung zum Bananenmarkt hätten; weiter, falls dies der Fall sei, ob der Gemeinschaftsbürger sich auf den Anwendungsvorrang der GATT-Bestimmungen in einem Verfahren vor Gerichten der Mitgliedstaaten berufen könne.

b. Entscheidung des Gerichtshofs

Der Gerichtshof wiederholte zunächst seine Aussage, nach der die Bestimmung des Art. 234 Abs. 1 a. F. gemäß den Grundsätzen des Völkerrechts bezwecke, klarzustellen, dass die Anwendung des Vertrages nicht die Pflicht des betreffenden Mitgliedstaates berühre, die Rechte von Drittländer aus einer früher geschlossenen Übereinkunft zu wahren und seine entsprechenden Verpflichtungen zu erfüllen.[191]

Eine Bestimmung des Gemeinschaftsrechts habe gegenüber einer völkerrechtlichen Übereinkunft nur dann zurückzutreten, wenn diese zum einen vor dem In-

190 Das Verfahren wurde ausgesetzt durch Entscheidung des Präsidenten des Gerichtshofs vom 08.09.1995.

191 Vgl. Slg. 1998, I-1021, 1051 Rn. 60

krafttreten des EG-Vertrags geschlossen wurde und wenn zum anderen das fragliche Drittland daraus Rechte herleiten könne, deren Beachtung es von dem betreffenden Mitgliedstaat verlangen könne.[192]

Der Gerichtshof entschied, dass Art. 234 Abs. 1 keine Anwendung finde, wenn es um die Einfuhr von Bananen aus einem Drittland gehe, das nicht Partei einer von Mitgliedstaaten vor dem Inkrafttreten des EG-Vertrags geschlossenen völkerrechtlichen Übereinkunft sei.

Ecuador sei im Jahre 1947 keine Vertragspartei de GATT gewesen und erst 1996 Mitglied der WTO und damit des GATT 1994 geworden. Somit stehe weder das GATT 1947 noch das GATT 1994 gemäß Art. 234 Abs. 1 a. F. der Anwendung der Bananenmarktverordnungen entgegen.[193]

c. *Kommentar*

Die Rechtsprechung des Gerichtshofs ist im Zusammenhang zu sehen mit den Rechtsstreitigkeiten um die Gültigkeit der sog. „Bananenmarktordnung“, die in der Literatur nachhaltigen Niederschlag gefunden haben.[194] Der EuGH urteilt, dass Art. 307 Abs. 1 keine Anwendung findet, weil im Verhältnis zu Ecuador eine Bindung an das GATT nicht bestanden habe. Im Hinblick auf Art. 307 Abs. 1 ist diese Ansicht vertretbar.

Betrachtet man aber die Fallkonstellation näher, so erweist sich, dass die Argumentation des EuGH zur Nichtanwendbarkeit des Art. 234 a. F. widersprüchlich ist. Art. 307 Abs. 1, 234 Abs. 1 a. F. erfordert nach seinem Wortlaut für den Vorrang einer vorgemeinschaftlichen Übereinkunft vor dem Gemeinschaftsrecht allein die bestehende Bindung eines Mitgliedstaates an diese Übereinkunft gegenüber einem dritten Staat. Das Erfordernis, dass im Rahmen der Bananenmarktordnung Gemeinschaftsrecht nur dann an einer vorgemeinschaftlichen Übereinkunft zu messen wäre, wenn das Erzeugerland gebunden ist, findet im Wortlaut keinen Rückhalt.

Diese in der Literatur kritisch bedachte Argumentation[195] zeigt unverkennbar den Ansatz des Gerichtshofs, wenn möglich zu einer restriktiven Auslegung des Art. 307 Abs. 1 zu gelangen und so die Fortgeltung gemeinschaftlicher Rechtsakte nicht durch Normen des GATT in Frage stellen zu lassen.

---

192 AaO. S. 1052, Rn. 61

193 AaO. S. 1052, Rn. 63 f.

194 Vgl. nur zum Beginn der Diskussion Rabe, NJW 1996, 1320; Stein, EuZW 1998, 261

195 Vgl. nur Petersmann/Spennemann, in: von der Groeben/Schwarze, Art. 307, Rn. 26 ff. m. w. N.

17. Kommission ./. Bundesrepublik Deutschland (Open Skies Abkommen), Rs. C-476/98[196]

a. Sachverhalt

Gegen Ende des Zweiten Weltkriegs oder danach schlossen mehrere Staaten, die später Mitgliedstaaten der Gemeinschaft wurden, mit den Vereinigten Staaten von Amerika bilaterale Luftverkehrsabkommen. In dem Bestreben, diese bilateralen Abkommen durch ein einziges Abkommen der Gemeinschaft mit den Vereinigten Staaten zu ersetzen, versuchte die Kommission von Beginn der 90er Jahre an wiederholt, vom Rat ein Mandat zu erhalten, um mit den amerikanischen Stellen ein solches Luftfahrtabkommen auszuhandeln.[197] Im Juni 1996 erteilte der Rat ein beschränktes Mandat für Verhandlungen, das bislang nicht zum Abschluss eines Abkommens geführt hat.

Ab 1995 schlossen die Vereinigten Staaten bilaterale Open-Skies-Abkommen mit Mitgliedstaaten. Ein Abkommen dieses Typs sollte Allianzen zwischen amerikanischen und europäischen Luftfahrtunternehmen erleichtern und hatte ein Reihe von Kriterien zu erfüllen, die die amerikanische Regierung festgelegt hatte, z. B. freier Zugang zu allen Routen, Gewährung unbegrenzter Linien- und Verkehrsrechte, Preisfestlegung nach einem System der doppelten Missbilligung für Luftverkehrsstrecken zwischen den Vertragsparteien, Möglichkeit des code sharing usw.[198] Die Kommission hatte 1994 auf die negativen Auswirkungen dieser bilateralen Abkommen für die Gemeinschaft hingewiesen und festgestellt, dass ein Abkommen dieses Typs die interne Regelung der Gemeinschaft beeinträchtigen könnte.

Der Rat hatte nämlich in den Jahren 1987, 1990 und 1992 jeweils ein „Paket" von Verordnungen zur Regelung des gemeinschaftlichen Luftverkehrs erlassen, um den freien Wettbewerb innerhalb der Gemeinschaft zu sichern. Das Paket aus dem Jahr 1992 umfasst drei Verordnungen betreffend die Erteilung von Betriebsgenehmigungen durch Mitgliedstaaten an Luffahrtunternehmen mit Sitz in der Gemeinschaft,[199] den Zugang von EU-Luftfahrtunternehmen zu Strecken des in-

---

196 Urt. v. 05.11.2002, Rs. C-476/98, Kommission ./. Bundesrepublik Deutschland, Slg. 2002 I-9855; auch EuZW 2003, 82, mit Anmerkung Pitschas

197 Vgl. zur Kompetenzlage im Bereich Luftfahrt Eisermann, EuZW 1995, 331 ff.; Hilpold, EU im GATT/WTO-System, S. 142

198 Vgl. Urt. v. 05.11.02, Rs. C-476/98, Kommission ./. Bundesrepublik Deutschland, Slg. 2002 I-9855, 9878, Rn. 24

199 Verordnung (EWG) Nr. 2407/92 vom 23.07.1992, ABl. 1992 Nr. L 240, S. 1

nergemeinschaftlichen Flugverkehrs[200] sowie Flugpreise und Luftfrachtraten.[201] Diese Regelungen werden ergänzt durch zwei weitere Verordnungen von 1989 und 1993 betreffend einen Verhaltenskodex im Zusammenhang mit computergesteuerten Buchungssystemen[202] und Zuweisung von Zeitnischen.[203]

Zwischen der Bundesrepublik Deutschland und den Vereinigten Staaten bestand ein bilaterales Luftfahrtabkommen seit 1955, das 1978 und 1989 geändert wurde (im folgenden: Abkommen von 1955). Zu Beginn der 90er Jahre beschlossen beide Länder, über das Abkommen von 1955 neu zu verhandeln. Bis zum Abschluss dieser Verhandlungen wurde mit einem Abkommen vom 24.05.1994 eine Übergangsregelung vereinbart (im folgenden: Übergangsregelung von 1994). Im Jahr 1996 unterzeichneten die Bundesrepublik Deutschland und die Vereinigten Staaten ein Protokoll zur Änderung des Abkommens von 1955 (im folgenden: Änderungsprotokoll von 1996). Ähnliche Abkommen schlossen die in den weiteren Verfahren beklagten Mitgliedstaaten.

Die Kommission klagte daraufhin im Vertragsverletzungsverfahren gegen sieben Mitgliedstaaten.[204] Sie stützte diese Klage maßgeblich auf eine Verletzung der Außenkompetenz der Gemeinschaft durch die bilateralen „Open Skies“ Abkommen[205] und rügte einen Verstoß gegen die Niederlassungsfreiheit, Art. 52 a. F., Art. 43 EG.[206]

Die Bundesregierung vertrat die Ansicht, die Kommission habe ihre Klage lediglich auf die Änderungen von 1996 bezogen. Bei dem Abkommen von 1955 handele es sich um eine vorgemeinschaftliche Übereinkunft, für die der Einwand des Art. 234 a. F. gelte.[207] Sie sei an die Verpflichtungen aus dieser Übereinkunft gebunden.

Die Kommission trug dagegen vor, dass ihre Klage auf das Abkommen von 1955 bezogen sei. Die 1996 erfolgten Änderungen des Abkommens von 1955 seien so grundlegend gewesen, dass im Ergebnis ein völlig neues Luftverkehrsabkommen zwischen den Vereinigten Staaten von Amerika und der Bundesrepu-

200 Verordnung (EWG) Nr. 2408/92 vom 23.07.1992, ABl. 1992 Nr. L 240, S. 8

201 Verordnung (EWG) Nr. 2409/92 vom 23.07.1992, ABl. 1992 Nr. L 240, S. 15

202 Verordnung (EWG) Nr. 2299/89 vom 24.07.1989, ABl. 1989 Nr. L 220, S. 1 in der Fassung der Verordnung (EWG) Nr. 3089/93 vom 29.10.1993, ABl. 1993 Nr. L 278, S. 1

203 Verordnung (EWG) Nr. 95/93 vom 18.01.1993, ABl. 1993 Nr. L 14, S. 1

204 Rs. C-466/98, C-467/98, C-468/98, C-469/98, C-471/98, C-472/98, C-475/98, C-476/98 (Bundesrepublik Deutschland)

205 Vgl. Urt. vom 05.11.02, Rs. 476/98, Kommission der Europäischen Gemeinschaften ./. Bundesrepublik Deutschland, Slg. 2002 I-9855, 9892, Rn. 71 ff.

206 AaO. Slg. 2002 I-9855, 9909, Rn. 138 ff.

207 AaO. Slg. 2002 I-9855, 9887 f., Rn. 57

blik Deutschland geschlossen worden sei. Es handele sich um eine Neuregelung gegenseitiger Rechte und Pflichten in einem völlig neuen Kontext.

b. *Entscheidung des Gerichtshofs*

Der Gerichtshof gab der Klage teilweise statt. Im Ergebnis stellte er fest, dass die Bundesrepublik dadurch gegen Gemeinschaftsrecht, insbesondere die Niederlassungsfreiheit, Art. 43 EG, verstoßen habe, dass sie gegenüber den USA völkerrechtliche Verpflichtungen eingegangen sei, die Flugpreise auf Strecken der Gemeinschaft und die computergesteuerten Buchungssysteme beträfen und mit denen den Vereinigten Staaten dass Recht eingeräumt werde, in bestimmten Fällen die Verkehrsrechte zu widerrufen.

Zu Art. 234 EG-Vertrag (jetzt Art. 307 EG) führte er in einem *obiter dictum* aus: „*Im Übrigen gilt der [...] Artikel 234 EG-Vertrag zwar für die Rechte und Pflichten aus den Abkommen, die von den Mitgliedstaaten vor Inkrafttreten des Vertrages geschlossen wurden, nicht aber für die Änderungen, die die Mitgliedstaaten an solchen Abkommen vornehmen, indem sie nach Inkrafttreten des Vertrages neue Verpflichtungen eingehen.*“[208]

c. *Kommentar*

Der EuGH hatte sich bislang noch nicht zu der Frage geäußert, ob Art. 307 Abs. 1 EG auch für Änderungen von vorgemeinschaftlichen Übereinkünften gilt. Er lehnt es ab, Änderungen, durch die die Mitgliedstaaten neue Verpflichtungen gegenüber Drittstaaten eingehen, als durch Art. 307 Abs. 1 privilegiert anzusehen. Damit macht der Gerichtshof deutlich, dass nicht eine formelle, sondern eine materielle Betrachtung maßgeblich ist, wenn festgestellt werden soll, ob die Änderung einer vorgemeinschaftlichen Übereinkunft in den Anwendungsbereich des Art. 307 Abs. 1 fällt.[209] Für solche Änderungen, durch die ein Mitgliedstaat neue materielle Verpflichtungen eingeht, kommt Art. 307 Abs. 1 nicht zur Anwendung. Vielmehr sind die Grundsätze, die der EuGH zu von Mitgliedstaaten nach ihrer Bindung an das Gemeinschaftsrecht geschlossenen Abkommen entwickelt hat, zur Anwendung zu bringen. Dabei macht es nach dem Urteil keinen Unterschied, ob es sich um bi- oder multilaterale Verträge handelt.[210]

---

208 AaO. Slg. 2002 I-9855, 9891, Rn. 69, vgl. so schon das Vorbringen der Kommission in der Rs. 34/79, Strafverfahren gegen Maurice Donald Henn und John Frederick Ernest Darby, Slg. 3795, 1832, s. o. § 2A.I.5.

209 So auch Pitschas, EuZW 2003, 82, 92

210 Pitschas, EuZW 2003, 82, 92

Das ist nur konsequent, könnte doch ansonsten die Folge sein, dass materiell weitreichende Verpflichtungen von Mitgliedstaaten durch immer neue Änderungen von vorgemeinschaftlichen Übereinkünften im Widerspruch zum Gemeinschaftsrecht übernommen würden.

Auf völkerrechtliche Abkommen, die die Mitgliedstaaten nach dem Beitritt geschlossen haben, können sie sich in den innergemeinschaftlichen Rechtsbeziehungen nicht berufen. Zur Rechtfertigung von Einschränkungen des Gemeinschaftsrechts sind diese also nicht heranzuziehen. Denn die Mitgliedstaaten können die Vertragsvorschriften nicht durch den Abschluss einer völkerrechtlichen Vereinbarung oder Übereinkunft ausschalten. Sie müssen sich dazu des in Artikel 236 a. F. vorgesehenen Verfahrens bedienen, wie das Gericht Erster Instanz in den Rechtssachen T-69/89, *Radio Telefis Eireann ./. Kommission*, T-70/89, *The British Broadcasting Corporation und BBC Enterprises Ltd ./. Kommission*, und Rs. T-76/89, *Independent Television Publications Ltd ./. Kommission*, urteilte.[211]

18. OGT Fruchthandelsgesellschaft, Rs. C-307/99[212]

a. Sachverhalt

Die Rechtssache C-307/99, *OGT Fruchthandelsgesellschaft*, hatte ihren Ausgangspunkt im Streit um die Vereinbarkeit der Bananenmarktordnung mit Vorschriften des GATT, in diesem Fall des GATT 1994.[213] Die Unvereinbarkeit war in einem Panel-Bericht vom 12. April 1999 festgestellt worden.[214] Die Antragstellerin im Ausgangsverfahren wandte sich gegen die Erhebung von Zöllen entsprechend der Bananenmarktordnung auf aus Ecuador im Jahre 1999 importierte Bananen. Sie beantragte beim Finanzgericht Hamburg, die Vollziehung des streitigen Zollbescheids auszusetzen. Dieses setzte daraufhin das Verfahren aus und legte dem Gerichtshof die Frage vor, ob die entsprechende Regelung der Bananenmarktverordnung Nr. 404/93 in der Fassung der Verordnung Nr. 1637/98 wegen Verstoßes gegen das GATT 1994 unanwendbar sei, worauf der Einzelne sich

---

211 Urt. d. Gerichts 1. Instanz v. 10.07.1991, Rs. T-69/89, Radio Telefis Eireann ./. Kommission, Slg. 1991 II-485, 532, Rn. 103; Rs. T-70/89, The British Broadcasting Corporation und BBC Enterprises Ltd ./. Kommission, Slg. II-535, 573, Rn. 77; Rs. T-76/89, Independent Television Publications Ltd ./. Kommission, Slg. 1991 II-575, 610 f., Rn. 76, s. o. § 2A.I.9.

212 Beschluss des Gerichtshofs v. 02.05.2001, Rs. C-307/99, OGT Fruchthandelsgesellschaft mbH ./. Hauptzollamt Hamburg-St. Annen, Slg. 2001 I-3159

213 Vgl. schon oben unter § 2A.I.16.

214 Vgl. Beschluss des Gerichtshofs v. 02.05.2001, Rs. C-307/99, OGT Fruchthandelsgesellschaft mbH ./. Hauptzollamt Hamburg-St. Annen, Slg. 2001 I-3159, 3167, Rn. 12

vor Gericht berufen könne.[215] Im Vorlagebeschluss legte das Gericht dar, die Unanwendbarkeit könne sich entweder aus dem Vorrang und der Durchgriffswirkung des GATT 1994 ergeben, aus Art. 234 Abs. 1 herleitbar sein oder auf einer allgemeinen Durchgriffswirkung des GATT beruhen, die seit dem 1. Januar 1995, dem Zeitpunkt des Inkrafttretens des WTO-Übereinkommens, bestehe.[216]

b. Entscheidung des Gerichtshofs

Der Gerichtshof entschied, dass das GATT 1994 für den Einzelnen keine Rechte begründen könne, auf die er sich nach dem Gemeinschaftsrecht unmittelbar vor den Gerichten berufen könne.[217] Dabei bezog er sich auf seine Urteile in den Rechtssachen C-149/96, *Portugal ./. Rat*[218] sowie C-300/98 und C-392/98, *Dior u. a.*[219] Dort hatte der EuGH entschieden, das WTO-Übereinkommen sowie die in den Anhängen enthaltenen Übereinkünfte und Vereinbarungen gehörten nicht zu den Vorschriften, an denen der Gerichtshof gemäß Artikel 230 Abs. 1 die Rechmäßigkeit von Handlungen der Gemeinschaftsorgane messe.[220] Außerdem hatte er festgestellt, dass das TRIPS für den Einzelnen keine Rechte begründe, auf die er sich nach dem Gemeinschaftsrecht unmittelbar vor den Gerichten berufen könne.[221] Die Begründungen gab der EuGH nicht wieder, sondern verwies: *„Dies hat aus den gleichen Gründen auch für die Bestimmungen des GATT 1994 zu gelten.“*[222]

Er ließ weiter offen, ob, wie vom vorlegenden Gericht angesprochen, Art. 307 Abs. 1 auf das GATT 1994 anzuwenden sei.[223] Aus ihm allein könnten nämlich Einzelne, die sich auf eine vorgemeinschaftliche Übereinkunft beriefen, keine Rechte ableiten.[224]

---

215 Vgl. aaO. Slg. 2001 I-3159, 3169, Rn. 21
216 Vgl. aaO. Slg. 2001 I-3159, 3169, Rn. 20
217 Vgl. aaO. Slg. 2001 I-3159, 3171, Rn. 25 f.
218 Urt. v. 23.11.1999, Rs. C-149/96, Portugal ./. Rat, Slg. 1999 I-8395
219 Urt. v. 24.12.2000, Rs. C-300/98 und C-392, Dior u. a., Slg. 2000, I-11307
220 Vgl. Urt. v. 23.11.1999, Rs. C-149/96, Portugal ./. Rat, Slg. 1999 I-8395, 8439, Rn. 47
221 Urt. v. 24.12.2000, Rs. C-300/98 und C-392, Dior u. a., Slg. 2000, I-11307, 11360, Rn. 44
222 Vgl. Rs. C-307/99, aaO. Slg. 2001 I-3159, 3171, Rn. 26
223 dazu sogleich unter 19. und 20.
224 Vgl. aaO. Slg. 2001 I-3159, 3172, Rn. 29 f.

c. Kommentar

Im Fall stellt sich die Frage, ob Art. 307 Abs. 1 Anwendung finden kann auf das GATT 1994, das weitgehend inhaltsgleich mit dem GATT 1947 ist. Im Ergebnis lässt der Gerichtshof den Rückgriff auf Art. 307 nicht an der Einordnung des GATT 1994 als Altvertrag scheitern, sondern an dessen mangelnder unmittelbarer Wirkung. Er bezieht sich insoweit auf die Rechtsprechung in der Rs. 812/79, *Burgoa*.[225] Auffallend ist aber, dass der Gerichtshof bereits Gründe anführt, die gegen die Anwendbarkeit sprechen.[226]

19. T. Port, Rs. T-2/99[227]

a. Sachverhalt

Die Klägerin, Importeurin von Bananen, machte geltend, sie habe aufgrund der Kontingentierung durch die Bananenmarktordnung, auf deren Unvereinbarkeit mit dem GATT 1947 sie sich bereits in den verbundenen Rechtssachen C-364/95 und C-365/95, *T. Port III*,[228] berufen hatte, Einfuhrbescheinigungen von anderen Marktbeteiligten erwerben und Einfuhrzölle entrichten müssen, um in Deutschland Bananen aus Kolumbien und Costa Rica vermarkten zu können.[229] Hierdurch sei ihr ein Schaden entstanden, den sie im Wege der Schadensersatzklage geltend zu machen versuchte. Sie berief sich dabei in diesem Fall auf die Unvereinbarkeit der Bananenmarktordnung mit dem GATT 1994 und einen Verstoß gegen Art. 234 Abs. 1 EG.[230]

Zum angeblichen Verstoß gegen Art. 234 Abs. 1 trug die Klägerin vor, das GATT 1994 stehe der Anwendung der Bestimmungen der Bananenmarktverordnung Nr. 404/93 entgegen. Folge sei, dass die Gemeinschaftsorgane bei Anwendung für den Schaden haften.[231] Der Rat hielt dem entgegen, Art. 234 Abs. 1 räume dem GATT 1994 keinen Vorrang ein. Diese Bestimmung bezwecke nur, gemäß den Grundsätzen des Völkerrechts klarzustellen, dass die Anwendung des

---

225 S. o. § 2A.I.4.
226 Vgl. aaO. Slg. 2001 I-3159, 3171, Rn. 29
227 Urt. d. Gerichts v. 12.07.2001, Rs. T-2/99, T. Port GmbH & Co. KG ./. Rat der Europäischen Union, Slg. 2001 II-2093
228 Urt. v. 10.03.1998, verb. Rs. C-364/98 und C-365/98, T. Port GmbH & Co. KG ./. Hauptzollamt Hamburg-Jonas, Slg. 1998 I-1023, s. o. § 2A.I.16.
229 Urt. d. Gerichts v. 12.07.2001, Rs. T-2/99, T.Port GmbH & Co. KG ./. Rat der Europäischen Union, Slg. 2001 II-2093, 2101, Rn. 13
230 AaO. Slg. 2001 II-2093, 2109, Rn. 39
231 AaO. Slg. 2001 II-2093, 2115, Rn. 59

EG-Vertrags nicht die Pflicht des betreffenden Mitgliedstaat berühre, die Rechte von Drittländern aus einer vorgemeinschaftlichen Übereinkunft zu wahren und seine entsprechenden Verpflichtungen zu erfüllen.[232] Die Kommission brachte vor, Art. 234 begründe keinen Vorrang der völkerrechtlichen Verpflichtungen vor dem Gemeinschaftsrecht. Eher sei das Gegenteil der Fall. Art. 234 Abs. 2 sehe vor, dass die Mitgliedstaaten verpflichtet seien, alle geeigneten Maßnahmen zu ergreifen, um die festgestellten Unvereinbarkeiten zu beheben; dazu könne auch die Kündigung der betreffenden völkerrechtlichen Verpflichtung gehören.[233]

Die Klägerin trug weiter vor, der Tatbestand des Art. 234 Abs. 1 sei erfüllt. Das begründete sie damit, dass die materiellen Regelungen des GATT 1994, auf die sie sich stützte, inhaltsgleich mit denen des GATT 1947 seien.[234] Der Rat hingegen war der Ansicht, das GATT 1994 sei ein neues Abkommen und habe das GATT 1947 ersetzt. Weiter begründe das GATT 1994 auch keine Verpflichtungen der Mitgliedstaaten, sondern nur solche der Gemeinschaft, da ausschließlich sie für den Abschluss zuständig gewesen sei.

b. Entscheidung des Gerichts

Das Gericht wies die Klage ab. Auf einen Verstoß gegen Vorschriften des GATT 1994 könne sie nicht gestützt werden. Aus der Gemeinschaftsrechtsprechung gehe hervor, dass das WTO-Übereinkommen und seine Anhänge nicht zu den Vorschriften gehören, an denen der Gerichtshof die Rechtmäßigkeit der Handlungen der Gemeinschaftsorgane messe.[235]

Der Tatbestand des Art. 234 Abs. 1 sei nicht erfüllt, da das GATT 1994 nach dem Inkrafttreten des EG-Vertrags geschlossen worden sei.[236] Das GATT 1994 sei an die Stelle des GATT 1947 getreten. Weiter oblägen die Verpflichtungen aus dem GATT 1994 nicht den Mitgliedstaaten, sondern der Gemeinschaft. Denn diese sei für den Abschluss ausschließlich zuständig gewesen.[237]

Im Hinblick auf Art. 234 Abs. 1 führte das Gericht aus, dass, wenn die Klägerin ihre Klage unmittelbar auf einen Verstoß gegen diesen stütze, festzustellen sei, dass diese Bestimmung nicht bezwecke, dem Einzelnen Rechte zu verleihen. Das sei aber Voraussetzung eines Entschädigungsanspruchs. Deshalb sei auch den Ausführungen der Klägerin, der Rat habe einen in Art. 234 Abs. 1 enthalte-

---

232 AaO. Slg. 2001 II-2093, 2116, Rn. 64
233 AaO. Slg. 2001 II-2093, 2117, Rn. 69
234 AaO. Slg. 2001 II-2093, 2115, Rn. 61
235 Vgl. aaO. Slg. 2001 II-2093, 2112 f.; Rn. 51
236 AaO. Slg. 2001 II-2093, 2118 f., Rn. 74 f.
237 AaO. Slg. 2001 II-2093, 2120, Rn. 82

nen Grundsatz der Abgrenzung zwischen den jeweiligen Zuständigkeiten der Gemeinschaft und der Mitgliedstaat missachtet, nicht zu folgen.[238]

c. Kommentar

Die Entscheidung ist vor dem Hintergrund des Vorbringens der Parteien hinsichtlich der beiden Problemkreise Tatbestand und Rechtsfolge des Art. 307 Abs. 1 von Bedeutung.

aa. Tatbestand

Das Gericht stellt die beiden Tatbestandsvoraussetzungen des Art. 307 Abs. 1 mit eindeutiger Klarheit dar: Eine Bestimmung des Gemeinschaftsrechts habe gegenüber einer völkerrechtlichen Übereinkunft nur dann zurückzutreten, wenn diese zum einen vor dem Inkrafttreten des EG-Vertrags geschlossen wurde und wenn zum anderen das fragliche Drittland daraus Rechte herleiten kann, deren Beachtung es von dem jeweiligen Mitgliedstaat verlangen kann,[239] also: Abschluss vor dem Inkrafttreten des EG-Vertrages bzw. dem Beitritt, aktuelle Verpflichtung des Mitgliedstaates gegenüber dem Drittland.

Hinsichtlich der ersten Voraussetzung legt sich das Gericht darauf fest, welcher Zeitpunkt maßgeblich ist, um festzustellen, ob Pflichten aus vorgemeinschaftlichen Übereinkünften vorliegen. Die Frage: „Ist allein darauf abzustellen, ob die erstmalige Begründung einer Pflicht vor dem Beitritt zur Gemeinschaft erfolgte, oder kommt es auf den Zeitpunkt des formellen Abschlusses der Übereinkunft an, die diese vor Beitritt begründete Pflicht enthält?“, beantwortet es dahin, dass es auf den Zeitpunkt des formellen Abschlusses ankommt, auch wenn eine durch eine vorgemeinschaftliche Übereinkunft begründete Verpflichtung inhaltsgleich übernommen wird.

bb. Rechtsfolge

Die Klägerin war der Ansicht, nach dem Grundsatz des Art. 307 Abs. 1 stünden Bestimmungen einer vorgemeinschaftlichen Übereinkunft der Anwendung von widersprechendem Gemeinschaftsrecht entgegen. Der angenommenen Vorrangwirkung widersprachen Rat und Kommission, deren Ansicht sich das Gericht anschloss.

---

238 AaO. Slg. 2001 II-2093, 2120 f., Rn. 83 f.
239 AaO. Slg. 2001 II-2093, 2119, Rn. 77

Weiter erteilte das Gericht der von der Klägerin vorgetragenen Ansicht eine Absage, nach der Art. 234 Abs. 1 die Funktion einer Kompetenzabgrenzung habe. Das Vorbringen ist zu verstehen auf dem Hintergrund der Ansicht der Kläger in der Rechtssache 21-24/72, *International Fruit Company*,[240] in der die Klägerinnen Art. 234 Abs. 1 im Sinne einer originären Kompetenzbeschränkung ausgelegt hatten.

20. *Banatrading, Rs. T-3/99*[241]

a. *Sachverhalt*

Die Klägerin, Importeurin von Bananen, machte in der Rechtssache T-3/99, *Banatrading*, geltend, sie habe aufgrund der Regelungen der Bananenmarktordnung Einfuhrbescheinigungen von anderen Marktbeteiligten erwerben und Einfuhrzölle entrichten müssen, um in Deutschland Bananen aus Ecuador vermarkten zu können.[242] Hierdurch sei ihr ein Schaden entstanden, den sie im Wege der Schadensersatzklage geltend zu machen versuchte.

b. *Entscheidung des Gerichts, Kommentar*

Vorbringen der Parteien und die Entscheidung des Gerichts in dieser Rechtssache sind denen in der Rechtssache T-2/99, *T. Port*,[243] so ähnlich, dass eine weitere ausführliche Darstellung hier unterbleiben kann.

21. *Budejovický Budvar, Rs. C-216/01*[244]

a. *Sachverhalt*

Am 11. Juni 1976 schlossen die Republik Österreich und die Tschechoslowakische Sozialistische Republik einen Vertag über den Schutz von Herkunftsangaben, Ursprungsbezeichnungen und sonstigen auf die Herkunft hinweisenden Be-

---

240 S. o. § 2A.I.2.

241 Urt. d. Gerichts v. 12.07.2001, Rs. T-3/99, Banatrading GmbH ./. Rat der Europäischen Union, Slg. 2001 II-2123

242 Urt. d. Gerichts v. 12.07.2001, Rs. T-3/99, Banatrading GmbH ./. Rat der Europäischen Union, Slg. 2001 II-2123, 2131, Rn. 13

243 S. o. § 2A.I.19.

244 Urt. d. Gerichtshofs v. 18.11.2003, Rs. C-216/01, Budejovický Budvar, národní podnik ./. Rudolf Ammersin GmbH, vgl. www.curia.eu.int (noch nicht in der Slg. veröffentlicht)

zeichnungen landwirtschaftlicher und gewerblicher Erzeugnisse (im folgenden: bilateraler Vertrag). Der bilaterale Vertrag trat am 26. Februar 1981 unbefristet in Kraft. Durch ihn wurde u. a. die Marke „Bud“ für aus Budweis stammendes Bier in Österreich geschützt, deren Inhaberin die Klägerin im Ausgangsverfahren war. Die Klägerin führte das Bier Budweiser Budvar u. a. nach Österreich aus. Die Beklagte vertrieb u. a. das von der Brauerei Anheuser-Busch hergestellte Bier der Marke American Bud in Österreich. Die Klägerin beantragte 1999 beim vorlegenden österreichischen Gericht, es der Beklagten zu untersagen, in Österreich im geschäftlichen Verkehr die Bezeichnung Bud oder verwechselbar ähnliche Bezeichnungen zu verwenden, sofern es sich nicht um Erzeugnisse der Klägerin handele. Dabei stützte sie sich auf den bilateralen Vertrag.

Das vorlegende Gericht stellte zunächst Fragen zur Übereinstimmung der Reichweite des Markenschutzes nach EG-Recht[245] mit der des bilateralen Vertrages.[246] Falls diese sich entsprächen, würden die Fragen zu Art. 307 EG relevant, u. a.:

„Verpflichtet Artikel 307 Absatz 2 EG den Mitgliedstaat, ein (...) bilaterales Abkommen, das vor dem EU-Beitritt dieses Mitgliedstaats zwischen diesem und einem Drittstaat abgeschlossen wurde, gemeinschaftsrechtskonform im Sinne des Artikels 28 EG und/oder der Verordnung Nr. 2081/92 so auszulegen, dass der darin verankerte Schutz für eine einfache/mittelbare geografische Angabe, die im Ursprungsland weder Name einer Gegend noch eines Ortes oder Landes ist, lediglich den Schutz vor Irreführung, nicht aber den absoluten Schutz einer qualifizierten geografischen Angaben im Sinne der Verordnung 2081/92 umfasst?“[247]

b. Entscheidung des Gerichtshofs

Der Gerichtshof entschied zunächst, dass die Reichweite des Markenschutzes des bilateralen Vertrages mit der des EG-Rechts übereinstimme. Damit war von Bedeutung, welche Norm zur Anwendung zu bringen war. Der Gerichtshof wandte sich den Fragen des vorlegenden Gerichts zum Art. 307 EG zu und führte insoweit aus:

245 Art. 28 EG bzw. Verordnung (EWG) Nr. 2081/92 des Rates vom 14. Juli 1992 zum Schutz von gegrafischen Angaben und Ursprungsbezeichnungen für Agrarerzeugnisse und Lebensmittel, ABl. 1992 Nr. L 208, S. 1 in der Fassung der Verordnung (EG) Nr. 535/97 des Rates vom 17. März 1997, ABl. 1997 Nr. L 83, S. 3

246 Vgl. Urt. d. Gerichtshofs v. 18.11.2003, Rs. C-216/01, Budejovický Budvar, národní podnik ./. Rudolf Ammersin GmbH, Rn. 43

247 A.a.O.

Normzweck von Artikel 307 Abs. 1 EG sei es, einem Mitgliedstaat zu ermöglichen, *„die Rechte zu achten, die Drittländer (...) aus einem Abkommen geltend machen können, das vor dem Beitritt dieses Mitgliedstaats zur Europäischen Union geschlossen wurde.“*[248]

Die Mitgliedstaaten seien nach Artikel 307 Abs. 2 EG verpflichtet, alle geeigneten Mittel anzuwenden, um Unvereinbarkeiten zwischen einer vorgemeinschaftlichen Übereinkunft und dem EG-Vertrag zu beheben. Demnach habe das vorlegenden nationale Gericht zu prüfen, ob eine Unvereinbarkeit dadurch vermieden werden könne, dass die Übereinkunft im Rahmen des Möglichen unter Beachtung des Völkerrechts dahin ausgelegt werde, dass sie im Einklang mit dem Gemeinschaftsrecht stehe. Erweise sich eine solche gemeinschaftsrechtskonforme Auslegung als undurchführbar, so könne der Mitgliedstaat, da er gleichwohl zur Behebung von Unvereinbarkeiten zwischen der früheren Übereinkunft und dem EG-Vertrag verpflichtet sei, im Rahmen von Artikel 307 die geeigneten Maßnahmen ergreifen. *„Stößt er dabei auf Schwierigkeiten, die eine Änderung des Abkommens unmöglich machen, so lässt sich auch eine Verpflichtung zur Kündigung des Abkommen nicht ausschließen.“*[249]

Bis etwaige Unvereinbarkeiten zwischen einer vorgemeinschaftlichen Übereinkunft und dem EG-Vertrag durch die in Artikel 307 Abs. 2 EG genannten Mittel behoben seien, ermächtige Artikel 307 Abs. 1 EG den Mitgliedstaat dazu, die Übereinkunft weiter anzuwenden, soweit sie Verpflichtungen begründe, die für ihn völkerrechtlich weiterhin verbindlich seien.

c. *Kommentar*

Im Fall stellte sich zur Beantwortung der Frage, ob Österreich aus einer vorgemeinschaftlichen Übereinkunft verpflichtet sei, das Problem der Staatennachfolge der Tschechischen Republik.[250] Auf diesen Aspekt des Falles ist zum Zwecke der vorliegenden Untersuchung nicht näher einzugehen. Wichtig für die Untersuchung ist dagegen, dass anhand der Aussagen des Gerichtshofs in der Rechtssache C-216/01, *Budejovický Budvar,* das schrittweise Vorgehen bei der Anwendung von Art. 307 deutlich wird. Der Gerichtshof kommt dabei von der Auslegung einer vorgemeinschaftlichen Übereinkunft zur Frage nach dem geeigneten Mittel zur Aufhebung eines Widerspruch, schließlich geht er bis zur möglichen Annahme einer Kündigungspflicht.[251]

---

248 Vgl. Urt. d. Gerichtshofs v. 18.11.2003, Rs. C-216/01, Budejovický Budvar, národní podnik ./. Rudolf Ammersin GmbH, Rn. 163 (obiter)
249 Vgl. aaO. Rn. 168-170
250 Vgl. aaO. Rn. 149 ff.
251 Vgl. aaO. Rn. 169 f.

Weiter äußert sich der Gerichtshof wiederum unzweideutig dahin, dass eine vorgemeinschaftliche Übereinkunft aufgrund der Ermächtigung aus Art. 307 in dem Mitgliedstaat Anwendungsvorrang gegenüber dem Gemeinschaftsrecht hat. Diese Aussage von grundlegender Bedeutung wiederholt der Gerichtshof in ständiger Rechtsprechung. In der Literatur wird aufgrund dessen davon gesprochen, Art. 307 Abs. 1 erkenne den *Grundsatz der völkerrechtskonformen Integration* an.[252]

Auf die Aussage zu Art. 307 Abs. 2, eine Verpflichtung zur Kündigung lasse sich nicht ausschließen, ist im Rahmen der Untersuchung unten[253] näher einzugehen.

22. *Kommission ./. Republik Österreich, Rs. C-147/03*[254]

a. *Sachverhalt*

Die Beklagte hatte Regelungen im Universitäts-Studiengesetz erlassen, mit dem nach Auffassung der Kommission der Zugang ausländischer Inhaber von Sekundarschulabschlüssen zum Studium an österreichischen Hochschulen dadurch erschwert wurde, dass in bestimmten Fällen zusätzliche Zugangsvoraussetzungen nachgewiesen werden mussten, die von österreichischen Studienbewerbern nicht gefordert wurden. Zur Rechtfertigung der Regelung hatte die Beklagte u. a. vorgetragen, die Regelung stehe im Einklang mit im Rahmen des Europarats geschlossenen Übereinkünften, nämlich der Konvention über die Gleichwertigkeit der Reifezeugnisse vom 11.12.1953 und dem Übereinkommen über die Anerkennung von Qualifikationen im Hochschulbereich in der europäischen Region vom 11.04.1997.[255]

b. *Entscheidung des Gerichtshofs*

Der Gerichtshof stellte zunächst fest, dass die nationalen Regelungen mittelbar diskriminierend seien.[256] Zu dem auf die vorgemeinschaftlichen Übereinkünfte gestützten Rechtfertigungsgrund führte er, wie auch die Kommission[257], aus, dass

252 Petersmann/Spennemann, in: von der Groeben/Schwarze, Art. 307 Rn. 1; dazu unten § 2A.II.2.a.
253 Unter § 5
254 Urt. v. 07.07.2005, Kommission ./. Republik Österreich, vgl. www.curia.eu.int (noch nicht in der Slg. veröffentlicht)
255 Vgl. aaO., Rn. 56
256 AaO., Rn. 41 ff.
257 Vgl. aaO., Rn. 57 f.

vorgemeinschaftliche Übereinkünfte durch den EG-Vertrag nicht berührt würden, soweit diese Überinkünfte jedoch mit dem EG-Vertrag unvereinbar seien, hätten der oder die Mitgliedstaaten alle geeigneten Mittel anzuwenden, um die festgestellten Unvereinbarkeiten zu beheben. Nach der ständigen Rechtsprechung ermächtige Art. 307 EG die Mitgliedstaaten nicht, Rechte aus solchen Übereinkünften in den innergemeinschaftlichen Beziehungen gelten zu machen. Die Beklagte könne sich daher nicht auf die Konvention von 1953 und erst recht nicht auf das nach ihrem Beitritt zur Union geschlossene Übereinkommen von 1997 berufen.[258]

c. *Kommentar*

Die Aussagen des Gerichtshofs entsprechen denen der ständigen Rechtsprechung, so im Urteil in der Rs. C-324/93, *Evans*.[259] Danach können sich die Mitgliedstaaten in innergemeinschaftlichen Rechtsbeziehungen nicht auf vorgemeinschaftliche Übereinkünfte berufen, um Verstöße gegen Gemeinschaftsrecht zu rechtfertigen.

II. *Ergebnis – Grundsätze der Rechtsprechung zu Artikel 307 Abs. 1 EG*

Im Folgenden werden die Ergebnisse der chronologischen Untersuchung der Rechtsprechung systematisiert dargestellt, bevor offene Fragestellungen[260] betrachtet werden.

1. *Vorgemeinschaftliche Übereinkünfte – typische Fallkonstellationen*

Es zeigt sich zunächst, dass der Gerichtshof seine Rechtsprechung zu Art. 307 Abs. 1 aufgrund von zwei grundlegenden Fallkonstellationen entwickelt hat. In der ersten Fallkonstellation beruft sich ein Mitgliedstaat auf eine vorgemeinschaftliche Übereinkunft, um eine mit Gemeinschaftsrecht nicht vereinbare Maßnahme zu rechtfertigen. „Maßnahme“ meint in diesem Zusammenhang sowohl legislative wie auch administrative Akte. Dabei kann es sich um den Erlass einer nationalen Maßnahme, die mit dem Primär- oder Sekundärrecht nicht vereinbar ist, handeln, oder um die Nichtumsetzung von Sekundärrecht. In diesen Fällen

258 AaO., Rn. 73 f.
259 Rs. C-324/93, Evans, vgl. § 2A.I.14.
260 Unter § 2B.

dient die vorgemeinschaftliche Übereinkunft also der mitgliedstaatlichen Rechtfertigung der Einschränkung von Gemeinschaftsrecht.

In der zweiten Konstellation berufen sich Einzelne auf vorgemeinschaftliche Übereinkünfte, um so die Nichtanwendbarkeit von Gemeinschaftsrecht oder die Unwirksamkeit gemeinschaftsrechtlicher oder auf der Umsetzung von Gemeinschaftsrecht beruhender nationaler Maßnahmen zu begründen, die für sie nachteilige Folgen haben. Berufen sich Einzelne auf die Unanwendbarkeit gemeinschaftsrechtlicher oder nationaler Maßnahmen wegen eines Verstoßes gegen vorgemeinschaftliche Übereinkünfte, so geschieht dies entweder, um Sanktionen zu vermeiden, denen sie aufgrund des das Gemeinschaftsrecht umsetzenden nationalen Rechts ausgesetzt sind, oder um den Schutz von Rechten aufgrund der unmittelbaren Anwendbarkeit einer vorgemeinschaftlichen Übereinkunft einzuklagen. Letztlich geht es den Einzelnen also jeweils um den Schutz bestimmter individueller Rechtspositionen.

Diese Unterscheidung ist wichtig bei der Zusammenfassung und bei der Anwendung der rechtlichen Grundsätze, die der Gerichtshof im Rahmen von Art. 307 Abs. 1 entwickelt hat. Denn nur einige der grundsätzlichen Aussagen des Gerichtshofs beziehen sich auf beide, während andere nur für jeweils eine der typischen Sachverhaltskonstellationen von Bedeutung sind. Zunächst also muss man sich bei der praktischen Anwendung der Grundsätze des Gerichtshofs darüber klar werden, um welche Fallkonstellation es sich handelt. Entsprechend wird die folgende Zusammenfassung der Ergebnisse der Rechtsprechungsanalyse gegliedert in allgemeine Grundsätze[261] und solche, die für die jeweiligen Fallkonstellationen[262] gelten.

2. *Grundsätze – allgemein*

a. *Regelungsgehalt des Artikel 307 Abs. 1 EG – Unberührtheitsklausel und Grundsatz der völkerrechtskonformen Integration*

Der erste Absatz des Art. 307 bekräftigt, so der Gerichtshof, die Rechtslage, die sich bereits aus dem allgemeinen Völkerrecht ergibt. Zwei Aspekte sind maßgeblich im Völkervertragsrecht: Zum einen werden Verträge nicht von späteren Übereinkünften berührt, an denen eine der Vertragsparteien nicht beteiligt ist. Zum anderen gilt der Grundsatz *pacta sunt servanda*, der seinen Niederschlag in

261 § 2A.II.2.
262 § 2A.II.3. und §2A.II.4.

Art. 26 des Wiener Übereinkommens über das Recht der Verträge[263] (im Folgenden: WVK) gefunden hat. Abs. 1 hätte demnach keinen eigenen Regelungsgehalt. Seine Funktion bestünde in der Bestätigung und Bekräftigung völkerrechtlicher Grundsätze. Generalanwalt *Lagrange* schreibt ihm in seinen Schlussanträgen in der Rechtssache 10/61, *Kommission ./. Italien*,[264] denn auch nur psychologische Wirkung zu.

Bei genauerer Untersuchung zeigt sich: Die Aussage des Gerichtshofs betrifft nur die Rechtsposition der Drittstaaten, die Parteien vorgemeinschaftlicher Übereinkünfte sind. Für das Rechtsverhältnis dieser Drittstaaten zu den jeweiligen mitgliedstaatlichen Parteien stellt Art. 307 Abs. 1 nach Ansicht des Gerichtshofs die Lage nach dem Völkerrecht lediglich klar.[265] Völkerrechtliche Pflichten aus vorgemeinschaftlichen Übereinkünften sind grundsätzlich zu wahren. Insofern findet sich in Art. 307 Abs. 1 eine *deklaratorische Unberührtheitsklausel*. Es lässt sich aufgrund dieses Befundes weiter davon sprechen, dass Art. 307 den *Grundsatz der völkerrechtskonformen Integration*[266] anerkennt.

Im innergemeinschaftlichen Bereich begründet Art. 307 Abs. 1 aber eine *dilatorische Einrede der Mitgliedstaaten* gegenüber ihrer Verpflichtung zur Umsetzung von Gemeinschaftsrecht.[267] Insofern hat Art. 307 Abs. 1 mehr als nur deklaratorische Wirkung.

b. Keine originäre Kompetenzbeschränkung aufgrund von Artikel 307 Abs. 1 EG

In der Rs. 21-24/72, *International Fruit*,[268] hatten die Antragsteller im Ausgangsverfahren argumentiert, Art. 307 Abs. 1 verbiete den Gemeinschaftsorganen den Erlass einer Maßnahme, die nicht mit den Regelungen einer vorgemein-

263 Authentischer Wortlaut: United Nations Conference on the Law of Treaties, Off. Rec., Documents of the Conference (UN Doc. A/CONF.39/11/Add.2), New York 1971, S. 287

264 Urt. v. 27.02.1962, Slg. 1962, 1, 27/39; s. o. § 2A.I.1.

265 Diese Aussage in der Rechtsprechung ist allerdings näher zu untersuchen. Denn auf Art. 307 Abs. 1 gründet der Gerichtshof seine Aussage von einem Ipso-facto-Verzicht der Mitgliedstaaten auf Rechte aus vorgemeinschaftlichen Übereinkünften (*Kommission ./. Italien*). Das gibt Anlass der Frage nachzugehen, inwieweit sich aus der Auslegung des Art. 307 Abs. 1 möglicherweise eine spezifisch-gemeinschaftsrechtliche Kollisionslösung entwickelt hat. S. hierzu unten § 4C.

266 Vgl. Petersmann/Spennemann, in: von der Groeben/Schwarze, Art. 307 Rn. 1

267 Vgl. dazu unten § 2A.II.3.d.

268 S. o. § 2A.I.2.

schaftlichen Übereinkunft vereinbar sei.[269] Wäre Art. 307 Abs. 1 so auszulegen, dann hätte er den Rechtscharakter einer originären Kompetenzbeschränkung.[270] Diese Argumentation hat der Gerichtshof aber nicht aufgegriffen. In ständiger Rechtsprechung legt er Art. 307 Abs. 1 nicht im Sinne einer Kompetenzbeschränkung aus. Dem ist zuzustimmen, da Art. 307 Abs. 1 bereits seinem Wortlaut nach nicht formelle innergemeinschaftliche Kompetenzen, sondern materielle Normkonflikte im Verhältnis zu Drittstaaten regelt.[271]

c. *Anwendungsbereich*

Der Anwendungsbereich des Art. 307 ist *a priori* nicht auf bestimmte Rechtsmaterien beschränkt. Ein Konfliktfall, der Art. 307 Abs. 1 zur Anwendung kommen lässt, kann somit in allen vom EG geregelten Bereichen entstehen. Art. 307 ist *ratione materiae* anwendbar auf jedes Übereinkommen, das Auswirkungen auf die Anwendung des EG-Vertrags haben kann.[272]

Die Vorrangregel des Art. 307 Abs. 1 ist nur anwendbar auf völkerrechtliche Übereinkünfte, die zwischen einem oder mehreren Mitgliedstaaten einerseits und einem oder mehreren Ländern andererseits vor Inkrafttreten des EG-Vertrages am 1. Januar 1958 oder dem Beitritt eines Mitgliedsstaates mit einem Drittstaat geschlossen wurden. Nicht anwendbar ist Art. 307 Abs. 1 dagegen auf solche Abkommen, die allein von Mitgliedstaaten ohne Beteiligung von Drittstaaten geschlossen wurden.[273]

---

269 Diese Argumentation lehnte auch das Gericht 1. Instanz ab in den Urteilen vom 12.07.2001, Rs. T-2/99, T.Port GmbH & Co. KG ./. Rat der Europäischen Union, Slg. 2001 II-2093 und Rs. T-3/99, Banatrading GmbH ./. Rat der Europäischen Union, Slg. 2001 II-2123, nachdem die Klägerinnen dort versucht hatten, sie wieder aufzugreifen, vgl. oben § 2A.I.19., § 2A.I.20.

270 Die Ansicht ist zurückzuführen auf die Überlegung, dass die Handlungsfreiheit durch bestehende vertragliche Bindungen eingeschränkt sein könne. Im Rahmen der Vorarbeiten der ILC zur WVK wurde die Ansicht vertreten, dass insoweit die Vertragsfreiheit der Staaten beschränkt sei, sog. Theorie der beschränkten Staatsvertragsfähigkeit, vgl. Wilting, Vertragskonkurrenz, S. 38 f., s. u. § 4B.

271 S. o. § 1C.

272 Vgl. Rs. 812/79, Burgoa, oben § 2A.I.4.

273 Vgl. Rs. 235/87, Mateucci, oben § 2A.I.8.; Vedder, in: Grabitz/Hilf, Altband II, Art. 234 EWGV, Rn. 1

d. *Kooperationspflicht der Gemeinschaftsorgane aus Artikel 307 Abs. 1 EG*

In der Rechtssache 812/79, *Burgoa*,[274] stellte der Gerichtshof fest, dass durch Art. 307 *„stillschweigend eine Verpflichtung der Gemeinschaftsorgane begründet [werde], die Erfüllung der Pflichten, die sich für die Mitgliedstaaten aus früheren Übereinkünften ergeben, nicht zu behindern."*[275] Hierzu führte der Gerichtshof weiter aus, dass es durch die Verpflichtung lediglich dem betreffenden Mitgliedstaat ermöglicht werden soll, seinen Verpflichtungen aus den früheren Übereinkünften nachzukommen, ohne dass damit die Gemeinschaft dem fraglichen Drittland gegenüber gebunden werden soll.[276] Es handelt sich daher um eine spezifisch gemeinschaftsrechtliche Pflicht der Gemeinschaftsorgane gegenüber den Mitgliedstaaten. Diese Pflicht leitet der EuGH aus Art. 307 mit der Argumentation ab, dass die Vorschrift ihren Zweck verfehlen würde, bestünde nicht die besagte stillschweigende Verpflichtung.[277]

Es ist also festzuhalten: Der Verpflichtung der Mitgliedstaaten zur Erfüllung ihrer Verpflichtungen aus vorgemeinschaftlichen Abkommen entspricht eine Verpflichtung der Gemeinschaftsorgane, die Erfüllung nicht zu behindern. Die Gemeinschaftsorgane sind allerdings nicht automatisch selbst gegenüber dem Drittstaat zur Erfüllung verpflichtet; die Verpflichtung ist spezifisch gemeinschaftsrechtlich.

3. *Grundsätze – mitgliedstaatliche Rechtfertigung der Einschränkung von Gemeinschaftsrecht*

Für die Fallkonstellationen der mitgliedstaatlichen Rechtfertigung der Einschränkung von Gemeinschaftsrecht gelten die folgenden speziellen Grundsätze.

a. *Anwendbarkeit*

Maßgeblich für die direkte Anwendung von Art. 307 zur Rechtfertigung der Einschränkung von Gemeinschaftsrecht durch die Mitgliedstaaten ist, ob eine Übereinkunft eine „vorgemeinschaftliche" Verpflichtung begründet. Das bedeutet, dass es darauf ankommt, dass die Verpflichtung zum maßgeblichen Zeitpunkt, d. h. dem der Bindung an den EG-Vertrag, bestand. Das bloße formelle Kriterium, dass eine Übereinkunft zum maßgeblichen Zeitpunkt in Kraft war, reicht

---

274 Urt. v. 14.10.1980, Rs. 812/79, Attorney-General ./. Burgoa, Slg. 1980, 2787; s. o. § 2°.I.4.

275 AaO. S. 2803, Rn. 9; vgl. Grabitz/Hilf Art. 234 Rn. 5

276 Burgoa aaO.

277 AaO. Rn. 9

nicht aus, wenn ein Mitgliedstaat später neue Verpflichtungen durch die Änderung einer solchen Übereinkunft eingeht.[278] Es kommt auf das Bestehen einer mit dem Gemeinschaftsrecht nicht vereinbaren Verpflichtung zu diesem Zeitpunkt an.

b. *Verpflichtung zur harmonisierenden Vertragsinterpretation*

Die Mitgliedstaaten sind im Verhältnis untereinander verpflichtet, die Regelungen einer vorgemeinschaftlichen Übereinkunft so auszulegen, dass das Gemeinschaftsrecht möglichst zur Geltung kommt.[279] Treffend ist es, hierfür den bereits in der Literatur zu findenden Begriff *„harmonisierende Vertragsinterpretation"*[280] zu verwenden.

c. *Rechtsfolge: Dilatorische Einrede aus Artikel 307 Abs. 1 EG*

Beruft sich ein Mitgliedstaat auf eine vorgemeinschaftliche Übereinkunft, um die Nichtumsetzung von Gemeinschaftsrecht zu rechtfertigen, so ergibt sich, wenn die Voraussetzungen des Art. 307 Abs. 1 vorliegen, aus diesem eine dilatorische Einrede, die der Umsetzungsverpflichtung, also dem gemeinschaftsrechtlichen Geltungsanspruch,[281] entgegensteht.[282] Begrenzt besteht ein Recht zur Nichtanwendung von Gemeinschaftsrecht.[283]

d. *Umfang des Vorrangs der vorgemeinschaftlichen Übereinkunft*

Vorrang vor dem Gemeinschaftsrecht haben nicht sämtliche Regelungen einer vorgemeinschaftlichen Übereinkunft, wie es der Wortlaut „Rechte und Pflichten" vermuten ließe. Das Gemeinschaftsrecht tritt vielmehr nur dann zurück, wenn dies erforderlich ist, damit die Mitgliedstaaten ihre Verpflichtungen aus der Übereinkunft erfüllen können. Es zeigt sich, dass mit der Regelung des Art. 307

278 Rs. 476/98, Kommission ./. Bundesrepublik Deutschland (Open Skies Abkommen), vgl. § 2A.I.17

279 Rs. C-235/89, Kommission ./. Italien und Rs. C-30/90, Kommission ./. Vereinigtes Königreich, vgl. § 2A.I.10.

280 Vgl. Petersmann, ZaöRV Bd. 35 (1975), 213, 263

281 Vgl. Wünschmann, Geltung und Geltendmachung völkerrechtlicher Verträge, S. 160, Fn. 137

282 Rs. C-197/96, Kommission ./. Frankreich; Rs. C-207/96, Kommission ./. Italien, vgl. § 2A.I.13.

283 Vgl. schon Petersmann, ZaöRV Bd. 35 (1975), 213, 257; zuletzt Urt. d. Gerichtshofs v. 18.11.2003, Rs. C-216/01, Budejovický Budvar, národní podnik ./. Rudolf Ammersin GmbH, Rn. 173, vgl. § 2A.I.21.

Abs. 1 die Verpflichtung zur Umsetzung von Gemeinschaftsrecht, die der EG-Vertrag für die Mitgliedstaaten begründet, insoweit zurückgenommen wird, als sie mit der Verpflichtung gegenüber dritten Staaten aus der vorgemeinschaftlichen Übereinkunft nicht vereinbar ist.

Die Mitgliedstaaten können sich dagegen nicht auf Art. 307 Abs. 1 berufen, um aufgrund von ihnen zukommenden *Rechten* aus vorgemeinschaftlichen Übereinkünften Gemeinschaftsrecht unangewendet zu lassen.[284] Entsprechend können sie eine gemeinschaftsrechtswidrige Maßnahme nicht damit rechtfertigen, dass eine vorgemeinschaftliche Übereinkunft sie gestatte.[285] Allgemein gefasst: Die Regelung des Art. 307 Abs. 1 berechtigt die Mitgliedstaaten nicht dazu, in innergemeinschaftlichen Rechtsbeziehungen ihre Verpflichtungen zu relativieren.

Nur solche Verpflichtungen haben Vorrang, die gegenüber Dritten bestehen. Darum können die Mitgliedstaaten sich im Verhältnis untereinander trotz des Bestehens solcher Verpflichtungen nicht auf sie berufen, um Einschränkungen des Gemeinschaftsrechts zu rechtfertigen.[286]

Der Gerichtshof deutet an, dass der Vorrang der Verpflichtungen aus einer vorgemeinschaftlichen Übereinkunft gem. Art. 307 Abs. 1 eingeschränkt sein kann durch das Entgegenstehen von Gemeinschaftsgrundrechten.[287]

4. Grundsätze – Schutz individueller Rechtspositionen

Wird eine vorgemeinschaftliche Übereinkunft in den oben unter 1. beschriebenen Konstellationen des Schutzes individueller Rechtspositionen relevant, so sind folgende besonderen Grundsätze bei der Anwendung von Art. 307 Abs. 1 zu beachten:

a. Keine Begründung unmittelbarer Anwendbarkeit

Die Anwendbarkeit von Art. 307 Abs. 1 führt nicht dazu, dass eine vorgemeinschaftliche Übereinkunft unmittelbar anwendbar wird. Durch die Anwendbarkeit von Art. 307 Abs. 1 werden Verpflichtungen ihrer Natur nach nicht geändert.

---

284 Rs. 10/61, Kommission ./. Italien, vgl. § 2A.I.1.

285 Rs. C-324/93, Evans, vgl. § 2A.I.14.; Rs. C-147/03, Kommission ./. Republik Österreich, vgl. § 2A.I.22.

286 Rs. C-286/86, Deserbais, vgl. § 2A.I.7.

287 Rs. C-158/91, Levy, vgl. § 2A.I.11.

Art. 307 rechtfertigt nicht per se die Berufung auf eine vorgemeinschaftliche Übereinkunft zur Beschränkung von Gemeinschaftsrecht zugunsten Einzelner.[288]

Art. 307 Abs. 1 kann somit nicht zur Begründung von Individualrechten herangezogen werden.[289] Hierfür sind die allgemeinen Kriterien zur unmittelbaren Wirkung einer völkerrechtlichen Übereinkunft maßgeblich.[290]

b. Rechtsfolge – Nichtanwendung des Gemeinschaftsrechts durch das nationale Gericht

Kann sich ein Einzelner zum Schutz einer individuellen Rechtsposition auf eine vorgemeinschaftliche Übereinkunft berufen, hat diese also unmittelbare Wirkung, so hat das zur Folge, dass das nationale Gericht die Norm des Gemeinschaftsrechts oder eine nationale, auf Gemeinschaftsrecht beruhende Norm, die mit einer solchen Position nicht vereinbar ist, nicht anwendet, wenn eine harmonisierende Auslegung[291] nicht möglich ist.[292]

B. Offene Fragen zu Artikel 307 Abs. 1 EG

Die untersuchte Rechtsprechung zu Art. 307 Abs. 1 stellt zahlreiche Grundsätze auf, die die Regelung konkretisieren. Sie lässt aber Fragen offen, auf die im Folgenden näher einzugehen ist.

I. Auslegung des Tatbestandsmerkmals „geschlossen"

In der Literatur wird die Frage erörtert, welche Bedeutung dem Tatbestandsmerkmal „geschlossen" – englisch „concluded", französisch „conclues" – im Rahmen von Abs. 1 zukommt.[293] Rechtlich können unterschiedliche Tatbestände gemeint sein, wenn davon die Rede ist, eine Übereinkunft sei geschlossen. Denn aus der WVK wird ersichtlich, dass mehrere Akte zur Entstehung vertraglicher Bindungen führen: Paraphierung, Unterzeichnung und Ratifikation, schließlich

288 Rs. T-69/89, Radio Telefis Eireann, Rs. T-70/89, British Broadcasting Corporation and BBC Enterprises Limited und Rs. T-76/89, Independent Television Publications Limited, vgl. § 2A.I.9.
289 Rs. 812/79, Burgoa, vgl. § 2A.I.4.
290 Dazu unten § 7C.III.
291 Zur Kompetenz für die Auslegung vorgemeinschaftlicher Übereinkünfte s. u. § 2C.
292 Rs. C-158/91, Levy, vgl. § 2A.I.11.
293 Manzini, EJIL 2001, 781, 785 f.

das Inkrafttreten, vgl. Art. 24 WVK. Zum einen könnte bereits mit der Unterzeichnung eine vorgemeinschaftliche Übereinkunft als „geschlossen“ im Sinne von Art. 307 Abs. 1 gelten. Dann wäre Art. 307 ab diesem Zeitpunkt auf den Vertrag anzuwenden, so dass der betreffende Mitgliedstaat die dilatorische Einrede geltend machen kann. Zum anderen könnte auf das Inkrafttreten abzustellen sein, soweit dies nicht mit der Unterzeichnung zusammenfällt.

Die Frage ist dogmatisch insoweit bedeutsam, als sich aus ihrer Beantwortung ergibt, hinsichtlich welcher Pflichten, die sich aus einer vorgemeinschaftlichen Übereinkunft ergeben, die Einrede geltend gemacht werden kann; konkret, ob Art. 307 Abs. 1 auch vorvertragliche Verpflichtungen erfasst. So ist eine maßgebliche Pflicht, die sich aus dem Völkerrecht hinsichtlich eines Vertrages bereits vor Inkrafttreten ergibt, in Art. 18 WVK niedergelegt: Ein Staat ist verpflichtet, bereits ab dem Zeitpunkt der Manifestation seiner Zustimmung bis zum Inkrafttreten Ziel und Zweck des Vertrages nicht zu vereiteln. Art. 18 WVK kodifiziert also ein Frustrationsverbot.

Der Gerichtshof hat in seiner Rechtsprechung die aufgeworfene Frage nicht eindeutig geklärt. In der Rechtssache 812/79, *Burgoa,* stellte er darauf ab, dass das fragliche Übereinkommen zum Zeitpunkt des Beitritts Irlands durch beide Vertragsparteien unterzeichnet und ratifiziert war.[294] In anderen Fällen hat der Gerichtshof nicht zwischen diesen beiden Akten unterschieden und nur davon gesprochen, dass die Übereinkunft „geschlossen“ war zum Zeitpunkt des Inkrafttretens des EWG-Vertrages bzw. des Beitritts zur EG.[295]

Manzini vertritt die Ansicht, „geschlossen“ beziehe sich allein auf in Kraft getretene Übereinkommen. Er begründet seinen Standpunkt damit, dass Rechte und Verpflichtungen im Sinne von Art. 307 Abs. 1 sich nicht aus nur unterzeichneten Abkommen ergäben.[296] Vorvertragliche Pflichten beruhten nämlich nicht auf diesen Abkommen, sondern auf der Wiener Vertragsrechtskonvention.[297] Das ist aber unzutreffend, da der Frustrationsgedanke überhaupt nur zu Anwendung kommen kann, wenn ein Vertrag, der Gegenstand des Frustrationsverbotes ist, besteht. Die Verhandlungsbeziehung, nicht aber Art. 18 WVK, ist also Grundlage vorvertraglicher Pflichten. Art. 18 WVK normiert dagegen die Verpflichtung, diese Pflichten nicht zu verletzen.

Weiter stützt *Manzini* seine Argumentation darauf, dass nur bei einer solchen Interpretation die Regelung einen *effet utile* habe. Dieses Argument erscheint

294 Urt. v. 14.10.1980, Rs. 812/79, Attorney-General ./. Burgoa, Slg 1980, 2787, Rn. 7; s. o. § 2A.I.4.

295 Urt. v. 14.01.1997, Rs. C-124/95, R. ./. HM Treaasury, ex parte Centro-Com Srl, Slg. 1997 I-81, Rn. 61; s. o. § 2°.I.15.

296 Manzini, EJIL 2001, 781, 786

297 Manzini, EJIL 2001 781, Fn. 17

problematisch. Der *effet utile* ist eine Argumentationsfigur, die der EuGH entwickelt hat, um europarechtlichen Normen zu größtmöglicher Wirksamkeit zu verhelfen. Die Norm des Art. 307 Abs. 1 ist zwar europarechtlich, allerdings erklärt sie gerade, dass völkervertragsrechtliche Regelungen, die mit Regelungen des EG-Vertrages unvereinbar sind, ihre Geltung behalten. Je größer ein *effet utile* dieser Norm, desto stärker wäre die Beeinträchtigung von EG-Recht. Daraus ergibt sich, dass die Argumentationsfigur des *effet utile* im Sinne der Rechtsprechung des Gerichtshofs im Zusammenhang mit Art. 307 Abs. 1 keine Rolle spielen kann, will man ihre Ratio nicht sinnwidrig in ihr Gegenteil verkehren.

Die Antwort ist daher im Wege der Auslegung von Art. 307 Abs. 1 zu suchen. Auszugehen ist dabei von der Aussage des EuGH, dass Art. 307 Abs. 1 in Übereinstimmung mit den Grundsätzen des Völkerrechts zu interpretieren ist.[298] Nach diesen Grundsätzen, Art. 31 Abs. 1 WVK, erfolgt die Auslegung nach Treu und Glauben in Übereinstimmung mit der gewöhnlichen, seinen Bestimmungen in ihrem Zusammenhang zukommenden Bedeutung und im Lichte seines Zieles und Zweckes. „Zusammenhang" meint nach Art. 31 Abs. 2 WVK insbesondere den Vertragswortlaut samt Präambel und Anlagen. Der Wortlaut des EG-Vertrages ist, wie oben gesehen, nicht eindeutig.

Art. 307 Abs. 1 bezieht sich auf Rechte und Pflichten, die sich aus vorgemeinschaftlichen Übereinkünften ergeben. Art. 307 Abs. 1 soll klarstellen, dass solche durch die Bindung an den EG-Vertrag nicht beeinträchtigt werden. Einen Ausschluss vorvertraglicher Pflichten enthält Art. 307 Abs. 1 nicht. Rechte und Pflichten sind nach den völkerrechtlichen Grundsätzen, auf die in der Rechtsprechung abgestellt wird, auch vorvertragliche Pflichten. Das ergibt sich aus dem völkerrechtlichen Frustrationsverbot des Art. 18 WVK. Für eine Einbeziehung vorvertraglicher Pflichten in den Anwendungsbereich von Art. 307 Abs. 1 spricht auch die Tatsache, dass die Gemeinschaft an das völkerrechtliche Frustrationsverbot gebunden ist.[299] Das Tatbestandsmerkmal „geschlossen" ist daher so auszulegen, dass nur solche Abkommen gemeint sind, die vor dem Beitritt völkerrechtliche Verpflichtungen des Mitgliedstaats begründen. Das entspricht auch dem Grundsatz der völkerrechtsfreundlichen Integration.

In der Praxis dürfte im Rahmen des Beitritts neuer Mitglieder die in der Literatur angesprochene Problematik nur im Einzelfall von Bedeutung sein, da im Laufe des mehrjährigen Heranführungsprozesses solche Abkommen, die für den Beitrittskandidaten noch nicht in Kraft getreten sind, aber mit dem Gemein-

---

298 St. Rspr., vgl. zuletzt Urt. v. 04.07.2000, Rs. 62/98, Kommission ./. Portugal, Slg. 2000 I-5194, Rn. 44; vgl. Manzini, EJIL 2001, 781, 785 f.

299 Zur Verbindlichkeit des Grundsatzes für die Gemeinschaft vgl. Urt. des Gerichts 1. Instanz v. 22.01.1997, Rs. T-115/94, Opel Austria GmbH ./. Rat, Slg. 1997 II-39, 70, Rn. 91

schaftsrecht unvereinbare Verpflichtungen enthalten, nicht nach Beitritt in Kraft zu setzen, sondern unter Berücksichtigung des Art. 18 WVK neu zu verhandeln sind. Art. 18 WVK gilt für den Beitrittsstaat nicht nur im Verhältnis zum Drittstaat, sondern ebenso im Verhältnis zu den Parteien des EG-Vertrag, dem er beitritt. Aus Art. 307 Abs. 2 in Verbindung mit dem Frustrationsverbot lässt sich für solche Fälle die Verpflichtung des Mitgliedstaates entnehmen, das Abkommen nicht in Kraft zu setzen.

Sollte ein Mitgliedstaat dennoch nach Beitritt durch das Inkrafttreten eines zuvor verhandelten Abkommens völkerrechtliche Verpflichtungen übernehmen, so führt das nach den oben[300] dargestellten Grundsätzen nicht dazu, dass er sich innergemeinschaftlich nach Art. 307 Abs. 1 hierauf berufen könnte, weil dessen Anwendungsbereich *ratione materiae* nicht eröffnet wäre. Eine vorgemeinschaftliche Verpflichtung läge nämlich nicht vor.

II. Analoge Anwendbarkeit von Artikel 307 Abs. 1 EG

1. Einführung

Nicht vollständig geklärt ist bislang, inwieweit Art. 307 Anwendung findet auf Verträge, die ein Mitgliedstaat in einem Bereich schließt, in dem die Gemeinschaft ihre Funktionen noch nicht voll ausübt oder in dem ihr aufgrund von Lückenfüllungsklauseln Kompetenzen zuwachsen. In der Literatur wird dazu ganz überwiegend pauschal vertreten, Art. 307 sei auf solche Konstellationen analog anwendbar.[301] Voraussetzung für die analoge Anwendung soll dabei sein, dass die Kompetenzverschiebung *für den Drittstaat* bei Vertragsschluss objektiv nicht vorhersehbar war. In diesem Falle rechtfertige es das Interesse des Drittstaates, aus Gründen der Rechtssicherheit die Vorrangsklausel ausdehnend anzuwenden.[302] Andere stellen darauf ab, dass *für den Mitgliedstaat* der Erlass der kollidierenden Norm des Gemeinschaftsrechts bzw. die Entstehung einer Gemeinschaftszuständigkeit objektiv unvorhersehbar war.[303] Das Kriterium der Vorhersehbarkeit ist aber für sich keine Voraussetzung für eine analoge Anwendung, die bei Vorliegen einer planwidrigen Regelungslücke und Vergleichbarkeit von geregeltem und ungeregeltem Tatbestand in Betracht kommt. Diese Widersprüch-

300 Unter § 2A.II.3.c.
301 Bernhardt, EuR 1983, 199, 205; Wohlfahrth, in: W/E/G/S, Anm. 5 zu Art. 234
302 Krück, Völkerrechtliche Verträge, S. 136
303 Schmalenbach, in: Callies/Ruffert, Art. 307, Rn. 6 (Krück insoweit unrichtig zitierend); Klein, in: HKMM, Art. 234 Rn. 8

lichkeiten zeigen, dass eine genauere Untersuchung der analogen Anwendbarkeit erforderlich ist.

2. *Differenzierte Betrachtung der einschlägigen Fallkonstellationen*

Es erscheint sinnvoll, sich dazu die Fallkonstellationen vor Augen zu führen, in denen sich die Frage der analogen Anwendung stellen kann.

a. *Fallkonstellation: Kompetenzausübung durch die Mitgliedstaaten aufgrund der „Kramer-Doktrin"*

Nach der *Kramer-Doktrin*[304] verbleibt den Mitgliedstaaten die Kompetenz zum Abschluss völkerrechtlicher Verträge auch in Bereichen, die in die Kompetenz der Gemeinschaft fallen, solange diese von ihr keinen Gebrauch gemacht hat. Fraglich ist insoweit aber, ob die Mitgliedstaaten sich auf Art. 307 Abs. 1 berufen können, wenn die Gemeinschaft ihre Kompetenzen durch den Erlass von Sekundärrecht schließlich in Anspruch nimmt oder ihr Kompetenzen zuwachsen.

b. *Fallkonstellation: Vertragsverlängerung/Vertragsschluss durch die Mitgliedstaaten aufgrund gemeinschaftsrechtlicher Ermächtigung*

aa. *Ermächtigung zur Verlängerung einer Übereinkunft*

Im Bereich der gemeinsamen Handelspolitik für vorgemeinschaftliche Übereinkünfte wurden besondere Regelungen für Übereinkünfte getroffen. Die Gemeinschaft hat auf diesem Gebiet mit der Entscheidung des Rates vom 16. Dezember 1969 *„über die schrittweise Vereinheitlichung der Abkommen über die Handelsbeziehungen zwischen den Mitgliedstaaten und dritten Ländern und über die Aushandlung der gemeinschaftlichen Abkommen"*[305] die Mitgliedstaaten ausdrücklich ermächtigt. Sie können bestimmte zwischen ihnen und Drittländern geschlossene Handelsabkommen, also vorgemeinschaftliche Übereinkünfte, vor Ablauf der Übergangszeit zum 1. Januar 1970, ab dem die Kompetenz zum Abschluss von Handelsabkommen grundsätzlich bei der Gemeinschaft lag, über dieses Datum hinaus fortführen. Aufgrund dieser Ermächtigung wurde den Mitgliedstaaten regelmäßig die Fortführung bilateraler Handelsabkommen um jeweils ein

304 Mit diesem Schlagwort belegt Manzini, EJIL 2001, 781, 786, die Ratio des Urteils des Gerichtshofs vom 14.07.1976, verb. Rs. 3, 4, 6/76, Officier Van Justitie ./. Kramer, Slg. 1976, 1279.

305 69/495/EWG, ABl. 1969, Nr. L 326, S. 39

Jahr gestattet.[306] Dabei handelt es sich um Abkommen, die vor Beitritt geschlossen wurden, also vorgemeinschaftliche Übereinkünfte, und solche, die zwischen Beitritt und Ablauf der Übergangsfrist geschlossen wurden.

bb. Ermächtigung zur Vertragsschluss

In Ausnahmefällen war den Mitgliedstaaten sogar der Abschluss eigener Abkommen gestattet.[307] Es ist davon auszugehen, dass solche Fälle in der Praxis kaum mehr vorkommen, weil die sekundärrechtliche Ermächtigung zum Vertragsneuabschluss nur bis zum 31. Dezember 1972 galt.[308]

cc. Rechtliche Bedenken

Gegen eine solche Ermächtigung der Mitgliedstaaten zur Verlängerung (und in bestimmten Fällen zum Abschluss) von Handelsabkommen als Übergangslösung für vorgemeinschaftliche Übereinkünfte im Bereich der Handelspolitik wurden rechtliche Bedenken geltend gemacht.[309] Wären diese durchgreifend, die Notwendigkeit einer analogen Anwendung also aufgrund einer rechtswidrigen Ermächtigung entstanden, käme eine analoge Anwendung nicht in Betracht, weil sie diesen rechtswidrigen Zustand möglicherweise perpetuieren würde.

Es stellte sich die Frage, ob der Rat durch einfache Ratsentscheidung eine Primärnorm im Range einer Verfassungsbestimmung wirksam derogieren könne,[310] oder ob eine Änderung nur nach Art. 236 a. F. möglich sei. Die Diskussion wurde im Rahmen der Untersuchung der Kompetenzen der Europäischen Gemeinschaft im Bereich der Handelspolitik geführt[311] und wird daher hier nicht erneut aufgenommen. Ganz überwiegend wird aber heute im Ergebnis angenommen, dass für den Bereich der gemeinsamen Handelspolitik die Ermächtigung zur Verlängerung zulässig war.[312] Die rechtlichen Bedenken waren letztlich nicht durchgreifend, so dass hier die Analogie geprüft werden kann.

---

306 Vgl. z. B. Entscheidungen des Rates 88/360/EWG vom 30.06.1988, ABl. 1988 Nr. L 174, S. 52; 89/371/EWG vom 12.06.1989, ABl. 1989 Nr. L 164, S. 42; 90/235/EWG vom 21.05.1990, ABl. 1990 Nr. L 133, S. 85; 91/374/EWG vom 22.07.1991, ABl. 1991 Nr. L 202, S. 46

307 Vgl. 3. Titel der Entscheidung 69/495/EWG vom 16.12.1969, Art. 9

308 Vgl. Sachs, EG-Handelspolitik, S. 47 f.

309 Vgl. hierzu unten § 8.

310 Vgl. Weissenberg, Handels- und Kooperationsabkommen, S. 132 ff., der im Ergebnis die Zulässigkeit für den Bereich der gemeinsamen Handelspolitik bejaht.

311 Umfassend Taraschka, Handelspolitik, S. 161 ff, insbes. S. 171 m. w. N.

312 Vgl. Weissenberg aaO.; Sachs, EG-Handelspolitik, S. 50; Taraschka, aaO.

c. *Notwendigkeit der Analogie*

aa. *Fehlen einer vorgemeinschaftlichen Übereinkunft*

Auf die Fallkonstellationen unter a) und b), in denen vorgemeinschaftliche Übereinkünfte nicht vorliegen, ist Art. 307 Abs. 1 seinem Wortlaut nach nicht anwendbar. Das ist der Fall, wenn der Mitgliedstaat ein Abkommen nach Beitritt aufgrund der Kramer-Doktrin, nach Beitritt und vor Inkrafttreten einer Vorschrift, die der Gemeinschaft die Vertragsschlusskompetenz gibt, oder nach Beitritt aufgrund der speziellen Ermächtigung abgeschlossen hat.

bb. *Fehlen der in Artikel 307 EG geregelten Konfliktsituation*

Eine Analogie ist außerdem mangels direkter Anwendbarkeit von Art. 307 dann zu prüfen, wenn zwar eine vorgemeinschaftliche Übereinkunft vorliegt, diese aber zunächst nicht im Konflikt mit dem Gemeinschaftsrecht stand. Dieser Konflikt, der nach Beitritt aufgrund Kompetenzzuwachses (implizit oder durch Ablauf der Übergangsfrist) der Gemeinschaft entsteht, ist nicht direkt von Art. 307 erfasst, da Art. 307 einen Konflikt *ab initio* regelt.

Damit ist grundsätzlich an eine Analogie zu denken.

3. *Analoge Anwendung auf die Fallkonstellationen*

Die Analogie setzt neben der Vergleichbarkeit von geregeltem und ungeregeltem Sachverhalt voraus, dass eine planwidrige Regelungslücke besteht.

Generell spricht gegen die analoge Anwendbarkeit der Charakter von Art. 307 Abs. 1 als Ausnahmevorschrift.[313] Die Frage der analogen Anwendung ist aber weiter differenzierend zu betrachten entsprechend den beiden zu unterscheidenden rechtlichen Funktionen der Vorrangklausel: Als Unberührtheitsklausel bekräftigt sie im Hinblick auf die Position des Drittstaates die Rechtslage nach dem allgemeinen Völkerrecht, indem sie klarstellt, dass die spätere Bindung an den EG-Vertrag die Verpflichtungen der Mitgliedstaaten nicht berührt. Als dilatorische Einrede hemmt Art. 307 Abs. 1 im innergemeinschaftlichen Verhältnis die Verpflichtung der Mitgliedstaaten zur vollständigen Umsetzung von Gemeinschaftsrecht.[314]

---

313 Vgl. GA Capotorti in den Schlussanträgen v. 15.09.1981, Rs. 181/80, Generalstaatsanwalt bei der Cour d'appel Pau u. a. ./. Arbelaiz-Emazabel, Slg. 1981, 2961, 2988

314 Vgl. oben § 2°.II.

a. *Analoge Anwendung von Artikel 307 EG als Unberührtheitsklausel*

Wie der Gerichtshof bereits in seinen ersten Urteilen zur Auslegung von Art. 307 Abs. 1 konstatiert hat, bekräftigt dieser die Rechtslage nach dem allgemeinen Völkerrecht.[315] Im Hinblick auf die vorgemeinschaftlichen Übereinkünfte repetiert er dessen Grundsatz *pacta sunt servanda.* Damit wird der Grundsatz der völkerrechtskonformen Integration primärrechtlich verankert.[316] Das Verhältnis der Parteien einer vorgemeinschaftlichen Übereinkunft bleibt also von der späteren Bindung der einen Partei an den EG-Vertrag unberührt. Damit wird deutlich, dass im Falle der direkten Anwendung des Art. 307 Abs. 1 dieser für das Außenverhältnis lediglich deklaratorische Funktion hat und klarstellt, dass das Vertragsvölkerrecht Anwendung findet. Die analoge Anwendung von Art. 307 Abs. 1 in seiner bloß deklaratorischen Funktion führt also nicht zu dem Mehr an Rechtssicherheit, mit dem sie gerechtfertigt wird. Da vielmehr dieses Verhältnis rechtlich durch die Anwendung von Art. 307 Abs. 1 nicht beeinflusst wird, sondern die Regelungen des Völkerrechts Anwendung finden, liegt keine Regelungslücke vor. Die analoge Anwendung ist daher abzulehnen.

Das Kriterium der *Vorhersehbarkeit für den Drittstaat* kann hier insofern relevant sein, als er sich nach Treu und Glauben wegen der Vorhersehbarkeit eines Konfliktes von neuen gemeinschaftsrechtlichen Verpflichtungen mit denen aus dem Abkommen – abhängig von den Umständen des Einzelfalles – auf eine Vertragsrevision einlassen muss, bzw. sich nicht auf die bestehenden vertraglichen Verpflichtungen des Mitgliedstaats ihm gegenüber berufen kann.

b. *Analoge Anwendung von Artikel 307 EG als dilatorische Einrede*

aa. *Fallkonstellation: Kompetenzausübung durch die Mitgliedstaaten aufgrund der „Kramer-Doktrin"*

Wenn die Mitgliedstaaten Verträge nach der „Kramer-Doktrin"[317] nach Beitritt in einem Bereich schließen, für den der Gemeinschaft später die Kompetenz zuwächst oder in dem sie eine vorhandene Kompetenz später ausübt, stellt sich die Frage, ob die Mitgliedstaaten dem Geltungsanspruch des Gemeinschaftsrechts die dilatorische Einrede aus Art. 307 Abs. 1 entgegensetzen können.

Der Gerichtshof hat für diese Konstellation geurteilt, dass der Mitgliedstaat verpflichtet sei, keine solchen Vereinbarungen zu treffen, die in der Zukunft die

315 Vgl. oben unter § 2A.I.
316 S. o. § 2A.II.2.
317 S. o. § 2B.II.2.a.

Ausübung der Kompetenz durch die Gemeinschaft behindern könnten. Und sobald die Gemeinschaftsorgane ihre Kompetenz in Anspruch nehmen, sind die Mitgliedstaaten *„verpflichtet, alle zu ihrer Verfügung stehenden rechtlichen und politischen Mittel einzusetzen, um die Teilnahme der Gemeinschaft an [dem jeweiligen Übereinkommen] sicherzustellen."*[318]

Diese rechtlichen Grundsätze, die auf dem allgemeinen Gebot der Gemeinschaftstreue, Art. 10, fußen und in ihrer Diktion an Art. 307 Abs. 2 erinnern, bestimmen das Verhältnis von Gemeinschaft und Mitgliedstaaten. Der Umfang der Berechtigung der Mitgliedstaaten, Abkommen in Bereichen zu schließen, in denen die Gemeinschaft ihre Kompetenz erst im Laufe der Zeit ausübt, ist durch die Rechtsprechung des Gerichtshofs konkretisiert. Indem den Mitgliedstaaten die Pflicht zur Beteiligung der Gemeinschaft aufgegeben ist, wird darüber hinaus im Umkehrschluss klargestellt, dass die Regelungen der von ihnen geschlossenen Abkommen bestehen bleiben. Damit ist die von Art. 307 Abs. 2 als primärrechtliche *lex specialis* vorgegebene Lösung implizit gegeben. Nicht geregelt ist allerdings, inwieweit sich die Mitgliedstaaten auf geschlossene Abkommen berufen können. Somit besteht für diese Fallkonstellation eine Regelungslücke, die die analoge Anwendung von Art. 307 Abs. 1 zur Begründung der dilatorischen Einrede im Innenverhältnis rechtfertigen könnte.

Es ist davon auszugehen, dass die Lücke nicht bewusst gelassen und damit planwidrig ist. Der Sachverhalt, den Art. 307 regelt, ist mit dieser Fallkonstellation vergleichbar, da ein Normenkonflikt zwischen völkerrechtlichem Abkommen und Gemeinschaftsrecht vorliegt, der daraus resultiert, dass das Gemeinschaftsrecht nunmehr im vom Abkommen geregelten Bereich anwendbar ist. Analog Art. 307 kann sich der Mitgliedstaat bei einem solchen Sachverhalt auf die dilatorische Einrede berufen. Voraussetzung ist allerdings, dass die Unvereinbarkeit zwischen dem nach Beitritt geschlossenen Vertrag und dem Gemeinschaftsrecht unvorhersehbar war. Anderenfalls handelt der Mitgliedstaat entgegen dem Gebot der Gemeinschaftstreue aus Art. 10. Die Regelung des Art. 307 gestattet die Berufung auf die dilatorische Einrede aber in einem solchen Fall nicht, so dass Vergleichbarkeit von geregeltem und ungeregeltem Sachverhalt nicht gegeben wären.

---

318 Urt. v. 14.07.1976, verb. Rs. 3, 4, 6/76, Officier Van Justitie ./. Kramer, Slg. 1976, 1279, 1313, Rn. 44/45

bb. *Fallkonstellation: Vertragsverlängerung/Vertragsschluss durch die Mitgliedstaaten aufgrund gemeinschaftsrechtlicher Ermächtigung*

In den Fällen, in denen ein Mitgliedstaat sekundärrechtlich speziell zur Verlängerung einer vorgemeinschaftlichen Übereinkunft ermächtigt wurde, aber der Normkonflikt erst nach Beitritt entstand, stellt sich die Frage, ob Art. 307 als dilatorische Einrede anzuwenden ist, sobald die Ermächtigung ausläuft. Hier und in der Fallkonstellation, dass ein Abkommen nach Beitritt geschlossen wurde, stellt sich die Frage, ob eine Regelungslücke im Hinblick auf die Frage gegeben ist, inwieweit sich die Mitgliedstaaten gegenüber dem Geltungsanspruch von Gemeinschaftsrecht auf solche Abkommen berufen können. Die sekundärrechtlichen Ermächtigungsvorschriften regeln für Verlängerung und Abschluss, dass die Ermächtigung jeweils nur für einen bestimmten Zeitraum gilt.[319] Ab diesem Zeitpunkt ist den Mitgliedstaaten dann die Verlängerung bzw. der Neuabschluss nicht mehr gestattet (gewesen) und es kommt zum Normenkonflikt. Da diese Fälle dann gleichgelagert sind wie die unter aa., ist die analoge Anwendung mit den dortigen Argumenten anzunehmen.

4. *Ergebnis*

Differenziert man hinsichtlich der analogen Anwendung zutreffend sowohl nach Funktionen des Art. 307, als auch nach Fallkonstellationen, so zeigt sich, dass Art. 307 Abs. 1 in seiner Funktion als Unberührtheitsklausel, die den Grundsatz der völkerrechtskonformen Integration enthält, mangels Regelungslücke nicht analog anzuwenden ist.

Eine analoge Anwendung von Art. 307 Abs. 1 in seiner Funktion als dilatorische Einrede kann dagegen erfolgen, wenn eine vorgemeinschaftliche Übereinkunft nach Beitritt in Konflikt mit dem Gemeinschaftsrecht kommt und damit Art. 307 Abs. 1, der von einem Konflikt *ab initio* ausgeht, nicht direkt anwendbar ist. Weiter kann Art. 307 Abs. 1 in dieser Funktion analog angewendet werden, wenn ein Mitgliedstaat ein Abkommen nach Beitritt schließt und in der Folge ein Konflikt mit dem Gemeinschaftsrecht entsteht, so dass keine vorgemeinschaftliche Übereinkunft vorliegt, für die Art. 307 Abs. 1 direkt gilt.

---

319 Art. 3 S. 2 Entscheidung des Rates vom 16.12.1969, 69/494/EWG, ABl. 1969 Nr. L 326, 39, 41

III. Pflicht zur Angleichung des Gemeinschaftsrechts?

Als Ergebnis der Rechtsprechungsanalyse wurde festgestellt, dass die Gemeinschaftsorgane aufgrund von Art. 307 Abs. 1 die Pflicht haben, die Erfüllung der Pflichten, die sich für die Mitgliedstaaten aus früheren Übereinkünften ergeben, nicht zu behindern.[320] Die Frage nach dem Umfang dieser Kooperationspflicht ist offen. Man könnte annehmen, dass es sich um eine bloße Pflicht zur Unterlassung von Maßnahmen, die der Erfüllung hinderlich sind, handele.

1. Angleichungspflicht als ultima ratio der Konfliktlösung?

In der Literatur wird aber weitergehend vertreten, dass eine Pflicht zur Angleichnung des Gemeinschaftsrechts an die Altverträge als *ultima ratio* der Konfliktlösung bestehen könne.[321] Für diese These wird angeführt, dass die Regelungen der Gründungsverträge sie nicht ausschlössen.[322] Dies trifft zu: Im Art. 71 Abs. 2 des am 23. Juli 2002 beendeten[323] Vertrages über die Europäische Gemeinschaft für Kohle und Stahl (EAGV) wurde die Bindung der Gemeinschaft für Kohle und Stahl an die bestehenden Abkommen der Mitgliedstaaten festgeschrieben. Art. 106 EAGV bot die Lösung von Anpassungsverhandlungen mit dem Ziel der Vertragsübernahme an. Art. 307 regelt dagegen Anpassungspflichten der Mitgliedstaaten, nicht aber solche der Gemeinschaft, so dass eine Angleichungspflicht nicht ausdrücklich ausgeschlossen wird.

2. Bedenken gegen eine Angleichungspflicht

So wenig wie die Verträge ausdrücklich eine Pflicht zur Angleichung des Gemeinschaftsrechts ausschließen, so wenig begründen sie allerdings eine solche Pflicht. Zwar soll eine Anpassung seitens der Gemeinschaft nur als *ultima ratio* in Betracht kommen[324], doch bestehen grundsätzliche Zweifel gegenüber dieser Annahme. Diese sind praktischer, methodischer, und rechtspolitischer Art.

Praktisch wäre eine solche Anpassungspflicht nur handhabbar, wenn konkrete Kriterien bestünden, nach denen sich ihr Bestehen beurteilen ließe. Es fällt aber schwer, den Fall, in dem eine Anpassungspflicht bestehen könnte, konkret zu fassen.

---

320 Vgl. oben § 2A.II.2.d.
321 Vgl. Voss, SZIER 1996, 161, 186
322 So Voss, aaO. unter Berufung auf Petersmann, in: GTE, Art. 234, Rn. 11
323 Vgl. Art. 97 EGKS
324 Voss, SZIER 1996, 161, 186

Methodisch findet sich im Primärrecht zunächst kein Anhaltspunkt für eine Pflicht der Gemeinschaftsorgane zur Modifikation von Gemeinschaftsrecht aufgrund von völkerrechtlichen Verpflichtungen der Mitgliedstaaten. Es ließe sich argumentieren, dass wegen der Gleichrangigkeit völkerrechtlicher Normen Art. 307 Abs. 2 „völkerrechtskonform" dahin auszulegen sei, dass auch Gemeinschaftsrecht Gegenstand von Revisionsverhandlungen sein könnte.[325] Eine solche Auslegung ist aber nicht erforderlich, da Art. 307 Abs. 2 nur völkerrechtlich zulässiges Verhalten der Mitgliedstaaten und der Gemeinschaft fordert.[326] Außerdem geht bereits Art. 307 Abs. 1 von der Koexistenz von Pflichten aus vorgemeinschaftlichen Übereinkünften und Gemeinschaftsrecht aus, die Regelung wahrt also gerade Völkerrecht, so dass für eine „völkerrechtskonforme" Auslegung von Art. 307 Abs. 2 kein Anlass besteht.[327]

Gegen die Annahme einer Anpassungspflicht der Gemeinschaft spricht weiter der Stand des Gemeinschaftsrechts, wie er in der Rechtsprechung des Gerichtshofs seinen Niederschlag findet. Dieser löst den Konflikt, zu dessen Behebung das Bestehen einer Anpassungspflicht postuliert wird, nämlich auf. Nach der insoweit eindeutigen Rechtsprechung des Gerichtshofs ist eine gemeinschaftsrechtliche Norm nicht anzuwenden, bis der Konflikt zwischen ihr und einer vorgemeinschaftlichen Übereinkunft behoben ist.[328] Angesichts dieser Rechtslage eine Anpassungspflicht zu konstruieren, zumal wenn sie sich auf die Behauptung einer möglichen Lücke im Gemeinschaftsrecht stützt, ist nicht erforderlich.

Dieses Ergebnis erscheint zwingend bei einer rechtspolitischen Betrachtung der These vom Bestehen einer Anpassungspflicht. Integrationspolitisch wäre den Mitgliedstaaten mit der Konstruktion einer Anpassungspflicht der Organe ein Hebel in die Hand gegeben, der das Gemeinschaftsgefüge aufbrechen könnte. Ein Mitgliedstaat könnte sich mit Blick auf seine Pflichten zur Anpassung einer vorgemeinschaftlichen Übereinkunft auf die „korrespondierende" Anpassungspflicht der Organe berufen. In der Folge könnte jeder Fall der Feststellung eines Konfliktes einer vorgemeinschaftlichen Übereinkunft mit Gemeinschaftsrecht zu einer Konfrontation von Pflichten des Mitgliedstaats und der Gemeinschaftsorgane führen. Damit wäre offen, welche dieser Pflichten letztlich zu erfüllen ist. Die Grundentscheidung des Art. 307 ist aber die, dass ein solcher Konfliktfall zugunsten des Gemeinschaftsrechts gelöst werden soll.

---

325 So Petersmann/Spennemann, in: von der Groeben/Schwarze, Art. 307 Rn. 10

326 Vgl. eingehend dazu unten § 3E.

327 So auch Krück, Völkerrechtliche Verträge, S. 133

328 Vgl. Urt. v. 02.08.1993, Rs. C-158/91, Strafverfahren gegen Jean-Claude Levy, Slg. 1993 I-4287; Urt. v. 03.02.1994, Rs. 13/93, Office national de l'emploi ./. Madeleine Minne, Slg. 1994 I-376; Urt. v. 13.03.1997, Rs. C-197/96, Slg. 1997 I-1489; Urt. v. 04.12.1997, Rs. C-207/96, Kommission ./. Italien, Slg. 1997 I-6869

Den Mitgliedstaaten bleibt es auch ohne die Annahme einer Angleichungspflicht unbenommen, gegen rechtswidrige Akte der Gemeinschaftsorgane im Wege der Klage nach Art. 230 vorzugehen.

3. *Ergebnis*

Die Kooperationspflicht der Gemeinschaftsorgane aus Art. 307 Abs. 1 umfasst nicht die Pflicht zur Anpassung des Gemeinschaftsrechts an Verpflichtungen der Mitgliedstaaten aus vorgemeinschaftlichen Übereinkünften. Die ganz überwiegenden Argumente sprechen gegen die Annahme einer Angleichungspflicht der Gemeinschaftsorgane, auch als *ultima ratio.*

C. Kompetenz zur Auslegung vorgemeinschaftlicher Übereinkünfte

Der Gerichtshof war bislang mit vorgemeinschaftlichen Übereinkünften im Rahmen des Vorabentscheidungsverfahrens und des Vertragsverletzungsverfahrens befasst. Dabei stellt sich die Frage, wieweit die Prüfungskompetenz des Gerichtshofs reicht. Die Zuständigkeit des Gerichtshofs ist in Art. 220 umschrieben: *„Der Gerichtshof sichert die Wahrung des Rechts bei der Auslegung und Anwendung dieses Vertrags.“* Der Gerichtshof prüft aber das Vorliegen eines Konfliktes zwischen Gemeinschaftsrecht und einer vorgemeinschaftlichen Übereinkunft nur in bestimmten Fällen selbst. Zu unterscheiden ist nach der Verfahrensart.

I. *Vorabentscheidungsverfahren*

Für das Vorabentscheidungsverfahren weist Art. 234 dem Gerichtshof lediglich die Auslegung des Gemeinschaftsrechts zu. Nicht angesprochen ist das Problem einer zur Anwendung gemeinschaftsrechtlicher Normen möglicherweise erforderlichen Auslegung völkerrechtlicher Verträge der Mitgliedstaaten.

1. *Grundsatz: Keine Kompetenz des Gerichtshofs zur Interpretation vorgemeinschaftlicher Übereinkünfte im Vorabentscheidungsverfahren*

Die Frage, ob es Sache des Gerichtshofs oder Sache des nationalen Gerichts ist, zu überprüfen, ob eine vorgemeinschaftliche Übereinkunft mit dem Gemeinschaftsrecht vereinbar ist, hat der Gerichtshof zunächst nicht ausdrücklich behandelt. Aus früheren Urteilen, in denen der EuGH vom vorlegenden Gericht mit

Fragen im Zusammenhang mit Art. 307 befasst wurde, geht zwar nicht direkt hervor, dass der Gerichtshof eine solche Kompetenz in Anspruch nimmt. Wohl aber ergibt sich dies implizit, wenn er eine Übereinkunft auslegt. In der Rechtssache 34/79, *Henn und Darby,* untersucht der Gerichtshof selbst die Frage, ob tatsächlich ein nicht durch Auslegung behebbarer Widerspruch zwischen Gemeinschaftsrecht und der fraglichen vorgemeinschaftlichen Übereinkunft besteht.[329]

Dagegen findet sich in späteren Urteilen die eindeutige Aussage: *„Im Rahmen eines Vorlageverfahrens ist es nicht Aufgabe dieses Gerichts, sondern die des nationalen Gerichts, festzustellen, welche Verpflichtungen dem Mitgliedstaat durch ein früheres Abkommen auferlegt sind und ihre Reichweite zu bestimmen, um das Ausmaß feststellen zu können, in dem sie ein Hindernis für die Anwendung [von Gemeinschaftsrecht] darstellen.*“[330] Daraus geht eindeutig hervor, dass nicht der Gerichtshof, sondern das vorlegende nationale Gerichts festzustellen hat, welche Verpflichtungen der betroffenen Mitgliedstaat aus einer vorgemeinschaftlichen Übereinkunft hat. Der Gerichtshof führte aus, das Gericht habe deren Grenzen so abzustecken, dass ermittelt werden könne, inwieweit diese Verpflichtungen der Anwendung von Gemeinschaftsrecht entgegenstünden.[331]

Nach dieser inzwischen gefestigten Rechtsprechung ist von dem Grundsatz auszugehen, dass der Gerichtshof sich im Vorabentscheidungsverfahren nicht zur Auslegung einer vorgemeinschaftlichen Übereinkunft befugt hält, sondern dies den nationalen Gerichten überlässt.

2. *(Mögliche) Ausnahmen*

a. *Entscheidungen über die Gültigkeit von Rechtsakten*

Die restriktive Aussage des Gerichtshofs zur Prüfungskompetenz soll sich nach einer Ansicht nur auf solche Vorabentscheidungen beziehen können, die die *Interpretation* im Gegensatz zur *Gültigkeit* von europarechtlichen Rechtsakten

---

329 Urt. v. 14.12.1979, Rs. 34/79, Strafverfahren gegen Maurice Donald Henn und John Frederick Ernest Darby, Slg. 1979, 3795, 3816, Rn. 26; vgl. § 2A.I.5.

330 Vgl. Urt. v. 02.08.1993, Rs. C-158/91, Strafverfahren gegen Jean-Claude Levy, Slg. 1993 I-4287, 4307, Rn. 21; ebenso Urt. v. 03.02.1994, Rs. C-13/93, Office National de l'Emploi ./. Minne, Slg. 1994 I-371, Rn. 18; Urt. v. 28.03.1995, Rs. C-324/93, R ./. Secretary of State for the Home Department, ex parte Eans Medical Ltd, Slg. 1995 I-563, Rn. 29; Urt. v. 14.01.1997, Rs. C-124/95, R. ./. HM Treaasury, ex parte Centro-Com Srl, Slg. 1997 I-81, Rn. 68; vgl. oben § 2A.I.

331 Vgl. Urt. v. 02.08.1993, Rs. C-158/91, Strafverfahren gegen Jean-Claude Levy, Slg. 1993 I-4287, 4307, Rn. 21

betreffen. Denn für die Feststellung der Gültigkeit eines Gemeinschaftsrechtsaktes sei allein der Gerichtshof zuständig. Er könne die Interpretation in Fällen, in denen ein Widerspruch zu vorgemeinschaftlichen Übereinkünften besteht, dann nicht den nationalen Gerichten überlassen.[332]

Die Kompetenz des Gerichtshofs zur Auslegung der vorgemeinschaftlichen Übereinkunft in solchen Fällen ist allerdings in Frage gestellt worden. In der Rechtssache 812/79, *Burgoa,* war die französische Regierung der Ansicht, der Gerichtshof sei zur Auslegung nicht befugt, da das Übereinkommen außerhalb des Gemeinschaftsrechts liege.[333] Sie hatte sich dabei berufen auf das Urteil in der Rechtssache 130/73, *Vanderweghe,* in dem es heißt: *„Der Gerichtshof ist aufgrund von Artikel 177 EWG-Vertrag [jetzt Art. 234 EG] nicht befugt, über die Auslegung völkerrechtlicher Bestimmungen zu entscheiden, die zwischen den Mitgliedstaaten Bindungen außerhalb des gemeinschaftsrechtlichen Bereichs schaffen.*“[334] Solange also die Gemeinschaft selbst nicht Partei eines Abkommens mit Drittstaaten ist, ist der Gerichtshof nicht zu dessen Auslegung befugt.

Die Ansicht, die nach dem Gegenstand der Vorlagefrage – Interpretation oder Gültigkeit von europarechtlichen Rechtsakten –, zu der der Gerichtshof im Vorabentscheidungsverfahren Stellung nimmt, unterscheiden will, vermag angesichts dieser klaren Aussage nicht zu überzeugen. Hinzu kommt, dass dann das nationale Gericht durch die jeweils unterschiedliche Art der Fragestellung in der Lage wäre, die Prüfungskompetenz des Gerichtshofs zu bestimmen.

Außerdem ergibt sich aus der Rechtsprechung, dass das nationale Gericht befugt sein kann, eine gemeinschaftsrechtliche Norm unangewendet zu lassen, wenn dies zur Erfüllung einer Verpflichtung aus einer vorgemeinschaftlichen Übereinkunft erforderlich ist.[335] Auch dies steht der These entgegen, dass die Interpretation zur Feststellung der Ungültigkeit dem Gerichtshof überlassen bleiben müsse. Denn wenn das nationale Gericht befugt ist, Gemeinschaftsrecht unangewendet zu lassen, bedarf es nicht einer Ungültigkeitserklärung durch den Gerichtshof im Vorabentscheidungsverfahren.

Die praktisch schwer durchführbare Differenzierung hinsichtlich der Prüfungskompetenz im Vorabentscheidungsverfahren ist damit abzulehnen.

---

332 Manzini, EJIL 2001, 781, 787

333 Vgl. Schlussanträge GA Capotorti v. 10.07.1980, Rs. 812/79, Attorney-General ./. Burgoa, Slg. 1980, 2809, Rn. 7; s. o. § 2A.I.4.

334 Urt. v. 27.11.1973, Rs. 130/73, Vanderweghe ./. Berufsgenossenschaft für die Chemische Industrie, Heidelberg, Slg. 1973, 1329, Rn. 1

335 Vgl. zuletzt Urt. d. Gerichtshofs v. 18.11.2003, Rs. C-216/01, Budejovický Budvar, národní podnik ./. Rudolf Ammersin GmbH, s. o. § 2A.I.21.

b. GATT

Eine weitere Ausnahme stellt möglicherweise das GATT 1947 dar. Der Gerichtshof interpretierte in ständiger Rechtsprechung das GATT, das eine vorgemeinschaftliche Übereinkunft im Sinne von Art. 307 Abs. 1 ist.[336] So prüfte der EuGH in den verbundenen Rechtssachen 21-24/72, *International Fruit Company*,[337] die unmittelbare Anwendbarkeit und Wirkung des GATT 1947. Dies mag in seiner Kompetenz liegen, wenn man die Frage der unmittelbaren Anwendbarkeit und Wirkung als eine gemeinschaftsrechtliche ansieht.

Weiter lässt sich die Prüfungskompetenz damit rechtfertigen, dass im Rahmen des GATT der Gerichtshof davon ausging, dass die Gemeinschaft hinsichtlich der Erfüllung des GATT an die Stelle der Mitgliedstaaten getreten, also durch das GATT gebunden war, womit es als „Bestandteil der Gemeinschaftsrechtsordnung" zu betrachten ist.[338] Danach bildete diese vorgemeinschaftliche Übereinkunft aufgrund ihrer besonderen Stellung im Gemeinschaftsrecht einen tauglichen Prüfungsgegenstand.[339]

c. Verletzung der Kooperationspflicht der Gemeinschaftsorgane

Eine Prüfungskompetenz des Gerichtshofs im Vorabentscheidungsverfahren ist für den Fall denkbar, dass vor nationalen Gerichten die Ungültigkeit einer gemeinschaftsrechtlichen Maßnahme mit der Begründung geltend gemacht wird, durch ihren Erlass habe das handelnde Organ seine Kooperationspflicht aus Art. 307 Abs. 1[340] verletzt, also die Verpflichtung, die Erfüllung von Verpflichtungen aus vorgemeinschaftlichen Übereinkünften nicht zu behindern. Die Befugnis des

---

336 Ausdrücklich im Urt. v. 16.03.1983, verb. Rs. 267-269/81, Administrazione delle finanze dello Stato ./. Società Petrolifera Italiana S.p.A. (SPI) und S.p.A. Michelin Italiana (SAMI), Slg. 1983, 801, Rn. 14 ff.

337 Vgl. oben § 2A.I.2.

338 Vgl. ausführlich unten § 4D.

339 Vgl. Schlussanträge GA Lenz v. 04.10.1994, Rs. C-324/93, The Queen ./. Secretary of State for the Home Department, ex parte: Evans Medical und Macfarlan Smith, Slg. 1994 I-566, 581, Rn. 40. Vgl. zur Frage, ob Rechtsakte der Gemeinschaft am GATT 1947 zu messen sind und ob ihm unmittelbare Wirkung zukommt, insb. Urt. v. 12.12.1972, verb. Rs. 21-24/72, International Fruit Company NV u. a. ./. Produktschap voor groenten en fruit, Slg. 1972, 1219, Urt. v. 22.06.1989, Rs. 70/87, Vereinigung der Ölmühlenindustrie der EWG (Fediol) ./. Kommission, Slg. 1989, 1781 (Fediol III) und Urt. v. 07.05.1991, Rs. C-69/89, Nakajima All Precision Co. Ltd ./. Rat, Slg. 1991 I–2069, ausführlich hierzu z. B. Ott, GATT und WTO, Wünschmann, Geltung und Geltendmachung völkerrechtlicher Verträge, vgl. unten § 7C.III.2.c.

340 Vgl. oben § 2A.II.2.d.

Gerichtshofs ergibt sich in diesem Fall daraus, dass der Regelungsgehalt der vorgemeinschaftlichen Übereinkunft die Qualität einer tatsächlichen Voraussetzung für das Vorliegen einer Verletzung der spezifisch gemeinschaftsrechtlichen Kooperationspflicht hat.[341]

3. Ergebnis

Im Vorabentscheidungsverfahren ist der Gerichtshof grundsätzlich nicht für die Auslegung einer vorgemeinschaftlichen Übereinkunft zuständig, diese ist Sache des nationalen Gerichts. Eine vorgemeinschaftliche Übereinkunft kann vom EuGH ausgelegt werden, wenn sie Bestandteil des Gemeinschaftsrechts geworden ist oder wenn vor dem nationalen Gericht die Ungültigkeit eines Gemeinschaftsaktes mit der Begründung geltend gemacht wird, die Gemeinschaftsorgane hätten ihre Kooperationspflicht aus Art. 307 Abs. 1 verletzt.

II. Vertragsverletzungsverfahren

Eine Vertragsverletzungsklage nach Art. 226, 227 kann im Zusammenhang mit vorgemeinschaftlichen Übereinkünften in den Fällen erhoben werden, in denen ein Mitgliedstaat das Gemeinschaftsrecht unangewendet lässt und streitig ist, ob er sich dabei berechtigt auf die dilatorische Einrede aus Art. 307 Abs. 1 beruft. Normatives Tatbestandselement des Art. 307 Abs. 1 ist die Unvereinbarkeit von Gemeinschaftsrecht mit einer vorgemeinschaftlichen Übereinkunft. Um zu prüfen, ob diese vorliegt, hat der Gerichtshof festzustellen, ob die Auslegung des betreffenden Übereinkommens durch den Mitgliedstaat zutreffend ist. Also muss der Gerichtshof selbst die vorgemeinschaftliche Übereinkunft auslegen.[342] Die Kompetenz des Gerichtshofs zur Auslegung vorgemeinschaftlicher Übereinkünfte im Rahmen des Vertragsverletzungsverfahrens ist insoweit unstreitig.

---

341 Vgl. Schlussanträge GA Capotorti v. 10.07.1980, Rs. 812/79, Attorney-General ./. Juan C. Burgoa, Slg. 1980, 2809, 2817, Rn. 7

342 Vgl. Schlussanträge GA Lenz v. 04.10.1994, Rs. C- 324/93, The Queen ./. Secretary of State for the Home Department, ex parte: Evans Medical Ltd und Macfarlan Smith Ltd, Slg. 1994 I-566, 583, Rn. 44

D. Artikel 307 EG als Grundlage spezifisch gemeinschaftsrechtlicher Lösungen für Kollisionsfälle

I. Einführung

Neben den oben gefundenen Grundsätzen kristallisiert sich in der Rechtsprechungsanalyse die Erkenntnis heraus, dass der Rückgriff auf die Kollisionsnorm des Art. 307 möglicherweise einer von vier Lösungswegen ist, den der Gerichtshof beschreitet, wenn sich das Problem eines Widerspruchs von Gemeinschaftsrecht und einer vorgemeinschaftlichen Übereinkunft stellt.

Im Primärrecht vorgesehen ist die Lösung des Art. 307 Abs. 2. Danach suchen die Mitgliedstaaten vor allem, die Unvereinbarkeiten zu beheben, also eine Anpassung der vorgemeinschaftlichen Übereinkunft zu erreichen. Es zeigt sich, dass dieser primärrechtlich normierte Lösungsweg parallel zu anderen existiert. Diese weiteren Lösungswege werden sogleich als „Ipso-facto-Verzicht" und „Funktionsnachfolgelösung" und „Substitutionslösung" näher erläutert.

Der hier gefundene Zusammenhang von Art. 307 Abs. 2 mit anderen Lösungsansätzen wird beispielhaft deutlich in den Schlussanträgen des Generalanwalts *Mayras* in den verbundenen Rechtssachen 21-24/72, *International Fruit Company.*[343] Dieser nimmt methodisch den Art. 234 Abs. 1 a. F. zum Ausgangspunkt der Frage nach der unmittelbaren Anwendbarkeit des GATT 1947 im Gemeinschaftsrecht. Er geht dann ein auf den zweiten Absatz, den er so interpretiert, dass die Mitgliedstaaten Untervereinbarkeiten zu beheben haben, das heißt, sie haben zu verhandeln und gegebenenfalls auf die traditionellen Verfahren der Regelung völkerrechtlicher Konflikte zurückzugreifen.[344] Er zeigt weiter auf, dass diese Vorschrift im Hinblick auf das GATT nicht zur Anwendung kam. Das beruhe darauf, dass weder die Gemeinschaft noch die Staaten das Abkommen als mit dem Vertrag von Rom unvereinbar angesehen hätten. Die Gemeinschaft halte sich vielmehr selbst für durch das GATT gebunden, „obwohl sie im strengen Wortsinne nicht Vertragspartei ist." Auf der Grundlage dieser Argumentation lehnt der Generalanwalt es letztlich ab, gestützt auf Art. 234 Abs. 1 a. F. die Unwirksamkeit der fraglichen Gemeinschaftsverordnungen wegen Verstoßes gegen das GATT anzunehmen.[345] Angesichts dieser Argumentation wird der aufgezeigte Zusammenhang zwischen Art. 307 und den vom Gerichtshof bei der Behandlung vorgemeinschaftlicher Übereinkünfte gefundenen Lösungen deutlich.

---

343 Schlussanträge GA Mayras v. 25.10.1972, verb. Rs. 21-24/72, International Fruit Company NV u. a. ./. Prduktschap voor groenten en fruit, Slg. 1972, 1231 ff.; vgl. § 2A.I.2.

344 AaO., Slg. 1972, 1231, 1238

345 AaO., Slg. 1872, 1231, 1238 f.

Die alternativ vom Gerichtshof beschrittenen Wege zur Lösung eines Widerspruchs zwischen Verpflichtungen aus vorgemeinschaftlichen Übereinkünften und Gemeinschaftsrecht entwickelt er einheitlich ausgehend von seiner Aussage, dass Art. 307 Abs. 1 in Übereinstimmung mit den Grundsätzen des Völkerrechts zu interpretieren sei.[346] Diese Wege sollen daher im Folgenden näher dargestellt und dann daraufhin untersucht werden, wie sie nach Grundsätzen des Völkerrechts zu bewerten sind.[347]

II. Die Kollisionslösungen des Gerichtshofs

1. Ipso-Facto-Verzicht

Der Gerichtshof hat bei Auslegung von Art. 307 Abs. 1 die Aussage getroffen, die Mitgliedstaaten verzichteten ipso facto auf die Ausübung von Rechten[348] aus vorgemeinschaftlichen Übereinkünften. Diese Aussage hat ihren Ursprung in der Rs. 10/61, *Kommission ./. Italien.*[349]

Der EuGH stützte seine Aussage auf die von der Kommission vorgetragene Argumentation. Diese gibt er so wieder, dass nach den Grundsätzen des Völkerrechts ein Staat, der eine im Widerspruch zu seinen Rechten aus einem früheren Vertrag stehende neue Verpflichtung eingehe, „ipso facto darauf [verzichte], diese Rechte auszuüben, soweit dieser Verzicht zur Erfüllung der neuen Verpflichtung notwendig sei."[350]

Indem der EuGH die Argumentation der Kommission so wiedergab und sich zu eigen machte, ging er bemerkenswerterweise über den Vortrag des Generalanwalts hinaus. In seinen Schlussvorträgen hatte Generalanwalt *Lagrange* nämlich lediglich deutlich gemacht, dass ein Mitgliedstaat „*gehalten* [sei], auf Grund seiner neuen Verpflichtungen die fraglichen *Rechte nicht mehr auszuüben*, soweit sie unvereinbar sind."[351] Demnach besteht eine Verpflichtung zur Nichtausübung der Rechte aus einem widersprechenden Abkommen mit einem Drittstaat. Ein „Ipso-Facto-Verzicht" auf Rechte, wie ihn der EuGH konstatiert, war nicht angenommen worden.

---

346 St. Rspr., vgl. zuletzt Urt. v. 04.07.2000, Rs. 62/98, Kommission ./. Portugal, Slg. 2000 I-5194, Rn. 44; vgl. Manzini, EJIL 2001, 781, 785 f.

347 Vgl. dazu unten § 4.

348 Für Verpflichtungen gilt Art. 307 Abs. 1 als Unberührtheitsklausel, s. o. § 2A.II.2.a.

349 S. o. § 2A.I.1.

350 AaO. S. 22 f.

351 AaO. S. 38 (Hervorhebung durch den Verf.)

Das wird unter völkerrechtlichen Gesichtspunkten unten[352] umfassend untersucht.

2. *Funktionsnachfolge-Lösung*

Im Rahmen der Rechtsprechung zum GATT traf der Gerichtshof die Aussage, die Gemeinschaft sei an das GATT 1947 gebunden, soweit sie aufgrund des EWG-Vertrages früher von den Mitgliedstaaten im Anwendungsbereich des GATT ausgeübte Befugnisse übernommen habe.[353] Diese Aussage traft er ebenfalls für das Brüsseler Abkommen über das Zolltarifschema, das am 15. Dezember 1950 unterzeichnet worden war.[354] Wegen der geringeren praktischen Bedeutung der in Frage stehenden vorgemeinschaftlichen Übereinkunft hat dies aber kaum Niederschlag in der Literatur gefunden. Damit war ein Konflikt mit einer Verpflichtung der Mitgliedstaaten aus der jeweiligen vorgemeinschaftlichen Übereinkunft, der nach Art. 307 zu lösen gewesen wäre, ausgeschlossen. Die so festgestellte Bindung der Gemeinschaft begründete der EuGH aber nicht weiter. An dieser Stelle soll die These des EuGH als die „Funktionsnachfolge-Lösung" bezeichnet werden. Sie bildet unter diesem Begriff den Untersuchungsgegenstand der völkerrechtlichen Analyse.[355] Der Terminus „Funktionsnachfolge-Lösung" wird hier und im Weiteren verwendet, da er der Diktion des Gerichtshofs am ehesten entspricht.[356]

Das GATT hat bis zum Zeitpunkt des offiziellen Beitritts der Gemeinschaft zur WTO in der Rechtsprechung des Gerichtshofs spezielle Behandlung erfahren. Der Gerichtshof hat es dabei tendenziell vermieden, dem GATT Vorrang gegenüber dem Gemeinschaftsrecht einzuräumen. Er schloß es in besonderen Fallkonstellationen zwar nicht aus, Gemeinschaftsrechtsakte am Maßstab des GATT 1947 zu messen.[357] Sowohl in den Fällen, in denen Einzelne Rechte aus dem GATT

352 Vgl. § 4C.

353 Vgl. u. a. Urt. v. 12.12.1972, verb. Rs. 21-24/72, International Fruit Company NV u. a. ./. Produktschap voor groenten en fruit, Slg. 1972, 1227 f., Rn. 14/18, vgl. § 2A.I.2.

354 Urt. v. 19.11.1975, Rs. 38/75, Zollagent der NV Nederlandse Spoorwegen ./. Inspektor der Einfuhrzölle und Verbrauchssteuern, Slg. 1975, 1439, 1450 f. Rn. 21/22, vgl. § 2A.I.3.

355 S. u. § 4D.

356 So auch Streinz, Europarecht, Rn. 598; angemerkt sei, dass gegen seine Verwendung im technischen Sinne Bedenken geltend gemacht werden, vgl. Bernhardt, EuR 1983, 197, 204 f.

357 Vgl. zur Frage, ob Rechtsakte der Gemeinschaft am GATT 1947 zu messen sind, Urt. v. 22.06.1989, Rs. 70/87, Vereinigung der Ölmühlenindustrie der EWG (Fediol) ./. Kommission, Slg. 1989, 1781 (Fediol III) und Urt. v. 07.05.1991, Rs. C-69/89, Na-

herzuleiten versuchten[358], als auch in solchen Fällen, in denen sich ein Mitgliedstaat auf die Ungültigkeit einer gemeinschaftsrechtlichen Verordnung wegen Verstoßes gegen das GATT berief, ist die eindeutig restriktive Tendenz aber unverkennbar.[359] Hierzu wird unten im Rahmen der völkerrechtlichen Analyse Stellung genommen.[360]

3. *Substitutionslösung*

Der dritte aus der Rechtssprechungsanalyse hervorgehende Ansatz zur Lösung eines möglichen Konfliktes zwischen Gemeinschaftsrecht und den Regelungen einer vorgemeinschaftlichen Übereinkunft ist die – hier so genannte – „Substitutionslösung".

Begründet hat sie der Gerichtshof durch sein Diktum in der Rs. 812/79, *Burgoa: „Die Übergangsregelung, die die Gemeinschaft in der Verordnungen Nrn. 341/78 und 1376/78 nach ihren eigenen Vorschriften getroffen hat, fügt sich in den Rahmen der Beziehungen ein, die die Gemeinschaft und Spanien mit dem Ziel aufgenommen haben, die mit den Maßnahmen zur Erhaltung und zur Bewirtschaftung der Fischbestände sowie mit der Ausdehnung der ausschließlichen Fischereigebiete erbundenen Probleme zu lösen und sicherzustellen, daß die Fischer der anderen Partei zu den solchen Maßnahmen unterliegenden Gewässern Zugang haben."* Diese Beziehungen habe die früher in diesen Gebieten geltende Regelung überlagert, um der allgemeinen Entwicklung des Völkerrechts auf dem Gebiet der Hochseefischerei Rechnung zu tragen.[361]

Die Entscheidung in der Rechtssache 812/79, *Burgoa*, ist die erste in einer Reihe von Urteilen in ähnlich gelagerten Fällen, in denen es um Verstöße spani-

---

kajima All Precision Co. Ltd ./. Rat, Slg. 1991 I–2069, ausführlich hierzu z. B. Ott, GATT und WTO, Wünschmann, Geltung und Geltendmachung völkerrechtlicher Verträge.

358 Verb. Rs. 21-24/72, International Fruit Company aaO.; verb. Rs. C-364 und 365/95, T. Port III, vgl. § 2A.I.16.

359 Vgl. Petersmann/Spennemann, in: von der Groeben/Schwarze, Art. 307 Rn. 27 m. w. N.; zur unmittelbaren Wirkung der WTO-Vorschriften vgl. zuletzt zusammenfassend Schlussanträge GA Tizzano v. 18.11. 2004, Rs. C-377/02, NV Firma Leon Van Parys ./. Belgisch Interventie- en Restitutiebureau, Rn. 36 ff., www.curia.eu.int (noch nicht in der Slg. veröffentlicht)

360 Vgl. § 4D..

361 Urt. v. 14.10.1980, Rs. 812/79, Attorney-General ./. Juan C. Burgoa, Slg. 1980, 2787, 4. Leitsatz,; vgl. S. 2897, Rn. 24; s. oben § 2A.I.4.b.; Hervorhebung nicht im Original

scher Fischer gegen nationale Rechtsnormen ging, die auf dem gemeinschaftsrechtlichen Fischereiregime beruhten.[362]

Sprach der Gerichtshof zunächst davon, dass die Beziehungen zwischen der Gemeinschaft und Spanien die früher in diesen Gebieten geltende Regelung „überlagert“ hätten, so findet sich in der weiteren Rechtsprechung die Aussage, diese Beziehungen seien „*an die Stelle der völkerrechtlichen Verpflichtungen getreten, die früher zwischen Spanien und bestimmten Mitgliedstaaten [...] bestanden.*“[363]

Die Überlagerung bzw. Ersetzung – also Substitution – wird vom Gerichtshof nicht näher begründet. Um festzustellen, ob es sich um eine Einzelfalllösung, eine spezifisch gemeinschaftsrechtliche Konstruktion oder um eine tatsächlich nach dem Völkerrecht erfolgte Substitution handelt, wird die Substitutionslösung als dritter Untersuchungsgegenstand in die völkerrechtliche Analyse einbezogen.[364]

---

362 Urt. v. 08.12.1981, verb. Rs. 180, 266/80 Strafverfahren gegen José Crujeiras Tome und Anton Yurrita, Slg. 1981, 2997; Urt. v. 08.12.1981, Rs. 181/80, Generalstaatsanwalt bei der Cour d'appel Pau u. a. ./. José Arbelaiz-Emazabel, Slg. 1981, 2961; Urt. v. 28.10.1982, verb. Rs. 138, 139/81, Directeur des Affaire Maritimes du Littoral du su-Ouest ./. Marticorena-Otazo und Parada, Slg. 1982, 3819; Urt. v. 28.10.1982, verb. Rs. 137, 140/81, Directeur des Affaire Maritimes du Littoral du su-Ouest ./. Sagarzazu und Sagasti, Slg. 1982, 3847; Urt. v. 28.10.1982, verb. Rs. 13-28/82, Arantzamendi-Osa u. a. ./. Procureur de la République und Procureur Général ; Urt. v. 28.10.1982, verb. Rs. 50-58/82, Administrateur des Affaires Maritimes ./. Dorca Marina u. a., Slg. 1982, 3927, siehe hierzu Urteilsanmerkung von Akehurst, BYIL 1983, 347 ff.

363 Urt. v. 08.12.1981, Rs. 181/80, Generalstaatsanwalt bei der Cour d'appel Pau u. a. ./. José Arbelaiz-Emazabel, Slg. 1981, 2961, 3. Leitsatz; Urt. v. 08.12.1981, verb. Rs. 180, 266/80 Strafverfahren gegen José Crujeiras Tome und Anton Yurrita, Slg. 1981, 2997, 1. Leitsatz; vgl. Urteilsanmerkung Philip, AFDI 1981, 322 ff.

364 Vgl. unten § 4E.

§ 3 Die Anwendbarkeit von Normen des Völkerrechts

A. Einführung

I. Problemstellung

Es zeigt sich, dass der EuGH die Lösungen, die er für Fälle der Kollision von Gemeinschaftsrecht mit vorgemeinschaftlichen Übereinkünften entwickelt hat, herleitet, ohne die Grundsätze des Völkerrechts, auf die er sich dabei allgemein bezieht, im Einzelnen zu prüfen. So erfolgt eine Einordnung der Funktionsnachfolge-Lösung ebenso wenig wie der Substitutionslösung nach Grundsätzen des Völkerrechts, obwohl sie völkerrechtliche Konsequenzen haben, indem sie die Rechtsverhältnisse der Gemeinschaft zu anderen Völkerrechtssubjekten, nämlich den Mitgliedstaaten des GATT und Spanien, beeinflussen.

Aufgrund der Hypothese, dass die Anwendung des Völkerrechts die vom Gerichtshof gefundenen Ergebnisse letztlich bestätigen könnte, sollen die Lösungen nun aus der Sicht des Völkerrechts betrachtet werden. Zunächst ist dazu festzustellen, inwieweit völkerrechtliche Regeln überhaupt zur Anwendung zu bringen sind. Denn noch immer sind grundlegende Fragen der Einbettung des Völkerrechts in das System der Gemeinschaftsrechtsordnung nicht geklärt,[365] ist die Frage nach der Anwendbarkeit von Regeln des Völkerrechts auf Sachverhalte mit Bezug zum Gemeinschaftsrecht noch immer umstritten.

Ihre Beantwortung bestimmt den Fortgang der Untersuchung der Lösungen für die Problematik der Kollision von vorgemeinschaftlichen Übereinkünften mit Gemeinschaftsrecht. Nur, wenn überhaupt die Anwendung von Regeln des Völkerrechts möglich ist, können diese zum Ausgangspunkt der Analyse werden.

Während in der Regel bei Prüfung der Anwendbarkeit von völkerrechtlichen Normen die Frage nach der Völkerrechtsubjektivität entscheidend ist, reicht es hier nicht aus, danach zu fragen, inwieweit der Gemeinschaft Völkerrechtssubjektivität zukommt.[366] Diese ist heute hinsichtlich der Gemeinschaft im Ergebnis

---

365 Vgl. Epiney, EuZW 1999, 5

366 Krück, Völkerrechtliche Verträge, S. 6 ff., insbes. S. 18 f.

völlig unbestritten.[367] Wegen der Rechtsnatur der Gemeinschaft als Rechtsordnung eigener Art ist eine umfassende Analyse der Rechtslage vorzunehmen.

II. Differenzierende Betrachtung: Vertragsvölkerrecht – Völkervertragsrecht

Im Hinblick auf die Stellung völkerrechtlicher Normen in der Gemeinschaftsrechtsordnung sind zunächst zwei Rechtsmaterien zu unterscheiden.

Es geht zum einen um Regelungen in völkerrechtlichen Verträgen, im folgenden als „Vertragsvölkerrecht" bezeichnet.[368] Zu unterscheiden sind davon die Regeln über den Abschluss, die Durchführung und die Beendigung völkerrechtlicher Verträge, die in der WVK und dem Wiener Übereinkommen über das Recht der Verträge zwischen Staaten und Internationalen Organisationen oder zwischen Internationalen Organisationen vom 20. März 1986 (WVK IO)[369] kodifiziert sind oder als Völkergewohnheitsrecht gelten. Nachfolgend werden sie als „Völkervertragsrecht" bezeichnet.[370]

In der Diskussion um die Geltung des Völkerrechts im Gemeinschaftsrecht ist danach zu unterscheiden, ob die Diskussion die Geltung von Vertragsvölkerrecht oder die Geltung von Völkervertragsrecht zum Gegenstand hat. Denn die Argumentationsstrukturen, die sich für den jeweiligen Bereich entwickelt haben, sind nicht in jedem Fall übertragbar auf den anderen. Die Untersuchung der vorgemeinschaftlichen Übereinkünfte spielt sich nun auf dem Gebiet beider Rechtsmaterien ab. Denn für das Gemeinschaftsrecht ist von Bedeutung, inwieweit vorgemeinschaftliche Übereinkünfte als völkerrechtliche Verträge innergemeinschaftlich gelten. Weiter ist aber auch zu diskutieren, inwieweit Völkervertragsrecht Bedeutung erlangt bei der Behebung der Kollision, indem es nämlich die Pflichten der Mitgliedstaaten zur Behebung solcher Kollisionen möglicherweise bestimmt und so innergemeinschaftlich Wirkungen entfaltet.

---

367 Vgl. Wünschmann, Geltung und Geltendmachung völkerrechtlicher Verträge, S. 28 ff. m. w. N.; Die Völkerrechtssubjektivität der Union ist dagegen streitig, diese verneinend Busse, Völkerrechtliche Einordnung der EU; Streinz, Europarecht, Rn. 121 b, 591a; bejahend dagegen Ress, JuS 1992, 985, 986

368 Vgl. Art. 38 Ziff. 1 IGH-Statut

369 Vgl. UN.DOC.A/CONF. 129/15, abgedruckt im englischen Text bei Köck/Fischer, Recht der internationalen Organisationen, S. 725 ff.

370 Fischer/Köck, Völkerrecht, S. 72 sprechen auch vom „Vertragsrecht im formellen Sinn".

III. Gang der Untersuchung

Im Folgenden wird im Überblick die Stellung völkerrechtlicher Verträge im Gemeinschaftsrecht dargestellt.[371] Dann soll auf die Anwendbarkeit der allgemeinen Regeln des Völkervertragsrechts eingegangen werden.[372] Zunächst ist die ausführlich geführte Debatte um die Anwendbarkeit des Völkerrechts im Verhältnis von Mitgliedstaaten zur Gemeinschaft und im Verhältnis der Mitgliedstaaten untereinander, also in den innergemeinschaftlichen Rechtsbeziehungen, darzustellen. Die kontrovers diskutierte Frage hierbei ist, inwieweit die Mitgliedstaaten sich auf allgemeines Völkerrecht berufen können, um möglicherweise gemeinschaftsrechtliche Bindungen zu relativieren. Im weiteren wird aufgezeigt, inwieweit sich die dabei gefundenen Ergebnisse übertragen lassen auf das Rechtsverhältnis zwischen der Gemeinschaft und den Mitgliedstaaten in Fällen der Kollision von Gemeinschaftsrecht und vorgemeinschaftlichen Übereinkünften.[373]

B. Monismus – Dualismus

Die Diskussion über die Geltung völkerrechtlicher Normen im Gemeinschaftsrecht wird in der Regel einheitlich unter dem Thema des Gegensatzes von Monismus und Dualismus geführt, wobei die Grundaussagen der beiden „Schulen" hier der Vollständigkeit halber darzustellen sind.

Die dualistischen Auffassungen gehen davon aus, das die Völkerrechtsordnung und eine interne Rechtsordnung – als solche wird nicht nur eine staatliche, sondern auch die Gemeinschaftsrechtsordnung aufgefasst – einander als unterschiedliche Rechtssysteme gegenüberstehen. Das Völkerrecht erlangt in der internen Rechtsordnung nur dann Geltung, wenn es im Wege eines Transformationsaktes integriert wird. Ein direkter Konflikt kann nach dieser Konzeption nicht bestehen, weil die Ordnungen getrennt bleiben.[374] Teilweise wird von einem „Prinzip der Nichtanwendung des Völkerrechts" in der Gemeinschaftsrechtsordnung gesprochen.

Die monistische Auffassung[375] hingegen geht davon aus, dass Völkerrecht und internes Recht Bestandteile einer Rechtsordnung sind. Sie können sich daher

371 S. unten § 3C.

372 S. unten § 3D.

373 Unten § 3E.

374 Vertreten wurde der dualistische Ansatz u. a. von Triepel, Völkerrecht und Landesrecht, ihm folgend Walz, Anzilotti.

375 Maßgeblich wurde der Ansatz vertreten von der sog. „Wiener Schule" mit Kelsen, Verdross u. a., vgl. dazu Bernstorff, Der Glaube an das universale Recht; Überblick

gegenseitig beeinflussen und durchdringen, weil dem Völkerrecht im staatlichen Recht automatische Geltung zukommt. Dem Völkerrecht wird dabei allgemein zur Lösung von Kollisionsfragen Vorrang vor dem internen Recht eingeräumt.[376]

Der Streit lässt sich als überwiegend theoretisch ansehen. *Pescatore* hingegen misst ihm durchaus praktische Relevanz für das Gemeinschaftsrecht bei.[377] Danach führt die dualistische Auffassung „in die Gefahrenzone der Rechtsverweigerung", weil ein Rechtssuchender sich wegen mangelnder „unmittelbarer Wirkung" eines Vertrages nicht auf Normen eines in Kraft getretenen Vertrages berufen kann.[378]

Letztlich steht es Staaten frei, ob sie das Verhältnis von Völker- und interner Rechtsordnung auf Grundlage einer eher monistischen oder dualistischen Position regeln. Im Bereich des Völkervertragsrechts ist hierbei allerdings ein Rahmen gesetzt:[379] Art. 26 WVK/WVK IO und Art. 27 WVK/WVK IO kodifizieren den Grundsatz *pacta sunt servanda* und den der Unzulässigkeit der Berufung auf innerstaatliches Recht zur Rechtfertigung der Nichterfüllung eines Vertrages. Diese Grundsätze gelten auch für die Gemeinschaft als Völkerrechtssubjekt.

C. Überblick: Völkerrechtliche Verträge im Gemeinschaftsrecht

In der Regel geben völkerrechtliche Verträge wegen der Regelungshoheit der Staaten nicht vor, wie sie sich in der internen Rechtsordnung auswirken. Im EG wiederum finden sich ebenso weinig direkte Aussagen zur Frage der Anerkennung, der Wirkung oder des Ranges des Völkerrechts im Gemeinschaftsrecht. Die Stellung völkerrechtlicher Verträge ist vielmehr weitgehend durch die Rechtsprechung des Gerichtshofs bestimmt. Zu unterscheiden sind Abkommen der Gemeinschaft nach Art. 300 EG, „gemischte Abkommen" und Abkommen der Mitgliedstaaten mit Dritten.

---

bei Öhlinger, Der völkerrechtliche Vertrag, S. 94 ff.; Dahm, Völkerrecht, S. 100; s. a. Verdross/Simma, Völkerrecht, § 72

376 Vom Primat des staatlichen Rechts ging hingegen die früher h. M. mit den Hauptvertretern Pohl, Wenzel und Zorn aus, vgl. Wünschmann, Geltung und Geltendmachung völkerrechtlicher Verträge, S. 22 m. w. N.

377 Pescatore, FS Mosler, S. 661, 683 ff.

378 AaO. S. 685

379 Vgl. Kaddous, Relations extérieures, S. 268

I. Abkommen der Gemeinschaft nach Artikel 300 EG

Abkommen, die die Gemeinschaft aufgrund ihrer Völkerrechtssubjektivität schließt, binden sie in der Völkerrechtsordnung aufgrund der Regeln des Völkervertragsrechts.[380] Sie sind daher entsprechend dem Grundsatz *pacta sunt servanda,* Art. 26 WVK, nach Treu und Glauben zu erfüllen. Ihre Wirkung in der Gemeinschaftsrechtsordnung bestimmt sich maßgeblich nach zwei Grundsätzen: Der eine ergibt sich aus Art. 300 Abs. 7, den zweiten Grundsatz hat der Gerichtshof in der Rechtssache 181/73, *Haegemann,*[381] entwickelt.

Art. 300 Abs. 7 bestimmt, dass Abkommen, die nach Maßgabe des Artikel 300 geschlossen werden, für die Organe der Gemeinschaft und für die Mitgliedstaaten verbindlich sind.[382]

Der Gerichtshof hat in der Rs. 181/73, *Haegemann,*[383] darüber hinausgehend entschieden:

„*Ein vom Rat gemäß den Artikeln 228 und 238 des EWG-Vertrags*[384] *geschlossenes Abkommen stellt für die Gemeinschaft die Handlung eines Gemeinschaftsorgans im Sinne des Artikels 177*[385] *Absatz 1 Buchstabe b dar. Die Bestimmungen eines solchen Abkommens bilden, sobald sie in Kraft treten, einen integrierenden Bestandteil der Gemeinschaftsrechtsordnung. [...]*“

Generell werden also von der Gemeinschaft geschlossene Abkommen integrierender Bestandteil des Gemeinschaftsrechts, ohne dass es auf die Rechtsnatur des Vertragsschlussaktes im Gemeinschaftsrecht, z. B. Verordnung oder Entscheidung, ankäme.[386]

---

380 Vgl. Jacot-Guillarmod, S. 84 ; Meessen, CMLR 1976, 485, 488

381 Urt. v. 30.04.1974, Rs. 181/73, R. & V. Haegemann ./. Belgischer Staat, Slg. 1974, 449

382 Der EAGV enthält eine entsprechende Regelung zwar nicht, jedoch soll Artikel 300 Abs. 7 für Verträge, die von der Europäischen Atomgemeinschaft geschlossen werden, ebenfalls gelten, vgl. Commentaire Mégret, S. 62: „personne ne doute qu'un accord conclu par la Comission en vertu du Traité Euratom lie les autres institutions et ses Etats membres“, unter Berufung auf Pescatore, Droit des Communautés europeennes, S. 119

383 Urt. v. 30.04.1974, Rs. 181/73, R. & V. Haegemann ./. Belgischer Staat, Slg. 1974, 449, 1. Leitsatz, vgl. S. 459, Rn. 5

384 Art. 300 und 310 EG

385 Art. 234 EG

386 Jacot-Guillarmod, S. 105; Kaddous, Relations extérieures, S. 271; Pescatore, FS Teitgen, S. 355, 395; Groux, Manin, S. 119; a. A. Bleckmann, Europarecht, S. 96 f.; Raux, Flaesch-Mougin, RTDE 1975, 227, 248; Kuilwijk, S. 101, ist der Ansicht, das lasse erkennen, dass der Gerichtshof eine monistische Auffassung der Beziehung zwischen Völker- und Gemeinschaftsrecht vertritt.

II. Gemischte Abkommen

Gemischte Abkommen, die sowohl von der Gemeinschaft als auch den Mitgliedstaaten geschlossen werden, waren verschiedentlich Gegenstand von Entscheidungen des Gerichtshofs, so in den Rechtsachen 181/73, *Haegemann,* 87/75, *Bresciani,*[387] und 12/86, *Demirel*[388]. Sie werfen verschiedene Fragen hinsichtlich ihres Status im Gemeinschaftsrecht auf, die aber nicht Gegenstand dieser Untersuchung sind. Weitgehend unstreitig ist aber, dass gemischte Abkommen, soweit sie durch die Gemeinschaft in Ausübung ihrer Kompetenzen geschlossen werden, als integrierender Bestandteil des Gemeinschaftsrechts anzusehen sind.[389]

III. Abkommen der Mitgliedstaaten mit Drittstaaten

1. Abschluss nach Inkrafttreten der Gemeinschaftsverträge bzw. Beitritt

Die Mitgliedstaaten können auch nach dem Beitritt weiterhin wirksam Abkommen mit dritten Staaten schließen, solange nicht die Gemeinschaft ihre Kompetenz in diesem Kompetenzbereich ausgeübt hat. Denn in einem Bereich, in dem die Gemeinschaft ihre Funktionen noch nicht voll ausübt oder in dem ihr aufgrund von Lückenfüllungsklauseln Kompetenzen zuwachsen, verbleibt nach der *Kramer-Doktrin*[390] den Mitgliedstaaten die Kompetenz zum Abschluss völkerrechtlicher Verträge auch in Bereichen, die in die Kompetenz der Gemeinschaft fallen.

Hat die Gemeinschaft allerdings bereits ihre Kompetenzen ausgeübt, so stellt der Abschluss eines Abkommens mit einem Drittstaat, dessen Regelungen nicht

---

387 Urt. v. 05.02.1976, Conceria Daniele Bresciani ./. Italienische Finanzverwaltung, Slg. 1976, 129

388 Urt. v. 30.09.1987, Meryem Demiral ./. Stadt Schwäbisch Gmünd, Slg. 1987, 3719

389 Vgl. Kaddous, Relations extérieures, S. 272; Macloed, Hendry, Hyett, S. 156. Der Status solcher Regelungen eines gemischten Abkommens, die nicht der Kompetenz der Gemeinschaft unterfallen, ist dagegen umstritten, gegen die Betrachtung als integrierender Bestandteil des Gemeinschaftsrechts die Argumentation der Regierungen der Bunderepublik Deutschland und des Vereinigten Königreichs in der Rs. 12/86, Meryem Demirel ./. Stadt Schwäbisch Gmünd, vgl. Urt. v. 30.09.1987, Slg. 1987, 3719, 3751, Rn. 8. Zu den praktischen und rechtlichen Problemen im Zusammenhang mit gemischten Abkommen vgl. ausführlich Rosas, Mixed Union – Mixed Agreements.

390 Mit diesem Schlagwort belegt Manzini, EJIL 2001, 781, 786, die Ratio des Urteils des Gerichtshofs vom 14.07.1976, verb. Rs. 3, 4, 6/76, Officier Van Justitie ./. Kramer, Slg. 1976, 1279.

mit dem geltenden Gemeinschaftsrecht in Einklang stehen, einen Verstoß gegen die Verpflichtungen aus dem EG-Vertrag dar.

2. *Abschluss vor Inkrafttreten der Gemeinschaftsverträge bzw. Beitritt – vorgemeinschaftliche Übereinkünfte*

Schließlich bleiben als Gruppe völkerrechtlicher Verträge, die im Rahmen der Gemeinschaftsrechtsordnung von Relevanz sind, diejenigen Abkommen, die durch die Mitgliedstaaten mit Drittstaaten vor Inkrafttreten der Verträge für den jeweiligen Mitgliedstaat geschlossen wurden, die vorgemeinschaftlichen Übereinkünfte. Deren Behandlung durch den Gerichtshof, die an die Regelung des Art. 307 anknüpft, ist Gegenstand der vorliegenden Untersuchung.

IV. Ergebnis

Das Problem der Stellung vorgemeinschaftlicher Übereinkünfte steht im Kontext der Fragen zur Geltung völkerrechtlicher Verträge im Gemeinschaftsrecht. Dieser Themenbereich ist strukturiert durch die Einteilung völkerrechtlicher Verträge in Kategorien. Vorgemeinschaftliche Übereinkünfte bilden eine dieser Kategorien.

D. Die Anwendbarkeit des allgemeinen Völkerrechts in den innergemeinschaftlichen Rechtsbeziehungen

Der EuGH stellt nach Möglichkeit die innerhalb der Gemeinschaft zu ordnenden Rechtsbeziehungen ausschließlich unter das Regime des europäischen Gemeinschaftsrechts, nicht aber unter die Herrschaft des allgemeinen Völkerrechts.[391]

Mit der Frage nach dem Anwendungsbereich des allgemeinen Völkerrechtes, einschließlich des Völkervertragsrechts, in den innergemeinschaftlichen Rechtsbeziehungen stehen die Eigenständigkeit des europäischen Gemeinschaftsrechtes, seine Leistungskraft bei der rechtlichen Absicherung und Lenkung des Integrationsprozesses und insbesondere sein nach Möglichkeit ausschließlicher normativer Herrschaftsanspruch in der Gemeinschaft auf dem Prüfstand. Die Feststellung und Ahndung von Vertragsverstößen der Mitgliedstaaten könne erschwert werden, wenn ihnen in Gestalt flexibler Grundsätze des Völkerrechts ergänzende Rechtfertigungsgründe an die Hand gegeben würden.[392] Der Gerichtshof will

391 So auch Schwarze, EuR 1983, 1, 35
392 Vgl. Schwarze, EuR 1983, 1, 2, 36

möglicherweise ebendies, die Einführung des „trojanischen Pferdes“[393] des allgemeinen Völkerrechts, vermeiden.

In der Literatur wird dies im Hinblick auf bestimmte Sachbereiche[394] positiv kommentiert. Das Gemeinschaftsrecht enthalte insoweit in seiner Struktur, Gestalt und Dichte eigene Antworten und ein Rückgriff auf die allgemeinen Regeln des Völkerrechts in den innergemeinschaftlichen Rechtsbeziehungen sei daher weder notwendig noch geeignet, die dort auftretenden spezifischen Sachprobleme zu lösen.[395]

Weiterhin wird diskutiert, welche Normen die Rechtsbeziehungen der Gemeinschaft als Völkerrechtssubjekt zu den Mitgliedstaaten und dieser innerhalb der Gemeinschaft bestimmen. Ausgehend von der einschlägigen Rechtsprechung sollen die hierzu in der Literatur vertretenen Ansichten dargestellt werden, um zu einer Antwort zu gelangen. Die einschlägige Rechtsprechung ist dabei nicht allein die des Gerichtshofs. Anerkanntermaßen ist das Verhältnis von Gemeinschaft und Mitgliedstaaten auch durch die nationalen Gerichte, hier vorrangig das Bundesverfassungsgericht, konturiert worden.

I. Die Rechtsprechung des Europäischen Gerichtshofs und des Bundesverfassungsgerichts

1. Rechtsprechung des Europäischen Gerichtshofs

Bei der Untersuchung der Rechtsprechung des EuGH ist herausgearbeitet worden, dass der Gerichtshof in der Rechtsprechung neben der primärrechtlichen spezifischen Lösung eigenständige Lösungsansätze für die Fälle der Unvereinbarkeit gemeinschaftsrechtlicher Regelungen mit vorgemeinschaftlichen Übereinkünften entwickelt hat. Das beruht möglicherweise auf dem Verständnis des Gemeinschaftsrechts als „eigener Rechtsordnung“ und ihrer entsprechenden Loslösung von völkerrechtlichen Prinzipien. Diese Methodik lässt sich bis in die Wortwahl einzelner aufeinander bezogener Urteile in diesem Problemkreis nachzeichnen.

393 So Pescatore, FS Mosler, S. 663, Fn. 5

394 Austritt aus der Gemeinschaft, Sanktionierung von Vertragsverletzungen, Interpretation nach gemeinschaftsspezifischen Methoden

395 Schwarze, EuR 1983, 1, 33

In der Grundsatzentscheidung zur unmittelbaren Wirkung von Primärrecht in der Rechtssache 26/62, *van Gend & Loos*[396] war noch die Rede davon, das Gemeinschaftsrecht sei eine

„*neue Rechtsordnung des Völkerrechts, zu deren Gunsten die Staaten, wenn auch nur in begrenztem Rahmen, ihre Souveränitätsrechte eingeschränkt haben*".[397]

Damit erteilte der EuGH der im Verfahren vorgetragenen völkerrechtlich geprägten Auffassung der niederländischen, deutschen und der belgischen Regierung eine Absage, nach der die Frage der unmittelbaren Wirkung der Vertragsnormen nach dem Willen der Parteien und dem Wortlaut des Vertrages zu beantworten sei.[398]

In der Folge unterblieb dann der Bezug zum Völkerrecht, die Gemeinschaftsrechtsordnung wurde zur „eigenen Rechtsordnung", so in der Rechtssache 6/64, *Costa ./. ENEL:*

„*Zum Unterschied von gewöhnlichen internationalen Verträgen hat der EWG-Vertrag eine eigene Rechtsordnung geschaffen, die bei seinem Inkrafttreten in die Rechtsordnung der Mitgliedstaaten aufgenommen worden und von ihren Gerichten anzuwenden ist.*"[399]

Weitergehend impliziert die folgende Qualifikation des EWG-Vertrages im 1. EWR-Gutachten des Gerichtshofs, dass dieser aus der Völkerrechtsordnung herausgehoben ist: Der Vertrag sei, „*obwohl er in der Form einer völkerrechtlichen Übereinkunft geschlossen wurde, nichtsdestoweniger die grundlegende Verfassungsurkunde einer Rechtsgemeinschaft, zu deren Gunsten die Staaten in immer weiteren Bereichen ihre Souveränitätsrechte eingeschränkt haben und deren Rechtssubjekte nicht nur die Mitgliedstaaten, sondern auch deren Bürger sind.*"[400]

In diesen Aussagen kommt zum Ausdruck, dass der Gerichtshof jedenfalls die Beziehungen zwischen der Gemeinschaft und den Mitgliedstaaten nicht dem Völkerrecht unterwirft, soweit die Berufung auf das Völkerrecht dem Ziel der europäischen Integration zuwiderlaufen könnte. Also sind nach Auffassung des Gerichtshofs insoweit in den innergemeinschaftlichen Rechtsbeziehungen nicht die Regeln anwendbar, die allgemein auf die vertraglichen Beziehungen von Völkerrechtssubjekten zueinander Anwendung finden.

---

396 Urt. v. 05.02.1963, Rs. 26/62, N.V. Algemene Transport- en Expeditie Onderneming van Gend & Loos ./. Niederländische Finanzverwaltung, Slg. 1963, 1

397 AaO. S. 25, Rn. 10

398 AaO. S. 12 ff., insb. S. 17

399 Urt. v. 15.07.1964, Rs. 6/64, Flaminio Costa ./. ENEL, Slg. 1964, 1251, 1269, Rn. 8

400 Gutachten des Gerichtshofs v. 14.12.1991, Gutachten 1/91, Europäischer Wirtschaftsraum I, Slg. 1991 I-6084, 6102

2. *Rechtsprechung des Bundesverfassungsgerichts*

Das Bundesverfassungsgericht hat auf die am Integrationsziel orientierte Rechtsprechung des Europäischen Gerichtshofs zunächst mit einer ähnlichen Deutung reagiert. In Bezug auf die Qualifikation einer gemeinschaftsrechtlichen Verordnung findet sich die Aussage:

„Der Senat hält – insoweit in Übereinstimmung mit der Rechtsprechung des Europäischen Gerichtshofs – an seiner Rechtsprechung fest, dass das Gemeinschaftsrecht weder Bestandteil der nationalen Rechtsordnung noch Völkerrecht ist, sondern eine eigenständige Rechtsordnung bildet, die aus einer autonomen Rechtsquelle fließt.“[401]

Damit war eine Verordnung nicht als Akt der „öffentlichen Gewalt“ iSv. § 90 BVerfGG zu qualifizieren.

Diese Aussage relativierte das Gericht allerdings später. Dem lag zum einen die Bestrebung zugrunde, die verfassungsgerichtliche Kontrolle von Gemeinschaftsrechtsakten zu gewährleisten, soweit durch sie Grundrechte beeinträchtigt werden können.[402] Zum anderen sollte die Bindung der Gemeinschaftskompetenzen an den Willen der Mitgliedstaaten sichergestellt werden, wenn das Gericht eindeutig statuiert:

„Nach wie vor sind derzeit die Mitgliedstaaten im Rahmen des allgemeinen Völkervertragsrechts die Herren der Gemeinschaftsverträge.“[403]

Ausdrücklich qualifiziert das Bundesverfassungsgericht den EUV als einen nach Völkervertragsrecht zu beurteilenden völkerrechtlichen Vertrag, wenn es in der Maastricht-Entscheidung hinsichtlich des EUV vom „Text eines völkerrechtlichen Vertrages“, und „Bindungen in der Völkerrechtsgemeinschaft“ spricht.[404]

Aus diesen Aussagen lässt sich jedenfalls entnehmen, dass das Verfassungsgericht nicht der Ansicht folgt, das Gemeinschaftsrecht stelle eine eigene Rechtsordnung dar, innerhalb derer Sachverhalte nur spezifisch europarechtlichen Regeln unterworfen seien.[405]

---

401 BVerfGE 22, 293, 296 – Verfassungsbeschwerde gegen EWG-Verordnungen
402 Sog. „Solange-Rechtsprechung“, vgl. BVerfGE 37, 271 – Solange I; BVerfGE 73, 339 – Solange II
403 BVerfGE 75, 223, 242 – Kloppenburg
404 Vgl. BVerfGE 89, 155, 183, 187 – Maastricht
405 So auch Mittmann, Rechtsfortbildung, S. 158

II. Literatur: Gemeinschaftsrecht als Rechtsordnung sui generis

Im Schrifttum wird vielfach die Auffassung vertreten, das Europarecht sei eine eigenständige Rechtsordnung, innerhalb derer völkerrechtliche Regeln keine Anwendung fänden.

Diese Auffassung wird begründet mit den Besonderheiten dieser Rechtsordnung auf der Grundlage der Gründungsverträge. Anders als andere, dem Völkerrecht unterworfene Zusammenschlüsse von Staaten, rechtfertige die „Summe ihrer staatsähnlichen Befugnisse" die Behandlung nicht als völkerrechtliche Verbindung, sondern als Gemeinschaft sui generis.[406]

Abgestellt wird auch auf das Zusammentreffen verschiedener Elemente hochintegrierter Formen internationaler Zusammenarbeit wie: Breiter Aufgabenbereich, autonome Rechtssetzungsgewalt, Selbständigkeit der Organe, Finanzautonomie, umfängliches, obligatorisches Rechtsschutzsystem, schließlich Dauerhaftigkeit, Unvollendetheit und politische Finalität[407] der EG.[408]

Die Gemeinschaft wird also einerseits in die Nähe eines Staatsgebildes gerückt (Approximationsargument), andererseits wird ihre Besonderheit gegenüber anderen völkerrechtlichen Zusammenschlüssen hervorgehoben (Distinktionsargument).

Verfechter einer Unanwendbarkeit des Völkerrechts stützen sich weiter auf die Ausdeutung der Schaffung der Gemeinschaften als „Gesamtakt der Verfassungsgebung".[409] Die Bindung innerhalb der Gemeinschaften gründe sich auf das übereinstimmende Anerkenntnis der Mitgliedstaaten, mit der Schaffung einer supranationalen Körperschaft gemeinsame Ziele zu verfolgen.[410] Die Mitgliedstaaten seien bewusst eine auf Dauer angelegte Bindung eingegangen, die enger sei, als es bei gewöhnlichen völkerrechtlichen Bindungen der Fall sei.[411]

Diese Argumentationslinie stellt also auf den gemeinsamen Willen der Mitgliedstaaten zur Schaffung einer partikularen Integrationsrechtsordnung ab (Konsensualargument).

Die Vertreter der dargestellten Ansichten folgern, das es sich bei dem Gemeinschaftsrecht also um eine Rechtsordnung sui generis handle. Die Schlussfolgerungen wiederum, die hieraus gezogen werden, belassen dem Völkerrecht entweder eine komplementäre Rolle oder schließen seine Anwendung vollständig

406 Oppermann, Rn. 901; Breitenmoser, ZaöRV Bd. 55 (1995), 950, 982; Dagtoglou, Gemeinschaftsrecht, S. 41 ff.

407 Hierzu insb. Schwarze, EuR 1983, 14, 34

408 Vgl. Oppermann, Rn. 894-900

409 So Nicolaysen, Europarecht I, § 2 I

410 Ipsen, FS Scheuner, S. 216

411 Vgl. Ipsen, Völkerrecht, § 9 Rn. 11; Schwarze, EuR 1983, 1, 34

aus: Nach einer Ansicht nämlich gilt das Völkerrecht in innergemeinschaftlichen Rechtsbeziehungen nicht unmittelbar, aber doch insoweit, als es das Gemeinschaftsrecht anordnet.[412] Nach anderer Ansicht enthält das Gemeinschaftsrecht in Struktur, Gestalt und Dichte eigene Antworten auf alle Rechtsfragen, die sich in seinem Zusammenhang stellen könnten; dementsprechend wird auch der subsidiäre Rückgriff auf völkerrechtliche Regeln als verfehlt angesehen.[413]

III. Literatur: Das Gemeinschaftsrecht als Vertragsvölkerrecht

Entgegen den unter II. dargestellten Ansichten wird vertreten, dass das Völkerrecht in innergemeinschaftlichen Rechtsbeziehungen Anwendung finde.

Dem Konsensualargument wird entgegengehalten, dass die Gründung eines später nicht mehr völkerrechtlich zu betrachtenden Zusammenschlusses durch einen völkerrechtlichen Vertrag zwar grundsätzlich – etwa im Falle der Staatsgründung – möglich sei. Die Gründungsverträge enthielten aber keinen Hinweis auf einen entsprechenden Willen der Mitgliedstaaten.[414] Vielmehr beruhe die Legitimation der Gemeinschaften auf dem übereinstimmenden Willen der Mitgliedstaaten, d. h. diese hätten auch nicht die Möglichkeit, sich von diesem Willen zu emanzipieren und etwa über die eingeräumten Kompetenzen hinauszugehen.[415] Die Gemeinschaften wiesen zwar Besonderheiten gegenüber anderen völkerrechtlichen Zusammenschlüssen auf (so das „Distinktionsargument"), keine von diesen sei aber ohne Vorbild im Völkerrecht. Die Eigenart der Gemeinschaft bestehe aber vielmehr in ihrer Kombination[416] und rechtfertige nicht deren neuartige Qualifikation. Diese Deutung des Willens der Mitgliedstaat entzieht der mit dem Begriff „Approximationsargument" belegten Ansicht die Grundlage. Denn nach ihr haben sich die Mitgliedstaat eben gerade nicht zu einem staatsrechtlichen oder staatsähnlichen Verbund zusammengefunden.

Entgegen der Sorge, die Anwendbarkeit des Völkerrechts könne den Integrationsprozess sprengen, gehe im Völkerrecht das Vertragsrecht dem universellen Völkergewohnheitsrecht vor, so dass die Besonderheiten des Gemeinschaftsrechts, soweit sie sich aus den Normen der Verträge ergäben, Beachtung fänden.[417] Aus dem Vorrang des Vertragsvölkerrechts ergebe sich dann außerdem, dass das Völkerrecht sich als Summe zahlloser Partikularrechtsordnungen dar-

412 BBPS, Art. 234, Anm. 3.1.3 und 7.2.2; Everling, FS Mosler, S. 180
413 Schwarze, EuR 1983, 1, 33
414 Streinz, Europarecht, Rn. 112; BK-Tomuschat, Art. 24, Rn. 99, 107
415 Klein, VVDStRL 1991, 56, 58 f.
416 Vgl. Seidl-Hohenveldern, RIO, Rn. 113 f.
417 Bleckmann, DÖV 1978, 391, 392

stelle. Atypische Regelungen sind nach dieser Betrachtungsweise geradezu eine Selbstverständlichkeit.[418]

IV. Zwischenergebnis

Die dargestellte grundsätzliche Kontroverse um die Anwendbarkeit von Regeln des allgemeinen Völkerrechts führt noch nicht zu eindeutigen Aussagen über deren Geltung im Hinblick auf vorgemeinschaftliche Übereinkünfte. Denn sie konzentriert sich ausschließlich auf das Verhältnis von Mitgliedstaaten zur Gemeinschaft. Vorgemeinschaftliche Übereinkünfte begründen jedoch ein völkerrechtliches Verhältnis zwischen Mitgliedstaat und seinem Vertragspartner, das dann möglicherweise durch Pflichten aus dem Verhältnis des Mitgliedstaats zur Gemeinschaft überlagert wird. Darum ist für vorgemeinschaftliche Übereinkünfte eine am Vertragstext orientierte spezifische Antwort zu suchen.

E. Anwendung völkerrechtlicher Normen im Rahmen von Artikel 307 Abs. 2 EG

Die grundsätzliche Kontroverse über die Anwendbarkeit des Völkerrechts ist von *Mittmann* eingehend dargestellt worden. Er entscheidet sie letztlich dahingehend, dass sich sämtliche vertraglich angelegten Besonderheiten des Gemeinschaftsrechts auch unter Zugrundelegung einer völkerrechtlichen Betrachtungsweise erklären lassen. Eine Qualität einer Rechtsordnung sui generis, die vom Völkerrecht qualitativ verschieden sei, lasse sich nicht überzeugend begründen.[419] Dabei nimmt er aber die Konstellation des Art. 307 ausdrücklich von seinen Überlegungen aus.[420]

Zu untersuchen bleibt also, wie sich die allgemeine Kontroverse über die Anwendbarkeit des Völkerrechts auf den Art. 307 EG als Untersuchungsgegenstand auswirkt. Man könnte die unter D. dargestellten Argumente auf Fälle der Kollision von vorgemeinschaftlichen Übereinkünften und Gemeinschaftsrecht übertragen, um dann zu dem Schluss zu kommen, dass Völkerrecht entweder grundsätzlich oder subsidiär zur Anwendung zu bringen ist oder aber auch im Rahmen von Art. 307 keine innergemeinschaftliche Wirkung zu entfalten vermag. Man könnte weiter schlichtweg dem Argument des „distinguish on the

---

418 Schweitzer/Hummer, Rn. 81; Sörensen, FS Kutscher, S. 434
419 Mittmann, Rechtsfortbildung, S. 168 ff., insb. S. 180
420 Vgl. Mittmann aaO., S. 170

facts“ folgen und vertreten, dass der von Art. 307 geregelte Sachverhalt ein besonderer sei, auf den die im Rahmen der allgemeinen Debatte vorgebrachten Argumente keine Anwendung fänden.

Um zu einer tatsächlich sachgerechten Lösung zu finden, ist aber eine methodisch und systematische fundiertere Herangehensweise zu bevorzugen. Der Regelungsgehalt des Art. 307 Abs. 2 insoweit wird daher im Folgenden auf der Grundlage der Rechtsprechung des Gerichtshofs im Wege der Auslegung untersucht.

I. Rechtsprechung des Gerichtshofs

In der Rechtssache C-162/92, *Racke,* hat der Gerichtshof anerkannt, dass Art. 62 WVK Gewohnheitsrecht darstellt und „Bestandteil der Rechtsordnung der Gemeinschaft“ ist.[421] Ein Betroffener kann die Gültigkeit eines Sekundärrechtsaktes unter Bezugnahme auf Regeln des Völkergewohnheitsrechts inzident in Frage stellen. Der Gerichtshof führte insoweit aus, die Gemeinschaft müsse ihre Befugnisse unter Beachtung des Völkergewohnheitsrechts ausüben. Die Regeln des Völkergewohnheitsrechts über die Beendigung und die Suspendierung vertraglicher Beziehungen wegen einer grundlegenden Änderung der Umstände bänden die Gemeinschaftsorgane.[422] Der Gerichtshof hob dabei aber ausdrücklich hervor, ein solcher Fall betreffe nicht die unmittelbare Wirkung der völkerrechtlichen Regeln.[423] Aus dieser Rechtsprechung lässt sich ableiten, dass völkergewohnheitsrechtliche Normen des Völkervertragsrechts in der Gemeinschaftsordnung gelten. Im Fall waren sie Maßstab für die Prüfung der Rechtmäßigkeit der Aussetzung der völkervertraglichen Bindungen der Gemeinschaft und der Mitgliedstaaten aus einem gemischten Abkommen.

Darüber hinausgehend hat der Gerichtshof sich nicht über das Erfordernis einer Vereinbarkeit von Pflichten aus Art. 307 Abs. 2, insbesondere einer Kündigungspflicht[424], mit dem Völkerrecht geäußert.

---

421 Urt. v. 16.06.1998, Rs. C-162/92, A. Racke GmbH & Co. ./. Hauptzollamt Mainz, Slg. 1998 I-3655, 3704, Rn. 46

422 Urt. v. 16.06.1998, Rs. C-162/92, A. Racke GmbH & Co. ./. Hauptzollamt Mainz, Slg. 1998 I-3655, 3656, 3. Leitsatz

423 aaO.

424 Vgl. insbes. Urt. v. 04.07.2000, Rs. C-84/98, Kommission ./. Portugal, Slg. 2000, I-5215, 5236, Rn. 58; Urt. v. 04.07.2000, Rs. C-62/98, Kommission ./. Portugal, Slg. 2000, I-5171, 5208, Rn. 49; s. unten § 5B.I. – die dortige Stellungnahme des Gerichtshofs zur Reichweite der Pflichten aus Art. 307 erwähnt das Erfordernis der Vereinbarkeit einer Kündigung mit dem Völkerrecht. Die Klärung ist bislang nicht

II. Spezielle Begründung der Anwendbarkeit im Rahmen von Artikel 307 Abs. 2 EG

Art. 307 Abs. 2 erlegt den Mitgliedstaaten zur Behebung von Unvereinbarkeiten die Pflicht zur Anwendung nur der „geeigneten" Mittel auf. Die Geeignetheit eines Mittels erscheint als Tatbestandsvoraussetzung im Rahmen von Art. 307 Abs. 2. Die Erkenntnis, dass es sich bei der Geeignetheit um eine Tatbestandsvoraussetzung handelt, wird gestützt durch die Betrachtung von Art. 10, Art. 5 a. F., der das Gebot der Gemeinschaftstreue normiert. Danach treffen die Mitgliedstaaten alle „geeigneten" Maßnahmen zur Erfüllung der Verpflichtungen aus dem Vertrag. Auch hier ist die Geeignetheit Anforderung bei der Wahl der Mittel, die die Mitgliedstaaten zur Erfüllung ihrer vertraglichen Pflichten anwenden. In diesem Zusammenhang ist anerkannt, dass die Geeignetheit nicht Ausfluss des Grundsatzes der Verhältnismäßigkeit, sondern ein Tatbestandsmerkmal ist, das die Wirksamkeit der Verpflichtung sichern soll.[425]

Weiter wird, wenn Art. 307 Abs. 2 die Anwendung der geeigneten Mittel durch den Mitgliedstaat verlangt, aus dem Zusammenhang klar, dass ein geeignetes Handeln auf zwischenstaatlicher Ebene verlangt wird. Rechtlich beurteilen sich Maßnahmen auf dieser Ebene nach dem für die zwischenstaatlichen Beziehungen maßgeblichen Völkerrecht. Diese Maßstäbe binden die Mitgliedstaaten. Damit muss Geeignetheit jedenfalls völkerrechtliche Zulässigkeit bedeuten.

Der Gerichtshof deutet in seiner Rechtsprechung auch an, dass nur völkerrechtlich zulässige Maßnahmen iSv. Art. 307 Abs. 2 „geeignet" sein können.[426] Damit wiederum würde die völkerrechtliche Zulässigkeit der Maßnahme zum Element des Tatbestandsmerkmals „geeignet" in Art. 307 Abs. 2. Der Gerichtshof führt diesen Gedanken zwar nicht explizit aus. Der Rechtsprechung lässt sich aber entnehmen, dass er die völkerrechtliche Zulässigkeit der Kündigung in den Rechtssachen C-62/98 und C-84/98, *Kommission ./. Portugal* jedenfalls im Rahmen einer gedanklichen Vorprüfung festgestellt hat, bevor er die Kündigung der Beklagten zur Pflicht macht.

Die Bedeutung des Tatbestandsmerkmals „geeignet" im Sinne von „rechtlich zulässig" ergibt sich grundsätzlich auch aus dem Charakter der Gemeinschaft als Rechtsgemeinschaft. Mit diesem wäre es nicht zu vereinbaren, wenn der EG-Vertrag als konstituierendes Instrument den Mitgliedstaaten die Verpflichtung

---

erfolgt, s. a. Petersmann/Spennemann, in: von der Groeben/Schwarze, Art. 307 Rn. 8, Fn. 35

425 Zuleeg, in: von der Groeben/Schwarze, Art. 10 Rn. 9

426 Vgl. Urt. v. 04.07.2000, Rs. C-84/98, Kommission ./. Portugal, Slg. 2000, I-5215, 5236, Rn. 55; Urt. v. 04.07.2000, Rs. C-62/98, Kommission ./. Portugal, Slg. 2000, I-5171, 5208, Rn. 34

zur Ergreifung rechtswidriger Maßnahmen auferlegte. Das gilt unabhängig davon, wie man die Bindung der EG an das Völkerrecht beurteilt. Denn die Verpflichtung zu rechtmäßigen Handeln der Mitgliedstaaten gegenüber den Parteien der vorgemeinschaftlichen Übereinkünfte beruht auf ihrer Bindung an das Völkerrecht, nicht auf der Bindung der Gemeinschaft.

Schließlich entspricht es auch dem Grundsatz der völkerrechtskonformen Integration, Lösungen des in Art. 307 geregelten Normkonflikts am Maßstab der völkerrechtlichen Zulässigkeit zu messen.

Die Zulässigkeit eines Mittels nach dem Völkervertragsrecht ist demnach im Rahmen von Art. 307 Abs. 2 als Element des Tatbestands zu prüfen. Damit ergibt sich die Anwendbarkeit dieser Maßstäbe aus dem Vertragstext selbst.

F. Ergebnis

Art. 307 Abs. 2 bildet die Brücke zum Völkervertragsrecht, indem er die Vereinbarkeit einer Maßnahme mit dem Völkervertragsrecht als Tatbestandsvoraussetzung hat. Art. 307 macht damit die Berücksichtigung völkerrechtlicher Maßstäbe bei der Konkretisierung der Handlungspflichten der Mitgliedstaaten obligatorisch. Damit ist die völkerrechtliche Rechtmäßigkeit einer Maßnahme konstitutiv für das Bestehen einer gemeinschaftsrechtlichen Verpflichtung zur Ergreifung eines bestimmten Mittels wie der Anpassung und insbesondere Kündigung der fraglichen vorgemeinschaftlichen Übereinkunft. Entsprechend dem Grundsatz der völkerrechtskonformen Integration sind Lösungen des in Art. 307 geregelten Normkonflikts am Maßstab der völkerrechtlichen Zulässigkeit zu messen.

§ 4 Völkerrechtliche Analyse der Lösungsansätze des EuGH

A. Einführung

Aufgrund der Rechtsprechungsanalyse[427] hat sich die Erkenntnis herausgebildet, dass der Rückgriff auf die Kollisionsnorm des Art. 307 nur ein möglicher von vier Lösungswegen ist, den der Gerichtshof beschreitet, wenn sich das Problem eines Widerspruchs von Gemeinschaftsrecht und einer vorgemeinschaftlichen Übereinkunft stellt. Es zeigt sich nämlich, dass dieser Weg parallel zu drei anderen verläuft:

- Ipso-facto-Verzicht: Die Mitgliedstaaten verzichten *ipso facto* auf die Ausübung von Rechten aus vorgemeinschaftlichen Übereinkünften. Diese mögliche Rechtsfigur hat ihren Ursprung in der Rechtssache 10/61, *Kommission ./. Italien.*[428]
- Funktionsnachfolge-Lösung: Funktionsnachfolge der EG in völkerrechtliche Vertragspositionen der EG-Staaten aus vorgemeinschaftlichen Übereinkünften. Diese entwickelte der EuGH im Rahmen der Rechtsprechung zum GATT und zum Brüsseler Zolltarifabkommen in den Rechtssachen 21-24/72, *International Fruit Company* und 38/75, *Nederlandse Spoorwegen.*[429]
- Substitutionslösung: Überlagerung vorgemeinschaftlicher Übereinkünfte durch spätere „Beziehungen" zwischen der Gemeinschaft und dem Drittstaat. Entsprechende Aussagen trifft der EuGH erstmals in der Rechtssache 812/79, *Burgoa.*[430]

Die gefundenen Lösungsansätze werden im Folgenden dargestellt und aus der Sicht des im Rahmen von Art. 307 anwendbaren Völkerrechts untersucht. Dabei ist die Funktionsnachfolge-Lösung bereits Gegenstand wissenschaftlicher Be-

427 S. o. § 2D.

428 Urt. v. 27.02.1962, Rs. 10/61, Kommission ./. Italien, Slg. 1962, 10; vgl. § 2A.I.1.

429 Urt. v. 12.12.1972, verb. Rs. 21-24/72, International Fruit Company NV u. a. ./. Produktschap voor groenten en fruit, Slg. 1972, 1219; Urt. v. 19.11.1975, Rs. 38/75, Zollagent der NV Nederlandse Spoorwegen ./. Inspektor der Einfuhrzölle und Verbrauchssteuern, Slg. 1975, 1439; vgl. § 2A.I.2., § 2A.I.3.

430 Urt. v. 14.10.1980, Rs. 812/79, Attorney-General ./. Juan C. Burgoa, Slg. 1980, 2787; vgl. § 2°.I.4.

trachtung.[431] Die Substitutionslösung und der Ipso-facto-Verzicht sind dagegen nicht vergleichbar ausführlich untersucht worden. Der Schwerpunkt der Untersuchung liegt letztlich jedoch auf der primärrechtlichen Regelung des Art. 307 Abs. 2, da die weiteren Lösungswege wohl Ausnahmefälle für besondere Fallkonstellationen darstellen.

B. Vertragskonkurrenz als völkerrechtliches Problem

Das Problem der Vertragskonkurrenz,[432] das Gegenstand der Regelung von Art. 307 ist, wurde im Rahmen der Vorarbeiten zur WVK kontrovers diskutiert. Innerhalb der *International Law Commission* war bereits die systematische Einordnung des Problems streitig.

Nach einer Ansicht war es im Bereich der Vertragsschlusskompetenz anzusiedeln. Danach beschränke ein Staat seine Vertragsschlusskompetenz, *contractual capacity*, durch die Eingehung völkerrechtlicher Verpflichtungen dahingehend, dass er nicht mehr befugt sei, spätere, kollidierende Verpflichtungen einzugehen. In der Konsequenz sollten solche Verpflichtungen mangels Vertragsschlusskompetenz nicht entstehen können.[433] Der Widerspruch zum Grundsatz der Souveränität der Staaten und zur Völkerrechtspraxis macht diesen Ansatz unhaltbar.[434]

Nach anderer Ansicht handelt es sich nicht um ein Kompetenz-, sondern um ein Normanwendungsproblem. Eine Meinung versucht, dieses Problem auf der Ebene der Vertragsgültigkeit zu lösen. Sie nimmt die Nichtigkeit, „*nullity*", der Norm, die die spätere, widersprechende Verpflichtung begründet, an.[435] Diese Ansicht musste aber angesichts der Komplexität des völkervertraglichen Verpflichtungsgewebes weitgehende Ausnahmen von der Nichtigkeitsfolge zulassen. Dies stellt ihren Wert als Argumentationsgrundlage entscheidend in Frage.

Die Vertragskonkurrenz wurde daher schließlich ganz überwiegend auf der Ebene der Vertragsanwendung betrachtet. Der Berichterstatter *Sir Gerald Fitzmaurice* ging im Rahmen der Vorarbeiten zur WVK davon aus, dass „*a conflict between two treaties, both of them validly concluded, can in principle be resolved on the basis that both have equal force and effect, in the sense that the*

431 Vgl. nur Emiliou/O'Keeffe, EU and World Trade Law; Hilpold, EU im GATT/WTO-System; Ott, GATT und WTO jeweils m. w. N.
432 Vgl. Wilting, Vertragskonkurrenz, insb. S. 38 ff.; zur Definition s. o. Fn. 1
433 Vgl. Brierly, YILC 1952 II, 50, 51; H. Lauterpacht YILC 1953 II, 90, 137 ff.
434 H. Lauterpacht selbst stellt sie in seinem Bericht in Frage, vgl. YILC 1953 II, 90, 140
435 Vertreten vor allem – gleichzeitig mit der Theorie der Kompetenzbeschränkung – von H. Lauterpacht, vgl. nur YILC 1953 II, 90, 156 ff.

parties incur international responsibility under each of them."[436] *Sir Humphrey Waldock* führte insoweit aus: "*In any such case the conflict between the two treties shall be resolved on the basis of the general principles governing the interpretation and application of treaties, their amendment or termination.*"[437]

Entsprechend regeln die Wiener Vertragsrechtskonventionen die Vertragskonkurrenz, indem sie die zur Anwendung zu bringende Norm bestimmen. Die vertraglichen Regelungen werden in den Art. 30 ff. WVK und WVK IO nach zwei Prinzipien geordnet: Zum einen nach dem Hierarchieprinzip, wenn Art. 30 Abs. 1 den Regelungen der UN-Charta ausdrücklich den Vorrang einräumt; zum anderen nach dem Souveränitätsprinzip, das darin seinen Ausdruck findet, dass der Parteiwille das für die Anwendung kollidierender Normen maßgebliche Kriterium ist, vgl. Art. 30 Abs. 2 WVK, WVK IO. Die in WVK und WVK IO weiter getroffenen Regelungen erweisen sich damit als subsidiär gegenüber vertraglichen Regelungen.[438] Das findet seinen Ausdruck in Art. 41 WVK, der die konsensuale Modifikation eines mehrseitigen Vertrages regelt, oder Art. 42 Abs. 2 WVK, nach dem Beendigung, Kündigung, Rücktritt oder Suspendierung nach den Bestimmungen des Vertrags oder – subsidiär – der WVK erfolgen können.

C. Ipso-facto-Verzicht

I. Einführung

Der Gerichtshof hat das Prinzip, dass ein Mitgliedstaat „ipso facto" auf Rechte aus einer vorgemeinschaftlichen Übereinkunft verzichte, in der Rechtssache 10/61, *Kommission ./. Italien*,[439] aufgestellt, wobei bemerkenswert ist, dass der Gerichtshof das Prinzip des „Ipso-facto-Verzichts" nicht argumentativ herleitete.[440] Er gab insoweit lediglich die Argumentation der Kommission[441] wieder und machte sie sich zu eigen.[442] Insbesondere erläutert der EuGH nicht die „Grundsätze des Völkerrechts", aus denen der Ipso-facto-Verzicht hervorgeht. Das ent-

436 Fitzmaurice, YILC 1959 II, S. 37, 43
437 Waldock, YILC 1963 II, S. 36, 53
438 Vgl. Sinclair, Vienna Convention, S. 97, der bedauert, dass dies nicht ausdrücklich klargestellt wurde.
439 Urt. v. 27.02.1962, Rs. 10/61, Kommission ./. Italien, Slg. 1962, 27, 39, s.o. § 2A.I.1.
440 Vgl. § 2D.II.1.
441 Vgl. Urt. v. 27.02.1962, Rs. 10/61, Kommission ./. Italien, Slg. 1962, 5, 19
442 Vgl. Urt. v. 27.02.1962, Rs. 10/61, Kommission ./. Italien, Slg. 1962, 5, 23

spricht der Tendenz des EuGH, auf völkerrechtliche Normen, die möglicherweise entscheidungsrelevant sind, nur allgemein Bezug zu nehmen.

Der EuGH konstatiert den Verzicht, der bei Kollisionen im Rahmen von Art. 307 weitreichende Folgen hat. Zwar wird nicht deutlich, ob der Verzicht zum Erlöschen der Rechte aus vorgemeinschaftlichen Übereinkünften führen soll – ob er also nach deutscher Rechtsterminologie „dingliche Wirkung“ hat. Jedenfalls aber erscheint ein Ipso-facto-Verzicht als eine weitgehende Folge der Übernahme von Pflichten aus dem EG-Vertrag.

In seinen Schlussvorträgen hatte Generalanwalt Lagrange in der Rechtssache 10/61 demgegenüber lediglich deutlich gemacht, dass ein Mitgliedstaat „*gehalten [sei], auf Grund seiner neuen Verpflichtungen die fraglichen Rechte nicht mehr auszuüben, soweit sie unvereinbar sind.*“[443] Demnach besteht eine Verpflichtung zur Nichtausübung der Rechte aus einem widersprechenden Abkommen mit einem Drittstaat. Ein Ipso-facto-Verzicht auf Rechte mit verfügender Wirkung, wie sie der EuGH schlicht konstatiert, war nicht vom Generalanwalt angenommen worden.

Die Entscheidung des EuGH hat aber rechtsfortbildenden, gar rechtssetzenden Charakter, wenn eine Rechtsfigur des Ipso-facto-Verzichts nach völkerrechtlichen Grundsätzen zum Zeitpunkt der Entscheidung nicht existierte und der Ipso-facto-Verzicht eine rechtliche Wirkung hat, die über die bloße Nichtausübung der Rechte aus vorgemeinschaftlichen Übereinkünften hinausgeht. Denn dann hätte der EuGH mit bindender Wirkung für die Mitgliedstaaten eine neue Rechtsfigur kreiert. Seine Berufung auf die Grundsätze des Völkerrechts wäre dann nur formal. Tatsächlich wäre, hätte ein solcher Grundsatz des Ipso-facto-Verzichts zum Zeitpunkt der Entscheidung nicht existiert, der EuGH bei der Auslegung von Art. 307 rechtssetzend tätig geworden. Wäre das der Fall, dann träfe aber die im Zusammenhang mit Art. 307 Abs. 1 gängige Aussage, dieser habe keine eigene Regelungswirkung – GA Langrange schreibt ihm in seinen Schlussanträgen in der Rechtssache 10/61, *Kommission ./. Italien*,[444] nur psychologische Wirkung zu – nicht zu. Vielmehr wäre Art. 307 Grundlage des Ipso-facto-Verzichts. Es handelte sich dann um eine genuin europarechtliche Rechtsfigur.

---

443 AaO. S. 38
444 Urt. v. 27.02.1962, Slg. 1962, 27, 39

II. Völkerrechtliche Analyse

Fraglich ist, ob bei der sukzessiven Übernahme kollidierender Vertragspflichten eine dingliche Verzichtswirkung auch nach dem einschlägigen Völkerrecht eintritt.

1. Verzicht als völkerrechtliche Rechtsfigur

Der Verzicht wird definiert als eine einseitige völkerrechtliche Rechtshandlung, durch die absolute Rechte oder Forderungsrechte aufgegeben werden.[445] Der Verzicht kann als einseitiger Akt Rechtswirkungen haben. Durch einen Verzicht kann ein Staat bestimmte Rechte aufgeben mit der Folge, dass entsprechende Ansprüche untergehen.[446] Dies beschreibt die Wirkung eines dinglichen Verzichts. Ein Verzicht kann sich aber auch auf die bloße Ausübung eines Rechts beziehen, ohne die Wirkung, dass das Recht untergeht. Im Gegensatz zum dinglichen Verzicht lässt sich von einem Ausübungsverzicht sprechen.[447]

Der Verzicht kann ausdrücklich oder konkludent erfolgen, sein Vorliegen darf aber in keinem Fall vermutet werden.[448] Der Nachweis eines Verzichts durch den EuGH erfolgt nicht. Das lässt Zweifel daran aufkommen, ob der Gerichtshof tatsächlich mit seinen Aussagen eine dingliche Verzichtswirkung begründen wollte.

2. Vertragskonkurrenz und Verzicht – Kollisionsnormen der WVK

Daher ist weiter zu untersuchen, wie die Übernahme kollidierender Verpflichtungen nach dem Völkerrecht zu beurteilen ist. Einschlägig war im Jahre 1962, in dem der EuGH in der Rechtssache 10/61, *Kommission ./. Italien* urteilte, kein kodifiziertes Vertragsrecht, da die Wiener Vertragsrechtskonventionen erst 1968 (WVK) bzw. 1986 (WVK IO) in Kraft traten. Was die Untersuchung angeht, kann allerdings auf die in den Konventionen niedergelegten Regeln des vertraglichen Gewohnheitsrechts zurückgegriffen werden, da der Gerichtshof auch aktuell von einem Ipso-Facto-Verzicht ausgeht.

---

445 Engelhardt, Wörterbuch des Völkerrechts, Bd. 3, S. 587

446 Ipsen, Völkerrecht, S. 215, Rn. 16

447 Beispiel für einen Ausübungsverzicht ist der Antarktisvertrag vom 1. Dezember 1959, UNTS 402, S. 71; vgl. Art. IV, der deutlich macht, dass nur auf die Geltendmachung von Rechten und Ansprüchen auf Gebietshoheit in der Antarktis, nicht aber auf die Rechte und Ansprüche selbst verzichtet wird.

448 Ipsen, aaO.; vgl. für einen Verzicht auf prozessuale Einreden die Entscheidung des IGH im Norwegischen Anleihen-Fall, Urt. v. 06.07.1957, ICJ Rep. 1957, 9, 26

Bei der Kollision von vorgemeinschaftlichen Übereinkünften mit Gemeinschaftsrecht handelt es sich um ein Problem der Anwendung von aufeinanderfolgenden Verträgen. Dieser Sachverhalt fällt in den Anwendungsbereich von Art. 30 WVK. Soweit es sich nicht um die Charta der Vereinten Nationen handelt, die nach ihrem Art. 103 absoluten Vorrang genießt, gelten die Regeln von Art. 30 Abs. 2 bis 5 WVK. Maßgeblich ist danach zunächst eine ausdrückliche Regelung, soweit eine solche besteht, Art. 30 Abs. 2 WVK.

Art. 307 Abs. 1 soll eine solche Subordinationsklausel darstellen.[449] Selbst wenn das der Fall ist, so ist damit aber nicht ein dinglicher Rechtsverzicht völkerrechtlich begründet. Vielmehr bedeutet Subordination nur, dass eine Norm der anderen in ihrer Anwendung vorgeht. Sie bedeutet dagegen nicht, dass die untergeordnete Norm ihre Wirksamkeit verliert. Plausibel wäre die Rechtsfigur des Ipso-facto-Verzichts nur dann zu erklären, wenn man auf das Souveränitätsprinzip als Ordnungsprinzip der Vertragskonkurrenz zurückgreift. Dann ist der Wille der Parteien maßgeblich. Und eine Partei kann allerdings einen dinglichen Rechtsverzicht erklären.

Der Gerichtshof hätte also, wenn dies die Grundlage seiner Lösung sein soll, nachweisen müssen, wie sich ein solcher Parteiwille – ausdrücklich oder konkludent – äußert. Der bloße Akt des Abschlusses der Gemeinschaftsverträge oder des Beitritts begründet ja erst die Vertragskonkurrenz, ist also noch nicht Ausdruck eines Willens zum Verzicht als Lösung gerade dieser Konkurrenz. Die Untersuchung der völkerrechtlichen Grundlagen zeigt also, dass der EuGH das Vorliegen der Voraussetzungen nicht prüft. Das deutet wiederum darauf hin, dass er einen Verzicht mit völkerrechtlich „dinglicher" Wirkung trotz der Diktion der einschlägigen Urteile nicht annimmt.

3. *Einschränkende Auslegung des Gemeinschaftsrechts – interpretatio in favorem debitoris, in dubio mitius*

Es fragt sich auch, ob die Annahme einer weiten – dinglichen – Verzichtsfolge mit dem Grundsatz zu vereinbaren wäre, nach dem die Auslegungsvariante zu wählen ist, welche die Handlungsfreiheit des staatlichen Schuldners – also seine Souveränität – am wenigsten beeinträchtigt: *interpretatio in favorem debitoris, in dubio mitius.*[450] Die Regel, *in dubio mitius* stellt eine Vermutung dar, die objektiv durch den Vertrag bestätigt werden muss.[451] Sie steht also nicht von vornherein einer extensiven Auslegung primärrechtlicher Pflichten entgegen.

449 Manzini, EJIL 781, 782
450 Vgl. Vitzthum, in: Vitzthum, Völkerrecht, S. 61, Rn. 124
451 Vitzthum aaO., Fn. 299

Die Geltung dieses Grundsatzes im heutigen Vertragsvölkerrecht ist aber zweifelhaft. Der StIGH hatte den Grundsatz anerkannt. Er sei anzuwenden, wenn der Wortlaut der Vorschrift eines völkerrechtlichen Vertrages nicht klar sei.[452] Der auf dem Souveränitätsgedanken beruhende Grundsatz hat keinen Eingang in die Rechtsprechung des IGH gefunden, der ihn aber auch nicht ausdrücklich aufgegeben hat.[453] Jedenfalls ist der Grundsatz *in dubio pro mitius* als Ausdruck der Souveränität allenfalls subsidiär anzuwenden, dies insbesondere im Hinblick auf die fortschreitende staatliche Interdependenz.[454] Insbesondere gilt dies für die Anwendung der Regel im Gemeinschaftsrecht. Sie ist nicht mit dem gemeinschaftsrechtlichen Grundsatz des „*effet utile*" zu vereinbaren, wie ihn der Gerichtshof in ständiger Rechtsprechungspraxis ausgeformt hat. Nach diesem europaspezifischen Grundsatz ist gerade die Auslegung des Gemeinschaftsrechts zu wählen, die die Verwirklichung der Vertragsziele am besten fordert, bei der ihr praktischer Nutzen am größten ist und sich ihre Wirkung am stärksten entfaltet.[455]

Die Anwendung des Grundsatzes *in dubio pro mitius* stünde also nicht der Annahme eines Ipso-facto-Verzichts durch die Mitgliedstaaten entgegen.

III. Ergebnis

Der Gerichtshof erweckt durch die Diktion seiner Rechtsprechung zum Art. 307 Abs. 1 den Eindruck, als sei dieser möglicherweise so auszulegen, dass er die Grundlage für einen „Ipso-facto-Verzicht" auf Rechte aus vorgemeinschaftlichen Übereinkünften bildet.

Der Gerichtshof und mit ihm die überwiegende Literatur wiederholen demgegenüber aber auch die Aussage, dass Art. 307 Abs. 1 EG rein deklaratorisch angelegt sei und keine eigenständige rechtliche Wirkung habe.

Die Untersuchung der maßgeblichen völkerrechtlichen Grundsätze zeigt, dass ein völkerrechtlicher Verzicht dinglich oder als Ausübungsverzicht Wirkung haben kann. Der Vergleich dieser Grundsätze mit der Anwendung der Aussage vom Ipso-facto-Verzicht in der Rechtsprechung des Gerichtshofs zeigt auch, dass der Gerichtshof im Anschluss an sein Diktum in der Rechtssache 10/61, *Kommission ./. Italien,* nicht an der Rechtsfigur eines dinglichen Verzichts festgehalten hat.

---

452 Article 2, Paragraph 2 of the Treaty of Lausanne (Frontier between Turkey and Iraq), PCIJ Series B No. 12, S. 25

453 Vgl. Bernhardt, Auslegung, S. 152; Anweiler, Auslegungsmethoden, S. 132

454 So auch Bernhardt aaO.

455 Buck, Auslegungsmethoden, S. 209 m. w. N.

Trotz Verwendung der völkerrechtlichen Terminologie und der Bezugnahme auf die allgemeinen Grundsätze des Völkerrechts ist daher der Ipso-facto-Verzicht des Gerichtshofs nicht als eigenständige Rechtsfigur zur Ausprägung gekommen. Die Aussagen des Gerichtshofs sind vielmehr dahingehend zu verstehen, dass ein Mitgliedstaat Rechte, die er gegenüber der anderen Vertragspartei hat, nicht zum Nachteil der gemeinschaftsrechtlichen Bindungen geltend machen darf. Im Sinne dieser allgemeinen Aussage hat der Gerichtshof Art. 307 Abs. 1 in ständiger Rechtsprechung ausgelegt.[456] Es erweist sich damit, dass die Aussagen des EuGH sich auf einen Ausübungsverzicht beziehen.

Insgesamt wird deutlich, dass der Gerichtshof sich bei der Auslegung von Art. 307 Abs. 1 allgemein auf das Völkerrecht bezieht, um ein gemeinschaftsfreundliches Verhalten der Mitgliedstaaten zu fördern. Der Bezug auf völkerrechtliche Grundsätze bei der Auslegung hat also eher rechtspolitisch-legitimierende denn rechtsformende Funktion.

D. Funktionsnachfolge-Lösung

I. Einführung

In ständiger Rechtsprechung beschreibt der Gerichtshof die Rolle der Gemeinschaft im GATT so, dass diese hinsichtlich der Erfüllung der Verpflichtungen aus dem GATT an die Stelle der Mitgliedstaaten getreten sei.[457] Er hat folgende Voraussetzungen für die Übertragung der Zuständigkeit für die Erfüllung von Verpflichtungen der Mitgliedstaaten auf die Gemeinschaft aufgestellt:

Sämtliche Mitgliedstaaten waren bereits bei Abschluss des EWG-Vertrags Vertragspartei des Übereinkommens; die Mitgliedstaaten haben den Willen, die Gemeinschaft durch das Übereinkommen zu binden, was damit gleichzusetzen ist, dass die Gemeinschaft sich zu den Zielen des Übereinkommens bekennt; die Gemeinschaftsorgane müssen tatsächlich eine Tätigkeit im Rahmen des Übereinkommens entfalten und die anderen Vertragsparteien müssen die Übertragung der Zuständigkeit der Mitgliedstaaten auf die Gemeinschaft anerkannt haben.[458]

---

456 S. o. § 2A.II.3.d.

457 Urt. v. 19.11.1975, Rs. 38/75, Nederlandse Spoorwegen, Slg. 1975, 1439, 1449; Urt. v. 16.03.1983, verb. Rs. 267-269/81, Administrazione delle finanze dello Stato ./. Società Petrolifera Italiana S.p.A. (SPI) und S.p.A. Michelin Italiana (SAMI), Slg. 1983, 801, 829

458 Vgl. Schlussanträge GA Capotorti v. 15.09.1981, Rs. 181/80, Arbelaiz-Emazabel, Slg. 1981, 2984, 2987

Der Gerichtshof selbst hat seine Lösung nicht weiter dogmatisch begründet. Verschiedene Erklärungsansätze wurden herangezogen, die hier darzustellen sind. Dabei wird die Stellung der Gemeinschaft mit Termini wie „de-facto-Status", „de-jure-Status sui generis" oder „GATT-Doppelmitgliedschaft sui generis"[459] belegt.

Im Hinblick auf die Analyse des Art. 307 ist diese Debatte insofern von Bedeutung, als auch in dieser Norm des Primärrechts ein Anknüpfungspunkt für die rechtsdogmatische Begründung der Rolle der Gemeinschaft gesucht wurde.

Die Diskussion um die dogmatische Begründung der für das GATT vom Gerichtshof entwickelten Funktionsnachfolge-Lösung ist mittlerweile rechtshistorisch. Die Gemeinschaft ist seit Gründung der WTO Mitglied dieser internationalen Organisation.[460] Dennoch soll sie an dieser Stelle im Überblick dargestellt werden, da sie exemplarisch ist für das pragmatische Vorgehen des Gerichtshofs.

II. Rechtsdogmatische Begründung[461]

1. Auslegung von Art. 307

Art. 307 wird in der Literatur dahingehend untersucht, ob sich im Wege eines Analogieschlusses oder der Rechtsfortbildung Argumente für eine Rechtsnachfolge finden lassen:

„So könnte aus Art. 307 geschlussfolgert werden, dass aus den Aussagen des EuGH entnommen werden kann, dass die völkerrechtlichen Rechte der Drittstaaten durch [Art. 307] gesichert werden sollen und die Mitgliedstaaten ihren Verpflichtungen gegenüber Drittstaaten nachkommen können. Das könnte aber bedeuten, dass die Rechtsnachfolge der Gemeinschaft implizit herausgelesen werden kann, wenn die Zuständigkeitsverlagerung gemeinschaftsintern einen Verpflichtungsübergang bewirkt."[462]

Diese Aussage ist wohl dahingehend zu verstehen, dass Art. 307 möglicherweise so auszulegen sei, wie es die Kommission in der Rechtssache 812/79, *Bur-*

---

459 Vgl. Ott, GATT und WTO, S. 111 f.

460 Vgl. zur Geltung von WTO-Recht zusammenfassend Schlussanträge GA Tizzano v. 18.11.2004, Rs. C-377/02, NV Firma Leon Van Parys ./. Belgisch Interventie- en Restitutiebureau, Rn. 36 ff. (www.curia.eu.int, noch nicht in der Slg. veröffentlicht).

461 Vgl. hierzu ausführlich Ott, GATT und WTO, S. 112 ff.; Hilpold, EU im GATT/WTO-System, S. 51 ff.; Wünschmann, Geltung und Geltendmachung völkerrechtlicher Verträge, S. 155 ff.

462 Vgl. Ott, GATT und WTO, S. 114; s. a. Berrisch, EG im GATT, S. 96

goa, anregte.[463] Danach sei in bestimmten Fällen Art. 234 a. F. so auszulegen, dass mit ihm eine neue Form des völkerrechtlichen Instituts der „Staatennachfolge“ geschaffen worden sei, die darin bestehe, dass die Gemeinschaft Rechtsnachfolgerin ihrer Mitgliedstaaten werde, indem sie deren Rechte und Pflichten aus früheren Übereinkünften übernehme.[464]

Wie gesehen, hat der Gerichtshof in der Rechtssache *Burgoa* dieses Argument allerdings nicht aufgegriffen. Vielmehr hat er die Substitutionslösung neben die Funktionsnachfolge-Lösung gestellt.[465] Auch in der Literatur wird der Ansatz, der die Funktionsnachfolge auf Art. 307 zu stützen sucht, einhellig abgelehnt. Sein Wortlaut lasse eine solche Ausdehnung nicht zu.[466] Der Analogieschluss lässt sich allerdings nicht mit einem Verweis auf die Rechtsprechung des Gerichtshofs und darauf, dass Einigkeit darüber bestehe, dass innergemeinschaftlich das Sonderrecht der Gemeinschaft vorrangig gegenüber dem Völkerrecht gelte, ablehnen.[467]

Wenn die Frage nach der Zulässigkeit eines Analogieschlusses gestellt wird, sind vielmehr auch bei der Anwendung des Primärrechts das Bestehen einer planwidrigen Regelungslücke und die Vergleichbarkeit von geregeltem und ungeregeltem Sachverhalt zu untersuchen.[468] Geht man so vor, dann ist es zwar nicht unmöglich, eine planwidrige Regelungslücke im Hinblick auf das Problem einer Rechtsnachfolge zu konstruieren. Allerdings ist der in Art. 307 geregelte Sachverhalt nicht mit dem, der der vom Gerichtshof entwickelten Funktionsnachfolge-Lösung zugrunde liegt, vergleichbar. Art. 307 beantwortet nicht die Frage nach einer Sukzession der Gemeinschaft. Er regelt nicht die Zuständigkeit eines Völkerrechtsubjekts für die Erfüllung einer vertraglichen Verpflichtung aus einer vorgemeinschaftlichen Übereinkunft. Vielmehr bestimmt Art. 307 Abs. 1, welche Normen zur Anwendung zu bringen sind und wie der Konflikt zwischen vorgemeinschaftlicher Übereinkunft und Europarecht zu lösen sei, Art. 307 Abs. 2. Damit ist die Frage der Anwendbarkeit eines Völkerrechtssatzes geregelt.

Letztlich kann damit die Lösung des EuGH nicht auf Art. 307 gestützt werden.

---

463 Vgl. Urt. v. 14.10.1980, Rs. 812/79, Attorney-General ./. Juan C. Burgoa, Slg. 1980, 2787, 2798; s. o. § 2°.I.4.

464 Als Beispiel für einen solchen Auslegungsfall führte die Kommission das Urteil vom 12.12.1972 in den verbundenen Rechtssachen 21-24/72, International Fruit Company N. V. ./. Produktschap voor groenten en fruit, Slg. 1972,1219 an.

465 S. o. § 2D.

466 Vgl. Ott, GATT und WTO, S. 114

467 So aber Ott, GATT und WTO, S. 115

468 Vgl. Anweiler, Auslegungsmethoden, S. 309; allgemein auch Buck, Auslegungsmethoden

2. *Konvention über die Staatennachfolge in Verträge*

Für die Kollisionsprobleme zwischen dem Gemeinschaftsrecht und dem Satzungsrecht anderer internationaler Wirtschaftsorganisationen wie z. B. dem GATT/WTO und der Rheinschiffahrtsorganisation stellt sich die Frage, ob eine analoge Anwendung völkerrechtlicher Staatensukzessionsregeln auf „präföderale" Regionalzusammenschlüsse zulässig ist.[469]

Zu Ihrer Beantwortung kann nicht direkt auf die Wiener Konvention über die Staatennachfolge in Verträge vom 23.08.1978[470] zurückgegriffen werden. Die Konvention war zum Zeitpunkt der Entscheidungen des EuGH noch nicht in Kraft. Selbst wenn man davon ausgeht, dass es sich um kodifiziertes Völkergewohnheitsrecht handelt, das auch vor Inkrafttreten galt[471] setzt die direkte Anwendbarkeit der im Konventionsentwurf niedergelegten Normen gemäß Art. 2 Abs. 1 lit. a, 3 die Staatsqualität voraus. Da diese der Gemeinschaft fehlt, käme allenfalls die entsprechende Anwendung in Betracht.

Die Kompetenzverlagerung auf die Gemeinschaft ist allerdings mit einer Staatenauflösung oder Staatenfusion im Sinne der Konvention nicht vergleichbar. Wesentlich ist nämlich, dass eine vollständige Ersetzung[472] eines Staates durch einen anderen stattfindet. Das ist aber durch die neben der Zuständigkeit der Gemeinschaft fortbestehenden Bindungen der Mitgliedstaaten[473] nicht gegeben.[474] Schließlich ist bei der Beantwortung der Frage, ob die Regeln über die Staatennachfolge entsprechend herangezogen werden können, die Kommentierung zu Art. 26 („Uniting of States") der 1973 von der International Law Commission veröffentlichten „Draft Articles on Succession of States in Resprect of Treaties" zu berücksichtigen. Dieser betont ausdrücklich, dass Art. 26 nicht auch für die Rechtsnachfolge internationaler Organisationen in völkerrechtliche Vertragspositionen ihrer Mitgliedstaaten gilt.[475] Mit dieser ausdrücklichen Festlegung der Nichtanwendbarkeit ist die entsprechende Anwendung ausgeschlossen.

Im Ergebnis erklären völkerrechtliche Regeln über die Staatennachfolge die Funktionsnachfolge-Lösung nicht. Im Folgenden werden daher die spezifisch gemeinschaftsrechtlichen Lösungen dargestellt.

---

469 Vgl. Petersmann ZaöRV Bd. 35 (1975), 213, 263
470 ILM 1978, 1488
471 Vgl. Ipsen, Völkerrecht, S. 131 f., Rn. 6
472 „replacement", vgl. Art. 2 Abs. 1 lit b des Entwurfs
473 Z. B. die Beitragsverpflichtung
474 So im Ergebnis auch Ott, GATT und WTO, S. 116; Bernhardt, EuR 1983, 197, 204
475 Vgl. Petersmann, ZaöRV Bd. 35 (1975), 213, 264 f.

3. *Gemeinschaftsrechtliche Lösungen*

a. *Innergemeinschaftliche Verpflichtung der Organe der Gemeinschaft*

Krück verneint eine völkerrechtliche Bindung der Gemeinschaften Drittstaaten gegenüber, die die Folge der Anwendung der Sukzessionsregeln wäre.[476] Dies schließe allerdings eine Verpflichtung der Gemeinschaften, die Drittstaaten so zu stellen, als hätten die Mitgliedstaaten ihre Vertragsverpflichtungen erfüllt, nicht aus. Sie kann dann bestehen, wenn eine Anpassung, die nach Art. 307 Abs. 2 vorrangig anzustreben ist, sich als nicht möglich erweist.

Eine derartige Pflicht der Gemeinschaften könne aber nur im Innenverhältnis, den Mitgliedstaaten gegenüber, gegeben sein. *Krück* leitet sie aus dem gemeinschaftsrechtlichen Loyalitätsgebot her. Er deutet dieses für den Fall, dass eine Kollision von vorgemeinschaftlicher Übereinkunft und Gemeinschaftsrecht nicht behoben werde kann, folgendermaßen aus: Die Gemeinschaftsorgane seien verpflichtet, kein solches Gemeinschaftsrecht zu setzen, zu dessen Wirksamkeit die einheitliche Geltung erforderlich sei, wenn die einheitliche Geltung durch einen Mitgliedstaat wegen des Vorrangs der vertraglichen Bindungen aus der vorgemeinschaftlichen Übereinkunft nach Art. 307 Abs. 1 nicht zu gewährleisten sei. Hier bestehe eine „negative Bindung im Innenverhältnis“[477] Dies gelte auch dann, wenn nicht nur ein, sondern alle Mitgliedstaaten aufgrund einer vorgemeinschaftlichen Übereinkunft gebunden seien. Aufgrund der negativen Bindung sei die Gemeinschaft dann nicht rechtssetzungsbefugt.

Weitergehend behandelt *Krück* den Fall, dass die Vertragsverpflichtungen ein Verhalten eines Mitgliedstaates im Bereich der Kompetenz der Gemeinschaft erfordern. Hier bestehe die Wahl, ob die Gemeinschaften sich an die Altverpflichtungen halten wollen oder ob der Mitgliedstaat die betreffenden Hoheitsrechte zwecks Vertragserfüllung wieder an sich ziehe. Hierzu sei er gemäß Art. 307 Abs. 2 ermächtigt.[478] Lediglich in dem Sonderfall, dass alle Mitgliedstaaten derartige Hoheitsbefugnisse wieder an sich ziehen müssten, um identischen Vertragsverpflichtungen nachzukommen, sei diese Wahlmöglichkeit abzulehnen. Dann sei die Gemeinschaft selbst zur direkten Pflichterfüllung im außergemeinschaftlichen Bereich verpflichtet.[479]

In diesen Aussagen erschöpft sich nach *Krück* die Rechtsprechung des EuGH. Die Feststellung einer völkerrechtlichen Bindung der Gemeinschaften im Außen-

476 Vgl. Krück, Völkerrechtliche Verträge, S. 139
477 Krück aaO., S. 139
478 Krück aaO., S. 140
479 Krück aaO., S. 140 unter Berufung auf Meißner, Rheinschiffahrtsakte, S. 134

verhältnis sei von ihm nicht getroffen worden. Sie liege auch außerhalb seiner Kompetenz.[480]

b. *Interne Zuständigkeitsverlagerung mit Außenwirkung*

Die Funktionsnachfolge-Lösung wird in der Literatur weiter auch dahingehend begründet, die Gemeinschaft sei aufgrund der internen Zuständigkeitsverlagerung durch eine formlose Vertragsänderung gegenüber den anderen GATT-Vertragsparteien neben ihren Mitgliedstaaten an das GATT 1947 gebunden gewesen und beiden – EG wie Mitgliedstaaten – sei eine Mitgliedschaft *sui generis* zugekommen. Diese Ansicht wird letztlich auf die Praxis der Mitwirkung der Gemeinschaft innerhalb des GATT-Gefüges gestützt, wobei davon ausgegangen wird, dass die Praxis Ausdruck einer zulässigen stillschweigenden Übereinkunft der Vertragsparteien über die Vertragsänderung ist.[481]

III. Ergebnis

Im Ergebnis zeigt sich, dass die Funktionsnachfolge-Lösung des Gerichtshofs nicht an die bislang untersuchten völkerrechtlichen Institute angelehnt werden kann.[482]

Mit *Hilpold* lässt sich davon ausgehen, dass die Verhaltensweisen von EG und Mitgliedstaaten im Rahmen des GATT als rechtmäßig anerkannt waren. Jahrelange konsistente Praxis und die explizite Berufung auf den damit geschaffenen Vertrauenstatbestand sind als Ausdruck eines Konsenses zu sehen, der, ohne den Vertragstext formell abzuändern, den ursprünglichen Parteiwillen überlagerte und neue Bindungen schuf, „die die ursprünglichen Vertragspflichten und die gebotenen Erfüllungsmodalitäten neu qualifizierten."[483] Damit lässt sich die Funktionsnachfolgelösung nach allgemeinem Völkerrecht jedenfalls als aus der Staatenpraxis hervorgegangene Rechtsfigur begründen. Nicht an die untersuchten völkerrechtlichen Institute angelehnt, stellt sie eine spezifisch gemeinschafts-

---

480 Krück aaO., S. 140

481 Ott, GATT und WTO, S. 118; Wormuth, Die Bedeutung des Europarechts für die Entwicklung des Völkerrechts, S. 192

482 So auch Hilpold, EU im GATT/WTO-System, S. 57 f.

483 Hilpold aaO., S. 59 f.; Klein, EPIL II S. 1144, 1145, formuliert: "[T]he congruent consent of the Member States, the other contracting parties and the Community enables the latter to be substituted for its Members in certain treaty rights and obligations."

rechtliche Lösung für das Problem der Geltung vorgemeinschaftlicher Übereinkünfte dar.[484]

Als solche, auch das hat sich gezeigt, steht sie neben der Regelung des Art. 307. Sie lässt sich weder im Wege der Auslegung aus diesem herleiten, noch hat der Gerichtshof seine Lösung auf sie aufgebaut.

Letztlich ist der Streit um die rechtsdogmatische Herleitung der Funktonsnachfolge-Lösung relevant nur im Hinblick auf das GATT 1947. Im Hinblick auf die WTO-Abkommen ist durch den Beitritt der Gemeinschaft deren Bindung gegeben.[485]

E. Substitutionslösung

I. Einführung

Der Gerichtshof hat, wie oben gesehen, die sog. Substitutionslösung durch sein Diktum in der Rechtssache 812/79, *Burgoa,* begründet:

„Die Übergangsregelung, die die Gemeinschaft in der Verordnungen Nrn. 341/78 und 1376/78 nach ihren eigenen Vorschriften getroffen hat, fügt sich in den Rahmen der Beziehungen ein, die die Gemeinschaft und Spanien [das zu diesem Zeitpunkt noch nicht der EG beigetreten und damit Drittstaat war] *mit dem Ziel aufgenommen haben, die mit den Maßnahmen zur Erhaltung und zur Bewirtschaftung der Fischbestände sowie mit der Ausdehnung der ausschließlichen Fischereigebiete verbundenen Probleme zu lösen und sicherzustellen, daß die Fischer der anderen Partei zu den solchen Maßnahmen unterliegenden Gewässern Zugang haben. Diese Beziehungen haben die früher in diesen Gebieten geltende Regelung überlagert, um der allgemeinen Entwicklung des Völkerrechts auf dem Gebiet der Hochseefischerei Rechnung zu tragen.“*[486]

---

484 Wormuth, Die Bedeutung des Europarechts für die Entwicklung des Völkerrechts, S. 192, spricht von einer „völkerrechtlichen Doppelmitgliedschaft *sui generis*“.

485 GA Elmer argumentierte insoweit in den verbundenen Rechtssachen C-364/95 und C-365/95, *T. Port III,* aus Art. 59 Abs. 1 lit. a WVK folge, dass das GATT 1994 mit Wirkung vom 1. Januar 1995, dem Zeitpunkt seines Inkrafttretens, an die Stelle des GATT 1947 getreten sei. Das WTO-Übereinkommen und damit das GATT 1994 sei, soweit es um die Handelspolitik geht, von der Gemeinschaft geschlossen worden, die nach Art. 113 a. F. für den Bereich der Handelspolitik ausschließlich zuständig sei. Forderungen nach dem GATT 1994 konnten daher nur gegen die Gemeinschaft und nicht gegen einzelne Mitgliedstaaten gerichtet werden. Vgl. Schlussanträge GA Elmer v. 24.06.1997, Slg. 1998, I-1026, 1030, Rn. 16

486 Urt. v. 14.10.1980, Rs. 812/79, Attorney-General ./. Juan C. Burgoa, Slg. 1980, 2787, 4. Leitsatz,; vgl. S. 2897, Rn. 24; vgl. § 2A.I.4.b.

Sprach der Gerichtshof zunächst davon, dass die Beziehungen zwischen der Gemeinschaft und Spanien die früher in diesen Gebieten geltende Regelung „überlagert" hätten, so findet sich in der weiteren Rechtsprechung die Aussage, diese Beziehungen seien *„an die Stelle der völkerrechtlichen Verpflichtungen getreten, die früher zwischen Spanien und bestimmten Mitgliedstaaten [...] bestanden."*[487] Diese Substitutionslösung hat der Gerichtshof nicht näher begründet.[488] Daher soll auch sie einer Untersuchung dahingehend unterzogen werden, ob sie mit geltenden Normen des Völkerrechts vereinbar ist und sich ihre Begründung aus diesem ableiten lässt.

Die Substitutionslösung ist eine Rechtsfigur, die der Gerichtshof nur im speziellen Fall des Fischereiregimes im Verhältnis zu Spanien zur Anwendung gebracht hat. Aufschlussreich ist der Vergleich mit dem Urteil in der Rechtssache C-475/93, *Jean-Louis Thévenon und Stadt Speyer, Sozialamt ./. Landesversicherungsanstalt Rheinland-Pfalz*[489]: Zur Überlagerung von vor Beitritt zwischen Mitgliedstaaten geschlossenen Abkommen durch Sekundärrecht stellte der Gerichtshof fest, dass die Regelungen einer Verordnung[490] einem bilateralen vorgemeinschaftlichen Abkommen, das von zwei Mitgliedstaaten geschlossen wurde, vorgingen. In dieser Rechtssache hatte der Generalanwalt auf das allgemeine Völkerrecht, Art. 30 WVK, Bezug genommen, das wegen der spezielleren Regelung im Sekundärrecht aber keine Anwendung finde.[491] Diese Aussage beruht auf der Prämisse, dass auch bei rein innergemeinschaftlichen Sachverhalten eine Er-

---

487 Urt. v. 08.12.1981, Rs. 181/80, Generalstaatsanwalt bei der Cour d'appel Pau u. a. ./. José Arbelaiz-Emazabel, Slg. 1981, 2961, 2981, Rn. 30; Urt. v. 08.12.1981, verb. Rs. 180, 266/80 Strafverfahren gegen José Crujeiras Tome und Anton Yurrita, Slg. 1981, 2997, 1. Leitsatz; vgl. Urteilsanmerkung Philip, AFDI 1981, 322 ff.; Urt. v. 28.10.1982, verb. Rs. 138, 139/81, Seeverwaltung der Südwestküste und Staatsanwalt ./. Marticorena-Otazo und Parada, Slg. 1982, 3819, 3834 Rn. 8; siehe hierzu Urteilsanmerkung von Akehurst, BYIL 1983, 347, 350; Urt. v. 28.10.1982, verb. Rs. 137, 140/81, Seeverwaltung der Südwestküste und Staatsanwalt ./. Sagarzazu und Sagasti, Slg. 1982, 3847, 3862, Rn. 8; Urt. v. 28.10.1982, verb. Rs. 13-28/82, Arantzamendi-Osa u. a. ./. Staatsanwalt und Generalstaatsanwalt, Slg. 1982, 3927, 3937, Rn. 10

488 Vgl. Churchill, Foster; ICLQ 1987, 504, 510

489 Urt. v. 09.11.1995, Rs. C-475/93, Jean-Louis Thévenon und Stadt Speyer, Sozialamt ./. Landesversicherungsanstalt Rheinland-Pfalz, Slg. I-1995, 3813

490 Es handelte sich um die Verordnung (EWG) Nr. 1408/71 des Rates vom 14. Juni 1971 zur Anwendung der Systeme der sozialen Sicherheit auf Arbeitnehmer und Selbständige sowie deren Familienangehörige, die innerhalb der Gemeinschaft zu- und abwandern, in der durch die Verordnung (EWG) Nr. 2001/83 des Rates vom 2. Juni 1983 (ABl. 1983 Nr. L 230, S. 6) geänderten und aktualisierten Fassung.

491 Schlussanträge GA Cosmas v. 05.07.1995, Slg. 1995 I-3815, 3831, Rn. 46

setzung nur in Betracht kommt, wenn sie im Gemeinschaftsrecht angeordnet ist oder wenn sie nach den allgemeinen Regeln des Völkerrechts erfolgt.

Der Gerichtshof hat seine Lösung in dieser methodischen Klarheit nicht argumentativ belegt. Der Prämisse, dass die Ersetzung von Normen eine rechtliche Grundlage haben muss, ist aber zuzustimmen. Anderenfalls drohte die Verletzung des Grundsatzes der Rechtssicherheit. Die normative Grundlage der Substitutionslösung ist im Gemeinschafts- oder Völkerrecht zu suchen. An einer ausdrücklichen Regelung der Ersetzung im Gemeinschaftsrecht fehlt es. Die Lösung des Gerichtshofs ist daher vor dem Hintergrund des allgemeinen Völkerrechts zu untersuchen.

II. Rechtsprechung des Gerichtshofs – Sachverhalte und rechtliche Grundlagen

1. Sachverhalte

Zunächst sind dazu die wesentlichen Fakten der verschiedenen Rechtssachen zusammenzufassen. Die Entscheidung in der Rechtssache *Burgoa* ist die erste in einer Reihe von Urteilen zu ähnlich gelagerten Fällen, in denen spanische Fischer unter Verstoß gegen nationale Rechtsnormen, die auf sekundärem Gemeinschaftsrecht beruhten, in Hoheitsgewässern von EG-, damals noch EWG-Mitgliedstaaten, gefischt hatten.[492] Vor nationalen Gerichten wurden sie deshalb strafrechtlich verfolgt und machten die Unanwendbarkeit der nationalen Regelungen wegen eines Verstoßes gegen Völkerrecht geltend.

In der Rechtssache 812/79, *Burgoa,* wurde die fragliche Handlung am 10. Juli 1978 vorgenommen, als der Angeklagte im Ausgangsverfahren 20 Meilen vor der irischen Küste fischte. In der Rechtssache 180/80, *Crujeiras Tomé,* erfolgte die Anklage wegen Fischens am 16. September 1978, in der Rechtssache 266/80, *Yurrita,* am 17. Oktober 1980, jeweils innerhalb der 12 bis 200 Meilen-Zone vor

492 Urt. v. 08.12.1981, verb. Rs. 180, 266/80 Strafverfahren gegen José Crujeiras Tome und Anton Yurrita, Slg. 1981, 2997; Urt. v. 08.12.1981, Rs. 181/80, Generalstaatsanwalt bei der Cour d'appel Pau u. a. ./. José Arbelaiz-Emazabel, Slg. 1981, 2961; Urt. v. 28.10.1982, verb. Rs. 138, 139/81, Seeverwaltung der Südwestküste und Staatsanwalt ./. Marticorena-Otazo und Parada, Slg. 1982, 3819, siehe hierzu Urteilsanmerkung von Akehurst, BYIL 1983, 347, 350; Urt. v. 28.10.1982, verb. Rs. 137, 140/81, Seeverwaltung der Südwestküste und Staatsanwalt ./. Sagarzazu und Sagasti, Slg. 1982, 3847; Urt. v. 28.10.1982, verb. Rs. 13-28/82, Arantzamendi-Osa u. a. ./. Staatsanwalt und Generalstaatsanwalt; Urt. v. 28.10.1982, verb. Rs. 50-58/82, Seeverwaltung, Bayonne und Staatsanwalt ./. Dorca Marina u. a., Slg. 1982, 3927, siehe hierzu Urteilsanmerkung von Akehurst, BYIL 1983, 347, 353

der Küste Frankreichs. In der Rechtssache 181/80, *Arbelaiz-Emazabel,* fischte der Angeklagte im Ausgangsverfahren am 3. November 1977 innerhalb der Zone von 6 bis 12 Seemeilen vor der französischen Küste.[493]

Die Daten sind im Hinblick auf die Überlagerungs- und Ersetzungsdoktrin des Gerichtshofs für den Zeitpunkt, ab dem eine Überlagerung/Ersetzung stattfinden kann, relevant. Im Hinblick auf die Anwendbarkeit der fraglichen vorgemeinschaftlichen Übereinkünfte kommt der Frage, in welcher Meereszone die Handlungen erfolgten, Bedeutung zu.

2. *Rechtliche Grundlagen*

Wenn der Gerichtshof von der früher geltenden Regelung spricht, die nunmehr überlagert oder ersetzt werde, so bezieht er sich auf unterschiedliche Fischereiabkommen. Zu seiner Verteidigung bezog sich der Angeklagte im Ausgangsverfahren der Rechtssache 812/79, *Burgoa,* auf das Londoner Fischereiabkommen vom 9. März 1964[494]. Parteien des Londoner Abkommens waren Belgien, die Bundesrepublik Deutschland, Dänemark, Frankreich, Irland, Italien, Luxemburg, die Niederlande, Österreich, Portugal, Spanien und Schweden.

In den Rechtssachen 181/80, *Arbelaiz-Emazabel,* 180/80, *Crujeiras Tomé,* und 266/80, *Yurrita,* stützten sich die Angeklagten im Ausgangsverfahren auf das Genfer Übereinkommen über die Fischerei und die Erhaltung der biologischen Schätze der Hohen See vom 29. April 1958[495], das Londoner Fischereiabkommen und das französisch-spanische Fischereiabkommen vom 20. März 1967[496], das in Umsetzung des Londoner Abkommens geschlossen worden war.

Der Gerichtshof spricht von „Beziehungen“ zwischen der Gemeinschaft und Spanien, die die Verpflichtungen zwischen Spanien und bestimmten Mitgliedsstaaten überlagert haben bzw. an deren Stelle getreten sind.[497] Dies bedarf der Erläuterung durch einen Blick auf die Entwicklung des Fischereiregimes.[498] Die erste und zweite UN-Seerechtskonferenz von 1958 und 1960 befassten sich unter anderem mit der Bestimmung der Reichweite der Hoheitsgewässer und der Befugnis von Küstenländern, eine ausschließliche Fischereizone über diese hinaus zu beanspruchen. Mangels einer Einigung kam es zur einseitigen Erklärung einer

493 Vgl. Schlussanträge GA Capotorti v. 15.09.1981, Slg. 1981, 2984, Rn. 1

494 UNTS 516, 206, beendet ab dem 15.03.1986

495 UNTS 599, 285

496 UNTS 712, 365; vgl. Schlussanträge GA Capotorti v. 15.09.1981, Slg. 1981, 2984, 2985, Rn. 2

497 Vgl. Urt. v. 08.12.1981, Rs. 181/80, Generalstaatsanwalt bei der Cour d'appel Pau u. a. ./. José Arbelaiz-Emazabel, Slg. 1981, 2961, 2963, 3. Leitsatz

498 Vgl. Churchill, Foster, ICLQ 1987, 504, 505 ff.

ausschließlichen Fischereizone von zwölf Seemeilen durch Staaten wie Norwegen und Island. Andere Staaten suchten eine Einigung im Rahmen multilateraler Verhandlungen, die im Londoner Fischereiabkommen von 1964 ihren Niederschlag fanden. Parteien des Abkommens waren Ende der siebziger Jahre neben sieben EWG-Mitgliedstaaten[499] Polen, Portugal, Schweden und Spanien. Das Abkommen erlaubt den Parteien die Einrichtung einer ausschließlichen Fischereizone von zwölf Seemeilen. Ausschließliche Fischereirechte sind Staatsangehörigen der Mitgliedstaaten innerhalb der inneren Zone von sechs Seemeilen vorbehalten, während die Parteien sich verpflichten, innerhalb der äußeren Zone von sechs bis zwölf Seemeilen die Fischerei auch Angehörigen der anderen Parteien diskriminierungsfrei zu gestatten, wenn diese gewöhnlich zwischen 1953 und 1962 in dieser Zone Fischfang betrieben hatten. In der Folge hatten die in den Fällen betroffenen Mitgliedstaaten Frankreich im Jahre 1967[500] und Irland im Jahre 1964[501] eine Zwölf-Meilen-Zone eingerichtet. Entsprechend wurde spanischen Schiffen in dem Abkommen zwischen Frankreich und Spanien von 1967[502] sowie aufgrund nationalen Rechts durch Irland[503] die Erlaubnis erteilt, in der äußeren Sechs-Meilen-Zone zu fischen.

In der Folge dehnten die meisten nordatlantischen Nicht-EWG-Mitgliedstaaten ihre Fischereizonen auf zweihundert Seemeilen aus. Als Antwort hierauf verabschiedete der Rat im November 1976 eine Entschließung, nach der die Mitgliedstaaten dieser Politik in Absprache untereinander Anfang 1977 folgen sollten.[504] Entsprechend erklärten Irland am 1. Januar 1977 eine 200-Seemeilen Fischereizone und Frankreich am 12. Februar eine 200-Seemeilen Wirtschaftszone. Danach wurden bis zum vorgesehenen Abschluss von Abkommen zwischen der Gemeinschaft und betroffenen Drittländern Übergangsmaßnahmen zur Erhaltung und Bewirtschaftung der Fischbestände erlassen, um die Nutzung der Fischbestände in diesen Zonen durch Fischereifahrzeuge von Drittländern zu regeln. Auf diesen beruhten die nationalen Regelungen, die Grundlage der Strafverfolgungsmaßnahmen gegen die spanischen Fischer waren. Das Abkommen zwischen der EWG und Spanien wurde dann am 23. September 1978 paraphiert, am 15. April 1980 unterzeichnet und trat am 22. Mai 1981 in Kraft.[505] Die vorläufige An-

499 Belgien, Dänemark, Frankreich, Irland, Italien, die Niederlande und Großbritannien

500 Dekret Nr. 67-451 v. 07.06.1967; JORF v. 09.06.1967, S. 5758, vgl. Churchill, Foster, aaO., Fn. 7

501 Maritime Jurisdiction (Amendment) Act 1964

502 UNTS Bd. 712, S. 365

503 Maritime Jurisdiction (Amendment) Act 1964, (Specified States) Order 1965 und 1967, S.I. 1965/198, 1967/14

504 Ratsentscheidung v. 01.01.1977, ABl. 1977 Nr. C 105, S. 1

505 Vgl. Schlussanträge GA Capotorti v. 15.09.1981, 2984, 2985

wendbarkeit des Abkommens ab dem 15. April 1980 wurde zwischen den Parteien vereinbart.[506] Das Abkommen trifft keine Regelung über sein Verhältnis zu früheren Regelungen.[507] Art. 1 Abs. 1 besagt aber, dass das Abkommen die *„Prinzipien und Regeln [...], die* in jeglicher Hinsicht *die Fischereiaktivitäten einer Partei in der Fischereizone der anderen bestimmen*", aufstellen soll.[508]

III. Völkerrechtliche Analyse

1. Anwendbares Recht

Die wesentlichen Regeln des Völkervertragsrechts binden als Gewohnheitsrecht unstreitig auch die Gemeinschaft als Völkerrechtssubjekt und können damit im Verhältnis zu Drittstaaten Anwendung finden. Zum Zeitpunkt der Entscheidungen des Gerichtshofs war Spanien, das am 1. Januar 1986 Mitglied der Gemeinschaft wurde, ein solcher Drittstaat. Maßgeblich für die Analyse sind die völkergewohnheitsrechtlichen Regeln, wie sie zum Zeitpunkt der Entscheidung galten. Zurückzugreifen ist daher auf die Regeln der WVK, soweit sie Gewohnheitsrecht darstellen. Die WVK IO vom 20. März 1986 war zum Zeitpunkt der EuGH-Entscheidungen noch nicht in Kraft.[509] Der zu diesem Zeitpunkt vorliegende Entwurf kann daher nur zum Nachweis von Völkergewohnheitsrecht herangezogen werden.

2. Die völkergewohnheitsrechtlichen Regelungen der WVK

Zunächst sollen die völkergewohnheitsrechtlich geltenden Regelungen der WVK[510] auf die Fälle angewendet werden, in denen der Gerichtshof seine Doktrin von der Überlagerung und Ersetzung zur Anwendung brachte.

---

506 Art. 12 des Abkommens, vgl. Schlussanträge GA Capotorti v. 15.09.1981, 2984, 2986

507 Vgl. im Gegensatz hierzu z. B. die Regelung des Art. 311 Abs. 1 VN-Seerechtsübereinkommen vom 10.12.1982, BGBl. 1994 II S. 1799, der ausdrücklich bestimmt: „Dieses Übereinkommen hat zwischen den Vertragsstaaten Vorrang vor den Genfer Übereinkommen vom 29. April 1958 über das Seerecht."

508 *„establish the principles and rules which will govern,* in all respects, *the fishing activities of either party in the fishing zone of the other"*, Übersetzung aus dem Englischen und Hervorhebung durch den Verfasser

509 Zum Verhältnis beider Konventionen vgl. Art. 73 der WVK IO; Rosenne, Developments, S. 5

510 Vgl. hierzu IGH Urt. betreffend das Gabcíkovo-Nagymaros Damm-Projekt (Ungarn ./. Slowakei), ICJ Reports 1997, 7, 62, Ziff. 27 – 59

a. Art. 59 WVK

Man könnte annehmen, dass eine Vertragsbeendigung nach Art. 59 WVK eingetreten sei, so dass die spanischen Fischer sich nicht auf die Regeln der Verträge berufen konnten. Nach Art. 59 gilt ein Vertrag als beendet, „*wenn alle Vertragsparteien später einen sich auf denselben Gegenstand beziehenden Vertrag schließen und a) aus dem späteren Vertrag hervorgeht oder anderweitig feststeht, dass die Vertragsparteien beabsichtigten, den Gegenstand durch den späteren Vertrag zu regeln [...].*"

Art. 59 WVK betrifft wie Art. 30 WVK den Fall des Abschlusses von aufeinander folgenden Verträgen über denselben Gegenstand durch die Parteien. Der Unterschied zu Art. 30 besteht darin, dass Art. 30 nur die Frage des Vorrangs aufeinanderfolgender Verträge über denselben Gegenstand regelt, nicht jedoch auf Fälle anwendbar ist, in denen die Parteien die Beendigung oder Suspendierung des früheren Vertrages beabsichtigen.[511]

Hier könnte das Abkommen zwischen Spanien und der Gemeinschaft das Londoner Fischereiabkommen von 1964 und das Genfer Fischereiabkommen von 1958 sowie das spanisch-französische Abkommen ersetzt haben. Die erforderliche Parteiengleichheit besteht jedoch allenfalls im Hinblick auf das spanisch-französische Abkommen unter der Voraussetzung, dass man insoweit die Gemeinschaft als Partei mit dem Mitgliedstaat Frankreich gleichsetzt. Dies lässt sich damit begründen, dass die Ausübung der ausschließlichen Kompetenz durch die Gemeinschaft diese in die Position des Mitgliedstaates einrücken lässt.[512]

Hinsichtlich des Genfer Abkommens und des Londoner Abkommens fehlt es an der erforderlichen Parteienidentität, da andere als nur Mitgliedstaaten Parteien sind. Wären allein Mitgliedstaaten und Spanien Parteien gewesen, so hätte man mit der obigen Argumentation annehmen können, dass die EG als Gesamtheit dieser Mitgliedstaaten als die gleiche Partei anzusehen sei.

Somit erklärt Art. 59 WVK zwar die Ersetzung des spanisch-französischen Abkommens, nicht aber die des Londoner und Genfer Abkommens.[513]

b. Art. 58 WVK

Art. 58 WVK bestimmt: „*Zwei oder mehr Vertragsparteien eines mehrseitigen Vertrags können eine Übereinkunft zur zeitweiligen, nur zwischen ihnen wirksamen Suspendierung einzelner Vertragsbestimmungen schließen [...].*"

---

511 Heintschel von Heinegg, in: Ipsen, Völkerrecht, S. 168, Rn. 73

512 So Churchill, Foster, ICLQ 1987, 504, 511

513 So auch Churchill, Foster, ICLQ 1987, 504, 511

Zunächst stellt sich hier wiederum die Frage der Parteiidentität. Weiter geht die Rechtsprechung des Gerichtshofs der Rechtsfolge nach nicht von der Suspendierung, die Art. 58 WVK regelt, aus. Die Überlagerung, erst recht die Ersetzung von vertraglichen Beziehungen ist bereits dem Wortlaut nach ein *aliud* zur Suspendierung.

Ein weiteres Argument gegen die Anwendbarkeit von Art. 58 WVK ist die nach Abs. 2 erforderliche Notifizierung der Absicht des Abschlusses der suspendierenden Übereinkunft.[514] In der Rechtssache C-162/96, *Racke,* hat der Gerichtshof zwar im Hinblick auf das Notifikationserfordernis des Art. 65 WVK konstatiert, dass *„die darin enthaltenen speziellen Verfahrensvorschriften jedenfalls nicht Teil des Völkergewohnheitsrechts"* seien.[515] Ein Verstoß gegen sie konnte darum aus seiner Sicht die Gültigkeit eines Gemeinschaftsrechtsaktes nicht beeinträchtigen. Das ändert jedoch nichts am Ergebnis der hier vorgenommenen Prüfung. Der Gerichtshof hat sich zu den – fehlenden – Rechtsfolgen eines Verstoßes gegen das Formerfordernis geäußert. Hier dagegen ist die Rechtmäßigkeit zu überprüfen, während die Rechtsfolgen für die vorliegende Untersuchung nicht von Bedeutung sind.

Eine Heranziehung des Art. 58 WVK zur völkerrechtlichen Herleitung des vom Gerichtshofs gefundenen Ergebnisses im Hinblick auf das Londoner und Genfer Abkommen ist daher nicht möglich.

c. Art. 30 WVK

Art. 30 regelt die Anwendung aufeinanderfolgender Verträge über denselben Gegenstand. Nach seinem Absatz 4 gilt folgendes: *„Gehören nicht alle Vertragsparteien des früheren Vertrags zu den Vertragsparteien des späteren, a) so findet zwischen Staaten, die Vertragsparteien beider Verträge sind, Abs. 3 Anwendung."* Dieser wiederum bestimmt: *„[...] so findet der frühere Vertrag nur insoweit Anwendung, als er mit dem späteren Vertrag vereinbar ist."*

Bei dem Abkommen zwischen Spanien und der Gemeinschaft handelt es sich um einen den Genfer und Londoner Abkommen nachfolgenden Vertrag über denselben Gegenstand.

Art. 30 enthält den Grundsatz des Vorrangs der späteren Normen, *lex posterior derogat legi priori.*[516] Dabei ist zu beachten, dass hier das Phänomen der *Relativität* völkerrechtlicher Vertragsverhältnisse auftritt, d. h. der Vorrang besteht

---

514 So auch Churchill, Foster, ICLQ 1987, 504, 512

515 Urt. v. 16.06.1998, Rs. C-162/92, A. Racke GmbH & Co. ./. Hauptzollamt Mainz, Slg. 1998 I-3655, 3708, Rn. 59

516 Vitzthum, in: Vitzthum, Völkerrecht, S. 62 Rn. 125

nur dann, wenn zwei Vertragsparteien durch den alten wie den neuen Vertrag und zudem im gleichen Umfang gebunden sind.[517]

Bereits nach diesen Voraussetzungen besteht das Problem, dass die Gemeinschaft nicht an die früheren Abkommen, die durch die Mitgliedstaat geschlossen worden waren, gebunden war. Denn die Voraussetzungen einer Funktionsnachfolge lagen im Hinblick auf diese nicht vor: Weder waren sämtliche Mitgliedstaaten Vertragspartei der Abkommen, noch ist ein Wille nachweisbar, die Gemeinschaft zu binden. Die Gemeinschaftsorgane haben insoweit keine Tätigkeit entfaltet, so dass eine Anerkennung der Sukzession durch andere Mitgliedstaaten nicht zur Erörterung steht.[518]

Weiter spricht gegen die Anwendbarkeit von Art. 30 Abs. 4 iVm. Abs. 3 zur Rechtfertigung der Doktrin von der Ersetzung des Gerichtshofs, dass dieser seinem Charakter nach eine Kollisionsnorm ist. Er setzt die Unvereinbarkeit von Vertragsregelungen voraus und bestimmt als Rechtsfolge den partiellen Vorrang des späteren Vertrages. Eine Ersetzung des früheren Vertrages regelt er nicht. Insoweit wäre es daher zwar gerechtfertigt, von einer Überlagerung zu sprechen. Eine Ersetzung im Sinne der Substitutionslösung ist aber nicht Rechtsfolge des Art. 30 WVK.[519]

d. Art. 41 WVK

Nachdem ein Beendigungstatbestand für das Londoner und das Genfer Abkommen nicht gegeben ist, kommt die Neuregelung des Verhältnisses zwischen Spanien und der EG im Sinne der Substitutionslösung aufgrund einer Übereinkunft nach Art. 41 WVK in Betracht. Danach können *„zwei oder mehr Vertragsparteien eines mehrseitigen Vertrags [...] eine Übereinkunft schließen, um den Vertrag ausschließlich im Verhältnis zueinander zu modifizieren. [...]"*

Modifikation kann dem Wortlaut nach nicht nur die Änderung einer mehrseitigen Übereinkunft bedeuten, sondern auch die Vereinbarung der – vollständigen oder teilweisen – Nichtanwendbarkeit.[520] Damit könnte die Substitutionslösung sich durch das Vorliegen einer modifizierenden Übereinkunft rechtfertigen.

Das Abkommen zwischen Spanien und der EG könnte eine solche Übereinkunft darstellen. Von der Erfüllung der negativen Voraussetzungen nach Art. 41 Abs. 1 lit. b lässt sich ausgehen: Beide Abkommen enthalten kein Verbot einer solchen Modifikation, die anderen Vertragsparteien, also die Nicht-Mitglied-

517 Vitzthum, aaO.
518 Vgl. für das Genfer Abkommen Schlussanträge GA Capotorti v. 15.09.1981, Rs. 181/80, Arbelaiz-Emazabel, Slg. 1981, 2984, 2987
519 Weitergehend Churchill, Foster, ICLQ 1987, 504, 513
520 A. A. insoweit Churchill, Foster, ICLQ 1987, 504, 513

staaten, sind im Genuss ihrer Rechte nicht beeinträchtigt und die getroffene Regelung ist mit Sinn und Zweck der Abkommen vereinbar.

Problematisch erscheint wiederum das Notifikationserfordernis des Absatzes 2, da keine formelle Notifikation sowohl der Absicht als auch der intendierten Modifikation gegenüber den übrigen Vertragsparteien des Londoner und des Genfer Abkommens vorgenommen wurde. Der völkergewohnheitsrechtliche Charakter der Regelung ist nicht eindeutig. Die Frage der völkergewohnheitsrechtlichen Geltung kann aber offen bleiben, wenn dem Notifikationserfordernis Genüge getan ist.

Nach einer Ansicht in der Literatur ist dennoch davon auszugehen, dass das Abkommen zwischen Spanien und der EG Anwendung finde, soweit es nicht mit dem Londoner und Genfer Abkommen vereinbar sei. Da es sich um einen erfolglosen Versuch der Beendigung der Abkommen handele, gehe das EG-Spanien-Abkommen insoweit nach Art. 30 WVK vor.[521] Ein überzeugendes Argument liefert diese Ansicht aber nicht, zumal die ILC im Rahmen der Beratungen die Möglichkeit ablehnte, dass Verpflichtungen aus einem mehrseitigen Vertrag schlicht *inter se* durch Abkommen zwischen einigen Parteien beendet werden könnten.[522] Sie läßt sich aber rechtfertigen, wenn davon auszugehen ist, dass die Notifikation erfolgt oder nicht erforderlich ist. Sie könnte möglicherweise formlos erfolgt sein oder im Hinblick auf den Zweck der Notifikation in Art. 41 Abs. 2 WVK entbehrlich geworden sein.

Zweck der Notifikation nach Art. 41 Abs. 2 WVK ist primär die Information der übrigen Parteien des mehrseitigen Vertrages, weniger der Schutz ihrer Rechte. Das ergibt sich aus der systematischen Auslegung der Vorschrift. Wenn in Abs. 1 lit. b vorgesehen ist, dass die angestrebte Modifikation die Rechte der übrigen Vertragsparteien nicht beeinträchtigen darf, dann stellt diese Norm bereits eine Schutznorm zur Wahrung dieser Rechte dar. Die Notifikation kann also nur die Funktion haben, den übrigen Parteien Kenntnis zu geben, damit sie dann unter Umständen die Wahrung ihrer Rechte im Verhandlungsprozess betreiben können. Das geht auch daraus hervor, dass bereits die Absicht, ein modifizierendes Abkommen zu schließen, zu notifizieren ist.

Da die Notifikation maßgeblich der Information dient, ist entscheidend, ob eine entsprechende Information der übrigen Vertragsparteien gegeben war. Grundsätzlich ist die Notifikation die offizielle Mitteilung einer völkerrechtserheblichen Tatsache. Sie erfolgt in der Regel durch Übermittlung einer diplomatischen Note, ist aber nicht an diese bestimmte Form gebunden.[523] Das beweist

521 Churchill, Foster, ICLQ 1987, 504, 513
522 Vgl. Churchill, Foster, ICLQ 1987, 504, 513
523 Küng/Eckert, Repetitorium, S. 72

auch die Regelung des Art. 65 Abs. 1 WVK, der die Schriftform in bestimmten Fällen obligatorisch macht. Sie wäre überflüssig, wenn eine Notifikation unabdingbar in schriftlicher Form erfolgen müsste.[524] Das Fehlen eines bestimmten formellen Aktes ist also hier nicht gleichzusetzen mit dem Fehlen einer Notifikation.

Die Kommission hatte ihre in einem offiziellen Memorandum die Position hinsichtlich der geänderten Rechtslage im Bereich des Fischereirechts dargestellt. Dabei hatte sie deutlich gemacht, dass sie davon ausgehe, dass der Zugang zu den Fischereizonen der EG-Mitgliedstaaten auf der Grundlage neuer Vereinbarungen neu geregelt werden solle.[525] Spanien und die EG nahmen daraufhin im Dezember 1976 Verhandlungen über das Fischerei-Rahmenabkommen auf[526], dessen Regeln nach Art. 1 Abs. 1, wie oben[527] bereits dargestellt, *in jeglicher Hinsicht* die Fischereiaktivitäten einer Partei in der Fischereizone der anderen bestimmen sollten. Ein Hinweis auf die entsprechende Absicht auch auf Seiten Spaniens lässt sich einer 1978 veröffentlichten Erklärung der spanischen Regierung entnehmen, nach der sie im Hinblick auf Art. 1 des Abkommens anerkenne, „dass die Vorschriften des Abkommens die Vorschriften der Abkommen über Beziehungen im Bereich Fischerei ersetzen," deren Parteien die Mitgliedstaaten der EWG und Spanien seien.[528] Angesichts der offiziellen Kommunikation vor und im Rahmen der Verhandlungen ist davon auszugehen, dass den übrigen Vertragparteien die Absicht, das Londoner und das Genfer Abkommen im Verhältnis zwischen Spanien und der Gemeinschaft zu ersetzen, zur Kenntnis gebracht wurde. Damit war dem Notifikatikonserfordernis des Art. 41 Abs. 2 WVK Genüge getan. Der völkergewohnheitsrechtliche Charakter der Regelung kann somit hier dahin gestellt bleiben.

Die Substitutionslösung des Gerichtshofs rechtfertigt sich also aufgrund der in Art. 41 WVK kodifizierten Regeln im Hinblick auf das Londoner und das Genfer Abkommen.

524 Vgl. hierzu Elias, The Modern Law of Treaties, S. 197

525 Vgl. Explanatory Memorandum and Directives for Negotiations with Non-Member Countries on the Conservation of Resources and the Exploitation of Fishing Grounds, Anhang zu KOM(76) 500

526 Vgl. Kontou, Termination, S. 66

527 Unter § 4E.II.2.

528 Vgl. Mitteilung der Kommission, KOM(78) 643, Churchill, Foster, ICLQ 1987, 504, 507, Fn. 16

e. Ergebnis

Im Ergebnis kann das Völkervertragsrecht also grundsätzlich die vom Gerichtshof angewandte Substitutionslösung hinsichtlich des Fischerei-Abkommens zwischen Frankreich und Spanien und der Londoner und Genfer Abkommen rechtfertigen.[529]

3. Zeitpunkt der Ersetzung

a. Maßgeblicher Zeitpunkt – Völkerrecht und Rechtsprechung des Gerichtshofs

Wenn man die völkerrechtlichen Regelungen zur Rechtfertigung der Doktrin des EuGH heranzieht, so stellt sich allerdings weiter die Frage, ab welchem Zeitpunkt von einer Überlagerung auszugehen ist. Art. 28 WVK enthält insoweit den Grundsatz der Nichtrückwirkung von Verträgen. Konsequenterweise kann eine Überlagerung nach der Regel des Art. 30 WVK erst mit der Entstehung einer Kollisionslage erfolgen. Die Substitutionswirkung hinsichtlich des Londoner und des Genfer Abkommens aufgrund des Abschlusses eines modifizierenden Vertrages entsprechend Art. 41 WVK kann ebenfalls erst ab dem Zeitpunkt erfolgen, ab dem das Abkommen zwischen Spanien und der EG Rechtswirkungen entfaltet. Eine Ersetzung oder Überlagerung der Abkommen durch die gemeinschaftsrechtlichen Rechtsakte, die völkerrechtlich einseitige Rechtsakte darstellen, ist nicht möglich.

Dagegen bezieht sich der Gerichtshof in den verbundenen Rechtssachen 180, 266/80, *Tome und Yurrita*, auf die in diesen Fällen relevanten Verordnungen Nrn. 1744/78 und 1719/80, und trifft die Aussage, „[s]oweit sie für die Fischereizone zwischen der zwölften und der zweihundertsten Meile vor der Basislinie galten, bildeten sie somit einen Teil der schrittweisen Begründung neuer gegenseitiger Beziehungen zwischen der Gemeinschaft und Spanien auf dem Gebiet der Seefischerei, die an die Stelle der zuvor geltenden Regelung für die Hochseefischerei traten."[530] Dabei stammt aber die Verordnung 1744/78 aus dem Jahre 1978, die Verordnung 1719/80 dagegen aus dem Juni 1980. Der Gerichtshof begründet also ganz offensichtlich die Substitutionslösung in diesen Fällen nicht nach den völkervertragsrechtlichen Regeln. Denn er stellt auf die Rechtswirkungen des gemeinschaftlichen Sekundärrechts ab und bestimmt dabei den Zeitpunkt

529 So im Ergebnis auch Churchill, Foster, ICLQ 1987, 504, 513

530 Urt. v. 08.12.1981, Rs. 180 und 266/80, Strafverfahren gegen José Crujeiras Tome und Anton Yurrita, Slg. 1981, 2997, 3016, Rn. 19

der Ersetzung und Überlagerung auch nicht nach dem Beginn der Rechtswirksamkeit des Abkommens zwischen Spanien und der EG.

Entgegen dieser Methodik des Gerichtshofs ist gemäß den völkerrechtlichen Regelungen zu prüfen, ab welchem Zeitpunkt das Abkommen zwischen Spanien und der EG Rechtswirkungen entfaltet.

b. *Zeitpunkt der Rechtswirksamkeit des Abkommens Spanien – EG*

Das Abkommen sollte nach dem erklärten Parteiwillen bereits mit Unterzeichnung am 15. April 1980 provisorisch zur Anwendung kommen. Fraglich ist, ob die provisorische Anwendbarkeit, zur Ersetzung bzw. Überlagerung führen kann, so dass sich Einzelne nicht mehr auf die früher geltende Regelung berufen können. Eben dies hatten die Angeklagten im Ausgangsverfahren der verbundenen Rechtssachen 138, 139/81, *Marticorena-Otazo und Prego Parada,* und 137, 140/81, *Campandeguy Sagarzazu und Echevarria Sagasti,* ausdrücklich bestritten. Nicht ratifizierte vorläufige Maßnahmen könnten geltende völkerrechtliche Verträge nicht außer Kraft setzen.[531] Dem hielt die französische Regierung entgegen, gemäß der in Art. 25 WVK anerkannten Praxis, Verträge vorläufig anzuwenden, seien die EWG und Spanien seit dem 15. April 1980 gebunden und seine Regelungen an die Stelle des Genfer, Londoner und des französisch-spanischen Abkommens getreten.[532]

Was die Behauptung angeht, das Abkommen könne erst ab Ratifizierung Rechtswirkungen entfalten, so steht ihr die in Art. 25 WVK kodifizierte Regel entgegen. Danach ist eine vorläufige Anwendbarkeit möglich, wenn, wie hinsichtlich des Abkommens zwischen Spanien und der EG, die künftigen Parteien dies vereinbart haben, vgl. Art. 25 Abs. 1 lit. b WVK. Demnach ist davon auszugehen, dass seit dem 15. April 1980 durch die vorläufige Anwendbarkeit das Abkommen Rechtswirkungen im Sinne der Substituitonslösung entfaltet hat.

---

531 Urt. v. 28.10.1982, verb. Rs. 137 und 140/81, Seeverwaltung der Südwestküste und Staatsanwalt ./. Alfonso Campandeguy Sagarzazu; Seeverwaltung, Bayonne und Staatsanwalt ./. Antonio Echevarria Sagasti, Slg. 1982, 3847, 3857; Urt. v. 28.10.1982, Rs. 138 und 139/81, Seeverwaltung der Südwestküste und Staatsanwalt ./. Javier Maricorena-Otazo und Manuel Prego Parada, Slg. 1982, 3819, 3828

532 Vgl. Urt. v. 28.10.1982, verb. Rs. 137 und 140/81, Seeverwaltung der Südwestküste und Staatsanwalt ./. Alfonso Campandeguy Sagarzazu; Seeverwaltung, Bayonne und Staatsanwalt ./. Antonio Echevarria Sagasti, Slg. 1982, 3847, 3858; mit anderer Wortwahl – die Abkommen seien "überholt" oder "aufgehoben", vgl. Urt. v. 28.10.1982, Rs. 138 und 139/81, Seeverwaltung der Südwestküste und Staatsanwalt ./. Javier Maricorena-Otazo und Manuel Prego Parada, Slg. 1982, 3819, 3829

c. *Ergebnis*

Daher kann im Ergebnis von einer Rechtswirkung des Abkommens zwischen Spanien und der EG, somit einer Überlagerung des Abkommens ab dem 15. April 1980, dem Zeitpunkt, ab dem nach der Vereinbarung der Parteien das Abkommen vorläufig Anwendung fand, ausgegangen werden.[533]

Der Gerichtshof macht allerdings in seiner Rechtsprechung keinen Unterschied zwischen solchen Fällen, in denen die fraglichen Verstöße vor, und solchen, in denen sie nach dem 15. April 1980 erfolgten.

Es bleibt also zu erörtern, ob die Substitutionslösung aufgrund anderer völkerrechtlicher Erwägungen schließlich doch auch auf die Fälle anzuwenden ist, in denen die Verstöße der spanischen Fischer sich vor dem 15. April 1980 ereigneten.

4. *Anwendbarkeit der Substitutionslösung vor Inkrafttreten des Abkommens zwischen Spanien und der Gemeinschaft*

Wenn zunächst als Zwischenergebnis festzuhalten war, dass die bislang untersuchten, in der WVK kodifizierten völkervertragsrechtlichen Regeln über die Vertragskonkurrenz die Substitutionslösung nicht in allen Fällen tragen, so besagt das noch nicht, dass diese Lösung mit dem Völkerrecht unvereinbar wäre. Denn zum einen sind diese Regeln nicht abschließend, insbesondere ist an die mögliche Geltung weiterer gewohnheitsrechtlicher Grundsätze zu denken. Zum anderen sind bei umfassender Prüfung weitere völkerrechtliche Grundlagen der Lösung des Gerichtshofs denkbar, die im Folgenden erörtert werden. Dies sind (1) die rückwirkende Anwendung des Abkommens zwischen Spanien und der Gemeinschaft, (2) die clausula rebus sic stantibus, also Änderung wesentlicher Umstände, (3) die Modifikation der früheren Fischereiabkommen durch eine neue völkergewohnheitsrechtliche Regel, (4) eine formlose Übereinkunft und schließlich (5) eine Änderung durch nachfolgende Praxis.

a. *Rückwirkende Anwendung des Abkommens zwischen Spanien und der Gemeinschaft*

Wenngleich der Gerichtshof sich in seiner Rechtsprechung nicht ausdrücklich hierzu äußert, so könnte eine Erklärung in der rückwirkenden Anwendung des Abkommens zwischen Spanien und der Gemeinschaft liegen. Der Grundsatz der Nichtrückwirkung von Verträgen, wie in Art. 28 WVK kodifiziert, gilt gewohn-

---

533 So auch Churchill, Foster, ICLQ 1987, 504, 513

heitsrechtlich.[534] Eine Ausnahme besteht dann, wenn eine entsprechende Absicht aus dem Vertrag hervorgeht oder anderweitig festgestellt ist. Die Absicht der Vertragsparteien muss jedenfalls aus einem Abkommen, dem sie ausnahmsweise diese Wirkung geben wollen, eindeutig hervorgehen. In dem Abkommen zwischen Spanien und der EG ist über die Rückwirkung aber weder direkt noch indirekt eine Aussage getroffen.

Zudem ist weiter zu bedenken, dass die Folge der rückwirkenden Anwendung für die in den Ausgangsverfahren Betroffenen die Anwendung von Normen mit strafrechtlichem Charakter ist. Eine solche Rückwirkung im Strafrecht verstieße aber gegen den völkerrechtlichen Grundsatz *nulla poena sine lege*.

Somit lässt sich die Lösung des Gerichtshofs in den Fällen, die sich vor dem 15. April 1980 ereigneten, nicht auf eine angenommene Rückwirkung stützen.

b. Änderung wesentlicher Umstände

Die drei fraglichen Fischereiabkommen könnten vor dem 15. April 1980 überlagert worden seit aufgrund einer Änderung wesentlicher Umstände, nämlich der Anerkennung einer ausschließlichen 200-Meilen-Fischereizone im Völkerrecht. Eine solche Änderung kann nach dem Prinzip *rebus sic stantibus* Grundlage einer Beendigung oder Änderung eines Vertrages sein. Diese Regel ist in Art. 62 WVK niedergelegt, von dem der IGH ausdrücklich festgestellt hat, dass er Gewohnheitsrecht kodifiziert.[535]

Danach müssen die folgenden Voraussetzungen erfüllt sein:[536] Der nunmehr geänderte Umstand muss bei Vertragsschluss vorgelegen haben. Er muss wesentliche Grundlage der Willensübereinstimmung der Parteien sein. Die Veränderung darf von ihnen bei Vertragsschluss nicht vorausgesehen worden sein. Die Veränderung muss eine Änderung von Art und Umfang der noch zu erfüllenden Verpflichtungen zur Folge haben. Diese Voraussetzungen sind hier aber nicht im einzelnen zu überprüfen, wenn man die Rechtsfolge betrachtet, die eine Änderung wesentlicher Umstände nur haben kann: Eine Partei kann sich auf die Änderung berufen, um einen Anpassung oder Aufhebung des Vertrages zu erreichen.

Das Prinzip kann also die rechtliche Grundlage für eine Änderung oder Beendigung sein. Das Eintreten der tatsächlichen Voraussetzungen für seine mögliche Anwendung ist aber nicht gleichzusetzen mit der Änderung oder Beendigung

534 Vgl. hierzu nur Elias, The Modern Law of Treaties, S. 46 ff., m. w. N.

535 Vgl. IGH Urt. im Fall Fisheries Jurisdiction (Vereinigtes Königreicht ./. Island), ICJ Reports 1973, 3, 18; IGH Urt. im Fall betreffend das Gabcíkovo-Nagymaros Damm-Projekt (Ungarn ./. Slowakei), ICJ Reports 1997, 7, 62, Ziff. 27 – 59; Elias, The Modern Law of Treaties, S. 119, 122

536 Vgl. Elias, The Modern Law of Treaties, S. 125

selbst. Die vom Gerichtshof angenommene Folge einer automatischen Überlagerung und Ersetzung tritt dagegen nach der Regel aus Art. 62 WVK nicht ein.

c. *Formlose Übereinkunft*

Man könnte aufgrund einiger Passagen in den Urteilen des Gerichtshofs in den Rechtssachen 181/80, *Arbelaiz-Emazabel,* und 180, 266/80, *Tome und Yurrita,* erwägen, ob sich die von ihm entwickelte Substitutionslösung möglicherweise durch die Annahme einer formlosen Übereinkunft zwischen Spanien und der Gemeinschaft rechtfertigt, die ihren Ausdruck darin fand, dass beide Vertragsparteien sich bereits vor Inkrafttreten entsprechend der Regelungen des Abkommens verhielten. Der Gerichtshof führt darin aus: *„Die spanischen Behörden wirkten während der gesamten Anwendungsdauer der von der Gemeinschaft getroffenen Übergangsregelung an deren Durchführung mit. [...]"*.[537]

Man wird dem nicht entgegenhalten können, dass im Verfassungsrecht von Staaten für den Abschluss völkerrechtlicher Vereinbarungen innerstaatlich die Zustimmung bestimmter Verfassungsorgane erforderlich sei.[538] Dagegen spricht, dass für die Gültigkeit völkerrechtlicher Abkommen innerstaatliche Verfahrensregeln grundsätzlich nicht maßgeblich sind, wie sich aus Art. 46 WVK und der Ausnahmevorschrift des Art. 27 WVK ergibt.

Allerdings fehlt es in dem vom Gerichtshof angenommenen Sachverhalt schlicht an ausreichenden Hinweisen für eine konkludent und formlos geschlossene Übereinkunft hinsichtlich der Anwendbarkeit des Abkommens zwischen Spanien und der Gemeinschaft. Dort, wo in der Völkerrechtspraxis solche konkludenten Vereinbarungen angenommen wurden, war dies an strenge tatsächliche Voraussetzungen geknüpft. Angesichts der den Urteilen zugrundegelegten Sachverhalte wäre sie Fiktion. Insbesondere spricht gegen die Annahme einer stillschweigenden Übereinkunft die Tatsache, dass das Abkommen zwischen Spanien und der EG eine ausdrückliche Regelung enthielt, nach der seine Regelungen allein die Beziehungen hinsichtlich der Fischereiangelegenheiten bestimmen sollten. Diese ausdrückliche Willenskundgabe steht der Annahme einer darüber hinausgehenden formlosen Übereinkunft entgegen, denn damit wird deutlich, dass die Parteien davon ausgingen, das zuvor eine solche uniforme Regelung gerade nicht bestand, dass also der durch das Abkommen angestrebte Rechtszustand zuvor gerade nicht existiere.

---

537 Urt. v. 08.12.1981, Rs. 181/80, Generalstaatsanwalt bei der Cour d'appel Pau u. a. ./. José Arbelaiz-Emazabel, Slg. 1981, 2961, 2982, Rn. 27; Urt. v. 08.12.1981, Rs. 180, 266/80, Strafverfahren gegen José Crujeiras Tome und Anton Yurrita, Slg. 1981, 2997, 3016, Rn. 16

538 So aber Churchill, Foster, ICLQ 1987, 504, 517

d. *Änderung durch nachfolgende Praxis*

In der Literatur wird vertreten, das Übereinkommen von 1964 sei durch die der Unterzeichnung des Abkommens zwischen Spanien und der Gemeinschaft vorausgehende Praxis geändert worden.[539] Es ist umstritten, ob ein Vertrag völkerrechtlich allein durch nachfolgende Praxis geändert werden kann. Zur Änderung eines Vertrages soll die bloße Praxis allenfalls dann ausreichen, wenn die Parteien den vertraglichen Regelungen, die zwischen ihnen vereinbart wurden, dauerhaft und in Kenntnis dieses Umstandes entgegen handeln.[540] In anderen Fällen ist zu fordern, dass die Kundgabe eines entsprechenden Willens erfolgt. An dieser, auch konkludenten, Kundgabe fehlt es aber, wie oben gesehen.

e. *Modifikation der früheren Fischereiabkommen durch eine neue völkergewohnheitsrechtliche Regel*

Die Lösung, nach der eine Ersetzung bzw. Überlagerung erfolgt ist, rechtfertigt sich möglicherweise aufgrund der Entstehung einer neuen völkergewohnheitsrechtlichen Regel, der Ausschließlichkeit des 200-Meilen Fischereigebiets. Diese könnte in den vom Gerichtshof angeführten „Beziehungen" zwischen Spanien und der Gemeinschaft, Seerechtsübereinkommen modifiziert haben.

Der Gerichtshof führt hierzu aus, das Völkerrecht habe sich auf dem Gebiete der Fischerei zum Zeitpunkt, als die gemeinschaftsrechtliche Regelung erlassen wurde, in einem tiefgreifenden Wandel befunden. Um der damaligen allgemeinen Entwicklung des Völkerrechts Rechnung zu tragen, hätten die Mitgliedstaaten beschlossen, in einer im Rahmen des Rates abgesprochenen gemeinsamen Aktion zum Schutz ihrer legitimen Interessen in den von den Auswirkungen der Ausdehnungsmaßnahmen am stärksten bedrohten Meereszonen ihre Fischereizonen auf 200 Meilen von der Basislinie aus gemessen auszudehnen.[541] Der Gerichtshof bezieht sich auf die Entstehung der völkergewohnheitsrechtlichen Regel, nach der die ausschließlichen Fischereizonen nunmehr 200 Seemeilen umfassten. Ausdrücklich vertrat der Generalanwalt in der Rechtssache 817/79, *Burgoa* die Ansicht, nach der die Normen des Londoner Abkommens *„durch das geltende Gewohnheitsrecht aufgehoben worden sind."*[542]

539 Vgl. White, ELRev 1981, 398, 401 f.; Dallier, ADM 1979, 211,216 f.
540 Vgl. nur Villiger, Customary International Law II, S. 195 ff., insbes. 216 ff. m. w. N.
541 Vgl. Urt. v. 08.12.1981, Rs. 181/80, Generalstaatsanwalt bei der Cour d'appel Pau u. a. ./. José Arbelaiz-Emazabel, Slg. 1982, 2961, 2979, Rn. 15; Urt. v. 08.12.1981, verb. Rs. 180, 266/80, Crujeiras Tomé, Slg. 1981, 2997, 3014, Rn. 8
542 Schlussanträge GA Capotorti v. 10.07.1980, Rs. 812/79, Attorney-General ./. Juan C. Burgoa, Slg. 1980, 2809, 2818, Rn. 7

Möglicherweise kann eine völkerrechtliche Regel, nach der Verträge durch nachfolgendes Gewohnheitsrecht modifiziert werden,[543] tatsächlich die Lösung des Gerichtshofs rechtfertigen. Denn die Rechtsprechung des Gerichtshofs in den Fällen der spanischen Fischer ist nach einer Ansicht als Beleg dafür zu deuten, dass neu entstehendes Völkergewohnheitsrecht die Grundlage für die Änderung oder Beendigung von Verträgen sein kann.[544]

Allerdings ist auch nach der Literaturansicht die Folge der Entwicklung neuen Gewohnheitsrechts nicht, dass ein mit diesem Gewohnheitsrecht nicht vereinbarer Vertrag automatisch beendet oder modifiziert würde. Noch ist eine Partei berechtigt, die erforderlichen Modifikationen einseitig vorzunehmen. Vielmehr gilt ein Vertrag zwischen den Parteien fort und ist im Wege einer einvernehmlichen Regelung zu ändern.[545]

Die vom Gerichtshof gefundene Lösung mag, wenn man dieser Meinung folgt, für den Fall vertretbar sein, in dem Konsens über eine solche Regelung besteht. Die Argumentation des Gerichtshofs krankt jedenfalls auch bei Heranziehung dieser Ansicht an dem Mangel, dass ein solcher Konsens aufgrund des Sachverhaltes nicht nachgewiesen ist.

5. Ergebnis

Damit ist die Substitutionslösung des Gerichtshofs nach den geltenden völkerrechtlichen Maßstäben nicht vertretbar, soweit sie auch für Sachverhalte gelten

---

543 Zur der Schwierigkeit der Bestimmung des Verhältnisses von Gewohnheitsrecht und kodifiziertem Recht vgl. Rosenne, Developments, S. 6 ff.: „In this connection, it must also be recalled that in each of ist reports on different aspects of the law of treaties (...) the International Law Commission has deliberately included a statement to the effect that the draft articles contatin elements of progressive development and of codification of the law, as those concepts (mentioned in Article 13 of the Charter are defined in article 15 of the Commission's Statute. (That Statute defines "progressive development" as meaning the preparation of draft conventions on subjects which have not yet been regulated by international law or in regard to which the law has not been sufficiently developed in the practice of States, and "codification" as the more precise formulation and systemtization of rules of public international law in fields where there has already been extensive State practice, precedent and doctrine.) (...) (7) That paragraph is now usually matched by a passage in the preamble of the Convention inserted by the plenipotentiary conferences (...) affirming htat the rules of customary international law "will continue to govern" questions not regulated by the provisions of the Convention under negotiation. This preambular paragraph is difficult, since it refers to the tricky question of the relations between customary and conventional law without elucidating it in any way."

544 Kontou, Termination, S. 132

545 AaO., S. 151

soll, die sich vor dem Zeitpunkt 15. April 1980, ab dem das überlagernde Abkommen zwischen Spanien und der Gemeinschaft vorläufig Anwendung fand, zugetragen hatten.

IV. Ergebnis

Die Untersuchung der Rechtsprechung allein führt zu der Hypothese, dass es sich bei der Substitutionslösung um eine spezifisch gemeinschaftsrechtliche Lösung handelt, die der Gerichtshof anwendet, um die Wirkung vorgemeinschaftlicher Übereinkünfte im Gemeinschaftsrecht möglichst zu beschränken.

Denn die Lösung rechtfertigt sich nicht in allen Fällen, in denen der Gerichtshof sie zur Anwendung bringt, aus dem Völkervertragsrecht, das bei der Überlagerung von Vertragsregimen zunächst zur Anwendung zu bringen ist.

Die Substitutionslösung ist in Anwendung völkerrechtlicher Grundsätze gerechtfertigt, soweit sie sich auf die provisorische Anwendung des Abkommens zwischen Spanien und der EG ab dem 15. April 1980 stützt. Der Gerichtshof macht das aber nicht deutlich. In seiner Interpretation scheint es, als ob der Erlass der gemeinschaftsrechtlichen Regelungen oder der Abschluss des Abkommens zwischen Spanien und der EG und nicht die Entstehung von völkerrechtlichem Gewohnheitsrecht Grundlage der Überlagerung/Ersetzung seien.

Das erweist sich als methodische Schwäche und macht die Lösung angreifbar. Im Falle der Substitutionslösung hätte der Gerichtshof eine deutliche Aussage zur Anwendbarkeit völkerrechtlicher Grundsätze auf das Verhältnis von Gemeinschaftsrecht zu vorgemeinschaftlichen Übereinkünften treffen sollen. Damit hätte die Substitutionslösung an Schärfe und Überzeugungskraft gewonnen.

F. Ergebnis

Im Ergebnis ergibt die Untersuchung der Kollisionslösungen des Gerichtshofs ein differenziertes Bild. Eine eigenständige Rechtsfigur des Ipso-facto-Verzichts, die sich in der Rechtsprechung zunächst andeutete, wurde vom Gerichtshof nicht weiterentwickelt. Die Funktionsnachfolgelösung, die der EuGH dogmatisch nicht begründet hat, lässt sich aus völkerrechtlichen Regeln nicht herleiten. Sie stellt eine spezifisch gemeinschaftsrechtliche Lösung für das Problem der Geltung vorgemeinschaftlicher Übereinkünfte dar. Die Substitutionslösung ist – wenn auch nur für einen Teil der Fälle, in denen der Gerichtshof sie angewandt hat – völkerrechtlich haltbar.

In der Gesamtschau wird deutlich, dass der Gerichtshof konsequent integrationsorientiert zu urteilen sucht, indem er das „trojanische Pferd“[546] des Völkerrechts nicht zur Anwendung bringt und so einen möglichen Konflikt mit dem Gemeinschaftsrecht vermeidet. Dabei zeigt sich aber auch, dass die Anwendung im Sinne der Integration nur in wenigen Fällen zu möglicherweise unerwünschten Ergebnissen geführt hätte. Damit erweist sich die Berücksichtigung des Völkerrechts, wie sie sich in der jüngeren Rechtsprechung andeutet,[547] vom rechtlichen Standpunkt aus bei weitem nicht in dem Maße als integrationsgefährdend, wie es zunächst den Anschein haben mag.

Im Anschluss an die Untersuchung der gemeinschaftsspezifischen Kollisionslösungen der Rechtsprechung blickt der folgende Abschnitt der Untersuchung auf das Tor, durch das das – vermeintliche – trojanische Pferd Eingang in das Verhältnis von Mitgliedstaaten und Gemeinschaft findet: Art. 307 Abs. 2, die Kollisionslösung des geschriebenen Primärrechts.

546 Vgl. Pescatore, FS Mosler, S. 663, Fn. 5
547 Vgl. oben § 3E.I.

§ 5 Die primärrechtliche Kollisionslösung: Artikel 307 Abs. 2 EG in der Rechtsprechung

A. Einführung

Der Gerichtshof hat ab 1962 vereinzelt, dann etwa ab 1980 regelmäßig zur Auslegung des ersten Absatzes von Art. 307 bzw. Art. 234 EGV Stellung genommen und seinen Regelungsgehalt definiert. Die Untersuchung dieser Rechsprechung zur Auslegung des Art. 307 Abs. 1 hat gezeigt, dass die Ansätze des Gerichtshofs zur Lösung der von Art. 307 erfassten Kollisionsproblematik im Völkervertragsrecht (nur) teilweise Rückhalt finden.

Ein erster Hinweis für die Auslegung des zweiten Absatzes von Art. 307 findet sich in den in den Schlussanträgen des Generalanwalts *Mayras* in den verbundenen Rechtssachen 21-24/72, *International Fruit Company*. Um Unvereinbarkeiten zu beheben, hätten die Mitgliedstaaten zu verhandeln und gegebenenfalls auf die „traditionellen Verfahren der Regelung völkerrechtlicher Konflikte" zurückzugreifen.[548] In der Rechtsprechung entstand danach erst zwei Jahrzehnte, nachdem sich eine Grundlage für die Auslegung und Anwendung von Art. 307 Abs. 1 in der Praxis entwickelt hatte, eine solche auch für die Interpretation der Pflichten aus Art. 307 Abs. 2 mit Grundsatzurteilen in den Rechtssachen C-62/98 und C-84/98, *Kommission ./. Portugiesische Republik*,[549] aus dem Jahr 2000.[550] Der Grund hierfür mag darin liegen, dass die Kollisionen überwiegend durch Kündigung einer vorgemeinschaftlichen Übereinkunft aufgehoben[551] oder durch die pragmatische Lösung der Ermächtigung der Mitgliedstaaten zur Fortführung von vorgemeinschaftlichen Übereinkünften[552] vermieden wurden. Wie bereits in der Einleitung dargestellt,[553] ist aber zu erwarten, dass sich mit der Erweiterung der Union die Konflikte zwischen Regelungen in vorgemeinschaftlichen Übereinkünften und dem acquis communautaire mehren werden.

---

548 Schlussanträge GA Mayras v. 25.10.1972, verb. Rs. 21-24/72, International Fruit Company NV u. a. ./. Prduktschap voor groenten en fruit, Slg. 1972, 1231, 1238; vgl. § 2A.I.2.

549 Urteile v. 04.07.2000, Rs. C-62/98, Slg. 2000 I-5171, Rs. C-84/98, Slg. 2000 I-5219

550 Vgl. Manzini, EJIL 2001, 781, 783

551 Vgl. § 2A.I.12. und § 2A.I.13.; insb. Urt. v. 03.02.1994, Rs. C-13/93, Office national de l'emploi ./. Madeleine Minne, Slg. 1994 I-371

552 Hierzu unten unter § 8.

553 § 1A.

Ausgehend von der Darstellung und Analyse der Rechtsprechung soll darum ein dogmatisch stimmiges und mit dem Grundsatz der völkerrechtskonformen Integration vereinbares Konzept für die Begründung und Ausformung der Pflichten der Mitgliedstaaten nach Art. 307 Abs. 2[554] entwickelt werden.

B. Artikel 307 Abs. 2 EG – Rechtsprechungsanalyse

Wie beim ersten Absatz des Art. 307 soll auch für die Analyse des zweiten Absatzes die Grundlage der Untersuchung in einer kommentierenden Darstellung der Rechtsprechung gelegt werden. Dabei wird das Urteil in der Rechtssache C-62/98 und C-84/98, *Kommission ./. Portugal,* zwei weiteren Urteilen in der Rechtssache C-179/98, *Kommission ./. Belgien,*[555] und den verbundenen Rechtssachen C-171/98, C-201/98 und C-202/98, *Kommission ./. Belgien und Luxemburg,*[556] gegenübergestellt, in denen der Gerichtshof mit einer ähnlichen Materie befasst war. Im Urteil in Rechtssache C-216/01, *Budejovický Budvar,*[557] hat der Gerichtshof im Jahr 2003 seine Aussagen bestätigt. Das ermöglicht eine umfassende Herleitung und Betrachtung der Aussagen, die der Gerichtshof zu Art. 307 Abs. 2 getroffen hat.

I. Kommission ./. Portugal, Rs. C-62/98[558] und Rs. C-84/98[559]

1. Sachverhalt

Gegenstand dieser Verfahren waren jeweils Fragen im Zusammenhang mit der Anwendung des Grundsatzes des freien Dienstleistungsverkehrs auf die See-

---

554 Absatz 2 lautet: *„Soweit diese Übereinkünfte mit diesem Vertrag nicht vereinbar sind, wenden der oder die betreffenden Mitgliedstaaten alle geeigneten Mittel an, um die festgestellten Unvereinbarkeiten zu beheben. Erforderlichenfalls leisten die Mitgliedstaaten zu diesem Zweck einander Hilfe; sie nehmen gegebenenfalls eine gemeinsame Haltung ein.*"

555 Urt. v. 14.09.1999, Rs. C-170/98, Kommission der Europäischen Gemeinschaften ./. Königreich Belgien, Slg. 1999 I-5493

556 Urt. v. 14.09.1999, Kommission der Europäischen Gemeinschaften ./. Königreich Belgien und Großherzogtum Luxemburg, Slg. 1999 I-5525

557 Urt. d. Gerichtshofs v. 18.11.2003, Rs. C-216/01, Budejovický Budvar, národní podnik ./. Rudolf Ammersin GmbH, s. o. § 2A.I.21.; vgl. www.curia.eu.int, bislang nicht in der Slg. veröffentlicht

558 Urt. v. 04.07.2000, Rs. C-62/98, Kommission ./. Portugal, Slg. 2000 I-5194

559 Urt. v. 04.07.2000, Rs. C-84/98, Kommission ./. Portugal, Slg. 2000 I-5219

schifffahrt zwischen Mitgliedstaaten sowie zwischen Mitgliedstaaten und Drittländern. Der Rat hat hierzu die Verordnung (EWG) Nr. 4055/86 vom 22. Dezember 1986 erlassen.[560] Die Verordnung dient der Durchführung der Verordnung (EWG) Nr. 954/79 des Rates vom 15. Mai 1979 über die Ratifikation des Übereinkommens der Vereinten Nationen über einen Verhaltenskodex für Linienkonferenzen durch die Mitgliedstaaten oder über den Beitritt der Mitgliedstaaten zu diesem Übereinkommen.[561] Der UN-Verhaltenskodex regelt den diskriminierungsfreien Zugang der Vertragsparteien zu Ladungsanteilen.

Nach der VO 4055/86 sollen bestehende Beschränkungen in der Seeschifffahrt zwischen Mitgliedstaaten und zwischen Mitgliedstaaten und Drittländern schrittweise aufgehoben und die Einführung neuer Beschränkungen vermieden werden.[562] Dazu werden Regelungen über Ladungsanteilvereinbarungen getroffen. Das sind Vereinbarungen, nach denen Reedereien der Parteien der Vereinbarung bestimmte Anteile der Warenbeförderung zwischen ihnen auf dem Seewege vorbehalten werden. Art. 3 bestimmt, dass, soweit solche Vereinbarungen zwischen Mitgliedsländern und Drittländern bestehen, diese beendet oder nach Art. 4 angepasst werden. Art. 4 regelt dazu in Abs. 1 lit. a), dass im Verkehr gemäß dem UN-Verhaltenskodex Ladungsvereinbarungen dem Kodex und der entsprechenden VO 954/79 in Einklang stehen müssen. Im Nichtkodex-Verkehr sind nach Art. 4 Abs. 1 lit. b) Ladungsanteilvereinbarungen *„so bald wie möglich, auf jeden Fall aber vor dem 1. Januar 1993, so anzupassen, dass ein angemessener, freier und nicht diskriminierender Zugang aller Angehörigen der Gemeinschaft im Sinne des Artikels 1 zu den Ladungsanteilen des betreffenden Mitgliedstaats vorgesehen wird.“* Für zukünftige Abkommen regelt Art. 5 VO 4055/86, dass Ladungsanteilvereinbarungen, außer in Ausnahmefällen, untersagt sind.

Die beklagte Portugiesische Republik hatte vor ihrem Beitritt zur Gemeinschaft am 1. Januar 1986 eine Reihe von Ladungsanteilvereinbarungen geschlossen. Gegenstand der Rechtssache C-62/98 war ein Abkommen vom 28. April 1979 mit Angola. In der Rechtssache C-84/98 befasste sich der Gerichtshof mit einem Abkommen vom 28. Juni 1979 mit dem damaligen Jugoslawien. Darin räumten sich die jeweiligen Parteien gegenseitig das Recht ein, zu gleichen Teilen an der Beförderung von Waren zur See zwischen den nationalen Häfen teilzuhaben.[563] Beide Abkommen enthielten Kündigungsklauseln, die bestimmten, dass nach dem Zeitpunkt, zu dem eine der vertragschließenden Parteien der ande-

560 ABl. 1986 Nr. L 378, S. 1, im Folgenden „VO 4055/86“, Text auszugsweise im Anhang abgedruckt
561 ABl. 1979 Nr. L 121, S. 1, im Folgenden „VO 954/79”
562 11. Begründungserwägung
563 Vgl. Schlussanträge GA Mischo v. 20.10.1999, Slg. 2000 I-5174, 5176, Rn. 7 f.

ren vertragschließenden Partei gegenüber ihren Willen bekundet, das Abkommen zu kündigen, dieses noch zwölf Monate in Kraft bleibe.[564]

Die Kommission hielt das Fortbestehen der Regelungen hinsichtlich der Ladungsanteile für einen Verstoß gegen die VO 4055/86. Dementsprechend leitete sie ein Vertragsverletzungsverfahren ein. Nachdem die Beklagte die Abkommen weder gekündigt noch angepasst hatte, erfolgte Anfang 1998 die Klageerhebung durch die Kommission.

Sie trug vor, dass die VO 4055/86 die Daten festsetze, zu denen die Abkommen hätten gekündigt werden müssen.[565]

Die Beklagte bestritt nicht, dass die Abkommen nach den Vorschriften der VO 4055/86 hätten geändert werden müssen. Sie machte aber geltend, dass die Forderung der Kommission einer Rechtsgrundlage entbehre, da sie auf Art. 234 hätte gestützt werden müssen.[566] Zu Artikel 234 trug sie weiter vor, sie sei nicht zur Erzielung eines konkreten Ergebnisses verpflichtet gewesen, da Art. 234 nicht eine Ergebnispflicht in dem Sinne begründe, dass die Mitgliedstaaten die festgestellte Unvereinbarkeit ungeachtet der rechtlichen Konsequenzen und der politischen Kosten beheben müssten.[567]

Die Kündigung gehöre nicht zu den „geeigneten Mitteln“ der Bestimmung und sei nur dann erforderlich, wenn das Drittland eine Neuverhandlung zweifelsfrei ablehne. Sie sei hingegen nicht erforderlich, wenn einer Änderung des Abkommens nur politische oder andere Schwierigkeiten entgegenstünden.[568]

De facto habe sie, die Beklagte, auf die Berufung auf Ladungsvereinbarungen, die nicht mit dem Gemeinschaftsrecht im Einklang stünden, verzichtet.[569]

---

564 Vgl. Urt. v. 04.07.2000, Rs. C-62/98, Kommission ./. Portugal, Slg. 2000 I-5194, 5201, Rn. 8; Urt. v. 04.07.2000, Rs. C-84/98, Kommission ./. Portugal, Slg. 2000 I-5219, 5226, Rn. 10

565 Vgl. Urt. v. 04.07.2000, Rs. C-62/98, Kommission ./. Portugal, Slg. 2000 I-5194, 5204, Rn. 19 f.; Urt. v. 04.07.2000, Rs. C-84/98, Kommission ./. Portugal, Slg. 2000 I-5219, 5229, Rn. 23 f.

566 Vgl. Urt. v. 04.07.2000, Rs. C-62/98, Kommission ./. Portugal, Slg. 2000 I-5194, 5205, Rn. 23; Urt. v. 04.07.2000, Rs. C-84/98, Kommission ./. Portugal, Slg. 2000 I-5219, 5231, Rn. 31

567 Vgl. Urt. v. 04.07.2000, Rs. C-62/98, Kommission ./. Portugal, Slg. 2000 I-5194, 5205, Rn. 24; Urt. v. 04.07.2000, Rs. C-84/98, Kommission ./. Portugal, Slg. 2000 I-5219, 5231, Rn. 30; siehe auch. Schlussanträge GA Mischo v. 20.10.1999, Rs. C-62/98, Kommission ./. Portugal, Slg. 2000 I-5174, 5182, Rn. 40 ff.

568 Vgl. Urt. v. 04.07.2000, Rs. C-62/98, Kommission ./. Portugal, Slg. 2000 I-5194, 5206, Rn. 25

569 Vgl. Schlussanträge GA Mischo v. 20.10.1999, Slg. 2000 I-5174, 5190, Rn. 80 ff.; sprachlich wird dabei deutlich, dass die Beklagte sich auf die Rechtsprechung zum „Ipso-facto-Verzicht“ bezieht.

Art. 234 Abs. 2 müsse im Zusammenhang mit Abs. 1 ausgelegt werden; die Behebung der Unvereinbarkeit müsse also auf eine Weise erfolgen, die die uneingeschränkte Wirkung des Gemeinschaftsrechts sicherstelle und zugleich das Recht der Drittstaaten, die Vertragsparteien eins vor dem Beitritt geschlossenen Abkommens seien, so wenig wie möglich beeinträchtige.[570]

Würde Art. 234 dahin ausgelegt, dass die Mitgliedstaaten verpflichtet seien, ein vor ihrem Beitritt geschlossenes Abkommen zu kündigen, falls der diplomatische Weg der Änderungen der gemeinschaftsrechtswidrigen Klauseln nicht gangbar sei oder sich als sehr schwierig erweise, hätte der letzte Satz dieser Bestimmung keinen Sinn, da eine Kündigung als einseitige Willenserklärung nicht der Unterstützung der übrigen Mitgliedstaaten bedürfe.[571]

Art. 234 verpflichte nur ausnahmsweise und in ganz außergewöhnlichen Fällen zur Kündigung eines Abkommens. Voraussetzungen seien: Völlige Unvereinbarkeit der Bestimmung einer vorgemeinschaftlichen Übereinkunft mit dem Gemeinschaftsrecht und Unmöglichkeit, das berührte Gemeinschaftsinteresse mit Hilfe politischer oder anderer Vorgehensweisen zu wahren.[572]

Schließlich führte die Beklagte die internen Spannungen in Angola und dem ehemaligen Jugoslawien als zu berücksichtigende Umstände an.[573]

2. *Entscheidung des Gerichtshofs*

Der Gerichtshof stellte in beiden Rechtssachen fest, dass die Portugiesische Republik dadurch gegen die Verpflichtungen aus der VO 4055/86 verstoßen habe, dass sie das jeweilige Abkommen weder gekündigt noch angepasst habe, um gemäß der Verordnung einen angemessenen, freien und nichtsdiskriminierenden Zugang aller Angehörigen der Gemeinschaft zu den Ladungsanteilen der Portugiesischen Republik zu ermöglichen.[574] Der 1. Leitsatz beider Urteile lautet demnach:

„Ist es einem Mitgliedstaat innerhalb der in der Verordnung Nr. 4055/86 [...] vorgesehenen Frist nicht gelungen, ein zweiseitiges Abkommen, das er vor seinem Beitritt zu den Gemeinschaften mit einem Drittland geschlossen hat und das mit dieser Verordnung unvereinbare Ladungsanteilvereinbarungen enthält, auf

---

570 Vgl. Urt. v. 04.07.2000, Rs. C-62/98, Kommission ./. Portugal, Slg. 2000 I-5194, 5206, Rn. 26; Urt. v. 04.07.2000, Rs. C-84/98, Kommission ./. Portugal, Slg. 2000 I-5219, 5231, Rn. 31

571 Vgl. aaO. Slg. 2000 I-5194, 5206, Rn. 27; Slg. 2000 I-5219, 5231, Rn. 32

572 Vgl. aaO. Slg. 2000 I-5194, 5206, Rn. 28; Slg. 2000 I-5219, 5232, Rn. 33

573 Vgl. aaO. Slg. 2000 I-5194, 5207, Rn. 31; Slg. 2000 I-5219, 5233 f., Rn. 42 ff.

574 Vgl. aaO. Slg. 2000 I-5194, 5213 f.; Slg. 2000 I-5219, 5238

diplomatischem Weg zu ändern, so muss er diese Abkommen kündigen, soweit dies völkerrechtlich zulässig ist."[575]

Weiter ging der Gerichtshof auf das Vorbringen der Beklagten ein: Eine schwierige politische Lage in einem Drittland, das Partei eines Abkommens ist, könne das Fortbestehen einer Vertragsverletzung eines Mitgliedstaats nicht rechtfertigen.[576]

Die Beklagte könne sich nicht auf Art. 234 berufen, um die Vereinbarungen aufrechtzuerhalten. Nach Art. 234 Abs. 1 würden die Rechte dritter Länder durch die Geltung des EG nicht berührt. Die Abkommen enthielten aber eine Kündigungsklausel, so dass die Kündigung keine solchen Rechte verletze.[577]

Die auf die Auslegung des Art. 234 gestützten Argumente wies der Gerichtshof mit der Begründung zurück, die Pflicht zur Kündigung oder Anpassung der fraglichen Abkommen beruhe nicht auf Art. 234 Abs. 2, sondern auf den Vorschriften der Verordnung.[578] Er fügte hinzu: „*Außerdem haben die Mitgliedstaaten nach Artikel 234 EG-Vertrag zwar die Wahl zwischen mehreren geeigneten Maßnahmen, sind aber gleichwohl verpflichtet, die Unvereinbarkeiten zwischen einer vor ihrem Beitritt geschlossenen Übereinkunft und dem EG-Vertrag zu beheben. Wenn ein Mitgliedstaat auf Schwierigkeiten stößt, die die Änderung eines Abkommens unmöglich machten, kann er somit verpflichtet sein, dieses Abkommen zu kündigen.*"[579]

3. *Urteilsanalyse*

a. *Grundlage der Kündigungspflicht nach dem Gerichtshof*

Die Entscheidung des Gerichtshofs gibt nunmehr den interpretatorischen Rahmen für die Untersuchung des zweiten Absatzes des Artikels 307 vor.[580]

Auffallend ist, dass der Gerichtshof im Rahmen der rechtlichen Würdigung zwar die Kündigungspflicht allein auf das Sekundärrecht stützt, dass er allerdings in beiden Verfahren ausführlich zur Auslegung des Art. 307 Stellung nimmt, obwohl er diesen ausdrücklich für nicht einschlägig hält, soweit er zur Herleitung der Kündigungspflicht auf die VO 4055/86 zurückgreift.[581] Dabei bezieht er sich

575 Vgl. Urt. v. 04.07.2000, Rs. C-62/98, Kommission ./. Portugal, Slg. 2000 I-5172; Urt. v. 04.07.2000, Rs. C-84/98, Kommission ./. Portugal, Slg. 2000 I-5216

576 Vgl. aaO. Slg. 2000 I-5194, 5209, Rn. 39; Slg. 2000 I-5219, 5234, Rn. 48

577 Vgl. aaO. Slg. 2000 I-5194, 5211, Rn. 46; Slg. 2000 I-5219, 5236, Rn. 55

578 Vgl. aaO. Slg. 2000 I-5194, 5211, Rn. 48; Slg. 2000 I-5219, 5236, Rn. 57

579 Vgl. aaO. Slg. 2000 I-5194, 5211 f., Rn. 49; Slg. 2000 I-5219, 5237, Rn. 58

580 Vgl. so auch Manzini, EJIL 2001, 781, 783

581 So auch Hillion, CMLR 20011271, 1275

auf die zuvor ergangenen Urteile in der Rechtssache C-179/98, *Kommission ./. Belgien*[582], und den verbundenen Rechtssachen C-171/98, C-201/98 und C-202/98 *Kommission ./. Belgien und Luxemburg*[583]. Auch in diesen hatte der Gerichtshof eine Pflicht zur Kündigung von Abkommen mit Ladungsanteilvereinbarungen angenommen und diese auf die VO 4055/86 gestützt. Im Unterschied zu den beiden Urteilen gegen Portugal handelte es sich bei den beiden zu kündigenden Abkommen nicht um vorgemeinschaftliche Übereinkünfte. Aus diesem Grund stellten sich keine Fragen im Hinblick auf Art. 307.[584]

Mit seiner Argumentation weist der Gerichtshof jedenfalls indirekt das Argument zurück, eine Kündigungspflicht sei nicht gegeben, weil die Beklagte auf ihre Rechte aus den Ladungsanteilvereinbarungen *de facto* verzichtet habe.

Der Gerichtshof prüft nicht „positiv", wann eine Kündigungspflicht besteht, sondern geht, negativ abgrenzend, von der Frage aus, unter welchen Umständen ein Mitgliedstaat Maßnahmen, die im Widerspruch zum Gemeinschaftsrecht stehen, unter Berufung auf ein vor seinem Beitritt mit einem Drittland geschlossenes Abkommen aufrechterhalten kann.[585] Das Verhältnis von VO 4055/86 stellt sich nach dem Gerichtshof also so dar, dass die Kündigungspflicht originär auf der Verordnung beruht. Diese Verpflichtung wird – so der Gerichtshof – nur dann durch den Grundsatz des Artikels 234 Abs. 1 „*berührt*", wenn Rechte des Drittstaates beeinträchtigt werden.

b. *Offene Fragestellungen*

Zwei Punkte bedürfen der weiteren Untersuchung und Klärung: Zum einen ist der Ursprung der Kündigungspflicht zu suchen. Die Herleitung einer Kündigungspflicht allein aus dem Sekundärrecht ist methodisch nicht unangreifbar, zumal VO 4055/86 eine Kündigungspflicht nicht *expressis verbis* statuiert, sondern die Mitgliedstaaten ausdrücklich verpflichten, bestehende Vereinbarungen *anzupas-*

---

582 Urt. v. 14.09.1999, Rs. C-170/98, Kommission der Europäischen Gemeinschaften ./. Königreich Belgien, Slg. 1999 I-5493

583 Urt. v. 14.09.1999, Kommission der Europäischen Gemeinschaften ./. Königreich Belgien und Großherzogtum Luxemburg, Slg. 1999 I-5525

584 Dies verkennt möglicherweise Manzini, EJIL 2001, 781, 788, wenn er die Nichterwähnung von Art. 234 a. F. in der Rs. C-179/98, Kommission ./. Belgien darauf zurückführt, die Beklagte habe ihre Argumentation nicht hierauf gestützt, und von „pre-community agreement" spricht.

585 Vgl. Urt. v. 04.07.2000, Rs. C-62/98, Kommission ./. Portugal, Slg. 2000 I-5194, 5210 f., Rn. 41 ff.; Urt. v. 04.07.2000, Rs. C-84/98, Kommission ./. Portugal, Slg. 2000 I-5219, 5235 f., Rn. 50 ff.

sen.[586] Hierauf stützt sich das Vorbringen der Beklagten, auf das der Generalanwalt ausführlich eingeht.[587]

Zum anderen ist näher zu erforschen, was es bedeutet, wenn Art. 307 Abs. 1 diese Verpflichtung zur Kündigung „berührt".[588]

II. Budejovický Budvar, Rs. C-216/01

Im Urteil in der Rechtssache C-215/01, *Budejovický Budvar,*[589] traf der Gerichtshof die Aussage, die Mitgliedstaaten seien nach Artikel 307 Abs. 2 EG verpflichtet, alle geeigneten Mittel anzuwenden, um Unvereinbarkeiten zwischen einer vorgemeinschaftlichen Übereinkunft und dem EG-Vertrag zu beheben. Demnach habe das vorlegende nationale Gericht zu prüfen, ob eine Unvereinbarkeit dadurch vermieden werden könne, dass die Übereinkunft im Rahmen des Möglichen unter Beachtung des Völkerrechts dahin ausgelegt werde, dass sie im Einklang mit dem Gemeinschaftsrecht stehe. Erweise sich eine solche gemeinschaftsrechtskonforme Auslegung als undurchführbar, so könne der Mitgliedstaat, da er gleichwohl zur Behebung von Unvereinbarkeiten zwischen der früheren Übereinkunft und dem EG-Vertrag verpflichtet sei, im Rahmen von Artikel 307 die geeigneten Maßnahmen ergreifen. *„Stößt er dabei auf Schwierigkeiten, die eine Änderung des Abkommens unmöglich machen, so lässt sich auch eine Verpflichtung zur Kündigung des Abkommen nicht ausschließen."*[590]

Diese Aussage entspricht inhaltlich denen in den Rechtssachen C-62/98 und C-84/98, *Kommission ./. Portugal.*[591] Die offenen Fragestellungen beantworten sich damit bislang nicht aus der Rechtsprechung von Gerichtshof und Gericht erster Instanz.

---

586 S. Anhang
587 Vgl. Schlussanträge GA Mischo v. 20.10.1999, Slg. 2000 I-5174, 5185 ff., Rn. 56 ff.
588 dazu unten § 5C.II.
589 Urt. d. Gerichtshofs v. 18.11.2003, Rs. C-216/01, Budejovický Budvar, národní podnik ./. Rudolf Ammersin GmbH, s. o. § 2A.I.21.; vgl. www.curia.eu.int (bislang nicht in der Slg. veröffentlicht)
590 Vgl. Urt. d. Gerichtshofs v. 18.11.2003, Rs. C-216/01, Budejovický Budvar, národní podnik ./. Rudolf Ammersin GmbH, Rn. 168-170
591 Vgl. v. 04.07.2000, Rs. C-62/98, Kommission ./. Portugal, Slg. 2000 I-5171, 5211 f., Rn. 49; Urt. v. 04.07.2000, Rs. C-84/98, Kommission ./. Portugal, Slg. 2000 I-5215, 5237, Rn. 58

C. Die Pflicht zur Kündigung vorgemeinschaftlicher Übereinkünfte – Analyse der Rechtsprechung aus europarechtlicher Perspektive

I. Herleitung der Kündigungspflicht aus dem Sekundärrecht – Normenhierarchie im Europarecht

Die Entscheidung des Gerichtshofs ist näher zu erörtern im Hinblick auf die eindeutige Aussage, dass die Verpflichtung zur Kündigung nicht auf Art. 234, sondern auf der Verordnung Nr. 4055/86 beruhe.[592]

Zwei Aspekte sind hier maßgeblich. Zum einen erscheint die Herleitung der Kündigungspflicht aus dem Sekundärrecht nicht überzeugend, weil der Gerichtshof zur Begründung dieser Aussage im Urteil auf die Verpflichtungen aus Art. 234 verweist.[593] Zum anderen stellt sich die grundlegende Frage, ob die Argumentation mit der Normenhierarchie innerhalb des Gemeinschaftsrechts vereinbar ist.[594]

1. Inkonsistenz der Urteilsbegründung

Die kritische Analyse des Urteils selbst stellt in Frage, dass eine Kündigungspflicht hinsichtlich einer vorgemeinschaftlichen Übereinkunft allein aus dem Sekundärrecht hergeleitet werden kann, wie es der Gerichtshof tut. Denn er nimmt, quasi „hilfsweise", selbst Bezug auf die Verpflichtungen aus Art. 234.

Bereits der Generalanwalt *Mischo* hatte in seinen Schlussanträgen darauf hingewiesen, dass Art. 3 und 4 der VO 4055/86 eine Kündigungspflicht nicht *expressis verbis* vorsehen.[595]

Die Beklagte Portugiesische Republik hatte dem entsprechend vorgebracht, die Kündigungspflicht habe auf Art. 234 gestützt werden müssen, im Rahmen von Art. 234 sei aber eine Kündigungspflicht die Ausnahme.[596]

Dieser Argumentation trat der Gerichtshof wie folgt entgegen: *„Die Verpflichtung der Portugiesischen Republik beruht nicht auf dieser Vertragsvorschrift, sondern auf der Verordnung Nr. 4055/86. Außerdem haben die Mitglied-*

---

592 Urt. v. 04.07.2000, Rs. C-62/98, Kommission ./. Portugal, Slg. 2000 I-5171, 5211; Urt. v. 04.07.2000, Rs. C-84/98, Kommission ./. Portugal, Slg. 2000 I-5215, 5236 f., Rn. 56

593 dazu unter § 5C.I.1.

594 dazu unter § 5C.I.2.

595 Schlussanträge, Slg. 2000 I-5174, 5191 Rn. 87, in Art. 3 VO 4055/86 ist davon die Rede, dass Ladungsanteilvereinbarungen *„beendet oder [...] angepasst"* werden, s. Anhang.

596 Vgl. aaO.

staaten nach Artikel 234 EG-Vertrag zwar die Wahl zwischen mehreren geeigneten Maßnahmen, sind aber gleichwohl verpflichtet, die Unvereinbarkeiten zwischen einer vor ihrem Beitritt geschlossenen Übereinkunft und dem EG-Vertrag zu beheben. Wenn ein Mitgliedstaat auf Schwierigkeiten stößt, die die Änderung eines Abkommens unmöglich machen, kann er somit verpflichtet sein, dieses Abkommen zu kündigen.“[597]

Der Gerichtshof interpretiert an dieser Stelle die primärrechtliche Norm des Art. 234 a. F., um das Argument der Beklagten gegen das Bestehen einer Kündigungspflicht zu entkräften. Wenn diese Kündigungspflicht aber allein auf den bindenden sekundärrechtlichen Normen der Verordnung Nr. 4055/86 beruhen würde, dann wären deren Vorschriften auszulegen gewesen, wäre also die Anknüpfung der Interpretation an Art. 234 methodisch verfehlt. Damit erscheint die Urteilsbegründung inkonsistent.[598]

Die zitierte Urteilspassage kann vielmehr als ein Hinweis darauf gesehen werden, dass, entgegen der Aussage des Gerichtshofs, für das Bestehen der Pflicht zur Kündigung eines vorgemeinschaftlichen Abkommens das Primärrecht, Art. 307, eine entscheidende Bedeutung hat. Anderenfalls hätte der Gerichtshof der Auslegung von Art. 307 wohl kaum den Raum eingeräumt, den sie im Urteil einnimmt.

Erklärbar wird das Diktum des Gerichtshofs dadurch, dass er bereits in den vorhergehenden Urteilen zur VO 4055/86 in der Rechtssache C-179/98, *Kommission ./. Belgien,*[599] und den verbundenen Rechtssachen C-171/98, C-201/98 sowie C-202/98, jeweils *Kommission ./. Belgien und Luxemburg,*[600] die Verletzung von Gemeinschaftsrecht allein auf die Vorschriften der Art. 3 und 4 der VO 4055/86 gestützt hatte. Möglicherweise hat der Gerichtshof in Fortsetzung dieser Rechtsprechung geurteilt, Art. 234 a F. sei nicht maßgeblich für die Begründung der Kündigungspflicht. Dabei bestand aber ein wesentlicher Sachverhaltsunterschied: Bei den anzupassenden Abkommen handelte es sich, anders als in der Rechtssache C-62/98, *Kommission ./. Portugal,* nicht um vorgemeinschaftliche Übereinkünfte, für deren Anpassung Art. 307 Abs. 2 eine primärrechtliche Regelung trifft.

---

597 AaO. Slg. 2000, I-5171, 5236 f., Rn. 57 f.
598 Kritisch in dieser Hinsicht auch Hillion, CMLR 2001, 1269, 1277 f.
599 Urt. v. 14.09.1999, Slg. 1999 I-5493
600 Urt. v. 14.09.1999, Slg. 1999 I-5525

2. *Normenhierarchie im Europarecht*

Neben der bereits in sich nicht stimmigen Argumentation des Urteils erscheint fraglich, ob die Herleitung der Kündigungspflicht aus dem Sekundärrecht im Hinblick auf die gemeinschaftsrechtliche Normenhierarchie haltbar ist. Unter Beachtung der innergemeinschaftlichen Normenhierarchie kann sich möglicherweise ergeben, dass Anknüpfungspunkt nur das Primärrecht sein kann. Voraussetzung ist, dass gemeinschaftsrechtliche Normen überhaupt in eine Hierarchie einzuordnen sind und dass aufgrund dieser Hierarchisierung das Primärrecht Vorrang genießt.

a. *Primärrecht-Sekundärrecht*

Im Verhältnis von Primär- zu Sekundärrecht ergibt sich das Bestehen einer hierarchischen Ordnung der Rechtsnormen bereits aus Art. 249 Abs. 1, nach dem das Parlament und der Rat gemeinsam „[z]ur Erfüllung ihrer Aufgaben und *nach Maßgabe dieses Vertrags*“ Sekundärrecht setzen. Entsprechend hat der Gerichtshof nach Art. 220 die Aufgabe, die Wahrung des Rechts bei der Auslegung und Anwendung des EG-Vertrags zu sichern. Die Setzung von Sekundärrecht ist Ausübung von primärrechtlichen Rechtssetzungsbefugnissen und geschieht in Anwendung des Vertrages. Primärrechtliche Normen haben also grundsätzlich Vorrang vor dem Sekundärrecht.

b. *Recht der Außenbeziehungen*

Das Recht der Außenbeziehungen der Gemeinschaft wird in der Literatur hinsichtlich der Normenhierarchie weiter differenziert behandelt: Hier wird die folgende Ordnung der Rechtsquellen vorgenommen.[601]

aa. *Primäres (originäres) Gemeinschaftsrecht*

Dieses umfasst das gesamte Vertragsrecht der Union, sämtliche Normen gleichen Rangs, die in ergänzenden Vereinbarungen niedergelegt sind, sowie die Regelungen zur Gemeinsamen Außen- und Sicherheitspolitik (sog. „Zweite Säule“) und der Zusammenarbeit in den Bereichen Justiz und Inneres (sog. „Dritte Säule“).[602]

---

601 Nach Jacot-Guillarmod, FS Aubert, S. 42 ff.

602 Vgl. zur Konzeption der Union als Säulenmodell nach dem Maastrichter Vertrag statt vieler nur Oppermann, Europarecht, § 1, Rn. 44

bb. Sekundäres (abgeleitetes) Gemeinschaftsrecht

Das Sekundärrecht wird beschrieben als die Gesamtheit der einseitigen Rechtsakte, die von den Gemeinschaftsinstitutionen im Rahmen der Gründungsverträge angenommen werden.[603]

cc. Gemeinschaftsrecht der Außenbeziehungen

Das Recht der Außenbeziehungen umfasst die völkerrechtlichen Regelungen, die die Gemeinschaft gegenüber anderen Völkerrechtssubjekten rechtlich binden, so die Übereinkommen, die die Gemeinschaft mit Drittstaaten oder internationalen Organisationen schließt.[604] Dabei kann eine Bindung in Ausübung ausdrücklicher oder impliziter Vertragsschlusskompetenzen[605] oder durch die Nachfolge in völkerrechtliche Verpflichtungen der Mitgliedstaaten[606] zustande kommen.

dd. Komplementäres Gemeinschaftsrecht

Das komplementäre Gemeinschaftsrecht umfasst Hilfsnormen, die das primäre und sekundäre Gemeinschaftsrecht ergänzen, indem sie Ziele der Gemeinschaft fördern, wobei sie ihm untergeordnet bleiben.[607] Zu nennen sind auf Art. 293 gestützte Verträge oder Akte, die im Rahmen der zweiten und dritten Säule ergehen.[608]

In Bezug auf die Außenbeziehungen der Gemeinschaft gibt die WVK IO einen Hinweis auf die Normenhierarchie des Gemeinschaftsrechts. Art. 2 Abs. 1 lit. j WVK IO definiert als „rules of the organization" im Sinne der WVK IO die „constituent instruments, decision and resolutions adopted in accordance with them, and established practice of the organization." Daraus geht hervor, dass die Gründungsverträge in der Normenhierarchie über dem Sekundärrecht anzusiedeln sind. Die Gemeinschaft hat im Rahmen der Verhandlungen der WVK IO

603 AaO. S. 43
604 AaO. S. 43
605 St. Rspr., erstmals EuGH Urt. v. 31.03.1971, Rs. 22/70, Kommission der Europäischen Gemeinschaften ./. Rat der Europäischen Gemeinschaften (AETR), Slg. 1971, 263; vgl. Krück, Völkerrechtliche Verträge, S. 21 ff.
606 St. Rspr. EuGH im Hinblick auf das GATT seit Urt. v. 12.12.1972, Rs. 21-24/72, International Fruit Company NV u. a. ./. Produktschap voor groenten en fruit, Slg. 1972, 1219; vgl. Krück, Völkerrechtliche Verträge, S. 137 ff.
607 Jacot-Guillarmod, FS Aubert, S. 44
608 Vgl. Jacot-Guillarmod, aaO.

mitgewirkt und, zwar nicht als Vertragspartei, so doch im Rahmen der Konsensbildung, dieser Aussage der WVK IO zur Normenhierarchie zugestimmt.[609]

c. *Ergebnis*

Festzuhalten ist also: Es besteht eine Normenhierarchie im Gemeinschaftsrecht. Unter der Voraussetzung, dass beide Normen den gleichen Sachverhalt regeln, hat danach die primärrechtliche Norm Vorrang vor der sekundärrechtlichen Norm. Die sekundärrechtliche Norm kann die Norm des Primärrechts ergänzen.

3. *Konsequenz*

Da ein Hierarchieverhältnis wie beschrieben besteht, ist die Argumentation des EuGH, die Auslegung des Art. 307 sei nicht maßgeblich für das Bestehen einer Kündigungspflicht, nicht haltbar. Der Gerichtshof hat vielmehr bestätigt, dass zum Regelungsgehalt des Art. 307 Abs. 2 die Pflicht zu Kündigung gehört: *„Stößt [ein Mitgliedstaat, wenn er im Rahmen von Art. 307 die geeigneten Maßnahmen ergreift] auf Schwierigkeiten, die eine Änderung des Abkommens unmöglich machen, so lässt sich eine Verpflichtung zur Kündigung des Abkommens nicht ausschließen.“*[610]

Art. 307 Abs. 2 gibt damit den primärrechtlichen Rahmen vor, innerhalb dessen eine Pflicht eines Mitgliedstaates zur Kündigung einer vorgemeinschaftlichen Übereinkunft entstehen kann. Hinsichtlich vorgemeinschaftlicher Übereinkünfte ist Art. 307 damit Grundlage einer möglichen Kündigungspflicht. Das ergibt sich im Fall schon daraus, dass die Art. 3 und 4 der VO 4055/86 eine solche Kündigungspflicht dem Wortlaut nach nicht regeln. Sekundärrechtliche Regelungen, die in den Regelungsbereich von Art. 307 fallen, müssen sich innerhalb dieses Rahmens halten.

Die Herleitung von Pflichten direkt aus Art. 307 hat der Gerichtshof auch bereits selbst vorgenommen. In der Rechtssache 812/79, *Burgoa*, leitete er die Pflicht der Gemeinschaftsorgane, die Erfüllung der nach Art. 307 Abs. 1 fortgeltenden vorgemeinschaftlichen Übereinkünfte nicht zu behindern, aus dem Art. 307 Abs. 1 selbst ab.[611] Dies zeigt, dass Pflichten im Zusammenhang mit vorge-

609 Vgl. Manin, CMLR 1987, 457, 466

610 Vgl. Urt. v. 18.11.2003, Rs. C-216/01, Budejovický Budvar, národní podnik ./. Rudolf Ammersin GmbH, Rn. 168-170; Urt. v. 04.07.2000, Rs. C-62/98, Kommission ./. Portugal, Slg. 2000 I-5171, 5211 f., Rn. 49; Urt. v. 04.07.2000, Rs. C-84/98, Kommission ./. Portugal, Slg. 2000 I-5215, 5237, Rn. 58

611 Vgl. Urt. v. 14.10.1980, Rs. 812/79, Attorney-General ./. Juan C. Burgoa, Slg. 1980, 2787, 2803, Rn. 9, s.o. § 2A.I.4.b.

meinschaftlichen Übereinkünften sich methodisch durchaus nach Art. 307 bestimmen lassen. Das bedeutet nicht, dass diese nicht ihre Konkretisierung durch das Sekundärrecht erfahren könnten. Es ist dann aber stets zu prüfen, ob sich die sekundärrechtlichen Regelungen im Rahmen von Art. 307 halten.

Der EuGH hat diesen Rahmen noch nicht ausgefüllt. Das beruht eben auf seinem Ansatz, die Grundlage der Kündigungspflicht im Sekundärrecht zu verorten. Im Folgenden wird daher untersucht, wie die Pflichten aus Art. 307 Abs. 2, insbesondere die Kündigungspflicht, in concreto ausgestaltet sind und welche völker- und gemeinschaftsrechtlichen Vorgaben dabei maßgeblich sind.

II. Einwendungen gegen das Bestehen einer Kündigungspflicht

1. Natur der Pflichten aus Artikel 307 EG – Handlungs- oder Ergebnispflicht, pactum de agendo

Die Natur der Pflichten aus Art. 307 Abs. 2 war zwischen den Parteien in den Rechtssachen C-62/98 und C-84/98 umstritten. Die *Portugiesische Republik* war der Ansicht, Art. 307 Abs. 2 konstituiere eine bloße Handlungspflicht und verpflichte die Mitgliedstaaten allein dazu, die geeigneten Mittel zu ergreifen. Es bleibe dann die Frage danach, ob zu diesen Mitteln auch die Kündigung zähle, was sie verneinte. Die Beklagte argumentierte insoweit, dass, nähme man an, es handele sich um eine Ergebnispflicht, die Anordnung des Art. 307 Abs. 2 S. 2, nach der die Mitgliedstaaten sich gegenseitig Beistand zu leisten haben, nicht sinnvoll sei, weil die Behebung einer Unvereinbarkeit bereits durch einseitiges Handeln des betroffenen Mitgliedstaats erreicht werden könnte.[612]

Diese Argumentation vermag nicht zu überzeugen. Sie wird zunächst nicht durch den Wortlaut der Vorschrift gestützt, nach dem die geeigneten Mittel zu ergreifen sind. Weiter ist der Zusammenhang zwischen der Kooperations- und einer möglichen Kündigungspflicht, wie ihn die *Portugiesische Republik* herzustellen versucht, nicht nachvollziehbar. Die Kooperationspflicht dient dem effektiven Einsatz der geeigneten Mittel und soll unterstützend wirken. Diesem von der Beklagten nicht in Frage gestellten Zweck liefe es zuwider, wenn das Bestehen der Kooperationspflicht grundsätzlich geeignete Mittel aus dem Kreis der von den Mitgliedstaaten zur Beseitigung von Kollisionen zu ergreifenden Maßnahmen ausschlösse.

612 Vgl. Schlussanträge GA Mischo v. 20.10.1999, Rs. C-62/98, Kommission ./. Portugal, Slg. 2000 I-5174, 5182, Rn. 40

Absatz 2 verpflichtet die Mitgliedstaaten *gemeinschaftsrechtlich* zur Behebung von Vertragskollisionen.[613] In der Literatur wird davon gesprochen, Art. 307 Abs. 2 enthalte ein *pactum de agendo*[614], durch den Unvereinbarkeiten von völkervertrags- und europarechtlichen Verpflichtungen der Mitgliedsstaaten behoben werden sollen. Mit diesem *pactum* unterwerfen die Mitgliedstaaten sich in ihren Beziehungen zu dritten Staaten der Vorgabe, im Ergebnis eine Aufhebung der Kollision zu erreichen. Diese Vorgabe ist nach der Rechtsprechung rechtlich bindend. Damit wird der an sich politische Prozess der Aushandlung von völkerrechtlichen Verträgen verrechtlicht. Art. 307 ist Ausdruck des Souveränitätsverzichts der Mitgliedstaaten zugunsten der Errichtung einer einheitlichen Rechtsordnung.

Das Bestehen einer Kündigungspflicht lässt sich also nicht verneinen mit dem Verweis darauf, dass Art. 307 Abs. 2 nur Handlungspflichten konstituiere. Vielmehr erweist sich, dass Art. 307 eine rechtsverbindliche Ergebnispflicht normiert.

2. *Diplomatische Interessen*

Die Beklagte Portugiesische Republik hatte vorgebracht, dass eine Kündigung „ausnahmsweise in extremen Fällen anzuwenden“ sei, insbesondere, wenn folgende zwei Voraussetzungen erfüllt seien:

- umfassende Unvereinbarkeit zwischen den Bestimmungen des Abkommens und dem Gemeinschaftsrecht;
- Unmöglichkeit der Aufrechterhaltung des Gemeinschaftsinteresses auf politischem oder anderem Wege.[615]

Diese Argumentation geht in Richtung des Primats der politischen Lösung von Konflikten gegenüber einer rechtlichen Kündigungspflicht. Es ist offensichtlich, dass für eine solche Position im Rahmen der Rechtsgemeinschaft kein Platz ist. Der Gerichtshof ist auf sie nicht weiter eingegangen, sondern hat sie pauschal mit dem Argument abgelehnt, die unter Berufung auf Art. 234 a. F. vorgetragenen Punkte seien nicht relevant, weil die Kündigungspflicht auf dem Sekundärrecht beruhe.

Nun ist oben nachgewiesen worden, dass diese Position nicht mit dem Prinzip der Normenhierarchie im Europarecht vereinbar ist. Das ändert aber nichts daran, dass dem Gerichtshof in der Ablehnung des Primats einer politischen Lösung zuzustimmen ist. Spezifische Interessen eines Mitgliedstaats müssen dort zurücktre-

613 Vedder, in: Grabitz/Hilf, Art. 234 Rn. 1, Hervorhebung im Original
614 Manzini, EJIL 2001, 781, 782
615 AaO. Slg. 2000 I-5174, 5183, Rn. 43

ten, wo Rechtspflichten zur Umsetzung des Gemeinschaftsrechts bestehen. Folge eines möglichen Ausschlusses einer Kündigung aus dem Kreis der „geeigneten Mittel" aufgrund des Vorrangs politischer Lösungen wäre eine nicht hinnehmbare Rechtsunklarheit. Dabei bliebe es letztlich den Mitgliedstaaten überlassen, das jeweils geeignete Mittel zu bestimmen. Das aber würde letztlich den als Rechtsregel formulierten Art. 307 Abs. 2 zu einer politischen Handlungsanweisung degenerieren lassen. Aber, wie es der Generalanwalt *Mischo* prägnant formuliert: *„Die Gemeinschaft ist nicht auf Potestativverpflichtungen gegründet."*[616]

3. Verzicht als geeignetes Mittel

Die *Portugiesische Republik* brachte, ohne dass die Kommission ihr in diesem Punkt widersprochen hätte, vor, eine Kündigung sei von ihr nicht zu fordern, da sie auf die Inanspruchnahme der Ladungsanteilvereinbarungen seit 1993 verzichtet habe.[617] Entsprechend wird auch in der Literatur vertreten, dass das „geeignete Mittel" im Verzicht des betreffenden Staates bestehe, sofern die Unvereinbarkeit mit dem EG-Vertrag ein Recht des Mitgliedstaats betreffe, das dieser aus einem früheren Abkommen mit einem Drittstaat ableite.[618]

In seinen Schlussanträgen ging der Generalanwalt *Mischo* auf dieses Argument ein. Er war allerdings der Ansicht, diese Möglichkeit kollidiere mit dem ausdrücklichen Gebot des Artikels 3 der VO 4055/86, Ladungsanteilvereinbarungen zu beenden oder anzupassen. Weiter garantiere ein einseitiger Verzicht nicht die Ermöglichung des Zugangs zu den für Portugal bestimmten Ladungen durch den anderen Vertragsstaat für Angehörige anderer Mitgliedstaaten. Somit sei die erforderliche Rechtssicherheit nicht gewährleistet.[619] Dieses Argument zieht der Generalanwalt aus der Rechtsprechung des Gerichtshofs zur unmittelbaren Wirkung von Richtlinien. Im Zusammenhang mit vorgemeinschaftlichen Übereinkünften hat der Gerichtshof in Vertragsverletzungsverfahren gegen Frankreich und Italien insoweit entsprechend ständiger Rechtsprechung festgestellt, dass die Mitgliedstaaten die erforderliche Rechtssicherheit für die Gemeinschaftsangehörigen garantieren müssen.[620] Insoweit sind die Schlussanträge des Generalanwalts *Mischo* aufschlussreich: Nach diesen ist die Kündigung als *ultima ratio* anzusehen, die nur anzuwenden ist, wenn eine angemessene Frist ver-

616 AaO., Slg. 2000 I-5174, 5186, Rn. 59
617 AaO., Slg. 2000 I-5174, 5190, Rn. 80
618 Petersmann, in: von der Groeben/Schwarze, Art. 307, Rn. 8
619 AaO., Slg. 2000 I-5174, 5191, Rn. 85 f.
620 Vgl. Urt. v. 13.03.1997, Rs. C-197/96, Kommission ./. Frankreich, Slg. 1997 I-1489, 1535, Rn. 11-16; Urt. v. 04.12.1997, Rs. C-207/96, Kommission ./. Italien, Slg. 1997 I-6869, 6902, Rn. 26

strichen ist, ohne dass ein weniger einschneidendes Mittel die Erreichung des nach dem Gemeinschaftsrecht zu erzielenden Ergebnisses ermöglicht hätte.[621] Das nach Ansicht des Generalanwaltes zu erzielende Ergebnis ergibt sich aus dem oben unter 2. Gesagten: Geltung des Gemeinschaftsrechts, so dass die Rechtssicherheit für Marktteilnehmer hinsichtlich ihrer Rechte gewährleistet ist. Insofern ergibt sich eine qualifizierte Rechtspflicht zur Beseitigung von Unvereinbarkeiten zwischen Gemeinschaftsrecht und vorgemeinschaftlichen Übereinkünften.

D. Ergebnis

Als Ergebnis der Rechtsprechungsanalyse ist somit festzuhalten: Der Ansatz des EuGH, soweit er die Kündigungspflicht in den Rechtssachen allein aus dem Sekundärrecht herleitet, ist nicht haltbar. Vielmehr müsste Art. 307 Abs. 2 Ausgangspunkt der Herleitung von Kündigungspflichten sein. Denn er steht in der Normenhierarchie über den Vorschriften des Sekundärrechts.[622]

Art. 307 Abs. 2 gibt damit den primärrechtlichen Rahmen vor, innerhalb dessen eine Pflicht eines Mitgliedstaates zur Kündigung einer vorgemeinschaftlichen Übereinkunft entstehen kann. Hinsichtlich vorgemeinschaftlicher Übereinkünfte ist Art. 307 damit Grundlage einer möglichen Kündigungspflicht. Sekundärrechtliche Regelungen, die in den Regelungsbereich von Art. 307 fallen, müssen sich innerhalb dieses Rahmens halten.[623]

Im Ergebnis zuzustimmen ist dem Gerichtshof, wenn er die gegen das Bestehen einer Kündigungspflicht vorgebrachten Einwendungen, der Kündigung stünden diplomatische Interessen entgegen, ein einseitiger Verzicht auf Rechte aus vorgemeinschaftlichen Übereinkünften reiche aus, schließlich, es handele sich nicht um eine Ergebnispflicht, in den entschiedenen Fällen zurückweist.

Die Kündigungspflicht als Ergebnis-, nicht Handlungspflicht, ist eine qualifizierte Rechtspflicht.

621 AaO., Slg. 2000 I-5174, 5188, Rn. 69
622 S. o. § 5C.I.2.c.
623 S. o. § 5C.I.3.

§ 6 Artikel 307 Abs. 2 EG – völkerrechtliche Voraussetzungen

A. Einführung

Es hat sich gezeigt, dass entsprechend dem Hierarchieprinzip im Gemeinschaftsrecht der primärrechtliche Art. 307 Abs. 2 Grundlage der Kündigungspflicht bei vorgemeinschaftlichen Übereinkünften ist.[624] Damit gibt Art. 307 den primärrechtlichen Rahmen vor, der bislang vom Gerichtshof nicht ausgefüllt ist.

Oben wurde weiter geklärt, inwieweit das Völkerrecht grundsätzlich in der Gemeinschaftsrechtsordnung Anwendung findet[625] und aufgezeigt, dass die völkerrechtliche Rechtmäßigkeit einer Maßnahme Tatbestandsvoraussetzung im Rahmen des Art. 307 Abs. 2 ist.[626] Eine Kündigungspflicht kann daher nur bestehen, wenn die Kündigung völkerrechtlich zulässig ist.

Im Folgenden werden die anwendbaren Regeln des Völkervertragsrechts[627] zur Anpassung und Kündigung völkerrechtlicher Abkommen untersucht, die diese Tatbestandsvoraussetzung, die Art. 307 als Rahmen vorgibt, ausfüllen. Ihre Einhaltung ist jeweils für das Bestehen einer Kündigungspflicht Voraussetzung.

B. Vertragsanpassung nach dem Völkerrecht

I. Die Regelung der WVK

Art. 39 bis 41 WVK regeln die Änderung und Modifikation von Verträgen, die insoweit keine spezielle Regelung enthalten.[628] Diese Regelungen sollen an dieser Stelle dargestellt werden, wobei gegebenenfalls darauf hingewiesen wird, wie sich die Verpflichtungen der Mitgliedstaaten aus Art. 307 auf einen Revisionsprozess auswirken.

Nach der allgemeinen Regel des Art. 39 WVK kann ein Vertrag durch Übereinkunft geändert werden. Es ist dabei zu unterscheiden, ob der zu ändernde Vertrag ein bi- oder multilateraler ist.

---

624 S. o. § 5C.I.3.
625 S. o. § 3
626 S. o. § 3E..
627 Vgl. zur Begrifflichkeit oben § 3A.II.
628 Vgl. zu vertraglichen Revisionsklauseln Fulda, Demokratie, S. 200 ff. m. w. N.

1. Änderung bilateraler Verträge

Die Änderung bilateraler Verträge durch den Abschluss eines entsprechenden Vertrages zwischen den Parteien ist der von der WVK in Art. 39 vorgesehene Grundfall einer Vertragsänderung. Die Mitgliedstaaten haben dabei zu beachten, dass im Rahmen der Modifikation einer vorgemeinschaftlichen Übereinkunft keine neuen Verpflichtungen übernommen werden dürfen, die mit dem Gemeinschaftsrecht nicht vereinbar sind. Hinsichtlich solcher Verpflichtungen könnten die Mitgliedstaaten sich nicht auf die Einrede des Art. 307 Abs. 1 berufen.[629]

2. Änderung multilateraler Verträge

Bei Betrachtung der Regeln über die Änderung multilateraler Verträge ist zu unterscheiden zwischen der – angestrebten – Änderung zwischen allen Vertragsparteien nach Art. 40 WVK und der Änderung zwischen zwei oder mehreren Parteien *inter se,* für die Art. 41 WVK Regelungen trifft.

Art. 40 trifft die verfahrensrechtlichen Regeln für die Information, die Beteiligung jeder Vertragspartei am Änderungsprozess und die Bindung der Parteien an den geänderten Vertrag, die von dem jeweiligen Mitgliedstaat zu beachten sind, sollte er als Partei eines mehrseitigen Abkommens vom Recht, Vertragsänderungen zu unterbreiten,[630] Gebrauch machen. Von dem Bestehen dieses Rechts geht Art. 40 WVK für den Fall, dass eine vertragliche Regelung dies nicht ausschließt, stillschweigend aus.

Art. 41 stellt für den Fall, in dem Parteien eines mehrseitigen Vertrages eine Änderung *inter se* beabsichtigen, klar, dass die Rechtspositionen der jeweils anderen Parteien zu wahren sind, vgl. Art. 41 Abs. 1 lit. b.

3. Änderung durch nachfolgende Praxis

Die WVK gibt, allerdings indirekt, auch die Möglichkeit der Änderung eines Vertrages durch die nachfolgende Staatenpraxis, da Art. 31 Abs. 3 lit. b bestimmt, dass diese bei der Auslegung zu berücksichtigen ist. Denn die Unterscheidung zwischen interpretierender Praxis und vertragsändernder Praxis ist nicht eindeutig zu treffen.[631] Diese Form der Änderung eines Vertrages erfüllt

---

629 S. o. § 2A.II.3.a., siehe das Fallbeispiel der „Open-Skies-Verträge“ oben unter § 2A.I.17..

630 Vgl. Fulda, Demokratie, S. 201

631 Vgl. Aust, Treaty Law, S. 191 ff.; Meyring, Entwicklung zustimmungsbedürftiger Verträge, S. 27-266; Fastenrath, in: Geiger, Völkerrechtlicher Vertrag und staatliches Recht, S. 93-116, mit Beispielen zu Verträgen der Bundesrepublik

aber nicht die Anforderungen, die nach der Rechtsprechung des EuGH an die Mitgliedstaaten zu stellen sind. Berechtigterweise[632] lässt er die bloße Nichtanwendung einer Vertragsnorm für die Erfüllung der mitgliedstaatlichen Verpflichtungen aus Art. 307 Abs. 2 nicht ausreichen. Art. 307 Abs. 2 stellt eine Ergebnispflicht auf und sichert so die Ergebnisorientierung des Revisionsprozesses.[633] Daher ist hier die Problematik der Vertragsänderung durch nachfolgende Praxis nicht weiter zu vertiefen.[634]

II. Recht auf Revision?

In der Literatur wird die Ansicht vertreten, im Völkerrecht sei *de lege ferenda* ein Recht auf Vertragsrevision zu fordern.[635] Da ein solches Recht Grundlage einer Vertragsrevision durch die Mitgliedstaaten sein könnte, ist an dieser Stelle kurz auf diese Ansicht einzugehen. Das Recht soll als Verfahrensrecht dahingehend ausgestaltet sein, dass es einer Vertragspartei nach einer Mindestlaufzeit zusteht, ein Revisionsverfahren einzuleiten. Wenn dann innerhalb einer bestimmten Frist keine Einigung zustande gekommen sei, solle ein – totales oder partielles – Kündigungsrecht gegeben sein.[636]

Die Forderung eines Rechts zur Revision beruht auf der Überlegung, dass das geltende Vertragsvölkerrecht bisher mit dem Demokratieprinzip als Rechtsinstitut des Völkerrechts nicht in Einklang zu bringen sei. Die zentralen Normen des Vertragsrechts könnten weder die demokratische Legitimation des Vertragsschlusses gewährleisten, noch hielten sie einen adäquaten Mechanismus für den Umgang mit innerstaatlichen Willensänderungen bereit.[637] Angesichts dieser Analyse wird gefordert, ein Revisionsrecht zu entwickeln. Formelle Grundlage der Konzeption eines Revisionsrechts ist die Annahme einer integrierten *clausula rebus sic stantibus* mit anderer als der Folge der Kündigung nach Art. 62 WVK. Materiell liegt ihr die Überlegung zugrunde, dass innerstaatlichen politischen Änderungen, die vertraglichen Bindungen entgegenstehen, Rechnung getragen werden sollte, um das völkerrechtliche Demokratieprinzip durchzusetzen.

Abgesehen davon, dass der Mehrwert einer solchen Regelung zweifelhaft erscheint, ist sie *de lege lata* nicht existent.[638] Somit wäre sie in den Fällen, in de-

---

632 S. o. § 5C.II.3.
633 S. o. § 5C.II.1.
634 Vgl. hierzu ausführlich Villiger, Customary International Law II, S. 193 ff.
635 Fulda, Demokratie, S. 216 ff
636 Fulda, Demokratie, S. 218
637 Fulda, Demokratie, S. 220
638 Vgl. Fulda, Demokratie, S. 146

nen sich für die Mitgliedstaaten die Frage nach der Änderung einer vorgemeinschaftliche Übereinkunft stellt, nicht einschlägig.

C. Kündigung nach dem Völkerrecht

I. Definition

Die Kündigung („denunciation") ist der Sache nach ein völkervertragsrechtlicher Beendigungstatbestand. Nach einer Definition steht sie der Beendigung („termination") gegenüber:

„Beendigung bedeutet schlicht die Beendigung eines Vertrages, unabhängig davon, auf welche Weise und ob sie durch das Handeln einer oder aller Parteien, durch Anwendung des Vertrages selbst oder in bestimmten Konstellationen wie Staatensukzession oder Kriegsausbruch durch das Völkerrecht erfolgt. Kündigung (...) bedeutet das Handeln einer Partei, ob rechtmäßig oder nicht, nach dem sie zur Kenntnis gibt, dass sie sich nicht länger durch den Vertrag gebunden fühlt."[639]

In der Wiener Vertragsrechtskonvention wird der Begriff der „Kündigung" terminologisch neben den der „Beendigung" und des „Rücktritts" („withdrawal") gestellt.[640] Diese Terminologie ist unklar. Aus den Regelungen der Art. 54 ff. WVK erschließt sich nicht, nach welchen sachlichen Kriterien diese Begriffe voneinander zu unterscheiden sind.[641]

Ursprünglich sollte mit „Kündigung" wohl der Fall gemeint sein, in dem sich das Recht dazu aus dem Vertrag ergibt, während eine „Beendigung" auf einen völkergewohnheitsrechtlichen Aufhebungsgrund zurückgehe.[642] Diese Unterscheidung ist aber nicht konsequent durchgeführt, wenn bereits Art. 54 Abs. 1 lit. a WVK von der Beendigung „nach Maßgabe der Vertragsbestimmungen" spricht.[643]

Die WVK statuiert die Kündigung daher nicht als ein festumrissenes Rechtsinstitut des Völkerrechts. Vielmehr regelt sie nur Teilaspekte. Entscheidend ist

---

639 McNair, The Law of Treaties, S. 491

640 Vgl. Teil V, Abschnitt 3: „Beendigung und Suspendierung von Verträgen" Art. 54, 56, 65 Abs. 1 WVK

641 Vgl. Vitzthum, in: Vitzthum, Völkerrecht, S. 63 Rn. 127; Heintschel von Heinegg, in: Ipsen, Völkerrecht, S. 165 Rn. 65

642 Vgl. Auskunft des Expert Consultant der Wiener Konferenz, UN.DOC.A/CONF. 39/11/Add. 2, 275; zustimmend Heintschel von Heinegg aaO.; Feist, Kündigung, S. 133

643 So auch Vitzthum, aaO.

grundsätzlich, ob es sich um einen Vertrag mit oder ohne Kündigungsklausel handelt. Entsprechend dieser Unterscheidung werden die einschlägigen Regeln und Rechtsinstitute dargestellt.

II. Vertragliche Vorrangklauseln

Das Problem einer Vertragskonkurrenz stellt sich dann nicht, wenn eine Vorrangklausel den Vorrang eines Vertragsregimes regelt. Diese lassen Konkurrenzsituationen a priori nicht entstehen und stellen so dass wirkungsvollste Mittel zur Lösung von Vertragskonkurrenzen dar.[644] Der Berichterstatter der International Law Commission, *Sir Waldock*, nannte sie *„clearly to be recommended whenever there is a possibility of a conflict.*"[645]

Im Fall der Kollision von Regelungen einer vorgemeinschaftlichen Übereinkunft mit dem Gemeinschaftsrecht ist es aber eher unwahrscheinlich, dass sich der Konflikt durch eine solche Vorrangklausel lösen lässt. Denn nur dann wird eine solche Übereinkunft dem Gemeinschaftsrecht den Vorrang einräumen und somit den Konflikt im Sinne des Art. 307 Abs. 2 lösen, wenn der Konflikt von vornherein vorausgesehen wurde. Das kann aber praktisch nur bei Abkommen der Fall sein, die mit Blick auf den kommenden Beitritt einer Partei zur EU geschlossen wurden. In diesen wiederum werden sich kaum kollidierende Verpflichtungen finden.

III. Unterscheidung nach multilateralen und bilateralen Verträgen

In der Literatur wird das Problem diskutiert, ob die Voraussetzungen einer Kündigung abhängig von der Art des zu kündigenden Abkommens unterschiedlich sein können. Bei bestimmten multilateralen Verträgen soll eine Kündigung besonderen Voraussetzungen unterliegen. Dies wird begründet mit der Verfestigung multilateraler Strukturen und dem erhöhten Schutzbedürfnis von Gemeinschaftsinteressen.[646]

In der Wirklichkeit des Vertragsvölkerrechts wird dieser Unterscheidung jedenfalls nicht Rechnung getragen. Das allgemeine Recht der Verträge und die Kodifizierung dieses Rechts in der WVK geht grundsätzlich vom Bilateralismus auch in mehrseitigen Abkommen aus. Genuin multilateralen Strukturen und dem

---

644 Vgl. Wilting, Vertragskonkurrenz, S. 65 ff.
645 Waldock, YILC 1964 II, S. 6, 37
646 Vgl. Feist, Kündigung

erhöhten Schutzbedürfnis von Gemeinschaftsinteressen wird nur vereinzelt Rechnung getragen.[647] Anknüpfungspunkte für die unterschiedliche Behandlung von Verträgen, die sich aus den spezifischen Erfüllungsstrukturen ergeben, sind die Regeln über Vorbehalte sowie die in Art. 60 WVRK kodifizierten Rücktrittsregeln für den Fall der Vertragsverletzung.[648]

Bei der folgenden Darstellung der völkerrechtlichen Voraussetzungen für eine Kündigung, also für das Bestehen einer Kündigungspflicht nach Art. 307 Abs. 2, sind diese von der WVK gemachten Unterschiede nicht relevant. Denn die Darstellung der völkerrechtlichen Kündigungsregeln dient hier dazu, einen Überblick über den Inhalt der völkerrechtlichen Kündigungsregeln zu geben, die für die Kündigung als geeignetes Mittel im Sinne von Art. 307 Abs. 2 zu beachten sind.

IV. Kündigung nach der WVK

1. Vertrag mit Kündigungsklausel

Art. 54 Abs. 1 lit. a regelt, dass Beendigung und Rücktritt nach Maßgabe der Vertragsbestimmungen erfolgen können. Eine Kündigung ist hiervon trotz des Wortlautes umfasst.[649] Enthält ein Vertrag eine Kündigungsklausel, so richten sich die formalen Anforderungen an die Kündigung nach dieser. In der Regel sind zeitliche Grenzen sowie die Notifikation vorgesehen.

2. Vertrag ohne Kündigungsklausel

Komplizierter gestaltet sich die Kündigung eines Vertrages ohne Kündigungsklausel, wenn dieser auf unbestimmte Zeit abgeschlossen wurde. Aus diesem Grunde sind die Mitgliedstaaten der Gemeinschaft beispielsweise im Bereich der gemeinschaftlichen Handelspolitik übereingekommen, Verträge mit Drittstaaten grundsätzlich nur nach Konsultation mit der Kommission abzuschließen, um damit verbundene Probleme von vornherein zu vermeiden.[650] Hinsichtlich vorge-

---

647 Vgl. aaO, S. 227; s. a. Rosenne, FS Jessup, S. 202, 206 f.

648 Vgl. im einzelnen Feist, Kündigung, S. 78 ff.

649 So auch Vitzthum, in: Vitzthum, Völkerrecht, S. 63 Rn. 127

650 Vgl. z. B. Entscheidung des Rates vom 16.12.1969 über die schrittweise Vereinheitlichung der Abkommen über die Handelsbeziehungen zwischen den Mitgliedstaaten und dritten Ländern über die Handelsbeziehungen zwischen den Mitgliedstaaten und dritten Ländern und über die Aushandlung der gemeinschaftlichen Abkommen, ABl. 1969 Nr. L 326, 39 ff., dazu ausführlich unten § 8B., vgl. Evtimov, Rechtsprobleme der Assoziierung, S. 10 f.

meinschaftlicher Übereinkommen kann sich das Problem, dass ein Vertrag keine Kündigungsklausel enthält, allerdings durchaus stellen.

Art. 56 WVK behandelt die Frage, unter welchen Voraussetzungen ein auf unbestimmte Zeit abgeschlossener Vertrag, der keine Kündigungsklausel enthält, dennoch gekündigt werden kann.[651] Art. 56 WVK stellt einen nach umfangreichen Verhandlungen erzielten Kompromiss[652] dar. Danach unterliegt ein solcher Vertrag grundsätzlich nicht der Kündigung oder dem Rücktritt. Ausnahmsweise kann sich ein Kündigungsrecht aus dem Zusammenhang (*implied intention*) oder der Natur des Vertrages (*ex natura)* ergeben. Zusätzlich enthält Absatz 2 das formelle Erfordernis, dass die Notifikation der entsprechenden Absicht ein Jahr im Voraus zu erfolgen hat. Angesichts der Schwierigkeit des Nachweises einer „implied intention", die eine Kündigung rechtfertigen kann, wird es in der Praxis schwierig sein, ein einseitiges Kündigungsrecht herzuleiten.

3. *Weiteres Kündigungsrecht: Art. 60 WVK*

Der Vollständigkeit halber wird an dieser Stelle ein weiteres Kündigungsrecht aufgeführt, das allerdings im Rahmen der Kündigung nach Art. 307 Abs. 2, der ganz überwiegend bei Sachverhalten zur Geltung kommt, in denen beide Vertragsparteien vertragstreu sind, nicht von großer Bedeutung sein wird. Art. 60 WVK statuiert ein Kündigungsrecht wegen vorhergehender schwerer Vertragsverletzung („material breach"). Diesem Kündigungsrecht liegt die Überlegung zugrunde, dass es einer Vertragspartei nicht zumutbar ist, ihre vertraglichen Pflichten zu erfüllen, während die andere Partei diesen nicht nachkommt. Dies entspricht und beruht auf dem römisch-rechtlichen Grundsatz *„inadimplenti not est adimplendum"*.[653]

V. *Kündigungsrecht als lokales Völkergewohnheitsrecht?*

Man könnte überlegen, ob ein Kündigungsrecht hinsichtlich vorgemeinschaftlicher Übereinkünfte möglicherweise als lokales Völkergewohnheitsrecht besteht.[654] Das Gemeinschaftsrecht könnte quasi eine Ausstrahlungswirkung dahingehend haben, dass mit der Pflicht zur Kündigung im Innenverhältnis im Außen-

651 Vgl. hierzu Widdows, BYIL 1982, 83 ff.; Ipsen, Völkerrecht, S. 166 f., Rn. 69 f.

652 Vergleiche zur Entstehungsgeschichte Widdows, BYIL 1982, 83, 84 ff., der diesen Kompromiss kritisch als „uncertain and tentative" bezeichnet, aaO. S. 93.

653 Rosenne, Breach of Treaty, S. 8; Verdross/Simma, S. 515

654 Vgl. allgemein zum Einfluss des Europarechts auf das Völkerrecht: Wormuth, Die Bedeutung des Europarechts für die Entwicklung des Völkerrechts

verhältnis ein Recht zu Kündigung korrespondiert. Das ließe sich damit begründen, dass den Vertragspartnern der Beitrittskandidaten die Verpflichtung zur Angleichung von vorgemeinschaftlichen Übereinkünften grundsätzlich bekannt ist und sie die übliche Kündigungspraxis der Beitrittsstaaten akzeptiert haben.

Die so beschriebene Ausstrahlungswirkung lässt sich in völkerrechtlichen Kategorien als Drittwirkung eines multilateralen Vertrags auf dritte Staaten einordnen.[655] A priori entfaltet ein Vertrag keine Rechtsregeln in Bezug auf Dritte. Dieser Grundsatz, *pacta tertiis nec nocent nec prosunt,* ist in Art. 34-38 WVK niedergelegt. Danach bedürfen Verträge, die Rechte oder Pflichten für Dritte vorsehen, der Zustimmung des zu Begünstigenden oder zu Belastenden.

Der *Pacta tertiis*-Grundsatz erfährt aber Ausnahmen.[656] Grundsätzlich wird eine Bindung dritter Staaten diskutiert im Hinblick auf Konventionen, die generell-abstrakt allgemeine Regeln des Völkerrechts kodifizieren[657], weiter im Hinblick auf sogenannte Statusverträge als territorial bezogene Regelungen *„erga omnes"*[658] und auf Abkommen, bei denen sich die Bindung von Drittstaaten daraus ergibt, das ihre Regelungen ein geteiltes Interesse von überragend wichtiger Bedeutung für die Allgemeinheit, „common concern of mankind", betreffen, namentlich den Schutz der Umwelt, die Bewirtschaftung knapper Ressourcen und die Erhaltung des Weltfriedens.[659]

Hinsichtlich des EG-Vertrages kommen die beiden letztgenannten Ausnahmen nicht in Betracht. Schon die beispielhafte Aufzählung der eine Drittwirkung möglicherweise rechtfertigenden Interessen zeigt, dass der Vertrag mit seinen in der Präambel niedergelegten Zielen der Europäischen Integration nicht in die

---

655 Vgl. hierzu ausführlich Feist, Kündigung, S. 89 ff.; historisch: Roxburgh, International Conventions and Third States

656 Vgl. Feist, Kündigung, S. 91 ff.

657 Feist, Kündigung, S. 91, unter Hinweis auf das Urteil des IGH im North Sea Continental Shelf Case (Federal Republic of Germany ./. Denmark; Federal Republic of Germany ./. The Netherlands), ICJ-Reports 1969, 3, 41, wo dieser ausführte: " In so far as this contention is based on the view that Article 6 of the Convention has had influence, and has produced the effect described, it clearly involves treating that Article as a norm-creating provivsion which has constituted the foundation of, or has generated rule which, while only conventional or contractual in its origin, has since passed into the general *corpus* of international law, and is now accepted as such by the *opinio* iuris, so as to have become binding even for countries which have never, and do not, become parties to the Convention. (...) It would in the first place be necessary that the provivion concerned should, at all events potentially, be of a fundamentally norm-creating character, such as could be regarded as forming the absis of a gerneral rule of law."

658 Vgl. hierzu umfassend Klein, Statusverträge

659 Vgl. Feist, Kündigung, S. 106 ff, insbes. S. 110, der für solche Verträge die Bezeichnung „Ordnungsverträge im Gemeinschaftsinteresse" prägt.

letztgenannte Kategorie fällt. Es handelt sich ebenso wenig um einen Statusvertrag, also ein Abkommen mit dem Gegenstand einer gebietsbezogenen Regelung einiger Staaten im Interesse aller aufgrund ihrer territorialen Kompetenz.[660]

Es stellt sich allenfalls die Frage, ob ein Vertrag, der keine Kündigungsklausel enthält, möglicherweise aufgrund eines lokalen gewohnheitsrechtlichen Rechtssatzes beendet werden kann. Grundsätzlich können Rechtssätze des Völkergewohnheitsrechts auch lokal begrenzt Geltung erlangen.[661] Allerdings ist hier bereits fraglich, ob es sich um eine Frage *lokalen* Gewohnheitsrechts handeln kann. Denn die Parteien der von Beitrittsländern geschlossenen vorgemeinschaftlichen Übereinkünfte können weltweit alle Staaten sein. Untersucht man weiter die Voraussetzungen für die Entstehung von Gewohnheitsrecht – *consuetudo* und *opinio iuris* – so lässt sich im Hinblick auf vorgemeinschaftliche Übereinkünfte weder eine Übung noch eine Rechtsmeinung dahingehend nachweisen, dass Staaten, die der EG beitreten, ein gewohnheitsrechtliches Recht haben, vorgemeinschaftliche Übereinkünfte zu beenden. Letztlich erweist sich also der Ansatz, ein Kündigungsrecht aus lokalem „europäischem" Gewohnheitsrecht herzuleiten, als nicht haltbar.

VI. Weitere Beendigungstatbestände

Außer durch Kündigung kann die Beendigung eines Vertrages erfolgen durch Erfüllung, Zeitablauf, einverständliche Aufhebung, Untergang eines Vertragspartners, endgültige, unverschuldete Unmöglichkeit der Vertragserfüllung[662], oder aufgrund einer *clausula rebus sic stantibus*.[663]

Wurde oben[664] das Problem der einseitigen Kündigung von Verträgen ohne Kündigungsklausel angesprochen, so stellt sich dieses weniger akut, wenn man es im Zusammenhang mit diesen weiteren Beendigungstatbeständen stellt. Namentlich die einverständliche Aufhebung eines Vertrages ist bereits von Art. 307 Abs. 2 S. 2 in den Blick gerückt, wenn eine Hilfeleistung der übrigen Mitgliedstaaten im Rahmen von Verhandlungen verpflichtend gemacht wird.

---

660 Zu dieser Definition vgl. Klein aaO., S. 23
661 Vgl. Villiger, Customary International Law, S. 33 f, Rn. 82 ff.
662 Vgl. Art. 61 WVK
663 Vgl. Art. 62 WVK
664 Im Abschnitt § 6C.IV.2.

Um eine umfassende Darstellung der völkerrechtlichen Kündigungsregeln zu gewährleisten, wird an dieser Stelle auf das Prinzip *rebus sic stantibus* eingegangen, das Grundlage für die Beendigung oder den Rücktritt von einer völkerrechtlichen Übereinkunft sein kann.[665]

Die *clausula rebus sic stantibus* findet ihre Entsprechung im deutschen innerstaatlichen Recht in der Lehre vom Wegfall der Geschäftsgrundlage.[666] Nach der Regelung, die sie in Art. 62 Abs. 1 WVK gefunden hat, können Beendigung oder Rücktritt vom Vertrag nur geltend gemacht werden, wenn eine grundlegende, nicht vorausgesehene Veränderung von Umständen vorliegt, die beim Vertragsabschluß gegeben waren. Diese Umstände müssen eine wesentliche Grundlage für die Zustimmung der Parteien zur Vertragsbindung gewesen sein. Ihre Änderung würde das Ausmaß der auf Grund des Vertrags noch zu erfüllenden Verpflichtungen tiefgreifend umgestalten. Voraussetzung für die Berufung auf die Veränderung der Umstände ist die eigene Erfüllung von internationalen Verpflichtungen.

Die Tatsache, dass sich Verpflichtungen aus einer vorgemeinschaftlichen Übereinkunft durch den Beitritt zur Gemeinschaft im Widerspruch zu solchen aus dem EG befinden, erfüllt das Tatbestandsmerkmal einer nicht vorausgesehenen Veränderung von Umständen jedenfalls offensichtlich nicht. Ein Kündigungsrecht aufgrund tiefgreifender Änderung wesentlicher Umstände kann sich für einen Mitgliedstaat allenfalls aufgrund der besonderen Umstände des Einzelfalles ergeben. Bei seiner Ausübung sind dann die prozeduralen Vorschriften[667] in Art. 65 ff. WVK zu beachten: Die Absicht zur Anwendung der *clausula* muss der oder den anderen Vertragsparteien mitgeteilt werden. Wenn diese nicht zustimmen, kommen völkerrechtliche Streitbeilegungsregeln zur Anwendung.

Im Ergebnis steht also einem Mitgliedstaat in aller Regel die Berufung auf die *clausula rebus sic stantibus* nicht offen als Weg, sich von den Verpflichtungen aus einer vorgemeinschaftlichen Übereinkunft zu lösen.

---

665 Im Urt. v. 16.06.1998, Rs. C-162/92, Racke ./. Hauptzollamt Mainz, Slg. 1998 I-3655, 3704, Rn. 46 hat der Gerichtshof anerkannt, dass Art. 62 WVK Gewohnheitsrecht darstellt und „Bestandteil der Rechtsordnung der Gemeinschaft" ist. Vgl. zur differenzierten Behandlung multilateraler Verträge im Hinblick auf die *clausula* Feist, Kündigung, S. 178.

666 Zur Entstehungsgeschichte: Verdross/Simma, Völkerrecht, S. 526 ff, §§ 828 ff.

667 Vgl. hierzu Brandl, AVR 2003, 113 f.

VIII. Rechtfertigung einer Kündigung als Gegenmaßnahme

Die Kündigung von völkerrechtlichen Abkommen kann auch als Gegenmaßnahme gerechtfertigt sein. Das allgemeine Recht der Staatenverantwortlichkeit erlaubt es Staaten, auf eine Verletzung ihrer Rechte durch andere Völkerrechtssubjekt mit einer Aussetzung der Erfüllung der eigenen Verpflichtungen gegenüber diesem Subjekt zu reagieren. Dieses Mittel der erlaubten Selbsthilfe wird bezeichnet als Recht zur Gegenmaßnahme („countermeasure").[668] Die Gegenmaßnahme dient als Mittel einseitiger Rechtsdurchsetzung dazu, auf den Rechtsbrecher Druck auszuüben, damit er sich wieder rechtmäßig verhält.

Voraussetzung für die Berechtigung zur Ergreifung einer Gegenmaßnahme ist ein Rechtsbruch. Dieser kann gegenüber dem Mitgliedstaat, der Partei der vorgemeinschaftlichen Übereinkunft ist, begangen worden sein. Auch für den Fall, dass der Mitgliedstaat nicht direkt Verletzter ist, kann er möglicherweise Verantwortlichkeit geltend machen und die Kündigung als Gegenmaßnahme ergreifen. Das kann nach dem abschließenden Entwurf der ILC zur Staatenverantwortlichkeit der Fall sein, wenn schwere Verletzungen von ius cogens Verpflichtungen erfolgen.[669]

Die ergriffene Gegenmaßnahme muß rechtmäßig und verhältnismäßig sein. Diese Maßstäbe sind entsprechend an eine Kündigung anzulegen, wenn sie als Gegenmaßnahme gerechtfertigt sein soll.

Die Kündigung aufgrund einer gemeinschaftsrechtlichen Verpflichtung wird jedoch in aller Regel gegenüber einer vertragstreuen Partei erfolgen. Das Recht zur Kündigung als Gegenmaßnahme, dass einen Rechtsbruch der Gegenseite voraussetzt,[670] soll hier daher nicht vertieft behandelt werden.

IX. Rechtsfolgen der Beendigung durch Kündigung

Die Beendigung hat die Befreiung der Vertragsparteien von der Verpflichtung, den Vertrag weiterhin zu erfüllen, zur Folge Art. 70 Abs. 1 lit. a WVK. Die in Art. 70 statuierte ex-nunc-Wirkung der Beendigung führt zum Fortbestand von

---

668 Die Bezeichnung einer solchen Maßnahme als „Repressalie" erscheint überholt, vgl. aber so noch Verdross/Simma, Völkerrecht, S. 907 ff., Doehring, FS Tieya, S. 235.

669 Vgl. Report of the International Law Commission on the work of ist fifty-third session, 23 April to 1 June, 27 July to 10 August 2001, GA-OR 55th Sess., Suppl. No. 10 (A/56/10), Chapter IV; dazu näher Brandl, AVR 2003, 101, 116 ff.

670 Vgl. hierzu ausführlicher für die Kündigung multilateraler Verträge Feist, Kündigung, S. 213 ff., für den Fall der Kündigung als Sanktion von Menschenrechtsverletzungen Brandl, AVR 2003, 115 ff.

zuvor durch die Durchführung des Vertrages begründeten Rechten und Pflichten der Vertragsparteien, vgl. Art. 70 Abs. 1 lit. b WVK.[671]

X. Ergebnis

Im Ergebnis wird deutlich, dass trotz vielfacher theoretisch denkbarer Möglichkeiten einer Vertragsbeendigung[672] – stets möglich ist die einvernehmliche Beendigung durch die Vertragsparteien – eine Kündigung völkerrechtlich nur dann unproblematisch erfolgen kann, wenn die fragliche vorgemeinschaftliche Übereinkunft eine Kündigungsklausel enthält.[673]

671 Insoweit missverständlich Kontou, Termination, S. 8: „Termination is the ending of a treaty and of the binding force of the rights and obligation it has created.“

672 Vgl. Widdows, BYIL 1982, 94: "[A]ny one of a myriad of specific exits from treaty obligations may be alleged […]."

673 Dies deutet sich auch in der Rechtsprechung an, wenn der Gerichtshof ausdrücklich auf eine Kündigungsklausel in der fraglichen vorgemeinschaftlichen Übereinkunft hinweist, vgl. Urt. v. 18.11.2003, Rs. C-216/01, Budejovický Budvar, národní podnik ./. Rudolf Ammersin GmbH, Rn. 171.

§ 7 Artikel 307 Abs. 2 EG – die Pflicht zur Kündigung und ihre gemeinschaftsrechtlichen Grenzen

A. Einführung – Gemeinschaftsrechtliche Grundsätze als Geeignetheitsmaßstab?

Die Pflicht zur Kündigung einer vorgemeinschaftlichen Übereinkunft entsteht als qualifizierte Rechtspflicht. Qualifiziert ist sie zunächst deshalb, weil die völkerrechtliche Rechtmäßigkeit Tatbestandsmerkmal des Art. 307 Abs. 2 ist, wenn dieser von *geeigneten Mittel[n]* spricht.[674] Sie ist daher immer zu prüfen, wenn zu ermitteln ist, ob eine Kündigungspflicht besteht. Im vorhergehenden Abschnitt ist deshalb dargestellt worden, nach welchen völkerrechtlichen Regeln eine vorgemeinschaftliche Übereinkunft beendet werden kann.

Im Folgenden nun wird weiter die Frage untersucht, inwieweit gemeinschaftsrechtliche Grundsätze die Rechtspflicht aus Art. 307 Abs. 2 qualifizieren, insbesondere, welche Grenzen gemeinschaftsrechtliche Grundsätze für die Kündigungspflicht setzen. Insbesondere ergibt sich diese Frage aus folgenden Überlegungen:

Zum einen stellt sich im Verhältnis des Mitgliedstaats zur Gemeinschaft die Frage, inwieweit ein Mitgliedstaat Rücksichtnahme der Gemeinschaft auf seine Interessen unter Berufung auf den allgemeinen Rechtsgrundsatz der Verhältnismäßigkeit verlangen kann.[675]

Als Grenzen der Kündigungspflicht kommen innerhalb des Gemeinschaftsrechts zum anderen solche Grundsätze in Betracht, die die Stellung des einzelnen im Gemeinschaftsrecht regeln, insbesondere den Schutz von Rechtspositionen einzelner Wirtschaftsteilnehmer bezwecken.[676] Zu untersuchen sind also solche Fallkonstellationen, in denen eine vorgemeinschaftliche Übereinkunft einen Individualrechtsbezug hat.

Anknüpfungspunkt für die Untersuchung muss wiederum das Tatbestandsmerkmal der Geeignetheit einer Maßnahme sein. Es hat sich gezeigt, dass die völkerrechtliche Rechtmäßigkeit ein Element der Geeignetheit ist. Sie muss darum geprüft werden um festzustellen, ob eine Pflicht zur Kündigung besteht. Das ist oben maßgeblich damit begründet worden, dass Art. 307 Abs. 2 die Anwen-

---

674 Vgl. oben unter § 3E. und § 6.

675 Dazu unten § 7B.

676 Dazu unten § 7C.

dung von geeigneten Mitteln auf zwischenstaatlicher Ebene verlangt und die Mitgliedstaaten wiederum in ihrem Handeln gegenüber Drittstaaten an das Völkerrecht gebunden sind.[677]

Diese Argumentation lässt sich nicht ohne Weiteres übertragen, wenn man die Frage stellt, inwieweit gemeinschaftsrechtliche Grundsätze die Pflicht aus Art. 307 Abs. 2 qualifizieren, also die Geeignetheit auch nach gemeinschaftsrechtlichen Maßstäben zu bestimmen ist. Denn die Rechtsbeziehungen, innerhalb derer eine Kündigungspflicht aus Art. 307 Abs. 2 entstehen kann, sind im Hinblick auf das Verhältnis der Gemeinschaft zu den Mitgliedstaaten und die Stellung einzelner bestimmt durch die besonderen gemeinschaftsrechtlichen Grundsätze. Darum wird, ausgehend vom Stand der Rechtsprechung, die Bedeutung der Grundsätze jeweils einzeln in Anknüpfung nicht nur an das Tatbestandsmerkmal der Geeignetheit, sondern auch an andere primärrechtliche Regelungen[678] untersucht.[679]

B. Verhältnismäßigkeit der gemeinschaftsrechtlichen Verpflichtung der Mitgliedstaaten

I. Verhältnismäßigkeit in den Beziehungen zwischen Mitgliedstaat und Gemeinschaft

Ihren Ausgang nimmt die Rechtsprechung zum Verhältnismäßigkeitsprinzip wohl bereits im Jahre 1955 im Urteil in der Rechtssache 8/55, *Fédéchar*. Dort heißt es, einem allgemein anerkannten Rechtssatz zufolge müsste ein bestimmtes Vorgehen der Hohen Behörde gegen unerlaubtes Verhalten von Unternehmen zu dem Ausmaß dieses unerlaubten Verhaltens in einem gewissen Verhältnis stehen.[680] Im Weiteren hat das Verhältnismäßigkeitsprinzip in der Rechtsprechung des Gerichtshofs und des Gerichts Erster Instanz seine Ausprägung erfahren, wobei die Terminologie uneinheitlich war.[681] Nunmehr ist die am häufigsten anzutreffende Formel, auf die das Prinzip gebracht wird, die folgende: *„[Es] kommt [...] für die Frage, ob eine Vorschrift des Gemeinschaftsrechts dem Grundsatz der Verhältnismäßigkeit entspricht, darauf an, ob die gewählten Mittel zur Erreichung des*

677 S. o. § 3E.II.
678 Vgl. dazu insbesondere unten § 7C.IV.1.
679 Vgl. jeweils unten § 7B.II., § 7C.IV.5.
680 Urt. v. 29.11.1956, Rs. 8/55, Fédération Charbonnière de Belgique ./. Hohe Behörde, Slg. 1955/56, 297, 311; so auch Emiliou, Proportionality, S. 134; Kutscher, Verhältnismäßigkeit, S. 89
681 Vgl. Schwab, Verhältnismäßigkeitsgrundsatz, S. 38 f.; zur Kritik vgl. Wetter, Grundrechtscharta, S. 110

angestrebten Zweckes geeignet sind und ob sie das Maß des hierzu Erforderlichen nicht übersteigen."[682]

Zwei Aspekte des Verhältnismäßigkeitsprinzips sind nach dem gegenwärtigen Stand zu unterscheiden: Schutzprinzip und Kompetenzausübungsschranke.[683]

1. Das Verhältnismäßigkeitsprinzip als Schutzprinzip

Das Verhältnismäßigkeitsprinzip hat im Gemeinschaftsrecht verschiedene Aspekte. Ursprünglich fand das Verhältnismäßigkeitsprinzip seine Anwendung im Verhältnis Einzelner zu den Institutionen der Gemeinschaft bei Rechtssetzung und Verwaltung, später im Verhältnis zu den Mitgliedstaaten, wenn diese Gemeinschaftsrecht vollziehen oder Grundfreiheiten einschränken.[684] Unter diesem Blickwinkel wurde das Verhältnismäßigkeitsprinzip eher interpretiert als Schutzprinzip im Verhältnis der Unionsbürger zur Gemeinschaft denn als Ordnungsprinzip im Verhältnis der Mitgliedstaaten zu ihr.[685] So fasste der Generalanwalt den Grundsatz auf als Maßstab,

„*wonach dem Bürger nur die zur Erreichung eines im Allgemeininteresse liegenden Zwecks unbedingt notwendigen Pflichten auferlegt werden dürfen.*"[686]

In seiner Funktion als Schutzprinzip hat der Verhältnismäßigkeitsrundsatz wiederum eine eigenständige Bedeutung im Rahmen der Grundrechtsprüfung erlangt.[687] Elemente der Prüfung der Verhältnismäßigkeit als Schutzprinzip sind die Geeignetheit und die Erforderlichkeit, sowie die Proportionalität.[688] Das eingesetzte Mittel muss grundsätzlich zur Erreichung des angestrebten Ziels geeignet sein. Erforderlich ist es hingegen dann, wenn kein weniger beeinträchtigendes Mittel zur Verfügung steht,[689] anders formuliert, wenn unter mehreren geeigneten Mitteln das am wenigsten belastende gewählt wurde. Proportionalität wiederum

---

682 Vgl. Urt. v. 22.10.1998, Rs. C-36/97 und C-37/97, Kellinghusen und Ketelsen ./. Amt für Land- und Wasserwirtschaft Kiel, verb. Rs. C-36, 37/97, Slg. 1998 I- 6337, 6362, Rn. 33

683 So differenzierend auch Streinz, Europarecht, Rn. 145 b

684 Vgl. zu diesen unterschiedlichen Fallkonstellationen Emiliou, Proportionality; Streinz, Europarecht, Rn. 145 b

685 Vgl. Schwab, Verhältnismäßigkeitsgrundsatz, S. 33 ff.; Emiliou, aaO., S. 2, reduziert seine Untersuchung sogar ganz auf diesen ersten Aspekt.

686 Schlussanträge GA Dutheillet de Lamothe v. 02.12.1970, Rs. 11/70, Internationale Handelsgesellschaft mbH ./. Einfuhr- und Vorratsstelle für Getreide und Futtermittel, Slg. 1970, 1142, 1149

687 Vgl. Wetter, Grundrechtscharta, S. 104 ff.

688 Vgl. Lienbacher aaO., Art. 5 EGV, Rn. 39 ff.; Zuleeg, in: von der Groeben/Schwarze, Art. 5, Rn. 37 ff.; Pollak, Verhältnismäßigkeitsprinzip, S. 121 ff.

689 Schwarze, Europäisches Verwaltungsrecht II, S. 670

wird auch als „Verhältnismäßigkeit im engeren Sinne“[690] bezeichnet. Danach darf, abstrakt formuliert, das durch einen Eingriff in individuelle Freiheitspositionen herbeigeführte Opfer nicht außer Verhältnis zu dem für die Allgemeinheit angestrebten Nutzen stehen.[691]

2. *Das Verhältnismäßigkeitsprinzip als Kompetenzausübungsschranke*

Nicht immer unumstritten war die Position der Mitgliedstaaten als individuell Begünstigte des Verhältnismäßigkeitsprinzips. In der Einfügung des mit Art. 5 wortgleichen Art. 3 b a. F. durch den Maastrichter Vertrag wurde eine Neuerung dahingehend gesehen, dass die Mitgliedstaaten wie belastete Einzelne zu betrachten seien, wie aus dem Zusammenhang mit den Absätzen 1 und 2 des Art. 3 b a. F. abzuleiten sei.[692] In Art. 5 Abs. 3 ist der Verhältnismäßigkeitsgrundsatz als allgemeines Ordnungsprinzip bei der Kompetenzausübung durch die Gemeinschaft niedergelegt. Unstreitig war bereits vor der ausdrücklichen Erwähnung des Prinzips im Vertrag, dass die Inanspruchnahme von Gemeinschaftskompetenzen unter dem implizit mitzudenkenden Vorbehalt der Verhältnismäßigkeit steht.[693] Es stellt eine allgemeine Handlungsmaxime der Gemeinschaft dar[694] und gehört auch insoweit zu den allgemeinen Rechtsgrundsätzen des Gemeinschaftsrechts.[695]

Das Verhältnismäßigkeitsprinzip, so wie es nun in Art. 5 Abs. 3 geregelt ist, dient der Kompetenzbeschränkung zugunsten der Mitgliedstaaten, indem es als „Kompetenzausübungsschranke“[696] oder „Kompetenzausübungssperre“[697] fungiert. Wird das Verhältnismäßigkeitsprinzip als Kompetenzschranke geprüft, so finden sich in der Literatur grundsätzlich zur der Beantwortung der Frage, welche Belastungen im Hinblick auf die Mitgliedstaaten relevant sind, die Stichworte: Regelungsdichte, finanzielle Folgen und die Abkehr von eingespielten Verfahren der Anwendung oder Kontrolle.[698]

---

690 Jahns-Böhm, in: Schwarze, Art. 6, Rn. 39
691 Vgl. Schwab, Verhältnismäßigkeitsgrundsatz, S. 40
692 Jarass, EuGRZ 1994, 209, 214 f.; Zuleeg, in: von der Groeben/Schwarze, Art. 5, Rn. 37
693 Lienbacher, in: Schwarze, Art. 5, Rn. 36
694 Lienbacher, in: Schwarze, Art. 5 EGV, Rn. 34
695 Vgl. hierzu Emiliou, Proportionality, S. 115; Wetter, Grundrechtscharta, S. 104 ff.
696 Streinz, Europarecht, Rn. 145 b
697 Hochbaum, DÖV 1992, 289
698 Zuleeg, aaO.

Nachdem das Verhältnismäßigkeitsprinzip allgemein in den Ausprägungen, die es in der Rechtsprechung des Gerichtshofs erfahren hat, dargestellt wurde, ist nun zu untersuchen, welche Wirkung seine Anwendung im Rahmen von Art. 307 Abs. 2 auf die Kündigungspflicht der Mitgliedstaaten haben kann.

Die Funktion als Schutzprinzip hat das Verhältnismäßigkeitsprinzip im Verhältnis von Einzelnen zur Gemeinschaft oder zum Mitgliedstaat. Diese Funktion kann also nicht maßgeblich sein.[699]

Als Kompetenzschranke fungiert der Verhältnismäßigkeitsgrundsatz in Fällen, in denen die Gemeinschaft Kompetenzen gegenüber den Mitgliedstaaten ausübt. Im Rahmen von Art. 307 Abs. 2 wird die Gemeinschaft aber nicht in Ausübung von Kompetenzen gegenüber den Mitgliedstaaten in diesem Sinne tätig, sondern insbesondere die Kommission in ihrer Rolle als „Hüterin der Verträge", indem sie die Kündigung einer vorgemeinschaftlichen Übereinkunft einfordert.

Das Verhältnismäßigkeitsprinzip ist nach der Rechtsprechung im Rahmen der Beziehungen zwischen Gemeinschaft und Mitgliedstaaten aber grundlegend als Teil eines Verhältnisses zu sehen, das auf dem Grundsatz gegenseitiger Rücksichtnahme fußt und auch die Mitgliedstaaten wie einzelne schützt.[700]

In den Rechtssachen C-62/98 und C-84/98, jeweils *Kommission ./. Portugal,* berief sich die beklagte Portugiesische Republik darauf, eine Kündigung der fraglichen vorgemeinschaftlichen Übereinkunft sei unverhältnismäßig. Die Kündigung stelle ihre außenpolitischen Interessen gegenüber dem Gemeinschaftsinteressen unverhältnismäßig zurück.[701] Der Gerichtshof ging auf das Argument der Unverhältnismäßigkeit ein, indem er ausführte, die Abwägung zwischen den außenpolitischen Interessen eines Mitgliedstaats und dem Gemeinschaftsinteresse nehme bereits Artikel 234 EGV vor, der es einem Mitgliedstaat ermögliche, eine gemeinschaftsrechtliche Bestimmung unangewendet zu lassen, um die Rechte von Drittländern aus einer früheren Übereinkunft zu achten und die entsprechen-

---

699 Das entspricht der Argumentation von Generalanwalt Capotorti, Schlussanträge v. 10.07.1980, Rs. 812/79, Attorney-General ./. Juan C. Burgoa, Slg, 1980, 2809, 2812. Danach hat der Art. 234 a. F. als „Bestimmung zur Koordination des EWG-Vertrags mit früheren Übereinkünften, keinerlei ‚Schutzfunktion'."

700 Vgl. Urt. v. 22.10.1998, verb. Rs. C-36/97 u. C-37/97, Kellinghusen ./. Amt für Wasserwirtschaft, Slg. 1998 I-6337, Rn. 32 ff.; Grupp/Schräder, EWS 1993, 27 ff.; Zuleeg, in: von der Groeben/Schwarze, Art. 5, Rn. 37 ff.

701 Vgl. gemeinsame Schlussanträge GA Mischo v. 20.10.1999, Rs. C-62/98 und C-84/98, Kommission ./. Portugal, Slg. 2000 I-5174, 5184, Rn. 49; Urt. v. 04.07.2000, Rs. C-62/98, Slg. 2000 I-5194, 5207, Rn. 30 und Rs. C-84/98, Slg. 2000 I-5219, 5232, Rn. 37

den Verpflichtungen zu erfüllen. Außerdem ermögliche Artikel 234 den Mitgliedstaaten die Wahl zwischen mehreren Mitteln, die geeignet seien, die Übereinkunft mit dem Gemeinschaftsrecht in Einklang zu bringen.[702]

Die Deutlichkeit, mit der er es dabei ablehnt, sich auf die Prüfung der Verhältnismäßigkeit im Hinblick auf politische Interessen der Mitgliedstaaten bei der Erfüllung der Pflichten aus Art. 307 Abs. 2 einzulassen, erklärt sich, wenn man sich vor Augen hält, dass der Argumentation der Beklagten zufolge die Erfüllung einer gemeinschaftsrechtlichen Pflicht unter den Vorbehalt politischer Opportunität gestellt werden sollte. Denkt man diesen Ansatz aber verallgemeinernd weiter, so würden gemeinschaftsrechtliche Pflichten weitestgehend relativiert.

Man könnte die Methodik des Gerichtshofs so verstehen, dass die Wertung des Art. 234 a. F. *in abstracto* die Überprüfung einer Kündigungspflicht anhand des Verhältnismäßigkeitsmaßstabs *in concreto* erübrigt.[703] Dieses Verständnis der Methodik des Gerichtshofs, nach dem die Berufung auf die Verhältnismäßigkeit für die Mitgliedstaaten im Rahmen von Art. 307 ausgeschlossen wäre, ist allerdings genauer zu überprüfen. Der Wortlaut der Aussage im Urteil des Gerichtshofs besagt nämlich nicht, dass die Verhältnismäßigkeit im Einzelfall generell keine Rolle spielt. Der Gerichtshof lässt vielmehr erkennen, dass er nicht bereit ist, die Erfüllung der Verpflichtung aus Art. 307 Abs. 2 durch eine rechtlich zulässige Maßnahme, hier die Kündigung, unter den Vorbehalt politischer Opportunität zu stellen. Die außenpolitische Opportunität ist kein Kriterium der Verhältnismäßigkeit. Aus dem Urteil lässt sich aber folgern, dass Verhältnismäßigkeit einer Maßnahme generell Bedeutung hat, wenn es darum geht, *in concreto* zu prüfen, ob die Maßnahme „geeignetes" Mittel ist.

Der Rechtsgrundsatz der Verhältnismäßigkeit im Verhältnis von Gemeinschaft und Mitgliedstaat kommt also zwar nicht generell, wohl aber auf der Ebene der Prüfung der tatbestandlichen Voraussetzungen für das Bestehen der Verpflichtung zur Kündigung zur Geltung.[704]

Es ist also festzuhalten, dass die Mitgliedstaaten sich bei der Erfüllung ihrer gemeinschaftsrechtlichen Verpflichtungen gegenüber der Gemeinschaft auf das Verhältnismäßigkeitsprinzip, in diesem Rahmen aber nicht auf politische Opportunität berufen können. Daraus erschließt sich logisch, dass die Erfüllung ge-

---

702 Vgl. aaO. Slg. 2000 I-5194, 5212, Rn. 50; Slg. 2000 I-5219, 5237, Rn. 59

703 Vgl. Schwab, Verhältnismäßigkeit, S. 117, der dem Gerichtshof im Hinblick auf das Urt. v. 13.05.1997, Rs. C-233/94, Bundesrepublik Deutschland ./. Europäisches Parlament und Rat der Europäischen Union, Slg. 1997 I-2405 (Einlagensicherungssysteme), ebenfalls attestiert, er „verzichtete [...] de facto auf eine Rechtskontrolle."

704 Dieses Ergebnis entspricht der Anmerkung von Zuleeg, in: von der Groeben/Schwarze, Art. 10, Rn. 9, nach der die Geeignetheit nicht Ausfluss des Verhältnismäßigkeitsprinzips ist.

meinschaftsrechtlicher Verpflichtungen von den Mitgliedstaaten also nur unter Berücksichtigung des Verhältnismäßigkeitsgrundsatzes verlangt werden kann. Somit ist es im Rahmen gemeinschaftsrechtlicher Verpflichtungen als justiziables Kriterium und als rechtliche Determinante anwendbar,[705] und zwar bei der Überprüfung der Geeignetheit. Ist dabei ein Mittel rechtlich zulässig, so ist *a priori* davon auszugehen, dass eine Unverhältnismäßigkeit der Geeignetheit nicht im Wege steht.

Damit erweist sich, dass das Verhältnismäßigkeitsprinzip neben seiner Funktion als Schutzprinzip und Kompetenzausübungsschranke auch die Pflichten der Mitgliedstaaten aus Art. 307 Abs. 2 bestimmen kann. Es hat die Funktion der Konkretisierung von gemeinschaftsrechtlichen Pflichten. Im Rahmen von Art. 307 Abs. 2 tritt die Funktion der Pflichtenkonkretisierung neben die Funktionen als Schutzprinzip und Kompetenzausübungsschranke.

III. Ergebnis

Der Grundsatz der Verhältnismäßigkeit aus Art. 5 ist ein allgemeiner Rechtsgrundsatz. Er gilt im Verhältnis zwischen Gemeinschaft und Mitgliedstaat. Im Rahmen von Art. 307 Abs. 2 ist die Verhältnismäßigkeit Teil der Prüfung des Vorliegens des Tatbestandsmerkmals „geeignet". Belastet eine Kündigung den Mitgliedstaat unverhältnismäßig, ist sie keine „geeignete" Maßnahme im Sinne von Art. 307 Abs. 2. Die außenpolitische Opportunität der Mitgliedstaaten ist kein Kriterium der Verhältnismäßigkeit.

C. Individualrechts- und Vertrauensschutz bei Kündigung von vorgemeinschaftlichen Übereinkünften

I. Einführung

Bereits oben[706] wurde die Frage aufgeworfen, inwieweit die Grundsätze, die der Gerichtshof im Rahmen seiner Rechtsprechung zu Art. 234 a. F. und Art. 307 entwickelt hat, auf Fälle übertragen werden können, in denen sich Einzelne auf Rechtspositionen aus vorgemeinschaftlichen Übereinkünften berufen, die gemeinschaftsrechtlichen Regelungen entgegenstehen. Insbesondere die Rechtsprechung zum GATT 1947 hat diese Frage in den Mittelpunkt einer wissenschaftli-

705 Vgl. zur Formulierung: Lienbacher, in: Schwarze, Art. 5 EGV, Rn. 34
706 § 2A.I.9.c.

chen Betrachtung gestellt, die ihren Bezugspunkt allerdings im ersten Absatz von Art. 307 hatte und hat.[707] Der Gerichtshof hat dem Gemeinschaftsrecht nach verbreiteter Ansicht auch auf Kosten individueller Rechtspositionen weitestgehend zum Vorrang vor Regelungen in vorgemein- schaftlichen Übereinkünften verholfen.[708]

Im Rahmen von Art. 307 Abs. 2 hat er sich mit dem Aspekt des Individualrechtsschutzes bislang nicht auseinandersetzen müssen, so dass sich aus der Rechtsprechung keine eindeutig positive oder negative[709] Festlegung findet. Das Gericht erster Instanz hat in den Rechtssachen T-69/89, *Radio Telefis Eireann*, T-70/89, *British Broadcasting Corporation and BBC Enterprises Limited*, und T-76/89, *Independent Television Publications Limited*,[710] den Aspekt nicht ausgeleuchtet, obwohl es, wie oben gesehen,[711] Anlass hierzu gehabt hätte.

Das Problem des Schutzes von Individualrechtspositionen stellt sich aber auch für den Fall der Anwendung des Absatzes 2.[712] Wenn aus Art. 307 Abs. 2 eine Kündigungspflicht herzuleiten ist, so fragt sich, wie dies vereinbar ist mit dem Schutz von Individualrechtspositionen aus der betroffenen vorgemeinschaftlichen Übereinkunft. Dazu ist zunächst darzustellen, inwieweit völkerrechtliche Normen Einzelnen Rechtspositionen verleihen, die im Gemeinschaftsrecht geschützt sind. In einem weiteren Schritt ist dann zu untersuchen, ob die qualifizierte Rechtspflicht der Mitgliedstaaten aus Art. 307 Abs. 2 aufgrund des Bestehens von Individualrechtspositionen eingeschränkt sein kann.

II. Entstehung von Individualrechten aus Artikel 307 EG?

Zur Frage, ob Art. 307 selbst Individualrechte begründen kann, hat der Gerichtshof bereits Stellung genommen. In dem Vorabentscheidungsverfahren in der Rechtssache 812/79, *Burgoa*[713], hatte der wegen illegaler Fischerei im ausschließlichen Fischereigebiet Irlands angeklagte spanische Staatsangehörige vor-

---

707 Vgl. Ausführungen oben zur „Funktionsnachfolge-Lösung“, insb. § 4D.

708 Vgl. Wetter, Grundrechtscharta, S. 148 ff. m.w. N.; Nettesheim, EuZW 1995, 106 ff.

709 S. hierzu oben § 2A.I.11.c.cc.

710 Urt. des Gerichts v. 10.07.1991, Rs. T-69/89, Radio Telefis Eireann ./. Kommission, Slg. 1991 II-485; Urt. des Gerichts v. 10.07.1991, Rs. T-70/89 The British Broadcasting Corporation and BBC Enterprises Limited ./. Kommission, Slg. 1991 II-535; Urt. des Gerichts v. 10.07.1991, Rs. T-76/89, Independent Television Publications Limited ./. Kommission, Slg. 1991 II-575

711 § 2A.I.9.c.

712 Vgl. den Hinweis auf das Problem bei Hillion, CMLR 2001, 1271, 1281

713 Urt. v. 14.101980, Slg. 1980, 2787

getragen, er habe aufgrund des Londoner Fischereiabkommens von 1964[714] das Recht, auch in einer Zone ab sechs Seemeilen vor der irischen Küste zu fischen. Dieses Recht schütze Art. 234 EWG a.F.

Der Gerichtshof stellte hierzu fest:

„*Da der Zweck von Artikel [307] Abs. 1 darin besteht, alle Folgen des Beitritts eines Mitgliedstaats zur Gemeinschaft zu beseitigen, die ihn an der Einhaltung früher geschlossener Übereinkünfte mit dritten Ländern hindern könnten, kann er keine Änderung der Natur der Rechte zur Folge haben, die sich aus solchen Übereinkünften möglicherweise ergeben. Daraus folgt, dass diese Vorschrift nicht etwa einzelnen, die sich auf eine vor Inkrafttreten des Vertrages oder gegebenenfalls vor dem Beitritt des betreffenden Mitgliedstaats geschlossene Übereinkunft berufen, von den Gerichten der Mitgliedstaaten zu schützende Rechte verleiht.* Ebensowenig beeinträchtigt sie die Rechte, die einzelnen aufgrund einer solchen Übereinkunft möglicherweise zustehen."[715]

Dazu führte der Generalanwalt *Capotorti* aus:

„[Art. 307] will die Wirkungen der unter ihn fallenden früheren Übereinkünfte nur insofern „wahren", als er erklärt, dass sie durch den EWG-Vertrag nicht berührt werden (so dass auch im Verhältnis zu den einzelnen die eventuellen unmittelbaren Wirkungen einer früheren Übereinkunft erhalten bleiben); ... [sic]."[716]

Die Anwendung der Regelung des Absatzes 1 soll also bereits bestehende Individualrechte nicht beeinträchtigen. Art. 307 Abs. 1 kann aber nicht zur Begründung individueller Rechtspositionen herangezogen werden. Maßgeblich sind die allgemeinen Grundsätze des Völkerrechts und der Gemeinschaftsrechtsordnung, die im Folgenden dargestellt werden.

---

714 Abkommen geschlossen am 09.03.1964 zwischen Österreich, Spanien, Portugal, Schweden und den damals neun Mitgliedstaaten der EWG, UNTS 581, 57

715 Urt. v. 14.10.1980, Rs. 812/79, Attorney-General ./. Juan C. Burgoa, Slg. 1980, 2787, 2803, Rn. 10, Hervorhebung durch den Verfasser

716 Schlussanträge GA Capotorti v. 10.07.1980, Rs. 812/79, Attorney-General ./. Juan C. Burgoa, Slg. 1980, 2809, 2812

III. Entstehung von Rechtspositionen für natürliche oder juristische Personen aufgrund völkervertraglicher Vereinbarungen

1. Einführung und Begriffsklärung

a. Unmittelbare Wirkung – Unmittelbare Anwendbarkeit

Wie im Rahmen der Rechtsprechungsanalyse gesehen, sind eine große Zahl der Urteile des Gerichtshofs, die sich in einer Form mit vorgemeinschaftlichen Übereinkünften befassen, aufgrund der Sachverhaltskonstellation ergangen, dass Einzelne versuchten, der Geltung von Gemeinschaftsrecht Individualrechte aus solchen Übereinkünften entgegenzusetzen und diese gerichtlich geltend zu machen.[717]

Um begriffliche Klarheit zu wahren, wird diese Konstellation im Folgenden ausschließlich unter dem Stichwort „unmittelbare Wirkung" behandelt.[718] Sie ist abzugrenzen von Fällen, in denen es um unmittelbare Anwendbarkeit oder Geltung geht.[719] Die unmittelbare Wirkung (im Englischen „*direct effect*", im Französischen „*effet direct*") ist die konkrete und tatsächliche Begründung von Rechten und/oder Pflichten für natürliche oder juristische Personen durch eine völkerrechtliche Norm.[720] Diese Norm findet im Gemeinschaftsrecht Anwendung und der einzelne kann sich vor Gericht auf sie berufen, weil sie die entsprechenden Kriterien erfüllt, nach denen ihre Anwendung nicht von weiteren Maßnahmen abhängt, die im Ermessen der Gemeinschaftsorgane oder der Mitgliedstaaten liegen.[721] Unmittelbare Anwendbarkeit oder Geltung[722] (im Englischen „*direct applicability*", im Französischen „*applicabilité directe*") dagegen bedeutet, dass eine völkerrechtliche Norm abstrakt geeignet ist, unmittelbare Rechte und Pflichten für natürliche und juristische Personen in den Mitgliedstaaten zu schaffen.[723]

Es ist zu unterscheiden hinsichtlich der unmittelbaren Wirkung einer gemeinschaftsrechtlichen Norm des Primär- oder des Sekundärrechts und der eines völkerrechtlichen Vertrages. So hat schon die Kommission in der Rechtssache

---

717 Vgl. hierzu allgemein Kaddous, Relations extérieures, S. 353 ff.

718 Diesen Begriff bevorzugt auch der EuGH, der im allgemeinen unmittelbare Anwendbarkeit und unmittelbare Wirkung synonym verwendet, vgl. Tomuschat, in: von der Groeben/Schwarze, Art. 300 Rn. 71, der auch von „Individualwirksamkeit" spricht.

719 Vgl. auch Hilpold, EU im GATT/WTO-System, S. 166 ff.; Koller, Unmittelbare Anwendbarkeit, S. 214 f.; Ahlt, Europarecht, Rn. 16

720 Emmert, Europarecht, § 15 Rn. 3

721 Vgl. Schlussanträge des GA Mayras v. 28.05.1974, Rs. 2/74, Reyners, Slg. 1974, S. 631, 657 ff.

722 Vgl. Wünschmann, Geltung und Geltendmachung völkerrechtlicher Verträge, S. 141

723 Emmert, Europarecht, § 15 Rn. 2

270/80, *Polydor,* argumentiert, das Verständnis der unmittelbaren Anwendbarkeit, wie es sich im Gemeinschaftsrecht entwickelt habe, sei nicht ohne weiteres auf die internationalen Beziehungen der Gemeinschaft übertragbar.[724] Bei einer vorgemeinschaftliche Übereinkunft sind die für völkerrechtliche Verträge anzuwendenden Grundsätze maßgeblich.

Die Entscheidung über die unmittelbare Anwendbarkeit einer Regelung eines völkerrechtlichen Vertrages fällt dabei auf der völkerrechtlichen Rechtssetzungsebene.[725] Im Rahmen der vorliegenden Untersuchung ist die Frage nach der gerichtlichen Durchsetzbarkeit in der Gemeinschaftsrechtsordnung, also die unmittelbare Wirkung, maßgeblich. Sie ist auf Ebene des Gemeinschaftsrechts zu beantworten.[726]

b. Individualrechte im Gemeinschaftsrecht – Schutz wohlerworbener Rechte im Völkerrecht

Die Frage der unmittelbaren Wirkung in der Gemeinschaftsrechtsordnung ist abzugrenzen von der nach dem Schutz von Individualrechtspositionen in der Völkerrechtsordnung, wo sie unter die Überschrift „Schutz wohlerworbener Rechte" fällt. So genannte „Wohlerworbene Rechte" genießen nach allgemeinem Völkerrecht Schutz vor staatlichen Eingriffen.[727] Auf solche Rechte können sich auch Nicht-Unionsbürger berufen.

Die Frage nach dem Umfang dieses Schutzes stellt sich für die vorliegende Untersuchung nicht. Denn die Individualrechtspositionen entstehen zwar vor Einführung der vorgemeinschaftlichen Übereinkunft in die Sphäre des Gemeinschaftsrechts, also nach allgemeinem *Völkerrecht* (= unmittelbare Anwendbarkeit). Es geht aber um ihre Wirkung in der Gemeinschaftsrechtsordnung nach dem Beitritt einer Partei, also um die unmittelbare Wirkung nach *Gemeinschaftsrecht.*

---

724 Vgl. Urt. v. 09.02.1982, Rs. 270/80, Polydor Limited und RSO Records Inc. ./. Harlequin Record Shops Limited und Simons Records Limited, Slg. 1982, 329, 343

725 Grabitz/Hilf, Altband II, Art. 228, Rn. 50, spricht von der „völkerrechtlichen Komponente" der Prüfung des EuGH

726 So auch Tomuschat, in: von der Groeben/Schwarze, Art. 300 Rn. 72

727 Vgl. hierzu Dolzer, Eigentum; Brandt, Eigentumsschutz, insbes. S. 44 ff., 104; historisch: Loewenfeld, Der Schutz wohlerworbener Rechte

c. *Unmittelbare Wirkung von vorgemeinschaftlichen Übereinkünften – Rechtsprechung des EuGH*

Der Gerichtshof hat sich zur ummittelbaren Wirkung von völkerrechtlichen Abkommen verschiedentlich geäußert.[728] Speziell zur unmittelbaren Wirkung von vorgemeinschaftlichen Übereinkünften hat er vor allem im Hinblick auf das GATT 1947 Stellung genommen.[729] Dabei hat er, abgesehen von Ausnahmefällen[730], in der Regel eine unmittelbare Wirkung abglehnt. An dieser Stelle werden die Voraussetzungen der Entstehung von Individualrechtspositionen aus völkerrechtlichen Abkommen im Überblick dargestellt.

2. *Individualrechte aus völkerrechtlichen Abkommen nach dem Gemeinschaftsrecht – Rechtsprechung des Gerichtshofs*

Eine sinnvolle Unterscheidung lässt sich dabei treffen, indem man zwischen drei Kategorien von Abkommen unterscheidet: Gemeinschaftsabkommen, gemischte Abkommen und Abkommen der Mitgliedstaaten mit Dritten. Die vorgemeinschaftlichen Übereinkünfte fallen dabei in die letztgenannte Kategorie. Gemeinschaftsabkommen sind Abkommen, die die Gemeinschaft aufgrund ihrer Rechtspersönlichkeit mit Dritten schließt. Gemischte Abkommen sind solche Abkommen, die sowohl die Gemeinschaft als auch die Mitgliedstaaten mit Dritten schließen. Da der Gerichtshof aber bei der Entwicklung der Kriterien für die unmittelbare Wirkung zwischen diesen Kategorien nicht konsequent unterscheidet, ist es erforderlich, den Kriterienkatalog für Abkommen in seiner Gesamtheit herauszuarbeiten.

---

728 Vgl. ausführlich unten § 7C.III.2., sowie Tomuschat, in: von der Groeben/Schwarze, Art. 300, Rn. 71 ff. m. w. N.

729 Zur vertieften Behandlung der Fragen, die mit der Geltung des GATT 1947 in der Gemeinschaftsrechtsordnung zusammenhängen, s. o. § 4D.

730 Vgl. nur Lux, in: Lenz/Borchardt, Art. 23, Rn. 23; Vgl. zum von der unmittelbaren Wirkung zu unterscheidenden Aspekt, ob Rechtsakte der Gemeinschaft am GATT 1947 zu messen sind, insb. Urt. v. 22.06.1989, Rs. 70/87, Vereinigung der Ölmühlenindustrie der EWG (Fediol) ./. Kommission, Slg. 1989, 1781 (Fediol III) und Urt. v. 07.05.1991, Rs. C-69/89, Nakajima All Precision Co. Ltd ./. Rat, Slg. 1991 I-2069, ausführlich hierzu z. B. Ott, GATT und WTO, Wünschmann, Geltung und Geltendmachung völkerrechtlicher Verträge, s. o. § 2C.I.2.b.

a. *Gemeinschaftsabkommen*

Der Gerichtshof hat zur Begründung von Individualrechtspositionen aus Gemeinschaftsabkommen in den Rechtssachen 270/80, *Polydor*,[731] und 104/81, *Kupferberg I*[732], Stellung genommen. In der Rechtssache 270/80, *Polydor*, lehnte die Kommission die Übertragung des Konzepts der unmittelbaren Wirkung vom Gemeinschaftsrecht auf internationale Abkommen ab. Sie begründete dies zweifach: Erstens hätten die internationalen Abkommen eine andere Natur und andere Ziele als das Gemeinschaftsrecht. Zweitens sei es erforderlich, ein Gleichgewicht zwischen den Vor- und Nachteilen, die für die Parteien eines internationalen Vertrages bestehen könnten, im Rahmen von Freihandelsabkommen aufrechtzuerhalten.[733] Der Gerichtshof erachtete es in dem Verfahren nicht für erforderlich, zur unmittelbaren Wirkung ausdrücklich Stellung zu nehmen, weil er die Anwendung seiner Rechtsprechung zur Warenverkehrsfreiheit auf das Freihandelsabkommen mit Portugal[734] ablehnte, so dass keine Normenkollision vorlag. Damit lässt sich aus dem Urteil nicht auf die grundsätzliche Ablehnung der unmittelbaren Wirkung von Gemeinschaftsabkommen schließen.[735]

In der Rechtssache 104/81, *Kupferberg I,* war der Gerichtshof wiederum mit der möglichen unmittelbaren Wirkung des Freihandelsabkommens befasst. In allgemeiner Form[736] führte er aus: Sowohl die Mitgliedstaaten als auch die Gemeinschaft hätten zu gewährleisten, dass die Verpflichtungen aus den Abkommen nach Art. 228 a. F. (Art. 300) eingehalten würden.[737] Die Bestimmungen eines Gemeinschaftsabkommens bildeten einen integrierenden Bestandteil der Gemeinschaftsrechtsordnung.[738] Der Gerichtshof habe daher über die Wirkungen der Bestimmungen des Abkommens zu entscheiden.[739] Er prüfte dann die Rechtsnatur und Systematik des Abkommens und befand, dass diese nicht dem entgegenstün-

731 Urt. v. 09.02.1982, Rs. 270/80, Polydor Limited und RSO Records Inc. ./. Harlequin Record Shops Limited und Simons Records Limited, Slg. 1982, 329

732 Urt. v. 26.10.1982, Rs. 104/82, Hauptzollamt Mainz ./. C.A. Kupferberg & Cie. KG a.A., Slg. 1982, 3641

733 Urt. v. 09.02.1982, Rs. 270/80, Polydor Limited und RSO Records Inc. ./. Harlequin Record Shops Limited und Simons Records Limited, Slg. 1982, 329, 343

734 Freihandelsabkommen vom 22.07.1972 zwischen der EWG und der Portugiesischen Republik, ABl. 1972 Nr. L 301, S. 165

735 So aber H/S/V S. 664; wie hier auch Kaddous, Relations extérieures, S. 356; Waelbroeck, FS Chaumont, S. 588

736 So Manin, RTDE 1997, 399, 416

737 Urt. v. 26.10.1982, Rs. 104/82, Hauptzollamt Mainz ./. C.A. Kupferberg & Cie. KG a.A., Slg. 1982, 3641, 3662, Rn. 11

738 AaO. Slg. 1982, 3641, 3662, Rn. 13

739 AaO. Slg. 1982, 3641, 3663, Rn. 17

den, dass sich ein Wirtschaftsteilnehmer vor einem Gericht der Gemeinschaft auf eine Bestimmung dieses Abkommens berufe.[740] Dessen ungeachtet müsse die Frage, ob eine derartige Bestimmung unbedingt und hinreichend klar gefasst sei, um unmittelbare Wirkung zu entfalten, im Rahmen des Abkommens geprüft werden. Dazu sei die Vorschrift sowohl im Hinblick auf den Sinn und Zweck des Abkommens als auch auf seinen Zusammenhang zu untersuchen.[741]

b. Gemischte Abkommen

Zur Frage der unmittelbaren Wirkung der zweiten Gruppe von Abkommen, der sog. gemischten Abkommen, hat der Gerichtshof verschiedentlich Stellung genommen. Urteile ergingen zum AKP-Abkommen in der Rechtssache 87/75, *Bresciani*,[742] und der Rechtssache C-469/93, *Chiquita Italiana*,[743] zu Assoziationsabkommen[744] in den Rechtssachen 17/81, *Pabst*[745] (Assoziationsabkommen mit Griechenland), C-432/92, *Anastasiou*[746] (Assoziationsabkommen mit Zypern), und in den Rechtssachen 12/86, *Demirel*,[747] und C-262/96, *Sürül*[748] (Assoziationsabkommen mit der Türkei). Zu Assoziationsabkommen mit den mittel- und osteuropäischen Staaten äußerte sich der Gerichtshof in den Rechtssachen C-257/99, *Bakoci und Malik*[749] (Abkommen mit der Tschechischen Republik), C-63/99, *Gloszczuk*,[750] und C-162/00, *Pokrzeptowicz-Meyer*[751] (jeweils Abkommen

740 AaO. Slg. 1982, 3641, 3665, Rn. 22

741 AaO. Slg. 1982, 3641, 3665, Rn. 23

742 Urt. v. 05.02.1976, Rs. 87/75, Conceria Daniele Bresciani ./. Italienische Finanzverwaltung, Slg. 1976, 129

743 Urt. v. 12.12.1995, Rs. C-469/93, Italienische Finanzverwaltung ./. Chiquita Italia SpA, Slg. 1995 I-4533

744 Vgl. Booß, in: Lenz/Borchardt, Art. 310 Rn. 7 m. w. N.; zur Qualität der Assoziation als „Sonderbeziehung" und „Verbindung zweier gleichberechtigter Völkerrechtssubjekte" vgl. Krück, Völkerrechtliche Verträge, S. 63 f.

745 Urt. v. 29.04.1982, Rs. 17/81, Pabst & Richarz KG ./. Hauptzollamt Oldenburg, Slg. 1982, 1331

746 Urt. v. 05.07.1994, Rs. C-423/92, The Queen ./. Minister of Agriculture, Fisheries and Food, ex parte SP Anastasiou u. a., Slg. 1994 I-3087

747 Urt. v. 30.09.1987, Rs. 12/86, Meyrem Demirel ./. Stadt Schwäbisch Gmünd, Slg. 1987, 3719

748 Urt. v. 04.05.1999, Rs. C-262/96, Sema Sürül ./. Bundesanstalt für Arbeit, Slg. 1999 I-2685

749 Urt. v. 27.09.2001, Rs. C-259/99, The Queen ./. Secretary of State for the Home Department, ex parte Julius Bakoci und Marcel Malik, Slg. 2001 I-6557, Rn. 31-39

750 Urt. v. 27.09.2001, Rs. C-63/99, The Queen ./. Secretary of State for the Home Department, ex parte Wieslaw Gloszczuk und Elsbieta Gloszczuk, Slg. 2001 I-6369, Rn. 30-37

mit Polen), C-268/99, *Jany*[752] (Abkommen mit Polen und der Tschechischen Republik), und C-235/99, *Kondova*[753] (Abkommen mit Bulgarien). Zur Frage der unmittelbaren Wirkung von Vorschriften des Kooperationsabkommens zwischen der Gemeinschaft sowie Marokko und Algerien nahm der Gerichtshof Stellung in den Rechtssachen C-18/90, *Kziber*,[754] C-58/93, *Yousfi*,[755] C-126/95, *Hallouzi-Choho*,[756] C-193/94, *Krid*,[757] und C-113/97, *Henia Babahenini*[758]. Das Gericht Erster Instanz hat zum Abkommen über den Einheitlichen Europäischen Wirtschaftsraum in der Rechtssache T-115/94, *Opel Austria*[759], geurteilt. Zu diesen Abkommen sind nunmehr mit der Mitgliedschaft der Gemeinschaft auch die WTO-Abkommen zu zählen.[760]

Die Aussagen dieser Urteile entsprechen denen des Gerichtshofs zu den Gemeinschaftsabkommen.[761] Danach, so die Formel des Gerichtshofs in ständiger Rechtsprechung, sind Bestimmungen eines Abkommens unmittelbar wirksam, *„wenn sie unter Berücksichtigung ihres Wortlauts und im Hinblick auf ihren Gegenstand und ihre Natur eine klare und eindeutige Verpflichtung enthalten, deren Erfüllung oder deren Wirkungen nicht vom Erlass eines weiteren Aktes abhängen.“*

---

751 Urt. v. 29.01.2002, Rs. C-162/00, Land NRW ./. Beata Pokrzeptowicz-Meyer, Slg. 2002 I-1049, Rn. 19

752 Urt. v. 20.11.2001, Rs. C-268/99, Aldona Malgorzata Jany u. a. ./. Staatssecretaris van Justitie, Slg. 2001 I-8615, Rn. 26-27

753 Urt. v. 27.09.2001, Rs. C-235/99, The Queen ./. Secretary of State for the Home Department, ex parte Eleanora Ivanova Kondova, Slg. 2001 I-6427

754 Urt. v. 31.01.1991, Rs. C-18/90, Office national de l'emploi ./. Bahia Kziber, Slg. 1991 I-199

755 Urt. v. 20.04.1993, Rs. C-58/93, Zoubir Yousfi ./. Belgischer Staat, Slg. 1994 I-1353

756 Urt. v. 03.10.1996, Rs. C-126/95, A. Hallouzi-Choho ./. Bestuur van de Sociale Verzekeringsbank, Slg. 1996 I-4807

757 Urt. v. 05.04.1995, Rs. C-193/94, Zoulika Krid ./. Caisse Nationale d'Assurance Vieillesse des Travailleurs Salariés, Slg. 1995 I-719

758 Urt. v. 15.01.1998, Rs. C-113/97, Henia Babahenini ./. Belgischer Staat, Slg. 1998 I-183

759 Urt. v. 22.01.1997, Rs. T-155/94, Opel Austria GmbH ./. Rat der Europäischen Union, Slg. 1997 II-39, zu diesem Urteil ausführlich unten § 7C.IV.2.b.

760 Zur Frage der unmittelbaren Anwendbarkeit der WTO-Abkommen (vor allem: GATT 1994, TRIPS, GATS) vgl. Behrens, Die private Durchsetzung von WTO-Recht, in: Individualrechtsschtutz in der EG und WTO, S. 201, 206 ff., Kaddous, relations extérieures, S. 398 ff.; s. a. ablehnend: Oeter, Gibt es ein Rechtsschutzdefizit im WTO-Streitbeilegungsverfahren?, in: Individualrechtsschutz in der EG und WTO, S. 221, 232 f.

761 Vgl. mit ausführlicher Auswertung der Rechtsprechung Kaddous, Relations extérieures, S. 360 ff.

c. *Abkommen der Mitgliedstaaten mit Dritten – vorgemeinschaftliche Übereinkünfte*

Ausgangspunkt der Rechtsprechung zur unmittelbaren Wirkung vorgemeinschaftlicher Übereinkünfte war das Urteil des Gerichtshofs zum GATT 1947 in den verbundenen Rechtssachen 21-24/72, *International Fruit Company.*[762] Bekanntermaßen lehnte der Gerichtshof die unmittelbare Wirkung des GATT 1947 in ständiger Rechtsprechung ab. In diesem Verfahren begründete er diese Position argumentativ. Die *International Fruit Company* war als Klägerin im Ausgangsverfahren der Ansicht, die Einfuhrbeschränkungen der Gemeinschaft für Tafelobst seien ein Verstoß gegen Art. XI des GATT 1947. Dieser verbietet mengenmäßige Beschränkungen. Die Kommission hielt dagegen, Art. XI sei nicht hinreichend klar und vollständig, um durch die Gerichte unmittelbar angewendet zu werden.[763]

Dem schloss der Gerichtshof sich an. Er führte aus, bei der Prüfung, ob die Bestimmungen des GATT ein Recht der Gemeinschaftsangehörigen begründen, sich vor Gericht auf sie zu berufen, um die Gültigkeit einer Handlung der Gemeinschaft in Frage zu stellen, müsse auf Sinn, Aufbau und Wortlaut dieses Abkommens zurückgegriffen werden. Er verwies insoweit zum einen auf die „große Geschmeidigkeit" der Bestimmungen des GATT-Rechts, zum anderen auf den unvollständigen Charakter des Systems zur Beilegung von Streitigkeiten zwischen den Parteien. Dabei bezog sich der EuGH vor allem auf die Bestimmungen zum Konsultationsverfahren nach Art. XXII GATT, zur Streitbeilegung nach XXIII GATT und auf die Schutzklauselbestimmung in Art. XIX GATT. Letztere räume den Vertragsparteien einen breiten Ermessens- und Gestaltungsspielraum ein.[764] Art. XI GATT könne letztlich *„nach dem Zusammenhang, in den er gestellt ist, kein Recht der Gemeinschaftsangehörigen begründen (...), sich vor Gericht auf ihn zu berufen."*[765]

Diese Argumentation verfestigte sich in der Rechtsprechung des Gerichtshofs. In der Rechtssache 9/73, *Schlüter,*[766] war er mit der Frage befasst, ob die Abschöpfungspraxis auf Käseeinfuhren in die Gemeinschaft gegen Art. II GATT

762 Urt. v. 12.12.1972, verb. Rs. 21-24, International Fruit Company ./. Produktschap voor groenten en fruit, Slg. 1972, 1219

763 AaO., Slg. 1972, 1219, 1225 f.

764 Vgl. zur Schutzklauselbestimmung im einzelnen Hilpold, ZaöRV Bd. 55 (1995), 89

765 Urt. v. 12.12.1972, verb. Rs. 21-24, International Fruit Company ./. Produktschap voor groenten en fruit, Slg. 1972, 1219, 1229, Rn. 27

766 Urt. v. 24.10.1973, Rs. 9/73, Carl Schlüter ./. Hauptzollamt Lörrach, Slg. 1973, 1135

verstößt. Das Urteil in der Rechtssache 266/81, *SIOT*,[767] hatte die Frage nach der unmittelbaren Wirkung der Regelung des Art. V (2) GATT über die Transitfreiheit zum Gegenstand. In den Rechtssachen 267-269/81, *SPI und SAMI*,[768] nahm der EuGH wiederum Stellung zur unmittelbaren Wirkung in Bezug auf die Präambel und die Art. II, III, VI und VIII. Er erklärte sich dabei nur insoweit für die Auslegung der GATT-Regeln zuständig, als diese unmittelbar anwendbar (nach der Terminologie dieser Untersuchung: „wirksam") seien. Damit begründet er einen Grundsatz der begrenzten Zuständigkeit des Gemeinschaftsrichters.[769] Der Grundtenor dieser Urteile wurde so gedeutet, dass dem GATT *insgesamt* die unmittelbare Wirkung verwehrt sei.[770]

Als eine Zusammenfassung der bis dahin vom Gerichtshof aufgestellten Grundsätze lässt sich weiter das Urteil in der Rechtssache C-280/93, *Deutschland ./. Rat*,[771] lesen, in dem der Gerichtshof über die Vereinbarkeit der Bananenmarktordnung mit dem GATT befand.[772] Er dehnte in diesem Urteil den Grundsatz der begrenzten Zuständigkeit des Gemeinschaftsrichters auch auf die Verfahren nach Art. 230 (Art. 173 a. F.) aus. Danach ist seine Zuständigkeit zur Überprüfung von Gemeinschaftsakten anhand völkerrechtlicher Verträge auch im Verfahren nach Art. 230 nur gegeben, wenn eine Vorschrift unmittelbar wirksam ist oder wenn die Gemeinschaft eine bestimmte, im Rahmen des GATT übernommene Verpflichtung erfüllen wollte oder wenn die Gemeinschaftshandlung ausdrücklich auf spezielle Bestimmungen dieses Abkommens verweist.[773]

---

767 Urt. v. 16.03.1983, Rs. 266/81, Società Italiana per l'Oleodotto Transalpino (SIOT) ./. Ministero delle finanze, Minitero della marina mercantile, Circoscizione doganale di Trieste und Ente autonomo del porto di Trieste, Slg. 1983, 731

768 Urt. v. 16.03.1983, verb. Rs. 267-269/81, Administrazione delle finanze dello Stato ./. Società Petrolifera Italiana S.p.A. (SPI) und S.p.A. Michelin Italiana (SAMI), Urteil vom 16. März 1983, , Slg. 1983, 801

769 Vgl. Schlussanträge GA Saggio v. 25.02.1999, Rs. C-149/96, Portugal ./. Rat, Slg. 1999 I-8397, 8406, Rn. 17

770 Hierauf weist Hilpold, EU im GATT/WTO-System, S. 174 hin, der sich auf die Ausführungen des GA Reischl in der Rechtssache 266/81, SIOT, Slg. 1983, 731, 740 bezieht. Danach scheide die unmittelbare Anwendbarkeit aus aufgrund von *„allgemeinen Erwägungen, die sich auf Sinn und Aufbau des GATT beziehen und folglich für alle GATT-Bestimmungen relevant sind.*"

771 Urt. v. 05.10.1994, Deutschland ./. Rat, Slg. 1994 I-4973

772 Vgl. Kaddous, Relations extérieures, S. 371

773 Urt. v. 05.10.1994, Deutschland ./. Rat, Slg. 1994 I-4973; Urt. v. 23.11.1999, Rs. C-149/96, Portugiesische Republik ./. Rat der Europäischen Union, Slg. 1999 I-8395, 8439, Rn. 49
Anmerkung: Diese – nach vielfacher Ansicht systemwidrige (vgl. für viele Epiney NVwZ 1999, 1072, 1075 f.; Schlussanträge GA Saggio v. 25.02.1999, Rs. C-149/96, Portugiesische Republik ./. Rat der Europäischen Union, Slg. 1999 I-8397, 8408, Rn.

In weiteren Urteilen zum GATT in der Rechtssache C-469/93, *Chiquita Italia*,[774] der Rechtssache C-183/95, *Affish*,[775] den verbundenen Rechtssachen C-364, 365/95, *T. Port II*,[776] und der Rechtssache C-53/96, *Hermès*,[777] setzte der Gerichtshof diese Rechtsprechung zur unmittelbaren Wirkung im Rahmen von Vorabentscheidungsverfahren fort.

3. *Ergebnis – Voraussetzungen der unmittelbaren Wirkung*

Nach der Rechtsprechung des Gerichtshofs gilt für die Frage nach der unmittelbaren Wirkung einer vorgemeinschaftlichen Übereinkunft folgendes:

a. *Wille der vertragschließenden Parteien, Auslegungsmethodik des Gerichtshofs*

Die unmittelbare Wirkung einer Norm eines völkerrechtlichen Abkommens beruht nach der Rechtsprechung des Gerichtshofs auf dem Willen der Parteien. Haben diese allerdings nicht ausdrücklich die unmittelbare Wirkung vorgesehen oder verneint, so ist der Gerichtshof, wie in der Rechtssache 104/81, *Kupferberg*, festgestellt, zuständig für die entsprechende Auslegung des Abkommens. Der Gerichtshof greift bei seiner Interpretation der völkerrechtlichen Norm zurück auf

---

18, in denen der GA diese Rechtsprechung „verwirrend" nennt.) – Rechtsprechung bestätigte der Gerichtshof im Grundsatz in der Rechtssache C-149/96, *Portugal ./. Rat* (Urt. v. 23.11.1999, Rs. C-149/96, Portugiesische Republik ./. Rat der Europäischen Union, Slg. 1999 I-8395). Hier nahm er differenziert zur Zuständigkeit im Hinblick auf die WTO-Vorschriften Stellung. Er begründete nunmehr aber seine Unzuständigkeit im Rahmen des Verfahrens nach Art. 230 nicht mehr mit der fehlenden unmittelbaren Anwendbarkeit. Vielmehr äußerte er sich explizit im Sinne eines *„Judicial Self-Restraint"*: *„Hätte der Gemeinschaftsrichter unmittelbar die Aufgabe, die Vereinbarkeit des Gemeinschaftsrechts mit diesen Regelungen zu gewährleisten, so würde den Legislativ- und Exekutivorganen der Gemeinschaft der Spielraum genommen, über den die entsprechenden Organe der Handelspartner der Gemeinschaft verfügen. Somit gehören die WTO-Übereinkünfte wegen ihrer Natur und ihrer Struktur grundsätzlich nicht zu den Vorschriften, an denen der Gerichtshof die Rechtmäßigkeit von Handlungen der Gemeinschaftsorgane misst."*, vgl. aaO. Slg. 1999 I-8395, 8438 f., Rn. 46 f.

774 Urt. v. 12.12.1995, Rs. C-469/93, Italienische Finanzverwaltung ./. Chiquita Italia SpA, Slg. 1995 I-4533

775 Urt. v. 17.07.1997, Rs. C-183/95, Affish BV ./. Rijksdienst voor de keuring van Vee en Vlees, Slg. 1997 I-4315

776 Urt. v. 10.03.1998, verb. Rs. C-364/98 und C-365/98, T. Port GmbH & Co. KG ./. Hauptzollamt Hamburg-Jonas (T. Port II), Slg. 1998 I-1023

777 Urt. v. 16.06.1998, Rs. C-53/96, Hermès International ./. FHT Marketing Choice BV, Slg. 1998 I-3603

die gewohnheitsrechtlichen Normen der WVK.[778] Seine Betrachtung von Wortlaut, Systematik und Zielen eines Abkommens entspricht der allgemeinen Auslegungsregel des Art. 31 WVK.[779] Dabei erscheint es nach der Rechtsprechung, dass im Ausgangspunkt ein Unterschied besteht zur Prüfung der unmittelbaren Wirkung einer Norm des Gemeinschaftsrechts und der eines völkerrechtlichen Abkommens. Während die unmittelbare Wirkung des Gemeinschaftsrechts den Regelfall darstellt, ist sie im Völkerrecht eine Ausnahme.[780] Letztlich spiegelt diese Rechtsprechung den grundsätzlichen Ansatz des Gerichtshofs in Fragen der Kollision von Gemeinschaftsrecht mit völkerrechtlichen Normen wider, dem die Sorge um die Autonomie des Gemeinschaftsrechts zugrunde liegt.[781]

b. Kriterienkatalog des Gerichtshofs

Ausgangspunkt ist die Formel, nach der eine Bestimmung unmittelbare Wirkung haben kann, „*wenn sie unter Berücksichtigung ihres Wortlauts und im Hinblick auf ihren Gegenstand und ihre Natur eine klare und eindeutige Verpflichtung enthält, deren Erfüllung oder deren Wirkungen nicht vom Erlass eines weiteren Aktes abhängen.*"

Der Gerichtshof hat insoweit einen Katalog objektiver Kriterien entwickelt, den er auf ein Abkommen anwendet. Auf diese Kriterien hin ist also eine vorgemeinschaftliche Übereinkunft zu untersuchen, um zu bestimmen, ob sie Individualrechtspositionen begründen kann. Dabei lässt sich methodisch unterscheiden zwischen der Gesamtwürdigung des Vertragswerks und der entscheidungserheblichen Einzelbestimmungen.[782]

Der Gesamtcharakter des Vertragswerks beurteilt sich nach Sinn und Zweck des Vertrages, also danach, ob ein Vertrag geeignet ist oder bezweckt, die Rechtsstellung einzelner zu regeln.[783] In Betracht zieht der Gerichtshof die insti-

---

778 Caeiros, RMC 1984, 526, 528; Manin, RTDE 1997, 399, 417; Meessen, CMLR 1976, 485, 494 f.

779 Jacot-Guillarmod, S. 116

780 Vgl. Kaddous, Relations extérieures, S. 381 f.

781 So auch Kaddous, Relations extérieures, S. 374; Tomuschat, in: von der Groeben/Schwarze, Art. 300 Rn. 80 konstatiert allerdings: „*Insgesamt ist aber über die Jahre hinweg die Bereitschaft des EuGH, Drittlandsverträgen generell und auch ihren Einzelbestimmungen eine unmittelbare Wirkung zuzuerkennen, deutlich angewachsen.*"

782 In der Rechtsprechung gehen allerdings beide Prüfungsebenen ineinander über, ein stufenweises Vorgehen des Gerichtshofs lässt sich nicht eindeutig nachweisen, so aber Tomuschat, in: von der Groeben/Schwarze, Art. 300 Rn. 73-81.

783 Vgl. Schlussanträge GA van Gerven v. 06.12.1990, Rs. C-18/90, Office national de l'emploi ./. Bahia Kziber, Slg. 1991 I-208, 211

tutionelle Struktur des Vertragswerks, d. h. Regelungen der Streitbeilegung, um festzustellen, ob hinreichende Eindeutigkeit der Verpflichtungen gegeben ist. Aus der Rechtsprechung des Gerichtshof ergibt sich, dass die Gegenseitigkeit[784] der unmittelbaren Wirkung eine Voraussetzung ist, die der Gerichtshof prüft.[785]

Die entscheidungserhebliche Einzelbestimmung selbst ist zu prüfen, wenn der Gesamtcharakter des Vertrages eine unmittelbare Wirkung nicht ausschließt. Sie muss klar, eindeutig und unbedingt sein, so dass ihre Erfüllung oder ihre Wirkungen nicht vom Erlass eines weiteren Aktes abhängen.[786]

IV. Auswirkung des Bestehens von Individualrechtspositionen auf die qualifizierte Rechtspflicht aus Artikel 307 EG

Ist geklärt, wann eine vorgemeinschaftliche Übereinkunft unmittelbare Wirkung haben kann, dann stellt sich nun die Frage, wie sich das Bestehen von solchen Individualrechtspositionen auf die Pflicht der Mitgliedstaaten aus Art. 307 Abs. 2 auswirkt. Untersucht wird dazu, ob sich Ansatzpunkte in primärrechtlichen Regelungen oder der Rechtsprechung finden, um zu einer Lösung des Problems zu kommen.

1. Artikel 309 Abs. 2 S. 2 EG als primärrechtliche Sonderregelung?

a. Regelungsgehalt des Artikel 309 Abs. 2 S. 2 EG

Ein Argument für die Beschränkung der Kündigungspflicht aus Art. 307 Abs. 2 lässt sich möglicherweise aus der Betrachtung des Art. 309 gewinnen. Art. 309 trifft Regelungen für den Fall der Aussetzung der Stimmrechte des Vertreters der Regierung eines Mitgliedstaates und weitere Sanktionen wegen der Verletzung

---

784 Vgl. grundlegend die Untersuchung von Simma, Das Reziprozitätselement im Zustandekommen völkerrechtlicher Verträge

785 Urt. v. 26.10.1982, Rs. 104/82, Hauptzollamt Mainz ./. C.A. Kupferberg & Cie. KG a.A., Slg. 1982, 3641, 3665 Rn. 21; Urt. v. 23.11.1999, Rs. C-149/96 Portugiesische Republik ./. Rat der Europäischen Union, Slg. 1999, I-8395 Rn. 43, 45 und 46; vgl. zuletzt zusammenfassend zur WTO-Rechtsprechung Schlussanträge GA Tizzano v. 18.11.2004, Rs. C-377/02, NV Firma Leon Van Parys ./. Belgisch Interventie- en Restitutiebureau, Rn. 36 ff. (im Internet unter www.curia.eu.int, noch nicht in der Slg., veröffentlicht). Vgl. ausführlich Behrens, Die private Durchsetzung von WTO-Recht, in: Individualrechtsschutz in EG und WTO, S. 201, 207 ff.; Simma, aaO, S. 386 f.

786 Vgl. z. B. Urt. 16.06.1998, Rs. C-162/92, A. Racke GmbH & Co. ./. Hauptzollamt Mainz, Urteil, Slg. 1998 I-3655, 3656

der in Art. 6 EU niedergelegten fundamentalen Grundsätze der Union durch einen Mitgliedstaat.[787] In einem solchen Fall greift ein durch den Vertrag von Amsterdam eingeführtes[788] zweistufiges Sanktionssystem: Im ersten Schritt stellt der Rat nach Art. 7 EU per Beschluss die Verletzung fest. Im zweiten Schritt kann dann auf dieser Grundlage die Aussetzung sanktionsfähiger Rechte[789] erfolgen. Art. 309 ist also im Zusammenhang zu sehen mit Art. 7 EU. Der Rat hat im Hinblick auf die Sanktionen ein Entschließungs- und Gestaltungsermessen.[790]

Wird eine solche Sanktion im Hinblick auf bestimmte Rechte des Mitgliedstaates durch den Rat nach Art. 309 Abs. 2 verhängt, so *„berücksichtigt er die möglichen Auswirkungen einer solchen Aussetzung auf die Rechte und Pflichten natürlicher und juristischer Personen.“*

Art. 309 Abs. 2 S. 2 statuiert als „Unionsbürger-Schutzklausel“ eine Pflicht zur Berücksichtigung von Individualrechtspositionen aus dem EG. In der Literatur wird dazu ausgeführt, diese Berücksichtigungspflicht schränke das Ermessen des Rates ein. Im Zusammenspiel mit Art. 309 Abs. 3, der ein erneute Tätigwerden des Rates zur Änderung seines Sanktionsbeschlusses vorsieht, reduziere sich das Auswahlermessen des Rates auf die Wahl des zunächst mildesten Sanktionsmittels im Sinne der Verhältnismäßigkeit.[791] Umstritten ist dabei, ob die Berücksichtigungspflicht dazu führen kann, dass ein bestimmter Kernbereich von Rechten von Sanktionsmaßnahmen prinzipiell ausgenommen bleibt.[792]

b. Analoge Anwendung

Da eine direkte Anwendung nicht in Betracht kommt – es handelt sich nicht um Rechte aus dem EG, ein eventueller Eingriff beruht nicht auf gemeinschaftlichem, sondern staatlichem Handeln – ist eine analoge Anwendung zu prüfen. In Art. 309 Abs. 2 Satz 2 findet sich – abstrakt beschrieben – die primärrechtliche Regelung für die Berücksichtung von Individualrechten für den Fall der Durchsetzung von gemeinschaftsrechtlichen Verpflichtungen gegenüber einem Mitgliedstaat. Abstrahiert durch diese Beschreibung von dem nach dem Wortlaut ge-

---

787 Vgl. die inhaltsgleichen Art. 204 EAGV und den früheren Art. 96 EGKSV; s. a. Schmahl, EuR 2000, 819, 821 ff.

788 Zur Entstehungsgeschichte vgl. Schorkopf, in: Grabitz/Hilf, Art. 7 EUV, Rn. 3 ff.

789 Vgl. hierzu Schorkopf, in: Grabitz/Hilf Art. 309, Rn. 4 ff.

790 Kluth, in: Callies/Ruffert Art. 309 Rn. 3

791 Schorkopf, in: Grabitz/Hilf, Art. 309 Rn. 5; Schmahl, EuR 2000, 819, 826. Anders ist dies bei Art. 7 EU, wo der Rat lediglich zu einer „Folgenabschätzung“ verpflichtet wird, vgl. Schorkopf, in: Grabitz/Hilf, Art. 7 EU, Rn. 23

792 So Verhoeven, ELRev 1998, 217, 223; a. A. Schorkopf in: Grabitz/Hilf Art. 309, Rn. 4 ff.

regelten Krisenfall ist die Vorschrift möglicherweise weiterführend im Hinblick auf die Frage der Möglichkeit des Individualrechtsschutzes auch im Rahmen von Art. 307 Abs. 2. Denn dieser regelt – nach der Auslegung, die ihm der Gerichtshof gegeben hat – ebenfalls die Durchsetzung von gemeinschaftsrechtlichen Verpflichtungen eines Mitgliedstaates. Diesem wird eben die Pflicht zur Kündigung auferlegt. Könnte es nicht auch hier verpflichtend sein, dass die Rechte und Pflichten natürlicher und juristischer Personen „berücksichtigt" werden müssen? Eine – methodisch im Gemeinschaftsrecht grundsätzlich zulässige[793] – analoge Anwendung des Art. 309 Abs. 2 Satz 2 ist also anzudenken. Sie scheidet allerdings mangels Vergleichbarkeit von geregeltem und ungeregeltem Sachverhalt aus. Art. 309 Abs. 2 S. 1 regelt die Pflicht zur Berücksichtigung individualrechtlicher Positionen im Rahmen der Sanktionierung der Verletzung von gemeinschaftsrechtlichen Grundsätzen. Die faktische Ausgangslage der sich stellenden Frage nach der Berücksichtigung solcher Positionen im Rahmen des Art. 307 ist hiermit nicht vergleichbar: Der mögliche Entzug der Individualrechtsposition beruht gerade nicht auf einer Verletzung von Gemeinschaftsrecht, sondern auf seiner Erfüllung, nämlich der Erfüllung der Pflicht zur Kündigung einer vorgemeinschaftlichen Übereinkunft.

c. *Ergebnis*

Art. 309 Abs. 2 S. 2 bietet weder in direkter noch analoger Anwendung eine Lösung für das Problem, welche Folgen die unmittelbare Wirkung einer vorgemeinschaftlichen Übereinkunft im Rahmen von Art. 307 Abs. 2 hat. Er enthält aber den Rechtsgedanken, dass Individualrechte im Fall der Durchsetzung von gemeinschaftsrechtlichen Verpflichtungen gegenüber einem Mitgliedstaat zu berücksichtigen sind.

2. *Rechtsprechung des EuGHs und des Gerichts erster Instanz*

a. *Keine einschlägige Rechtsprechung des EuGHs*

Der Gerichtshof hatte bislang nicht zu entscheiden, inwieweit sich die Tatsache, dass eine vorgemeinschaftliche Übereinkunft unmittelbare Wirkung hat, auf die Pflichten eines Mitgliedstaates aus Art. 307 Abs. 2, geeignete Mittel anzuwenden, auswirkt. Er hat allerdings dazu Stellung genommen, inwieweit die Überprüfung der Gültigkeit eines sekundärrechtlichen Aktes am Maßstab des Völkerrechts möglich ist. Ein Mitgliedstaat kann sich auf die Ungültigkeit eines sekun-

793 Vgl. Anweiler, Auslegungsmethoden, S. 312 ff.; Buck, Auslegungsmethoden

därrechtlichen Aktes nur im Hinblick auf solche Normen des Völkerrechts berufen, die unmittelbare Wirkung haben.[794]
Bei der Pflicht aus Art. 307 Abs. 2 handelt es sich um eine primärrechtliche Pflicht. Zur Möglichkeit der Mitgliedstaaten, einer solchen Pflicht Individualrechte Einzelner entgegenzuhalten, hat der Gerichtshof sich bislang nicht geäußert. Im Urteil in der Rechtssache C-158/91, *Levy* wird aber zumindest die Möglichkeit deutlich, dass die Wahrung von Gemeinschaftsgrundrechten der Durchsetzung der Verpflichtungen aus einer vorgemeinschaftlichen Übereinkunft gegenüber einem Mitgliedstaat entgegensteht. Im Fall ließ der EuGH die Frage offen.[795]

b. Opel Austria, Rs. T-115/94[796]

In der Rechtssache T-115/94, *Opel Austria GmbH ./. Rat der Europäischen Union,* traf das Gericht Erster Instanz grundlegende Aussagen dazu, unter welchen Umständen die unmittelbare Wirkung Regelungen völkerrechtlicher Abkommen (im Fall: EWR-Abkommen als gemischtes Abkommen) zur Ungültigkeit gemeinschaftsrechlicher (hier: sekundärrechtlicher) Regelungen führen kann.

aa. Sachverhalt

Die Klage war gerichtet auf die Nichtigerklärung der Verordnung (EG) Nr. 3697/93 des Rates vom 20. Dezember 1993 über die Rücknahme von Zollzugeständnissen gemäß Artikel 23 Absatz 2 und Artikel 27 Absatz 3 Buchstabe a) des Freihandelsabkommens zwischen der Gemeinschaft und Österreich (General Motors Austria) (ABl. 1993 Nr. L 343, S. 1). Mit dieser VO hatte der Rat einen Zollsatz von 4,9 % auf von der Klägerin hergestellte KFZ-Schaltgetriebe wiedereingeführt.[797] Die Verordnung wurde im Amtsblatt vom 31.12.1993 veröffentlicht, obwohl sie nachweislich dem Amt für Veröffentlichungen erst am 06.01.1994 im vollständigen Text vorlag.[798] Zum Zeitpunkt des Erlasses der VO

---

794 Urt. v. 05.10.1994, Deutschland ./. Rat, Slg. 1994 I-4973; Urt. v. 16.06.1998, Rs. C-162/92, A. Racke GmbH & Co. ./. Hauptzollamt Mainz, Slg. 1998 I-3655; Urt. v. 23.11.1999, Rs. C-149/96, Portugiesische Republik ./. Rat der Europäischen Union, Slg. 1999 I-8395, 8439

795 Urt. v. 02.08.1993, Rs. C-158/91, Strafverfahren gegen Jean-Claude Levy, Slg. 1993 I-4287, 4305 f., Rn. 16 f., vgl. § 2A.I.11.c.cc.

796 Urt. v. 22.01.1997, Rs. T-115/94, Opel Austria GmbH ./. Rat der Europäischen Union, Slg. 1997 II-43

797 Vgl. aaO. S. 45, Rn. 1

798 AaO. S. 83, Rn. 127 f.

hatten der Rat und die Kommission im Namen der EG und der EGKS das EWR-Abkommen und das Anpassungsprotokoll zum EWR-Abkommen genehmigt. Am 13.12.1993 hinterlegten die Gemeinschaften als letzte Vertragsparteien ihre Genehmigungsurkunden. Das EWR-Abkommen trat am 1. Januar 1994 in Kraft. Es ersetzte, jedenfalls teilweise, ein früheres Freihandelsabkommen zwischen EG und EFTA-Staaten.[799]

Die Klägerin stützte den Antrag auf Nichtigerklärung u. a. auf folgende Klagegründe:[800]

- Verstoß gegen unmittelbar anwendbares Recht (Art. 10, 26 und 62 des EWR-Abkommens)
- Verstoß gegen die völkerrechtliche Verpflichtung, Ziel und Zweck eines Vertrages vor seinem Inkrafttreten nicht zu vereiteln (vgl. S. 66 ff., Rn. 76 ff.)
- Verstoß gegen Grundrechte der Klägerin durch die Rückdatierung (vgl. S. 55 ff., Rn. 41 ff.).

bb. Entscheidung des Gerichts

Das Gericht prüfte zunächst die Verletzung des Grundsatzes von Treu und Glauben. Es stellte dessen völkergewohnheitsrechtliche Geltung und damit die Verbindlichkeit für die Gemeinschaft fest.[801]

Weiter konstatierte das Gericht:

„[I]m Völkerrecht [folgt] der Grundsatz von Treu und Glauben aus dem Grundsatz des Vertrauensschutzes, der nach der Rechtsprechung Bestandteil der Gemeinschaftsrechtsordnung ist. Auf diesen Grundsatz des Vertrauensschutzes kann sich jeder Wirtschaftsteilnehmer berufen, bei dem ein Gemeinschaftsorgan begründete Erwartungen geweckt hat. In einer Situation, in der die Gemeinschaften ihre Urkunden über die Genehmigung eines internationalen Abkommens hinterlegt haben und das Inkrafttreten dieses Abkommens bekannt ist, können sich die Wirtschaftsteilnehmer auf den Grundsatz des Vertrauensschutzes berufen, um sich gegen Handlungen der Gemeinschaftsorgane in der Zeit vor dem Inkrafttreten dieses internationalen Abkommens zu wehren, die gegen Bestimmungen dieses Abkommens verstoßen, die nach dessen Inkrafttreten ihnen gegenüber unmittelbare Wirkung entfalten.“[802]

Zu prüfen war daher, ob und inwieweit die Bestimmungen des EWR-Abkommens an die Stelle des Freihandelsabkommens treten und ob das Abkom-

799 AaO. S. 50 f. Rn. 23 ff.
800 AaO. S. 53, Rn. 36
801 AaO. S.69 ff., Rn. 89 ff.
802 AaO. S. 71, Rn. 93 f.

men für die Produkte der Klägerin galt. Dies bejahte das Gericht.[803] Weiter bejahte es die Frage, ob Art. 10 des EWR-Abkommens nach dessen Inkrafttreten unmittelbare Wirkung entfalten könne und stellte dann die Unvereinbarkeit der VO mit Art. 10 fest. Der Rat habe folglich das berechtigte Vertrauen der Klägerin verletzt, indem er die VO in der Zeit vor Inkrafttreten des EWR-Abkommens und nach Hinterlegung der Genehmigungsurkunden durch die Gemeinschaften erließ.[804]

Gleichzeitig habe der Rat auch den Grundsatz der Rechtssicherheit verletzt, indem er bewusst eine Situation geschaffen habe, in der ab Januar 1994 zwei einander widersprechende rechtliche Regelungen nebeneinander bestanden (VO und EWR-Abkommen). Die absichtliche Rückdatierung stelle ebenfalls einen Verstoß gegen den Grundsatz der Rechtssicherheit dar.

Einen von der Klägerin ebenfalls gerügten Verstoß gegen Artikel VI des GATT prüfte das Gericht nicht, da die Nichtigkeit der VO festgestellt sei.

cc. Kommentar

Nach der Rechtsprechung des Gerichts können sich Wirtschaftsteilnehmer auf den Grundsatz des Vertrauensschutzes berufen, um sich gegen Handlungen der Gemeinschaftsorgane vor dessen Inkrafttreten zu wehren, die gegen Bestimmungen des EWR-Abkommens als gemischtes Abkommen verstoßen. Voraussetzung ist, dass die Bestimmungen nach dessen Inkrafttreten gegenüber den Wirtschaftsteilnehmern unmittelbare Wirkung entfalten.

Diese Aussagen sind nicht ausdrücklich auf gemischte Abkommen beschränkt. Verallgemeinert man sie, dann lassen sich folgende Aussagen treffen: Einzelne können sich auf unmittelbar wirkende Bestimmungen eines völkerrechtlichen Abkommens berufen. Inhaber von Rechten aus einem Abkommen mit unmittelbarer Wirkung können auf die korrekte und ordnungsgemäße Durchführung des fraglichen Abkommens vertrauen.

Das beruht auf dem gemeinschaftsrechtlichen Grundsatz des Vertrauensschutzes. Diesen Zusammenhang stellte ausdrücklich der Generalanwalt *Jacobs* in der Rechtssache C-162/96, *Racke,* her. Er war der Ansicht, *„dass ein einzelner Gemeinschaftshandlungen auf der Grundlage von Regeln des Völkergewohnheitsrechts über Verträge anfechten kann, dass eine solche Anfechtung aber nur dann Erfolg haben kann, wenn eine offensichtliche Verletzung derartiger Regeln zum Nachteil des Betreffenden vorliegt. In solchen Fällen kann ein Verstoß gegen den gemeinschaftsrechtlichen Grundsatz des Vertrauensschutzes gegeben*

803 AaO. S. 71 f., Rn. 96 ff.
804 AaO. S. 81 Rn. 122

sein, und der Verstoß gegen diesen Grundsatz, der zugleich eine offensichtliche Verletzung des Vertragsrechts ist, kann zur Nichtigerklärung der fraglichen Gemeinschaftshandlung, zu ihrer Ungültigerklärung oder zu Schadensersatzansprüchen führen."[805]

Detaillierter führte er unter ausdrücklichem Bezug auf Rs. T-115/94, *Opel Austria*, aus: „*Wird ein Abkommen [...] auf unbestimmte Zeit geschlossen und kann es mit sechsmonatiger Frist gekündigt werden, so kann ein einzelner darauf vertrauen, dass es nicht plötzlich ohne hinreichenden Grund ausgesetzt wird.*"[806]

3. Vertrauensschutz

Diese Formulierung bezieht sich auf den Grundsatz des Vertrauensschutzes. Der Gerichtshof traf in der Rechtssache 112/77, *Töpfer*, insoweit die Aussage, dass der Grundsatz des Vertrauensschutzes Bestandteil der Gemeinschaftsrechtsordnung sei und ein Verstoß gegen diesen eine „*Verletzung dieses Vertrages oder einer bei seiner Durchführung anzuwendenden Rechtsnorm*" im Sinne des Artikels 173 a. F. darstelle.[807] Damit wandte er sich gegen die Interpretation des Generalanwalts *Mayras*, der der Ansicht war, ein solcher Verstoß könne nur im Rahmen einer Klage nach Artikel 288 (früher Art. 215 EWG) geltend gemacht werden.[808]

Inhaltlich gewährt der Grundsatz des Vertrauensschutzes Schutz gegen unvorhersehbare und willkürliche oder offensichtlich rechtswidrige Handlungen. Ein Wirtschaftsteilnehmer, bei dem ein Gemeinschaftsorgan begründete Erwartungen geweckt hat, kann sich auf den Grundsatz berufen. Das gilt aber nicht, wenn ein umsichtiger und besonnener Wirtschaftsteilnehmer in der Lage ist, den Erlass einer Gemeinschaftsmaßnahme vorauszusehen, die seine Interessen berühren kann.[809]

Wenn eine Kündigung also für den umsichtigen und besonnenen Wirtschaftsteilnehmer nicht vorhersehbar war, können sich die vom Wegfall einer Individualrechtsposition durch die Kündigung betroffenen natürlichen und juristi-

---

805 Schlussanträge GA Jacobs v. 04.12.1997, Rs. C-162/96, A. Racke GmbH & Co. ./. Hauptzollamt Mainz, Slg. 1998 I-3659, 3683, Rn. 89

806 AaO., Slg. 1998 I-3659, 3682 f., Rn. 87

807 Urt. v. 03.05.1978, Rs. 112/77, August Töpfer & Co GmbH ./. Kommission der Europäischen Gemeinschaften, Slg. 1978, 1019, 3. Leitsatz u. S. 1032, Rn. 19

808 Schlussanträge GA Mayras v. 12. April 1978, Slg. 1978, 1034, 1036 f.

809 Urt. d. Gerichts v. 13.07.1995, verb. Rs. T-466, 469, 473, 474, 477/93, Thomas O'Dwyer u. a. ./. Rat der Europäischen Union, , Slg. 1995 II-2075, 2095 Rn. 48, 2097 Rn. 53 m. w. N., s. a. Urt. v. 17.07.1997, Rs. C-183/95, Affish BV ./. Rijksdienst voor de keuring van Vee en Vlees, Slg. 1997 I-4315

schen Personen auf die Grundsätze der Rechtssicherheit und des Vertrauensschutzes berufen.[810] Als statthafte Klage kommt nach dem Urteil in der Rechtssache 112/77, *Töpfer,* die Nichtigkeitsklage nach Art. 230 in Betracht.[811]

4. *Individualrechtsschutz – Grundrechtsbindung der Mitgliedstaaten*

Der Gerichtshof hat das allgemeine europäische Rechtsprinzip des Vertrauensschutzes als grundlegendes Element des Eigentumsrechts bezeichnet.[812] Unter dem Gesichtspunkt des Vertrauensschutzes geschützte Rechtspositionen können also auch durch die Gemeinschaftsgrundrechte, insbesondere das Eigentumsrecht, geschützt sein. Da der Gerichtshof seit der Grundsatzentscheidung in der Rechtssache 5/88, *Wachauf,*[813] die Rechtmäßigkeit einer mitgliedsstaatlichen Handlung auch am Maßstab der Gemeinschaftsgrundrechte überprüft, könnte eine Kündigung als mitgliedstaatliche Handlung an diesem Maßstab der Gemeinschaftsgrundrechte zu messen sein.

Diese Entscheidung in der Rechtssache 5/88, *Wachauf,* wird als die Grundsatzentscheidung zur Frage der Bindung der Mitgliedstaaten an die Gemeinschaftsgrundrechte angesehen.[814] Für die Frage, inwieweit sich Grundsätze des Individualrechtsschutzes im Gemeinschaftsrecht auf die Kündigungspflicht auswirken, ist die Bindung der Mitgliedstaaten an die Gemeinschaftsgrundrechte zu untersuchen.[815]

In der Entscheidung ging es um die Frage, inwieweit der Pächter eines milchproduzierenden Betriebes nach Beendigung des Pachtverhältnisses einen Anspruch darauf hat, die Milcherzeugung an einer anderen Stelle fortführen zu dürfen, ob ihm gegebenenfalls für den Verzicht hierauf eine Entschädigung zusteht, oder ob derartige Ansprüche entfallen, weil das Milchkontingent auf den Verpächter übergeht. Die entsprechenden Regelungen waren von den Mitgliedstaaten

---

810 So auch Schorkopf, Homogenität, Rn. 306

811 Urt. v. 03.05.1978, Rs. 112/77, August Töpfer & Co GmbH ./. Kommission der Europäischen Gemeinschaften, Slg. 1978, 1019, 3. Leitsatz u. S. 1032, Rn. 19

812 Urt. v. 13.12.1979, Rs. 44/79, Liselotte Hauer ./. Land Rheinland-Pfalz, Slg. 1979, 3727, 4744 ff., Rn. 14, 17; Urt. v. 21.09.1983, Rs. 205-215/82, Deutsche Milchkontor u. a. ./. Bundesrepublik Deutschland, Slg. 1983, 2633, 2669, vgl. Häberle, EuGRZ 1991, 261, 266

813 Urt. v. 13.07.1989, Rs. 5/88, Hubert Wachauf ./. Bundesamt für Ernährung und Forstwirtschaft, Slg. 1989, 2609; vgl. zur Entwicklung der Rechtsprechung ausführlich Cirkel, Gemeinschaftsgrundrechte, S. 51 ff.; allgemein Wetter, Grundrechtscharta

814 Coppel/O'Neill, CMLR 1992, 669, 679; Ruffert, EuGRZ 1995, 518, 521

815 Vgl. dazu aus der zahlreichen Literatur nur – umfassend – Jones, Die Bindung der Mitgliedstaaten an die Grundrechte der EG

zu treffen, wobei ihnen nach den sekundärrechtlichen Vorschriften insoweit ein Ermessen zukam. Der Gerichtshof urteilte, dass dieser Ermessensspielraum aus Gründen des Grundrechtsschutzes zugunsten des Pächters auszuüben sei, der hohe Investitionen getätigt hatte, um die Milchproduktion betreiben zu können. Damit ist jedenfalls bei der Ausübung eines gemeinschaftsrechtlich eingeräumten Ermessens von einer Bindung der Mitgliedstaaten an die Gemeinschaftsgrundrechte auszugehen.[816]

Weiter wird in der Literatur eine allgemeine Verpflichtung der Mitgliedstaaten zur Beachtung der Gemeinschaftsgrundrechte für den Anwendungsbereich des Gemeinschaftsrechts hergeleitet.[817] Entgegen dieser Auffassung werden aus dem Prinzip der unmittelbaren Anwendbarkeit des Gemeinschaftsrechts Argumente gegen gemeinschaftsgrundrechtliche Bindungen der Mitgliedstaaten abgeleitet: Die Lehre von der unmittelbaren Anwendbarkeit diene auch und vor allem der effektiven Durchsetzung von Gemeinschaftsrecht. Da Grundrechte primär eine Rechtsschutzfunktion hätten und es nicht Ziel der Gemeinschaften sei, Grundrechte in den Mitgliedstaaten „durchzusetzen", widerspreche eine Anwendung der Gemeinschaftsgrundrechte auf mitgliedstaatliches Handeln dieser Funktionsgrundlage.[818] Hiergegen hat *Cirkel* vorgebracht, dass Effektivitätsgesichtspunkte für die Frage nach der unmittelbaren Wirkung einer Gemeinschaftsnorm allenfalls in Zweifelsfällen zum Tragen kämen. Regelmäßig müssten schlicht die Kriterien „hinreichend genau, vollständig und rechtlich vollkommen" erfüllt sein.[819] Dem ist zuzustimmen, soweit man diese Kriterien als Ausdruck eines entsprechenden maßgeblichen Willens der Vertragsparteien versteht, einer Norm unmittelbare Wirkung zu geben. Im Ergebnis ist damit eine Einschränkung des Grundrechtsschutzes aus Effektivitätsüberlegungen abzulehnen. Aus den Verträgen ergibt sich der eindeutige Wille, eine Gemeinschaft des Rechts zu bilden, in der die Grundrechte gewahrt werden. Die Zielsetzung lässt einem Willen zur Verringerung des Grundrechtsschutzes aus Effektivitätsgesichtspunkten keinen Raum.

---

816 So auch Cirkel, Gemeinschaftsgrundrechte, S. 61, ausführlich Wetter, Grundrechtscharta, S. 91 ff., die die Geltung der Grundrechte auf den Anwendungsvorrang des Gemeinschaftsrechts zurückführt; a. A. Huber, Recht der Europäischen Integration, S. 106, der die Beachtlichkeit der Gemeinschaftsgrundrechte insoweit nicht als Frage der Bindung der Mitgliedstaaten, sondern der grundrechtskonformen Auslegung des Gemeinschaftsrechts einordnet.

817 Vgl. Jones, Die Bindung der Mitgliedstaaten an die Grundrechte der EG, S. 31 ff. nach dem die Bindung maßgeblich aus Art. 10 (Art. 5 a. F.), dem Grundsatz der Loyalität in seiner Funktion zur Wahrung der Einheit und Effektivität der Rechtsordnung, folgt.

818 Ruffert, EuGRZ 1995, 518, 523

819 Cirkel, Gemeinschaftsgrundrechte, S. 167

Grundsätzlich kann also das Handeln eines Mitgliedstaates im Anwendungsbereich des Gemeinschaftsrechts[820] am Maßstab der Gemeinschaftsgrundrechte gemessen werden. Die Kündigung, wenn sie aufgrund der Verpflichtung aus dem Gemeinschaftsrecht erfolgt, ist ein Handeln im Anwendungsbereich des Gemeinschaftsrechts.

Damit ergibt sich, dass eine Kündigung gemäß Art. 307 Abs. 2 wegen der Bindung der Mitgliedstaaten an die Gemeinschaftsgrundrechte nur konform mit Gemeinschaftsgrundrechten erfolgen darf, wenn diese Individualrechtspositionen aufgrund der unmittelbaren Wirkung einer vorgemeinschaftlichen Übereinkunft schützen. Noch nicht geklärt ist damit allerdings, wie sich dieser Befund dogmatisch in den Rahmen von Art. 307 Abs. 2 einfügt.

5. *Gemeinschaftsrechtlicher Schutz von Individualrechtspositionen als inhärentes Kriterium der Geeignetheit*

Weder eine primärrechtliche Regelung noch eine ausdrückliche Aussage des Gerichtshofs zur Auswirkung der unmittelbaren Wirkung einer Regelung in einer vorgemeinschaftlichen Übereinkunft lässt sich nachweisen.

In der Gesamtschau sprechen aber ganz überwiegende Argumente dafür, dass sich Individualrechte aufgrund unmittelbarer Wirkung rechtlich im Rahmen von Art. 307 Abs. 2 auswirken.

Art. 309 Abs. 2 S. 2 ist zwar nicht direkt oder analog anwendbar. Der Regelung lässt sich aber der Rechtsgedanke entnehmen, dass die Rechtspositionen einzelner für den Fall der Durchsetzung von gemeinschaftsrechtlichen Verpflichtungen gegenüber einem Mitgliedstaat zu berücksichtigen sind.[821]

Nach der Rechtsprechung kann ein einzelner unter Berufung auf Vertrauensschutz und Gemeinschaftsgrundrechte gegen die Verletzung von Individualrechtspositionen klagen. Im Falle einer Kündigung unter Verletzung von geschützten Positionen Einzelner wäre jedoch keine Klage auf gemeinschaftlicher Ebene möglich, weil ein Handeln des Mitgliedstaates auf nationaler Ebene anzugreifen wäre. Das spricht aber nicht gegen, sondern für eine Berücksichtigung von Individualrechtspositionen im Rahmen von Art. 307 Abs. 2, um eine Verletzung von vornherein zu vermeiden.

Die Mitgliedstaaten sind in ihrem Handeln bei der Durchführung von Gemeinschaftsrecht an die Gemeinschaftsgrundrechte und die allgemeinen Rechtsgrundsätze gebunden.

---

820 Vgl. zum Anwendungsbereich ausführlich Jones, Die Bindung der Mitgliedstaaten an die Grundrechte der EG, S. 60 ff.

821 S. o. § 7C.IV.1.c.

Weiter steht nach der Rechtsprechung fest, dass ein Mitgliedstaat die Ungültigkeit sekundärrechtlicher Vorschriften aufgrund des Verstoßes gegen Völkerrecht (nur) dann geltend machen kann, wenn die völkerrechtliche Norm unmittelbare Wirkung hat.

Es bestünde ein Wertungswiderspruch zu diesen Befunden, wenn eine Kündigung ohne Berücksichtigung von Individualrechtspositionen erfolgen könnte. Auch die Kohärenz der gemeinschaftlichen Rechtsordnung gebietet daher den Schutz von solchen Rechtspositionen.

Zur dogmatischen Begründung kann auf den Ansatz zurückgegriffen werden, der bereits oben bei der Frage nach der Auswirkung des Verhältnismäßigkeitsgrundsatzes unter dem Aspekt der „Pflichtenkonkretisierung“ eine überzeugende Lösung bietet.[822]

Anzuknüpfen ist an das Tatbestandsmerkmal der Geeignetheit einer anzuwendenden Maßnahme. Diesem Tatbestandsmerkmal ist die Vereinbarkeit einer Kündigung mit grundlegenden Wertungen der gemeinschaftlichen Rechtsordnung immanent. Das gilt nicht nur in Bezug auf den Verhältnismäßigkeitsgrundsatz im Verhältnis von Gemeinschaft und Mitgliedstaat. Es gilt auch im Bezug auf den Schutz von Individualrechtspositionen, die aufgrund der unmittelbaren Wirkung von Regelungen einer vorgemeinschaftlichen Übereinkunft entstehen. Würde der Entzug einer solchen Position durch die Kündigung gegen gemeinschaftsrechtliche Grundsätze des Individualschutzes verstoßen, so wäre eine Kündigung als Mittel nicht geeignet, den Konflikt zwischen vorgemeinschaftlicher Übereinkunft und Gemeinschaftsrecht aufzuheben. Die allgemeinen gemeinschaftsrechtlichen Rechtsgrundsätze des Vertrauensschutzes und der Gemeinschaftsgrundrechte sind damit inhärente Kriterien der Geeignetheit. Das Bestehen von individualrechtlichen Rechtspositionen kann damit der Kündigungspflicht des jeweiligen Mitgliedstaates entgegenstehen. Der Gerichtshof hat insoweit zu prüfen, ob Rechtspositionen bestehen und ob angesichts dieser eine Kündigung durch den Mitgliedstaat mit den gemeinschaftsrechtlichen Grundsätzen vereinbar ist.

D. Ergebnis

Gemeinschaftsrechtliche Grenzen der Pflichten aus Art. 307 Abs. 2 können der Grundsatz der Verhältnismäßigkeit im Verhältnis zwischen Gemeinschaft und Mitgliedstaat und die unmittelbare Wirkung einer vorgemeinschaftlichen Übereinkunft setzen. Denn im Rahmen von Art. 307 Abs. 2 ist allgemein die Verein-

822 Vgl. § 7B.III.

barkeit einer Maßnahme mit gemeinschaftsrechtlichen Rechtsgrundsätzen Voraussetzung der Geeignetheit und damit Tatbestandsvoraussetzung.

Der Grundsatz der Verhältnismäßigkeit bindet die Gemeinschaft gegenüber den Mitgliedstaaten auch bei der Durchsetzung der Pflichten aus Art. 307 Abs. 2.

Diese wiederum sind wegen ihrer Bindung an Gemeinschaftsgrundrechte als allgemeine Rechtsgrundsätze und nach dem Grundsatz des Vertrauensschutzes verpflichtet, geschützte Rechtspositionen im Rahmen der Anpassung einer vorgemeinschaftlichen Übereinkunft nicht vertrauensschutzwidrig durch Kündigung zu entziehen.

Eine qualifizierte Rechtspflicht, insbesondere die Pflicht zur Kündigung, aus Art. 307 Abs. 2 trifft einen Mitgliedstaat nur dann, wenn sie für ihn verhältnismäßig ist und durch ihre Erfüllung Individualrechtspositionen nicht vertrauensschutzwidrig beeinträchtigt werden.

§ 8 Kollisionslösung durch Ermächtigung der Mitgliedstaaten zur Fortführung vorgemeinschaftlicher Übereinkünfte im Bereich der gemeinsamen Handelspolitik

A. Einführung

Im Bereich der gemeinsamen Handelspolitik wurden besondere Regelungen für vorgemeinschaftliche Übereinkünfte getroffen.[823] Die Gemeinschaft hat auf diesem Gebiet Mitgliedstaaten ausdrücklich ermächtigt, bestimmte zwischen ihnen und Drittländern vor dem Inkrafttreten des EG-Vertrages geschlossene Handelsabkommen, das sind insbesondere vorgemeinschaftliche Übereinkünfte, fortzuführen.[824] An die Analyse der besonderen Kollisionslösungen des Gerichtshofs und des Art. 307 Abs. 2 schließt sich darum die Untersuchung der handelspolitischen Kollisionslösung an.

B. Hintergrund

Mit Ablauf der Übergangszeit zum 1. Januar 1970 sollte die gemeinsame Handelspolitik nach Art. 113 Abs. 1 EGWV (jetzt Art. 133 EG) neben dem Abschluss von Zollabkommen ausdrücklich auch den Abschluss gemeinschaftlicher Handelsabkommen umfassen. Die Erarbeitung einer gemeinsamen Handelspolitik im Hinblick auf Handelsabkommen erfolgte zunächst auf Grundlage einer Ratsentscheidung vom 9. Oktober 1961. Danach sollten die Laufzeiten der nationalen Handelsabkommen – diese waren vorgemeinschaftliche Übereinkünfte – auf die Dauer der Übergangszeit beschränkt werden, um somit den Übergang in Gemeinschaftsabkommen zu ermöglichen.

Im Hinblick auf die nicht umfassend genug durchgeführte Harmonisierung der Handelspolitik und die Weigerung einiger Drittstaaten, Handelsabkommen mit der Gemeinschaft abzuschließen,[825] sah sich die Gemeinschaft am Ende der Übergangszeit nicht in der Lage, alle bestehenden einzelstaatlichen Handelsab-

823 Vgl. dazu bereits oben § 2B.II.2.b.
824 Vgl. hierzu Sachs, EG-Handelspolitik, S. 37 ff., insbes. S. 47 ff
825 Vgl. Entscheidung vom 16.12.1969, 7. Erwägungsgrund, ABl. 1969 Nr. L 326 S. 39, 40

kommen[826] durch Gemeinschaftsabkommen zu ersetzen. Da andererseits ein Verbot jeder Verlängerung der nationalen Abkommen den wirtschaftlichen Interessen der EG-Mitgliedstaaten und der Gemeinschaft selbst geschadet hätte, verabschiedete der Rat am 28. Januar 1969 eine Entscheidung,[827] die die Genehmigung der stillschweigenden Verlängerung bestimmter Handelsabkommen über die Übergangszeit hinaus vorsah, sofern dadurch nicht die Einführung der gemeinsamen Handelspolitik beeinträchtigt werden konnte. Unmittelbar vor dem Ende der Übergangszeit verabschiedete der Rat am 16. Dezember 1969 in einer weiteren Entscheidung *„über die schrittweise Vereinheitlichung der Abkommen über die Handelsbeziehungen zwischen den Mitgliedstaaten und dritten Ländern und über die Aushandlung der gemeinschaftlichen Abkommen"* eine umfassende Übergangslösung zur Überleitung der vertraglichen Handelspolitik in die Zuständigkeit der Gemeinschaft.[828]

C. Die Kollisionslösung im Einzelnen

Danach wurde der Kompromiss eingegangen, gewisse bestehende Handelsabkommen der Mitgliedstaaten mit dritten Ländern unter bestimmten Bedingungen und ohne Neuverhandlungen von Jahr zu Jahr zu verlängern, bis Gemeinschaftsabkommen geschlossen werden konnten.[829]

Dazu wurde das folgende vierstufige Verfahren vorgesehen: 1. Mitteilung der Mitgliedstaaten an die Kommission über bestehende Verträge spätestens drei Monate vor Verlängerung oder Ablauf der Kündigungsfrist, 2. Konsultation in einem vom Rat gebildeten Ausschuss zwischen Mitgliedstaat und Gemeinschaft, 3. Vorschlag der Kommission, den Mitgliedstaat zur Verlängerung für maximal ein Jahr zu ermächtigen, soweit aufgrund der Konsultation keine Bedenken entgegenstehen, 4. Entscheidung des Rates über den Vorschlag.[830]

---

826 Zu diesem Zeitpunkt bestanden 126 Freundschafts-, Handels- und Schiffahrtsverträge sowie 196 Handelsabkommen zwischen EG-Mitgliedstaaten und Drittstaaten, vgl. DOK SEK (69) 1175 endg. v. 28.03.1969

827 ABl. 1969 Nr. L 43, S. 15

828 ABl. 1969 Nr. L 326, S. 39

829 Vgl. Titel I der Entscheidung

830 Vgl. Art. 1-4 der Entscheidung vom 16.12.1969; Ein entsprechendes Anzeige- und Konsultationsverfahren wurde zur Vermeidung von Unvereinbarkeiten z. B. auch im Bereich der wirtschaftlichen und industriellen Zusammenarbeit durch Entscheidung des Rates vom 22.07.1974, ABl. 1974 Nr. L 208, S. 23 f., eingeführt.

Aufgrund dessen konnte Mitgliedstaaten regelmäßig die Fortführung bilateraler Handelsabkommen um jeweils ein Jahr gestattet werden.[831]

D. Rechtliche Bedenken gegen die Kollisionslösung

Gegen eine solche Ermächtigung der Mitgliedstaaten zur Verlängerung (und in bestimmten Fällen zum Abschluss[832]) von Handelsabkommen als Übergangslösung für vorgemeinschaftliche Übereinkünfte im Bereich der Handelspolitik wurden rechtliche Bedenken geltend gemacht. Es stellte sich die Frage, ob der Rat durch einfache Ratsentscheidung eine Primärnorm im Range einer Verfassungsbestimmung wirksam derogieren könne,[833] oder ob eine Änderung nur nach Art. 236 a. F. möglich sei. Die Diskussion ist begrenzt im Rahmen der Untersuchung der Kompetenzen der Europäischen Gemeinschaft im Bereich der Handelspolitik geführt worden und wird daher hier nicht erneut ausgeführt. Ganz überwiegend wird heute im Ergebnis angenommen, dass für den Bereich der gemeinsamen Handelspolitik die Ermächtigung zur Verlängerung zulässig war.[834]

E. Bewertung im Hinblick auf Artikel 307 EG

Die Übergangslösung ist im Hinblick auf die Fragen, die sich hier im Rahmen von Art. 307 stellen, zu bewerten. Dazu ist zunächst zu prüfen, ob es sich um einen Anwendungsfall von Art. 307 Abs. 1 handelt.

Im Bereich der gemeinsamen Handelspolitik handelte es sich nach Ablauf der Übergangszeit primär um einen Kompetenzkonflikt. Der Gemeinschaft wuchs mit dem 1. Januar 1970 grundsätzlich die Kompetenz für den Abschluss von Handelsabkommen zu. Es stellte sich die kontrovers diskutierte Frage nach der Rechtsfolge für von den Mitgliedstaaten zuvor geschlossene Rechtsakte, also nach dem Verhältnis der gemeinschaftlichen zu den nationalen Vertragsschluss-

831 Vgl. z. B. Entscheidungen des Rates 88/360/EWG vom 30.06.1988, ABl. 1988 Nr. L 174, S. 52; 89/371/EWG vom 12.06.1989, ABl. 1989 Nr. L 164, S. 42; 90/235/EWG vom 21.05.1990, ABl. 1990 Nr. L 133, S. 85; 91/374/EWG vom 22.07.1991, ABl. 1991 Nr. L 202, S. 46

832 Vgl. 3. Titel der Entscheidung vom 16.12.1969, Art. 9

833 Vgl. Weissenberg, Handels- und Kooperationsabkommen, S. 132 ff., der im Ergebnis die Zulässigkeit für den Bereich der gemeinsamen Handelspolitik bejaht.

834 Vgl. Weissenberg aaO.; Sachs, EG-Handelspolitik, S. 50; umfassend Taraschka, Handelspolitik, S. 161 ff, insbes. S. 171 m. w. N.

befugnissen.[835] In der Diskussion ging es dagegen weniger um Kollisionen materieller Vorschriften. Die mit den Entscheidungen des Rates ermöglichte Kollisionslösung selbst hat allerdings den Sinn, die Vereinbarkeit von materiellen handelsrechtlichen Regelungen der Mitgliedstaaten mit Gemeinschaftsrecht sicherzustellen. Dieser Sinn und Zweck entspricht dem des Art. 307. Die Natur des Normenkonflikts, der der Übergangsregelung konkret zugrunde lag, schließt also eine Betrachtung zur Suche von Lösungen des von Art. 307 geregelten Konfliktes nicht aus.

Weiter stellt sich die Frage, ob die Problemfälle, für die die Kollisionslösung entwickelt wurde, in den Anwendungsbereich von Art. 307 fallen. Art. 307 Abs. 1 ist, wie oben[836] gesehen, analog anwendbar auch auf die Fälle, in denen der Normkonflikt nach Beitritt entsteht und die mit der Übergangslösung erfasst sind.

Fraglich erscheint, wie das Verhältnis der sekundärrechtlichen Kompromisslösung zur primärrechtlichen Regelung des Art. 307 ist. Insoweit kann auf die Erkenntnisse zur Normenhierarchie zurückgegriffen werden. Damit ist Art. 307 übergeordneter Maßstab.[837] Das Sekundärrecht kann ergänzende Regelungen treffen, solange sie nicht der des Art. 307 widersprechen, indem sie diese Vorschrift durch eine unbegrenzte Verlängerung praktisch aushebeln. Soweit die Ermächtigung die Kollisionslösung des Art. 307 Abs. 2 ergänzt, geschieht das durch eine zeitliche Verzögerung ihrer Anwendbarkeit. Wo Art. 307 Abs. 2 die Behebung des Normkonflikts mit allen geeigneten Mitteln fordert, gestattet die sekundärrechtliche Lösung das zeitlich begrenzte Fortbestehen. Darin ist kein gegen Gemeinschaftsrecht verstoßender Widerspruch zu Art. 307 Abs. 2 zu sehen.

F. Ergebnis

Im Bereich der gemeinsamen Handelspolitik ist die sekundärrechtliche Ermächtigung der Mitgliedstaaten zur Verlängerung einer vorgemeinschaftlichen Übereinkunft nach entsprechender Konsultation eine praktizierte und im Hinblick auf Art. 307 gemeinschaftsrechtlich zulässige Lösung für solche Kollisionsfälle, die auch Art. 307 (in analoger Anwendung) erfasst.

835 Vgl. Weissenberg, Handels- und Kooperationsabkommen, S. 116 ff.; Sachs, EG-Handelspolitik, S. 79 ff.; Taraschka, Handelspolitik, S. 155 ff.

836 Unter § 2B.II.

837 Vgl. § 5C.I.3.

§ 9 Die Regelung des Artikels 307 Abs. 3 EG

A. Artikel 307 Abs. 3 EG – Meistbegünstigungsverbot

Die Regelung im dritten Absatz von Art. 307 erscheint bei erster Lektüre nicht leicht verständlich:

„Bei Anwendung der in Absatz 1 bezeichneten Übereinkünfte tragen die Mitgliedstaaten dem Umstand Rechnung, dass die in diesem Vertrag von jedem Mitgliedstaat gewährten Vorteile Bestandteil der Errichtung der Gemeinschaft sind und daher in untrennbarem Zusammenhang stehen mit der Schaffung gemeinsamer Organe, der Übertragung von Zuständigkeiten auf diese und der Gewährung der gleichen Vorteile durch alle anderen Mitgliedstaaten.“

Art. 307 Abs. 3 weist verklausuliert darauf hin, dass auch aufgrund einer in einer vorgemeinschaftlichen Übereinkunft eingeräumten Meistbegünstigung die Gemeinschaftspräferenzen (z. B. Zollfreiheit, Niederlassungsfreiheit) grundsätzlich nicht an Drittstaaten weitergegeben werden dürfen.[838] Die gemeinschaftsinternen Präferenzen beruhen nämlich auf den gegenseitigen Bindungen der Mitgliedstaaten im Rahmen des EG-Vertrages. Eine solche Regelung ist typisch für Verträge über Zollunionen und regionale Wirtschaftsintegration.[839] Voraussetzung für die Nichtanwendung der Meistbegünstigung ist, dass die Vorenthaltung der Präferenz nicht gegen die vorgemeinschaftliche Übereinkunft verstößt.[840]

Der Gerichtshof hat sich bislang nicht zur Auslegung geäußert. Das liegt zum einen daran, dass die Frage der Meistbegünstigung aufgrund einer vorgemeinschaftlichen Übereinkunft eine Frage der völkerrechtlichen Beziehung zwischen Drittstaat und Mitgliedstaat ist. Da sich im Falle einer Streitigkeit zwischen Drittstaat und Mitgliedstaat somit keine gemeinschaftsrechtlichen Fragen stellen, dürfte hierin ein Grund liegen, warum der Gerichtshof sich nicht mit Fragen der Auslegung von Art. 307 Abs. 3 beschäftigt hat. Außerdem wird die Bildung einer Zollunion häufig eine ausdrückliche oder stillschweigende völkerrechtlich zulässige Ausnahme von der Meistbegünstigung darstellen (vgl. z. B. Art. XXIV

838 Klein, in: HKMM, Art. 234 Rn. 15; Booß, in: Lenz/Borchardt, Art. 307 Rn. 7; Geiger, EUV/EGV, Art. 307 Rn. 6

839 Vgl. Weizel, in: Léger, Art. 307 Rn. 20

840 Geiger, EUV/EGV, Art. 307 Rn. 6

GATT), so dass es in der Praxis selten zu einem Verstoß gegen eine vorgemeinschaftliche Übereinkunft kommen dürfte.[841]

B. Systematische Funktion des Artikels 307 Abs. 3 EG im Rahmen von Artikel 307 EG

I. Regelung des Anwendungsbereichs von Artikel 307 Abs. 1 EG?

Dem Wortlaut nach greift die Regelung für den Fall, dass es nicht zu einer Normangleichung kommt, sondern der Konflikt, den Abs. 1 regelt, bestehen bleibt. Finden dann die Regelungen der vorgemeinschaftlichen Übereinkunft Anwendung, so hat Art. 307 Abs. 3 die Funktion, Modalitäten dieser Anwendung zu bestimmen.

Manzini spricht davon, es handele sich um eine Verdeutlichung und Umschreibung des Regelungsbereichs von Absatz 1.[842] Das erscheint aber nur dann richtig, wenn man diesen Regelungsbereich weit mit „Pflichten der Mitgliedstaaten zur Angleichung vorgemeinschaftlicher Verträge mit Drittstaaten" umschreibt. Tatsächlich ist er *ratione materiae* mit der Anwendbarkeit auf bestimmte völkerrechtliche Abkommen festgelegt und bedarf, insbesondere nach der klarstellenden Textänderung durch den Amsterdamer Vertrag, keiner weiteren Präzisierung. Der dritte Absatz ist also entgegen der – möglicherweise nur sprachlich ungenauen – Aussage von *Manzini* keine Präzisierung des Regelungsbereiches des Art. 307 Abs. 1.

Er verdeutlicht vielmehr die Verpflichtung der Mitgliedstaaten hinsichtlich der weiteren Anwendung der vorgemeinschaftlichen Übereinkünfte, ihren Vertragspartnern die durch das Gemeinschaftsrecht geschaffenen Vorteile und Präferenzen nicht weiterzugeben.

II. Konkretisierung der Anpassungspflichten aus Artikel 307 Abs. 2 EG

Darüber hinaus findet sich in der Literatur die Aussage, Art. 307 Abs. 3 begründe die Verpflichtung der Mitgliedstaaten, bei der Anpassung der Altverträge ge-

---

841 Hierauf weist Geiger, EUV/EGV, Art. 307 Rn. 6 hin; s. a. Weitzel, in: Léger Art. 307 Rn. 20

842 Manzini, EJIL 2001, 781, 782

meinschaftsrechtliche Vorteile und Präferenzen nicht weiterzugeben.[843] Danach konkretisiert Art. 307 Abs. 3 die Anpassungspflichten der Mitgliedstaaten[844] und weist darauf hin, dass auch aufgrund der in vorgemeinschaftlichen Übereinkünften eingeräumten Meistbegünstigung die Gemeinschaftspräferenzen grundsätzlich nicht an Drittstaaten weitergegeben werden dürfen.[845]

Im Ergebnis liegt kein Unterschied zwischen der Aussage, Art. 307 Abs. 3 konkretisiere die Anpassungspflichten der Mitgliedstaaten, und der Aussage, die Regelung bestimme die Modalitäten der Anwendung von vorgemeinschaftlichen Übereinkünften, die aufgrund von Art. 307 Abs. 1 fortgelten. Die erste Formulierung betont mehr die Handlungspflicht, die zweite stellt auf das von den Mitgliedstaat anzustrebende Ergebnis ab.

C. Ergebnis

Festzuhalten bleibt, dass aufgrund von Art. 307 Abs. 3 die Mitgliedstaaten verpflichtet sind, im Rahmen der völkerrechtlichen Zulässigkeit insbesondere darauf hinzuwirken, dass aufgrund einer vorgemeinschaftlichen Übereinkunft die durch das Gemeinschaftsrecht geschaffenen Vorteile und Präferenzen nicht an den jeweiligen Drittstaat weitergegeben werden. Damit konkretisiert er nicht den Regelungsbereich von Art. 307 Abs. 1, wohl aber das von den Mitgliedstaaten im Falle der Fortgeltung einer vorgemeinschaftlichen Übereinkunft anzustrebende Ergebnis.

843 Krück, in: Schwarze, Art. 307 EGV Rn. 14; wohl auch Klein, in: HKMM, Art. 234 Rn. 15: „Art. 234 III konkretisiert die Anpassungspflichten der Mitgliedstaaten."

844 Petersmann/Spennemann, in: von der Groeben/Schwarze, Art. 307 Rn. 9

845 Klein, in: HKMM, Art. 234 Rn. 15

§ 10 Die Solidarpflicht aus Artikel 307 Abs. 2 EG

A. Einführung

Art. 307 Abs. 2 S. 2 Hs. 1 bestimmt, dass die Mitgliedstaaten zum Zwecke der Behebung von Unvereinbarkeiten einander Hilfe leisten. Nach Art. 307 Abs. 2 S. 2 Hs. 2 nehmen sie gegebenenfalls eine gemeinsame Haltung an. Art. 307 Abs. 2 S. 2. Hs. 1 statuiert damit eine Hilfspflicht der Mitgliedstaaten. Die Pflicht aus Art. 307 Abs. 2 geht nach dem Wortlaut von Hs. 2 aber über die bloße Hilfeleistung gegenüber dem Mitgliedstaat hinaus. Wenn von einer gemeinsamen Haltung gesprochen wird, dann wird deutlich, dass es um Konsultation, Abstimmung und zielgerichtetes Handeln auch im politischen Bereich geht. Die zu leistende Hilfe hat außer rechtlichen erforderlichenfalls auch politische und wirtschaftliche Unterstützungsmaßnahmen zu umfassen.[846] Darum erscheint es zutreffender, hier den in der Kommentarliteratur zu findenden Terminus der „Solidarverpflichtung“[847] oder „Solidarpflicht“ zu verwenden. Diese Solidarpflicht soll das Gewicht der Gemeinschaft bei der Anpassung der Altverträge zur Geltung bringen.[848] Gleichzeitig enthält die Regelung mit der Annahme einer gemeinsamen Haltung ein Instrument zur Erfüllung der Pflicht.

Im Folgenden sind die Solidarpflicht und das Instrumentarium zu ihrer Erfüllung Gegenstand der Untersuchung. Entsprechend dem Ziel der Arbeit, den Prozess der Angleichung vorgemeinschaftlicher Übereinkünfte rechtlich zu erfassen und die damit verbundenen Pflichten rechtlich zu konkretisieren, wird dabei[849] der Rechtscharakter der Solidarpflicht der übrigen Mitgliedstaaten und das Instrumentarium, das zur Erfüllung angewendet werden kann, untersucht. Dabei liegt der Schwerpunkt auf der Frage, ob auf Instrumente der Gemeinsamen Außen- und Sicherheitspolitik zurückzugreifen ist.

---

846 Petersmann/Spennemann, in: von der Groeben/Schwarze, Art. 307 Rn. 8
847 Vgl. Klein, in: HKMM, Art. 234 Rn. 14
848 Krück, in: Schwarze, Art. 307 Rn. 10
849 Unter § 10B. und § 10C.

B. Rechtliche Konkretisierung der Solidarpflicht

Die Solidarpflicht nach Art. 307 Abs. 2 S. 2 Hs. 1 könnte man verstehen als politische Pflicht zur Unterstützung des Mitgliedstaates bei der Anpassung einer vorgemeinschaftlichen Übereinkunft, deren Erfüllung jedem Mitgliedstaat nur unter Opportunitätsgesichtspunkten obliegt. Entgegen einer solchen Charakterisierung als unverbindliche politische Pflicht könnte sie, ebenso wie die Pflicht zur Behebung von Unvereinbarkeiten nach Art. 307 Abs. 2 S. 1[850], eine Rechtspflicht darstellen, die innergemeinschaftlich bindend und durchsetzbar wäre.

Für den Charakter als Rechtspflicht spricht ganz eindeutig der Wortlaut im Modus des imperativen Indikativs – *„leisten [...] einander Hilfe; sie nehmen [...] eine gemeinsame Haltung ein.“*[851] Es ist auch nicht ersichtlich, dass dieser Befund durch die systematische Auslegung der Regelungen des EG-Vertrags entkräftet würde. So hat der Gerichtshof anerkannt, dass Art. 10 eine rechtsverbindliche Verpflichtung zur Zusammenarbeit zwischen Mitgliedstaaten begründen kann.[852] Weiter spricht die teleologische Auslegung dafür, im Hinblick auf die effektive Geltung des Gemeinschaftsrechts von der Rechtsverbindlichkeit auszugehen.[853]

Damit handelt es sich bei der Solidarpflicht um eine gemeinschaftliche Rechtspflicht, die ein aus Art. 307 Abs. 2 S. 1 verpflichteter Mitgliedstaat gegebenenfalls auch im Wege der Klage nach Art. 227 geltend machen könnte.

C. Das Instrumentarium zu Erfüllung der Solidarpflicht

Wenn in Art. 307 Abs. 2 S. 2 Hs. 2 davon die Rede ist, die Mitgliedstaaten nähmen eine „gemeinsame Haltung“ ein, so stellt sich die Frage, wie dies *in concreto*

---

850 Vgl. oben § 5C.II.1.

851 Engl. Text: „shall [...] assist each other to this end and shall [...] adopt a common attitude.”
Frz. Text: „se prêtent une assistance mutuelle [...] et adoptent [...] une attitude commune.“

852 Verpflichtung zur Amtshilfe, vgl. Beschluss des Gerichtshofs vom 13. Juli 1990, RS C-2/88, J. J. Zwartveld u. a., Slg. 1990 I-3365, 3372, vgl. von der Heide, Zusammenwirken der Gemeinschaftsorgane, S. 147 ff.; Urt. v. 11.06.1991, Rs. C-251/89, Nikolaos Athanasopoulos u. a. ./. Bundesanstalt für Arbeit, Slg. 1991 I-2797, 2848 Rn. 57; vgl. Lenz, in: Lenz/Borchardt, Art. 10, Rn. 9

853 Letztlich entspricht dies wohl auch der allgemeinen Auffassung im Schrifttum, wo diese Frage nicht problematisiert wird.

geschehen soll und nach welchen prozeduralen Vorgaben eine solche Haltung gefunden werden kann.[854]

Voraussetzung für die Einleitung eines entsprechenden Abstimmungsprozesses wird sein, dass der Aus Art. 307 Abs. 2 S. 1 verpflichtete Mitgliedstaat ein konkretes Ersuchen um Unterstützung an die EU-Partner richtet. Darin sollte schon die konkret erbetene Hilfsmaßnahme, z. B. der Text für eine gemeinsame Erklärung auf politischer Ebene, enthalten sein.

Die Mitgliedstaaten haben im Rahmen von Art. 307 Abs. 2 S. 2 Hs. 1 dann die wie oben gesehen[855] rechtlich verbindliche Pflicht zur Koordination ihres Auftretens nach außen. Geht es um ein abgestimmtes Auftreten nach außen, so liegt der Gedanke nicht fern, Instrumente und Verfahren der GASP in diesem Bereich des EG-Rechts zur Anwendung zu bringen, wenn auch deren sachlicher Anwendungsbereich – politische, wirtschaftliche und militärische Aspekte der Sicherheit[856] – für die wirtschaftlichen Außenbeziehungen nicht eröffnet ist. Dies könnte aus Zweckmäßigkeitserwägungen heraus insofern sinnvoll sein, als sich mit dem gemeinsamen Auftreten der Mitgliedstaaten das Gemeinschaftsinteresse an der umfassenden und effektiven Durchsetzung des Gemeinschaftsrechts verbindet. Diese könnte durch verfahrensrechtliche Vorgaben abgesichert werden. Zu denken ist dabei insbesondere an die GASP-Regelungen für die Annahme gemeinsamer Standpunkte, Art. 15 EU.

Zwischen EG und EU bestehen institutionelle Verflechtungen, eine direkte Verbindung zwischen diesen beiden Säulen[857] wird aber nur punktuell hergestellt. Nach ausdrücklicher Regelung ist das in den Bereichen von Wirtschaftssanktionen gegenüber Drittstaaten (Art. 301) und der Finanzierung der GASP (Art. 268 Abs. 2, 28 EU), weiter für den Bereich der Exportkontrolle von Dual-Use-Gütern und bei gemischten Abkommen der Fall.[858] Art. 301 insbesondere ermächtigt und verpflichtet den Rat, einen gemeinsamen Standpunkt oder eine gemeinsame Aktion, die im Rahmen der GASP beschlossen worden ist, durch eine Maßnahme der Gemeinschaft umzusetzen. Zu überlegen wäre, ob Art. 307 eine umgekehrte Ermächtigung enthält, die Solidarpflicht im Rahmen der Gemein-

---

854 Inhaltliche Vorgaben hinsichtlich der gemeinsamen Haltung sind dagegen nicht zu suchen, da insoweit die konkrete Haltung von den Umständen des jeweiligen Einzelfalles bestimmt sein muss.

855 Unter A.

856 Vgl. Bandilla-Dany, GASP, S. 72; Burkard, GASP, S. 56, nimmt wirtschaftliche Außenbeziehungen, soweit sie in die Zuständigkeit der Gemeinschaft fallen, ausdrücklich aus.

857 Neben den Gemeinschaften und der GASP steht die „Polizeiliche und Justizielle Zusammenarbeit in Strafsachen“ (PJZS); vgl. zur Konzeption der Union als Säulenmodell nach dem Maastrichter Vertrag nur Oppermann, Europarecht, § 1, Rn. 44

858 Vgl. Burkard, GASP, S. 71 ff., Hüwelmeier, GASP, S. 387 ff.

schaft durch eine Maßnahme der GASP quasi „intergouvernementalisiert“ umzusetzen.

Im Verhältnis von Außenkompetenzen der Gemeinschaft und GASP wird der Rückgriff auf die GASP vor allem deshalb als problematisch angesehen, weil eine Intergouvernementalisierung von vergemeinschafteten Bereichen befürchtet wird.[859] Der Gerichtshof hat insoweit in der Rechtssache C-124/95, *Centro-Com,* die Aussage getroffen, dass die Mitgliedstaaten nationale Maßnahmen, die die Verhinderung oder Beschränkung der Ausfuhr bestimmter Güter bewirken, dem Bereich der gemeinsamen Handelspolitik nicht mit der Begründung entziehen könnten, dass mit ihnen außen- oder sicherheitspolitische Zwecke verfolgt würden.[860]

Dieses Argument greift im Rahmen von Art. 307 nicht: Die Befürchtung bezieht sich auf die Anwendung von GASP-Vorschriften auf materielle Zuständigkeiten der Gemeinschaft, hier ist aber die Anwendung auf ein Verfahren zur Erfüllung einer Pflicht der Mitgliedstaat zu prüfen, so dass sich die Gefahr nicht stellt. Es geht letztlich um die Prüfung, ob das GASP-Instrumentarium anzuwenden ist, um damit Gemeinschaftsrecht möglichst zur Geltung zu bringen.

Im Verhältnis der im EU-Vertrag kodifizierten Normen der GASP zum EG-Gemeinschaftsrecht bestimmt aber Art. 47 EU, das dieses durch den EU-Vertrag nur insoweit geändert wird, als es ausdrücklich bestimmt ist, und ansonsten unberührt bleibt. Daraus kann man schließen, dass die Formen der intergouvernementalen Zusammenarbeit im Rahmen der GASP[861] innerhalb der Gemeinschaft nicht zur Anwendung kommen können.

Die nur punktuelle Verknüpfung von Gemeinschaft und GASP lässt darüber hinaus den Umkehrschluss zu, dass eine weitere Verknüpfung von Gemeinschafts- und Unionsrecht in ungeregelten Fällen nicht erfolgen soll, vielmehr spezifisch gemeinschaftsrechtliche Verfahren zur Anwendung kommen.

Dafür spricht auch das Argument, dass der Wortlaut von Art. 307 Abs. 2 S. 2 seit 1958 unverändert ist, also historisch keinen Bezug zu den später entstandenen GASP-Regeln[862] hat. Damit kann Art. 307 selbst nicht Grundlage für die Anwendung von GASP-Regeln sein.

Der in Art. 47 EU eindeutig zum Ausdruck gebrachte Wille der Mitgliedstaaten überwiegt nach diesen Argumenten eventuelle Zweckmäßigkeitserwägun-

---

859 Vgl. Burkard, GASP, S. 86; Hüwelmeier, GASP, S. 310

860 Urt. v. 14.01.1997, Rs. C-124/95, R. ./. HM Treasury, ex parte Centro-Com Srl, Slg. 1997, I-81, 122 f., Rn. 23-26; s. o. § 2°.I.15.

861 Vgl. hierzu näher Bandilla-Dany, GASP, S. 98 ff.; Gerteiser, Sicherheits- und Verteidigungspolitik der EU, S. 97 ff.; Burkard, GASP, S. 64 ff.

862 Zur historischen Entwicklung Burkard, GASP, S. 21 ff.; Hüwelmeier, GASP, S. 7 ff.

gen.[863] Eine Anwendung der Regelungen über die GASP zur Umsetzung der Solidarpflicht ist damit abzulehnen. Auf die spezifischen Instrumente der Gemeinsamen Außen- und Sicherheitspolitik ist also nicht zurückzugreifen.

Die Einnahme einer gemeinsamen Haltung im Sinne von Art. 307 Abs. 2 S. 2 muss vielmehr auf dem Wege der üblichen Prozesse der Abstimmung innerhalb der Gemeinschaft erfolgen. Zu denken ist vor allem an entsprechende Ratsschlussfolgerungen, die Kundgabe einer gemeinsamen Haltung durch sonstige politische Erklärungen (der Präsidentschaft) und die Vertretung der gemeinsamen Haltung gegenüber der Vertragspartei, den Vertragsparteien der vorgemeinschaftlichen Übereinkunft im Rahmen gemeinsamer Demarchen der Mitgliedstaaten.

D. Ergebnis

Art. 307 Abs. 2 S. 2 regelt die Solidarpflicht der Mitgliedstaaten, bei der es sich um eine gemeinschaftliche Rechtspflicht handelt.

Ein Rückgriff auf die spezifischen Instrumente der Gemeinsamen Sicherheits- und Außenpolitik unter Anwendung der Regelungen über die GASP zur Umsetzung der Solidarpflicht kann aus rechtlichen Gründen nicht erfolgen.

Die Einnahme einer gemeinsamen Haltung im Sinne von Art. 307 Abs. 2 S. 2 Hs. 2 muss daher auf dem Wege der üblichen Prozesse der Abstimmung innerhalb der Gemeinschaft erfolgen.

863 Vgl. Bandilla-Dany, GASP, S. 70

§ 11 Zusammenfassung und Schlussbetrachtung

A. Zusammenfassung der Ergebnisse der Untersuchung

- Art. 307 erkennt den *Grundsatz der völkerrechtskonformen Integration* an.
- Die systematische Aufarbeitung der Rechtsprechung zur Art. 307 Abs. 1 zeigt, dass wesentliches Ordnungselement die Unterscheidung zwischen Fragen aufgrund von zwei Fallkonstellationen ist: 1. Rechtfertigung der Beschränkung von Gemeinschaftsrecht durch die Mitgliedstaaten aufgrund einer vorgemeinschaftlichen Übereinkunft und 2. Schutz von individuellen Rechtspositionen aus einer vorgemeinschaftlichen Übereinkunft. Einige wenige der Aussagen, die der Gerichtshof zur Art. 307 Abs. 1 getroffen hat, sind allgemeiner Art und beziehen sich auf beide Konstellationen. In der Regel lassen sich die Grundsätze, die der Gerichtshof im Rahmen der Anwendung von Art. 307 Abs. 1 entwickelt hat, nur auf eine der beiden spezifischen Fallkonstellationen beziehen.
- Art. 307 Abs. 1 hat zwei Funktionen: Zum einen hat er im Verhältnis zu Drittstaaten die Funktion einer *Unberührtheitsklausel*, die den Grundsatz der völkerrechtskonformen Integration unter Beachtung des Prinzips *pacta sunt servanda* enthält. Das bedeutet, das die Pflichten der Mitgliedstaaten aus einer vorgemeinschaftlichen Übereinkunft im Falle des Beitritts zur Gemeinschaft unberührt bleiben. Innergemeinschaftlich hat der erste Absatz von Art. 307 die Funktion einer *dilatorischen Einrede der Mitgliedstaaten* gegenüber der vollständigen Umsetzung von Gemeinschaftsrecht.
- Bei Prüfung einer analogen Anwendung des Art. 307 Abs. 1 ist sowohl nach Funktionen des Art. 307 als auch nach Fallkonstellationen zu unterscheiden. In seiner Funktion als Unberührtheitsklausel ist Art. 307 Abs. 1 mangels Regelungslücke nicht analog anzuwenden. In seiner Funktion als dilatorische Einrede kann Art. 307 Abs. 1 dagegen analog zur Anwendung kommen, und zwar in der Fallkonstellation, in der zwar eine Übereinkunft vorgemeinschaftlich geschlossen wurde, aber nicht die Konfliktsituation *ab initio*, von der Art. 307 Abs. 1 ausgeht, vorliegt, weil der Konflikt erst aufgrund nachträglicher Inanspruchnahme einer Gemeinschaftskompetenz entsteht. Weiter kann Art. 307 Abs. 1 in dieser Funktion analog angewendet werden, wenn es sowohl an der Konfliktsituation *ab initio* als auch der „Vorgemeinschaftlichkeit" einer Übereinkunft fehlt, weil ein Mitgliedstaat zulässigerweise ein Abkommen

nach dem Beitritt schließt und erst in der Folge ein Konflikt mit dem Gemeinschaftsrecht entsteht.

- Aus Art. 307 Abs. 1 leitet der Gerichtshof die *Kooperationspflicht der Gemeinschaftsorgane* her, d. h. die Pflicht, die Erfüllung der Verpflichtungen der Mitgliedstaaten aus vorgemeinschaftlichen Übereinkünften nicht zu behindern. Eine darüber hinausgehende Pflicht zur Angleichung von Gemeinschaftsrecht an diese Verpflichtungen besteht jedoch nicht.
- Hinsichtlich der Kompetenz des Gerichtshofs zur Prüfung materieller Regelungen einer vorgemeinschaftlichen Übereinkunft ist nach der Art des Verfahrens, innerhalb dessen der Gerichtshof sich mit der Auslegung der Übereinkunft befasst, zu unterscheiden: Im Rahmen eines Vorabentscheidungsverfahrens ist der Gerichtshof grundsätzlich nicht zuständig zur Auslegung materieller Regelungen. Soweit er im Vorabentscheidungsverfahren das GATT auslegt, beruht dies auf dessen spezieller Stellung im Gemeinschaftsrecht. Ausnahmsweise kann der Gerichtshof im Vorabentscheidungsverfahren aber dann für die Auslegung einer vorgemeinschaftlichen Übereinkunft zuständig sein, wenn festzustellen ist, ob ein Gemeinschaftsrechtsakt ungültig ist, weil ein Gemeinschaftsorgan möglicherweise bei dessen Erlass seine Kooperationspflicht aus Art. 307 Abs. 1 verletzt hat. Im Unterschied dazu ist der Gerichtshof im Vertragsverletzungsverfahren grundsätzlich zur Auslegung einer vorgemeinschaftlichen Übereinkunft befugt. Ein solches Verfahren kann sich gegen einen Mitgliedstaat wegen der Nichtanwendung von Gemeinschaftsrecht richten. In diesem Fall legt der Gerichtshof die Übereinkunft zur Prüfung der Voraussetzungen der dilatorischen Einrede aus Art. 307 Abs. 1 aus. Richtet sich ein Vertragsverletzungsverfahren gegen ein Gemeinschaftsorgan wegen Verletzung der Kooperationspflicht aus Art. 307 Abs. 1, so kann der Gerichtshof die vorgemeinschaftliche Übereinkunft auslegen, um den Umfang dieser Pflicht zu ermitteln.
- Auf der Grundlage der umfassenden Rechtsprechungsanalyse wird deutlich, dass der Gerichtshof für die von Art. 307 geregelten Konstellationen einen spezifisch europarechtlichen Ansatz wählt. Die Lösung über die Konstruktion einer Pflicht zur Kündigung aus Art. 307 Abs. 2 ist nur eine von mehreren Lösungen und steht als solche neben den anderen vom Gerichtshof entwickelten möglichen Ansätzen: Dem „*Ipso-facto-Verzicht*", der „*Funktionsnachfolge-Lösung*" und der „*Substitutionslösung*".
- Das Problem der Stellung vorgemeinschaftlicher Übereinkünfte steht im Kontext der Fragen zur Geltung völkerrechtlicher Verträge im Gemeinschaftsrecht. Dieser Themenbereich ist strukturiert durch die Einteilung völkerrechtlicher Verträge in Kategorien, und vorgemeinschaftliche Übereinkünfte bilden eine dieser Kategorien.

- Art. 307 Abs. 2 bildet die Brücke zum Völkervertragsrecht, indem er die Vereinbarkeit einer Maßnahme mit diesem zur Tatbestandsvoraussetzung hat. Art. 307 macht damit die Berücksichtigung völkerrechtlicher Maßstäbe bei der Konkretisierung der Handlungspflichten der Mitgliedstaaten obligatorisch. Damit ist die völkerrechtliche Rechtmäßigkeit einer Maßnahme konstitutiv für das Bestehen einer gemeinschaftsrechtlichen Verpflichtung zur Ergreifung eines bestimmten Mittels – wie der Anpassung und insbesondere Kündigung der fraglichen vorgemeinschaftlichen Übereinkunft.
- Die völkerrechtliche Analyse der vom Gerichtshof auf Grundlage seines spezifisch europarechtlichen Ansatzes gefundenen Lösungen zeigt, dass hinsichtlich des Ipso-facto-Verzichts nicht davon auszugehen ist, dass er hiermit eine genuin gemeinschaftsrechtliche Rechtsfigur schaffen wollte, obwohl die Begründungen der einschlägigen Urteile dies nahe legen könnten. Hinsichtlich der Funktionsnachfolgelösung erweist sich dann, dass sie eine spezifisch gemeinschaftsrechtliche Lösung des Gerichtshofs darstellt. Diese beruht aber auf einer von den übrigen Parteien des GATT 1947 akzeptierten Praxis. Insofern gibt die dogmatische Unklarheit des Gerichtshofs Anlass zur Kritik. Die Substitutionslösung wiederum ist mit völkervertragsrechtlichen Grundsätzen für bestimmte Fallkonstellationen zu rechtfertigen. Die Rechtsprechung des Gerichtshofs zu Art. 307 hat hier möglicherweise sogar zur Entstehung von Völkergewohnheitsrecht beigetragen.
- Der Ansatz des EuGH in der Rechtsprechung zu Art. 307 Abs. 2, die Kündigungspflicht allein aus dem Sekundärrecht herzuleiten, ist kritisch zu betrachten. An sich müsste Art. 307 Abs. 2 Ausgangspunkt der Herleitung von Kündigungspflichten sein. Denn er steht in der Normenhierarchie über den Vorschriften des Sekundärrechts. Art. 307 Abs. 2 gibt damit den primärrechtlichen Rahmen vor, innerhalb dessen eine Pflicht eines Mitgliedstaates zur Kündigung einer vorgemeinschaftlichen Übereinkunft entstehen kann. Hinsichtlich vorgemeinschaftlicher Übereinkünfte ist Art. 307 also Grundlage einer möglichen Kündigungspflicht. Sekundärrechtliche Regelungen, die in den Regelungsbereich von Art. 307 fallen, müssen sich innerhalb dieses Rahmens halten.
- Dem Gerichtshof ist zuzustimmen, wenn er die gegen das Bestehen einer Kündigungspflicht vorgebrachten Einwendungen – der Kündigung stünden diplomatische Interessen entgegen, ein einseitiger Verzicht auf Rechte aus vorgemeinschaftlichen Übereinkünften reiche aus, es handele sich um eine bloße Handlungs-, nicht um eine *Ergebnispflicht* – in den hier untersuchten Fällen zurückweist.
- Da nach Art. 307 Abs. 2 nur geeignete, d. h. rechtmäßige Maßnahmen von den Mitgliedstaaten zu ergreifen sind, hängt das Bestehen einer Kündigungs-

pflicht davon ab, ob die Kündigung völkerrechtlich zulässig ist. Die Kündigungspflicht ist damit eine *qualifizierte Rechtspflicht*. Durch die Qualifikation durch das Völkerrecht wird die Kündigungspflicht von einem bloßem *Dictum* des Gerichtshofs zu einer handhabbaren gemeinschaftsrechtlichen Rechtsfigur. Das Völkerrecht liefert handhabbare Kriterien, nach denen die Verpflichtungen der Mitgliedstaaten im Hinblick auf vorgemeinschaftliche Übereinkünfte konkretisierbar werden.

- Trotz vielfacher theoretisch denkbarer Möglichkeiten einer Vertragsbeendigung kann eine Kündigung völkerrechtlich nur dann unproblematisch erfolgen, wenn die fragliche vorgemeinschaftliche Übereinkunft eine Kündigungsklausel enthält.
- Im Bereich der gemeinsamen Handelspolitik ist die Ermächtigung der Mitgliedstaaten zur Verlängerung einer vorgemeinschaftlichen Übereinkunft eine praktizierte und gemeinschaftsrechtlich zulässige Lösung für Kollisionsfälle, die auch von Art. 307 (in analoger Anwendung) erfasst sind.
- Da eine Kündigungspflicht nach Art. 307 Abs. 2 nur bestehen kann, wenn die Beendigung der vorgemeinschaftlichen Übereinkunft rechtmäßig ist, muss immer auch die Vereinbarkeit mit dem Gemeinschaftsrecht geprüft werden.
- Im Verhältnis zwischen Gemeinschaft und Mitgliedstaat ist dabei der Grundsatz der Verhältnismäßigkeit als allgemeiner Rechtsgrundsatz aus Art. 5 von Bedeutung. Er gilt im Verhältnis zwischen Gemeinschaft und Mitgliedstaat. Im Rahmen von Art. 307 Abs. 2 ist die Verhältnismäßigkeit Teil der Prüfung des Tatbestandsmerkmals „geeignet". Neben die *Funktionen des Verhältnismäßigkeitsprinzips* als Schutzprinzip und Kompetenzausübungsschranke tritt die Funktion der *Pflichtenkonkretisierung*. Belastet eine Kündigung den Mitgliedstaat unverhältnismäßig, ist sie keine „geeignete" Maßnahme im Sinne von Art. 307 Abs. 2. Die außenpolitische Opportunität ist kein Kriterium der Verhältnismäßigkeit.
- Dem Schutz von Individualrechtspositionen, die sich aus vorgemeinschaftlichen Übereinkünften ergeben, ist Rechnung zu tragen. Die allgemeinen gemeinschaftsrechtlichen Rechtsgrundsätze des Vertrauensschutzes und der Gemeinschaftsgrundrechte sind inhärente Kriterien der Geeignetheit. Individualrechtliche Rechtspositionen können damit der Kündigungspflicht des jeweiligen Mitgliedstaates wegen einer Kollision mit diesen Rechtsgrundsätzen entgegenstehen. Der Gerichtshof hat insoweit zu prüfen, ob Rechtspositionen bestehen und ob angesichts dieser eine Kündigung durch den Mitgliedstaat mit den gemeinschaftsrechtlichen Grundsätzen vereinbar ist.
- Aufgrund von Art. 307 Abs. 3 sind die Mitgliedstaaten verpflichtet, im Rahmen völkerrechtlicher Zulässigkeit insbesondere darauf hinzuwirken, dass aufgrund einer vorgemeinschaftlichen Übereinkunft die durch das Gemein-

schaftsrecht geschaffenen Vorteile und Präferenzen nicht an den jeweiligen Drittstaat weitergegeben werden. Damit konkretisiert Art. 307 Abs. 3 nicht den Regelungsbereich von Art. 307 Abs. 1, wohl aber das von den Mitgliedstaaten im Falle der Fortgeltung einer vorgemeinschaftlichen Übereinkunft anzustrebende Ergebnis.

- Bei der Erfüllung der *Solidarpflicht der übrigen Mitgliedstaaten aus Art. 307 Abs. 2* im Rahmen der Änderung oder Kündigung einer vorgemeinschaftlichen Übereinkunft ist nicht auf die spezifischen Instrumente der Gemeinsamen Sicherheits- und Außenpolitik zurückzugreifen. Die Einnahme einer gemeinsamen Haltung muss vielmehr auf dem Wege der üblichen Prozesse der Zusammenarbeit innerhalb der Gemeinschaft erfolgen.

B. Schlussbetrachtung

Vorgemeinschaftliche Übereinkünfte bilden aus Sicht des Gemeinschaftsrechts eine eigene Kategorie völkerrechtlicher Verträge, für die Art. 307 die maßgebliche Regelung ist. Grundlage für das Verständnis von Art. 307 ist die Rechtsprechung. Vor allem durch Unterscheidung von Fallkonstellationen und Begriffsbildung lässt sich das umfangreiche Fallmaterial ordnen und ein systematisches Verständnis von Art. 307 gewinnen.

Die Untersuchung von Art. 307 in dieser Weise stößt immer wieder auf Fragen grundsätzlicher Art zum Verhältnis von Gemeinschaft zu Mitgliedstaaten und Gemeinschaftsrecht zum Völkerrecht. Allgemein zeigt sich dabei, dass der Gerichtshof sich bemüht, dem „trojanischen Pferd" des Völkerrechts, von dem *Pescatore* spricht,[864] keinen Eingang in das Gemeinschaftsrecht zu gewähren.

Die insoweit exemplarische Untersuchung der Rechtsprechung zu den vorgemeinschaftlichen Übereinkünften weist aber nach, dass einige der Ängste, die das „trojanische Pferd" geweckt hat, nicht berechtigt sind. Denn die Lösungen des Gerichtshofs sind auch völkerrechtlich durchaus haltbar. Insoweit hat möglicherweise die Methodik des Gerichtshofs zu starker Skepsis gegenüber auch inhaltlich vertretbaren Lösungen geführt. Es wäre zu begrüßen, wenn der Gerichtshof das nur vermeintlich „trojanische Pferd" zügelte, indem er die Regeln des Völkerrechts nicht nur generell in Bezug nähme, sondern dezidiert anwendete. In der neueren Rechtsprechung finden sich auch Hinweise in diese Richtung.[865] So könnte das „trojanische Pferd" seinen Schrecken verlieren.

---

864 Pescatore, FS Mosler, S. 663, Fn. 5; vgl. oben § 1A. und § 3D.

865 Vgl. z. B. Urt. v. 16.06.1998, Rs. C-162/96, A. Racke GmbH & Co ./. Hauptzollamt Mainz, Slg. 1998 I-3655

Das ist umso wünschenswerter, als sich in Folge der Beitritte zur EU neue Herausforderungen stellen werden, völkerrechtliche Verpflichtungen der Mitgliedstaaten aus vorgemeinschaftlichen Übereinkünften mit dem Gemeinschaftsrecht auf der Grundlage von Art. 307 in Einklang zu bringen.

Die vorliegende Untersuchung zur Regelung des Art. 307 erreicht ihr Ziel, zur Bewältigung dieser Herausforderungen einen Beitrag zu leisten, wenn die systematische Darstellung auf Grundlage der Rechtsprechung die Regelung besonders für die Praxis handhabbar macht.

Literaturverzeichnis

Ahlt, Michael; Europarecht. Examenskurs für Rechtsreferendare, 3. Aufl., München 2001

Anweiler, Jochen; Die Auslegungsmethoden des Gerichtshofs der Europäischen Gemeinschaften, Frankfurt a. M. u. a. 1997; zitiert: Anweiler, Auslegungsmethoden

Aust, Anthony; Treaty Law and Practice, Cambridge 2000; zitiert: Aust, Treaty Law

Bandilla-Dany, Constanze; Die Gemeinsame Außen- und Sicherheitspolitik der Europäischen Union nach dem Amsterdamer Vertrag und ihre Perspektiven, Aachen 2002; zitiert: Bandilla-Dany, GASP

Bartosch, Andreas; Koenig, Christian; Die Pflichten der EU-Beitrittsstaaten zur Übernahme des gemeinschaftlichen Besitzstandes im Bereich der Mobilfunkfrequenzvergabe, in: ZUM 1999, 865

Behrens, Peter; Die private Durchsetzung von WTO-Recht, in: Individualrechtsschutz in EG und WTO, S. 201, 207

Bermann, George A.; Law in an Enlarged European Union, in: EUSA Review 2001, 4

Bernhardt, Rudolf; Die Auslegung völkerrechtlicher Verträge, Köln, Berlin 1963; zitiert: Bernhardt, Auslegung

–; *Geck, Wilhelm K.; Jaenicke, Günther; Steinberger, Helmut (Hrsg.)*; Völkerrecht als Rechtsordnung, Internationale Gerichtsbarkeit, Menschenrechte; Festschrift für Hermann Mosler, Berlin 1983; zitiert: FS Mosler

– *(Hrsg.)*; Encyclopedia of Public International Law, Band 2, Amsterdam u. a. 1995; zitiert: EPIL II

–; Die Europäische Gemeinschaft als neuer Rechtsträger im Geflecht der traditionellen zwischenstaatlichen Beziehungen, in: EuR 1983, 197

Bernstorff, Jochen von; Der Glaube an das universale Recht – Zur Völkerrechtstheorie Hans Kelsens und seiner Schüler, Baden-Baden 2001

Berrisch, Georg-Matthias; Der völkerrechtliche Status der Europäischen Wirtschaftsgemeinschaft im GATT: eine Untersuchung der Sukzession der EWG in die Stellung ihrer Mitgliedstaaten als Vertragspartei einer internationalen Organisation am Beispiel des GATT, München 1992; zitiert: Berrisch, EG im GATT

Beutler, Bengt; Bieber, Roland; Pipkorn, Jörn; Streil, Jochen; Die Europäische Union, 4. Auflage, Baden-Baden 1993; zitiert: BBPS

Bleckmann, Albert; Europarecht, 1. Aufl., Köln, Berlin, Bonn, München 1976 und 6. Aufl., ebd. 1997

–; Zur Verbindlichkeit des allgemeinen Völkerrechts für internationale Organisationen, in: ZaöRV Bd. 37 (1977), 107

Bleckmann, Albert; Die Rechtsnatur des Europäischen Gemeinschaftsrechts, in: DÖV 1978, 391

Brandl, Ulrike; Die Beendigung oder Suspendierung völkerrechtlicher Verträge als Sanktion gegen menschenrechtsverachtende Regime, in: AdV 2003, 101

Brandt, Sven; Eigentumsschutz in europäischen Völkerrechtsvereinbarungen: EMRK, Europäisches Gemeinschaftsrecht, KSZE – unter Berücksichtigung der historischen Entwicklung, Frankfurt a. M. u. a. 1994; zitiert: Brandt, Eigentumsschutz

Breitenmoser, Stephan; Die Europäische Union zwischen Völkerrecht und Staatsrecht, in: ZaöRV Bd. 55 (1995), 950

Brierly, John Lesley; Third Report on the Law of Treaties, UN Doc.A/CN.4/54 (1952), in: YILC 1952 II, 50

Briggs, Herbert. W.; Unilateral Denunciation of Treaties. The Vienna Convention and the International Court of Justice, in: AJIL 1974, 51

Buck, Carsten; Über die Auslegungsmethoden des Gerichtshofs der Europäischen Gemeinschaft, Frankfurt a. M. u. a. 1998; zitiert: Buck, Auslegungsmethoden

Burkard, Johannes; Die Gemeinsame Außen- und Sicherheitspolitik und ihre Berührungspunkte mit der Europäischen Gemeinschaft, Berlin 2001, zitiert: Burkard, GASP

Busse, Christian; Die völkerrechtliche Einordnung der Europäischen Union, Köln 1999; zitiert: Busse, Völkerrechtliche Einordnung der EU

Caeiros, Antonio; L'effet direct des accords internationaux conclus par la CEE, in: RMC 1984, 526

Callies, Christian; Ruffert, Matthias (Hrsg.); Kommentar des Vertrages über die Europäische Union und des Vertrages zur Gründung der Europäischen Gemeinschaft, Neuwied/Kriftel 1999; zitiert: Bearbeiter, in: Callies/Ruffert

Cassese, Antonio; Gaeta, Paola; Jones, John R. W. D. (eds.); The Rome Statute of the International Criminal Court: A Commentary, Volume I, Oxford 2002; zitiert: Bearbeiter, in: The Rome Statute

Churchill, R. R.; Foster, N. G.; European Community Law and Prior Treaty Obligations of Member States: The Spanish Fishermen's Cases, in: ICLQ 1987, 504

Cirkel, Johannes; Die Bindungen der Mitgliedstaaten an die Gemeinschaftsgrundrechte, Baden-Baden 2000; zitiert: Cirkel, Gemeinschaftsgrundrechte

Coppel, Jason; O'Neill, Aidan; The European Court of Justice: Taking rights seriously, in: CMLR 1992, 669

Dagtoglou, Prodomos; Die Rechtsnatur der Europäischen Gemeinschaft, in: Europäische Kommission (Hrsg.), Dreißig Jahre Gemeinschaftsrecht, Brüssel/Luxemburg 1983, S. 37 ff.; zitiert: Dagtoglou, Gemeinschaftsrecht

Dahm, Georg; Delbrück, Jost; Wolfrum, Rüdiger; Völkerrecht, Band I/1, 2. Aufl., Berlin/New York 1988 ; zitiert: Dahm, Völkerrecht

Daillier, Patrick; La CEE et le respect des droits acquis, in: ADM 1979, 211

Dehousse, Franklin; Ghemar, Katelyne; Le traité de Maastricht et les relations extérieures de la Communauté européenne, in: EJIL 1994, 151

Doehring, Karl; The Unilateral Enforcement of International Law by Exercising Reprisals, in: *McDonald, Ronald St. John (ed.)*; Essays in Honour of Wang Tieya, Dordrecht 1994, S. 235; zitiert: Doehring, FS Tieya

Dolzer, Rudolf (Hrsg.); Bonner Kommentar zum Grundgesetz, Bd. 4 (Art. 20-37), Bonn, Loseblatt, Stand März 2003; zitiert: BK-Bearbeiter

–; Eigentum, Enteignung und Entschädigung im geltenden Völkerrecht; Berlin u. a. 1985

Eisermann, Stefan; Die Luftfahrtaußenkompetenzen der Gemeinschaft, in: EuZW 1995, 331

Elias, T. O.; The Modern Law of Treaties, Leiden 1974; zitiert: Elias, The Modern Law of Treaties

Emiliou, Nicholas; The Principle of Proportionality in European Law; London. The Hague, Boston 1996; zitiert: Emiliou, Proportionality

–; *O'Keeffe, David*; The European Union and World Trade Law, Chichester 1996; zitiert: Emiliou/O'Keeffe, EU and World Trade Law

Emmert, Frank; Europarecht, 1. Aufl., München, 1996; zitiert: Emmert, Europarecht

Epiney, Astrid; Neuere Rechtsprechung des EuGH in den Bereichen des institutionellen Rechts und der Grundfreiheiten, in: NVwZ 1999, 1072

Everling, Ulrich; Sind die Mitgliedstaaten der Europäischen Gemeinschaften noch Herren der Verträge?, in: FS Mosler, S. 180; zitiert: Everling, FS Mosler

Evtimov, Erik; Rechtsprobleme der Assoziierung der Mittel- und Osteuropäischen Länder und der Voraussetzungen für ihren Beitritt zur Europäischen Union, Bern u. a. 1999; zitiert: Evtimov, Rechtsprobleme der Assoziierung

Fastenrath, Ulrich; Inhaltsänderung völkerrechtlicher Verträge ohne Beteiligung des Gesetzgebers – Verfassungsrechtliche Zulässigkeit und innerstaatliche Wirkung; in: Geiger, Inhaltsänderung, S. 93

Feist, Christian; Kündigung, Rücktritt und Suspendierung von multilateralen Verträgen, Berlin 2000; zitiert: Feist, Kündigung

Fischer, Peter; Köck, Heribert Franz; Völkerrecht – Das Recht der universellen Staatengemeinschaft, 6. Aufl., Wien 2004, zitiert: Fischer/Köck, Völkerrecht

Fulda, Christian; Demokratie und pacta sunt servanda, Norderstedt 2002; zitiert: Fulda, Demokratie

Füller, Jens Thomas; Grundlagen und inhaltliche Reichweite der Warenverkehrsfreiheiten nach dem EG-Vertrag, Baden-Baden 2000; zitiert: Füller, Warenverkehrsfreiheit

Geiger, Rudolf (Hrsg.); Völkerrechtlicher Vertrag und staatliches Recht vor dem Hintergrund zunehmender Verdichtung der internationalen Beziehungen, Baden-Baden, 2000; zitiert: Verfasser, in: Geiger, Völkerrechtlicher Vertrag und staatliches Recht

–; EUV/EGV – Vertrag über die Europäische Union und Vertrag zur Gründung der Europäischen Gemeinschaft, 4. Aufl., München 2004; zitierrt: Geiger, EUV/EGV

Gerteiser, Kristina; Die Sicherheits- und Verteidigungspolitik der Europäischen Union, Frankfurt a. M. u. a. 2002; zitiert: Gerteiser, Sicherheits- und Verteidigungspolitik der EU

Grabitz, Eberhard; Hilf, Meinhard (Hrsg.); Das Recht der Europäischen Union, Kommentar, Band I und II (EU, EGV), München, Loseblatt, Stand: September 2004; zitiert: Bearbeiter, in: Grabitz/Hilf

Grewe, Wilhelm G. u. a. (Hrsg.); Europäische Gerichtsbarkeit, Festschrift für Hans Kutscher, Baden-Baden 1981; zitiert: FS Kutscher

Groeben, Hans von der; Schwarze, Jürgen (Hrsg.); Kommentar zum Vertrag über die Europäische Union und zur Gründung der Europäischen Gemeinschaft, 6. Aufl., Baden-Baden 2004; zitiert: Bearbeiter, in: von der Groeben/Schwarze

Groeben, Hans von der; Thiesing, Jochen; Ehlermann, Claus-Dieter (Hrsg.); Kommentar zum EU-/EG-Vertrag, Band 5, Art. 210-248 EGV, Art. H-S EUV, 5. Aufl. (Altauflage), Baden-Baden 1997; zitiert: Bearbeiter, in: GTE

Groux, Jean; Manin, Philippe; Die Europäischen Gemeinschaften in der Völkerrechtsordnung; Luxemburg 1984

Grupp, Walter G.; Schräder, Gerhard; Neue Tendenzen in der Rechtsprechung des Europäischen Gerichtshofes zur Verhältnismäßigkeit, in: EWS 1993, 27 ff.

Häberle, Peter; Gemeineuropäisches Verfassungsrecht, in: EuGRZ 1991, 261 ff.

Hahn, Michael; Schuster, Gunnar; Zum Verstoß von gemeinschaftlichem Sekundärrecht gegen das GATT – Die gemeinsame Marktorganisation für Bananen vor dem EuGH, in: EuR 1993, 261

Hailbronner, Kai; Klein, Eckart; Magiera, Siegfried; Müller-Graff, Peter-Christian; Handkommentar zum Vertrag über die Europäische Union (EUV/ EGV), Köln u. a., Stand: November 1998; zitiert: Bearbeiter, in: HKMM

Hancher, John; Constitutionalism, the Community Court and International Law, in: NYIL 1994, 259

Hartley, Trevor C.; The foundation of European Community law: an introduction to the constitutional and administrative law of the European Community, 4. Aufl., Oxford 1998

Heide, Christine von der; Das Zusammenwirken der Gemeinschaftsorgane bei ihren Einflüssen auf den indirekten Vollzug des Gemeinschaftsrechts, Berlin 2002; zitiert: von der Heide, Zusammenwirken der Gemeinschaftsorgane

Heintschel von Heinegg, Wolff; Die völkerrechtlichen Verträge als Hauptrechtsquelle des Völkerrechts, in: Ipsen, Knut; Völkerrecht, 4. Auflage; München 1999, 92 ff.

Hillion, Christophe; Annotation to Judgements of the European Court of Justice Cases C-62/98, C-84/98, Commission/Portugal, in: CMLR 2001, S. 1369-1283

Hilpold, Peter; Die EU im GATT/WTO-System: Aspekte einer Beziehung "sui generis"; Frankfurt am Main u. a. 1999; zitiert: Hilpold, EU im GATT/WTO-System

–; Die Neuregelung der Schutzmaßnahmen im GATT/WTO-Recht und ihr Einfluss auf „Grauzonenmaßnahmen“, in: ZaöRV Bd. 55 (1995), 89

Hochbaum, Ingo; Kohäsion und Subsidiarität – Maastricht und die Länderkulturhoheit, in: DÖV 1992, 285

Huber, Jürgen Gerhard; Die präferenziellen Abkommen der EG mit dritten Staaten und die Frage ihrer Vereinbarkeit mit dem GATT; München 1981

Huber, Peter M.; Recht der Europäischen Integration, München 1996

Hummer, Waldemar; Simma, Bruno; Vedder, Christoph; Europarecht in Fällen, Die Rechtsprechung des EuGH, des EuG und deutscher und österreichischer Gerichte, 3. Aufl., Baden-Baden 1999; zitiert: H/S/V

Hüwelmeier, Hans-Joachim; Die gemeinsame Außen- und Sicherheitspolitik zwischen Union, Gemeinschaft und Mitgliedstaaten, Köln u. a. 2002

Ipsen, Hans Peter; Über Supranationalität, in: *Ehmke, Horst u. a. (Hrsg.)*; Festschrift für Ulrich Scheuner, Berlin 1973, S. 211 ff.; zitiert: Ipsen, FS Scheuner

Ipsen, Knut; Völkerrecht, 4. Auflage; München 1999; zitiert: Bearbeiter, in: Ipsen, Völkerrecht

Jacot-Guillarmod, Olivier; La hiérarchie des règles dans l'ordre constitutionnel de l'Union européenne, in: *Zen-Ruffinen, Piermarco; Auer, Andreas (Hrsg.)*;

De la Constitution, Études en l'honneur de Jean-Francois Aubert; Basel, Frankfurt am Main 1996, S. 41-55; zitiert: Jacot-Guillarmod, FS Aubert

–; Droit communautaire et droit international public – Études des sources internationales de l'ordre juridique des Communautés européennes, Genf 1979; zitiert : Jacot-Guillarmod

Jarass, Hans D.; EG-Kompetenzen und das Prinzip der Subsidiarität nach Schaffung der Europäischen Union, in: EuGRZ 1994, 209

Jones, Stephen; Die Bindung der Mitgliedstaaten an die Grundrechte der Europäischen Gemeinschaft, Sinzheim 1999; zitiert: Jones, Die Bindung der Mitgliedstaaten an die Grundrechte der EG

Kaddous, Christine; Le droit des relations extérieures dans la jurisprudence de la Cour de justice des Coummunautés euroéennes ; Basel, Genf, München 1998; zitiert: Kaddous, Relations extérieures

Keßler, Jutta; Das System der Warenverkehrsfreiheit im Gemeinschaftsrecht; zwischen Produktbezug und Verkaufsmodalitäten, Berlin 1997; zitiert: Keßler, System der Warenverkehrsfreiheit

Klabbers, Jan; Lefeber, René (eds.); Essays on the Law of Treaties, A collection of Essays in Honour of Bert Vierdag; The Hague 1998; zitiert: Autor, FS Vierdag

Klabbers, Jan; Moribund on the fourth of July? The Court of Justice on prior agreements of the Member States, in: ELRev 2001, 187

Klein, Eckart; Statusverträge im Völkerrecht, Berlin, New York 1981; zitiert: Klein, Statusverträge

–; Der Verfassungsstaat als Glied einer europäischen Gemeinschaft, in: VVDStRL 1991, 56

–; International Fruit Company Case, in: EPIL II, 1144 ff.

Köck, Heribert Franz; Fischer, Peter; Das Recht der internationalen Organisationen: Das Recht der Weltfriedensorganisationen (VB und UNO), der UN-Spezialorganisationen und der wichtigsten regionalen Organisationen im Dienste von kollektiver Sicherheit und Zusammenarbeit, 3. Aufl., Wien 1997; zitiert: Köck/Fischer, Recht der internationalen Organisationen

Koller, Arnold; Die unmittelbare Anwendbarkeit völkerrechtlicher Verträge, Bern 1971; zitiert: Koller, Unmittelbare Anwendbarkeit

Kontou, Nancy; The Termination and Revision of Treaties in the Light of New Customary International Law, Oxford 1995; zitiert: Kontou, Termination

Krück, Hans; Völkerrechtliche Verträge im Recht der Europäischen Gemeinschaften – Abschlusskompetenzen, Bindungswirkung, Kollisionen; Berlin, Heidelberg, New York 1977; zitiert: Krück, Völkerrechtliche Verträge

–; Kommentierung zu Artikel 307 EG, in: Schwarze, Jürgen (Hrsg.), EU Kommentar; Baden-Baden 2000

Kuilwijk, Kees Jan; The European Court of Justice and the GATT Dilemma. Public Interest versus Individual Rights?, Beuningen 1996

Küng, Manfred; Eckert, Martin; Repetitorium zum Völkerrecht; Bern, Stuttgart, Wien 1993; zitiert: Küng, Eckert, Repetitorium

Kutscher, Hans; Zum Grundsatz der Verhältnismäßigkeit im Recht der Europäischen Gemeinschaften, in: Der Grundsatz der Verhältnismäßigkeit in europäischen Rechtsordnungen, Vorträge und Diskussionsbeiträge auf der Deutsch-Französischen Juristenkonferenz am 26./27. November 1982 in Strassburg, Heidelberg 1985, S. 89; zitiert: Kutscher, Verhältnismäßigkeit

Lauterpacht, Hersch; Report on the Law of Treaties, UN Doc.A/CN.4/63 (1953), in: YILC 1953 II, 90

Léger, Philippe (ed.); Commentaire article par article des traités UE et CE, Basel, Genf, München 1999; zitiert: Bearbeiter, in: Léger

Lenz, Carl Otto; Borchardt, Klaus-Dieter (Hrsg.); EU- und EG-Vertrag, Kommentar zu dem Vertrag über die Europäische Union und zu dem Vertrag zur Gründung der Europäischen Gemeinschaft, jeweils in der durch den Vertrag von Nizza geänderten Fassung, 3. Aufl., Köln 2003; zitiert: Bearbeiter, in: Lenz/Borchardt

Loewenfeld, Erwin; Der Schutz wohlerworbener Rechte von Ausländern im Völkerrecht und in den Friedensverträgen, Berlin 1928; zitiert: Loewenfeld, Der Schutz wohlerworbener Rechte

Louis, Jean-Victor; Brückner, Peter; Commentaire Mégret, Paris 1980

Macloed, Ian; Hendry, I. D.; Hyett, Stephen; The External Relations of the European Communities, Oxford 1996; zitiert: Macloed, Hendry, Hyett

Manin, Philippe; A propos de l'accord instituant l'Organisation mondiale du commerce et de l'accord sur les marchés publics: la question de l'invocabilité des accords internationaux conclu par la Communauté européenne, in: RTDE 1997, 399

–; The European Communities and the Vienna Convention on the Law of Treaties between states and Internatinoal Organizations or between international Organizations, in: CMLR 1987, 457

Mann, Friedrich A.; Reflections on a commercial law of nations, in: BYIL 1957, 20

Manzini, Pietro; The Priority of Pre-Existing Treaties of EC Member States within the Framework of International Law, in: EJIL 2001, 781

McGoldrick, Dominic; International Relations Law of the European Union; London, New York 1997; zitiert: McGoldrick, International Relations Law

McNair, Arthur Duncan; The Law of Treaties, Oxford 1961; zitiert: McNair, The Law of Treaties

Meessen, Karl Matthias; The Application of Rules of Public International Law Within Community Law, in: CMLR 1976, 485

Meier, Gert; WTO-Revisionsentscheidung zur EG-Bananenmarktordnung, in: EuZW 1997, 719

Meißner, Friedrich; Das Recht der EWG im Verhältnis zur Rheinschiffahrtsakte von Mannheim, Berlin 1973; zitiert: Meißner, Rheinschiffahrtsakte

Meyring, Bernd; Die Entwicklung zustimmungsbedürftiger völkerrechtlicher Verträge nach ihrem Abschluss und ihre Auswirkungen in der deutschen Rechtsordnung, Berlin 2001; zitiert: Meyring, Entwicklung zustimmungsbedürftiger Verträge

Mittmann, Patrick; Die Rechtsfortbildung durch den Gerichtshof der Europäischen Gemeinschaften und die Rechtsstellung der Mitgliedstaaten der Europäischen Union, Frankfurt a. M. u.a. 2000; zitiert: Mittmann, Rechtsfortbildung

Nakanishi, Yuniko; Die Entwicklung der Außenkompetenzen der Europäischen Gemeinschaft, Frankfurt a. M. 1998

Nettesheim, Martin; Grundrechtliche Prüfdichte durch den EuGH, in: EuZW 1995, 106 ff.

Nicolaysen, Gert; Europarecht I, 1. Aufl., Baden-Baden 1991; zitiert: Nicolaysen, Europarecht I

Nowak, Carsten; Cremer, Wolfram (Hrsg.); Individualrechtsschutz in der EG und der WTO – Der zentrale und dezentrale Rechtsschutz natürlicher und juristischer Personen in der Europäischen Gemeinschaft und in der Welthandelsorganisation, Baden-Baden 2002; zitiert: Individualrechtsschutz in der EG und der WTO

Oeter, Stefan; Gibt es ein Rechtsschutzdefizit im WTO-Streitbeilegungsverfahren?, in: *Nowak, Carsten; Cremer, Wolfram (Hrsg.)*; Individualrechtsschutz in der EG und der WTO, Baden-Baden 2002, S. 221; zitiert: Oeter, in: Individualrechtsschutz in der EG und WTO, S. 232 f.

Öhlinger, Theo; Der völkerrechtliche Vertrag im staatlichen Recht. Eine theoretische, dogmatische und vergleichende Untersuchung am Beispiel Österreichs, Wien 1973; zitiert: Öhlinger, Der völkerrechtliche Vertrag

Oppermann, Thomas; Europarecht, 3. Aufl., München 1999; zitiert: Oppermann

Ott, Andrea; GATT und WTO im Gemeinschaftsrecht, Köln, Berlin, Bonn, München 1997; zitiert: Ott, GATT und WTO

Pescatore, Pierre; Die Rechtsprechung des EuGH zur innergemeinschaftlichen Wirkung völkerrechtlicher Abkommen; in: Bernhard, Rudolf; Geck, Wilhelm K.; Jaenicke, Günther;

Steinberger, Helmut (Hrsg.), Völkerrecht als Rechtsordnung, Internationale Gerichtsbarkeit, Menschenrechte; Festschrift für Hermann Mosler, Berlin 1983, 661

–; Droit des Communautés europeennes, Brüssel 1969; zitiert: Pescatore, Droit des Communautés européennes

–; L'application judiciaire des traités internationaux dans la Communauté européenne et dans ses Etas membres; Mélanges en l'honneur de Pierre-Henri Teitgen, Paris 1984, 355; zitiert: Pescatore, FS Teitgen

Petersmann, Ernst-Ulrich; Auswärtige Gewalt, Völkerrechtspraxis und Völkerrechtsbindungen der Europäischen Wirtschaftgemeinschaft, in: ZaöRV Bd. 35 (1975), 213

–; Darf die EG das Völkerrecht ignorieren?, in: EuZW 1997, 325

Philip, Christian; Note sous les Arrets du 8 décembre 1981 de la Cour de Justice des Communautés Européennes dans les Affaires 180/80, 266/80 et 181/80, «Peche : Droits des Pays Tiers», Urteilsanmerkung, in: AFDI 1981, 322

Pitschas, Christian; Die völkerrechtliche Verantwortung der Europäischen Gemeinschaft und ihrer Mitgliedstaaten, Berlin 2001

–; Anmerkung zum Urteil des Gerichtshofs in der Rs. C-467/98, Kommission ./. Bundesrepublik Deutschland („Open Skies"), in: EuZW 2003, 82

Pollak, Christiana; Verhältnismäßigkeitsprinzip und Grundrechtsschutz in der Judikatur des Europäischen Gerichtshofs und des Österreichischen Verfassungsgerichtshofs, Baden-Baden1991; zitiert: Pollak, Verhältnismäßigkeitsprinzip

Rabe, Hans-Jürgen; Ausgerechnet Bananen, in: NJW 1996, 1320

Raux, Jean; Flaesch-Mougin, Catherine; Les accords externes de la CEE (1er janvier 1973-31 décembre 1974), in: RTDE 1975, 227

Ress, Georg; Die EU und die neue juristische Qualität der Beziehungen zu den Europäischen Gemeinschaften, in: JuS 1992, 985

Rosas, Allan; Mixed Union – Mixed Agreements, in: Koskenniemi, Martti (ed.), International Law Aspects of the European Union, The Hague et al., 1998, S. 125 – 148; zitiert: Rosas, Mixed Union – Mixed Agreements

Rosenne, Shabtai; Breach of Treaty, Cambridge 1985; zitiert: Rosenne, Breach of Treaty

–; Developments in the Law of Treaties 1945-1986, Cambridge 1989; zitiert: Rosenne, Developments

–; Bilateralism and Community Interest in the Law of Treaties, in: *Friedman, Wolfgang; Henkin, Louis; Lissitzyn, Oliver (eds.)*; Transnational Law in a Changing Society, Essays in Honor of Philiip C. Jessup, New York 1972, S. 202; zitiert: Rosenne, FS Jessup

Roxburgh, Ronald F.; International Conventions and Third States, London 1917; zitiert: Roxburgh, International Conventions and Third States

Ruffert, Matthias; Die Mitgliedstaaten der Europäischen Gemeinschaft als Verpflichtete der Gemeinschaftsgrundrechte, in: EuGRZ 1995, 518

Sachs, Klaus Michael; EG-Handelspolitik und zwischenstaatliche Kooperationsaabkommen, Baden-Baden 1976; zitiert: Sachs, EG-Handelspolitik

Schermers, Henry G.; Constituent Treties of International Organisations Conflicting with Anterior Treaties, in: *Klabbers, Jan; Lefeber, René (eds.)*; Essays on the Law of Treaties, A collection of Essays in Honour of Bert Vierdag; The Hague, 1998, S. 19; zitiert: Schermers, FS Vierdag

Schmahl, Stefanie; Die Reaktionen auf den Einzug der Freiheitlichen Partei Österreichs in das österreichische Regierungskabinett, Eine europa- und völkerrechtliche Analyse, in: EuR 2000, 819

Schorkopf, Frank; Homogenität in der Europäischen Union – Ausgestaltung und Gewährleistung durch Art. 6 Abs. 1, 7 EUV, Berlin 2000; zitiert: Schorkopf, Homogenität

Schuster, Gunnar; Stoll, Peter-Tobias; Gemeinschaftskompetenz und Altverträge mit Drittstaaten – die internationale und europäische Regelung der öffentlichen B3eschaffung und der deutsch-amerikanische Freundschaftsvertrag, in: RIW 1996, 89

Schwab, Florian; Der Europäische Gerichtshof und der Verhältnismäßigkeitsgrundsatz: Untersuchung der Prüfungsdichte, Frankfurt a. M. u. a. 2002; zitiert: Schwab, Verhältnismäßigkeitsgrundsatz

Schwarze, Jürgen (Hrsg.); EU-Kommentar, 1. Aufl., Baden-Baden 2000; zitiert: Verfasser, in: Schwarze

–; Europäisches Verwaltungsrecht, Band II, Baden-Baden 1988; zitiert: Schwarze, Europäisches Verwaltungsrecht II

–; Das allgemeine Völkerrecht in den innergemeinschaftlichen Rechtsbeziehungen, in: EuR 1983, 1

Schweitzer, Michael; Hummer, Waldemar; Europarecht: Das Recht der Europäischen Union; das Recht der Europäischen Gemeinschaften (EGKS, EG, EAG); mit Schwerpunkt EG, 5. Aufl., Neuwied/Kriftel, Berlin 1996; zitiert: Schweitzer/Hummer

Seidl-Hohenveldern, Ignaz; Loibl, Gerhard; Recht der Internationalen Organisationen, 7. Aufl., Köln/Berlin/Bonn/München 2000; zitiert: Seidl-Hohenveldern, RIO

–; Hierarchy of Treaties, in: *Klabbers, Jan; Lefeber, René (eds.)*; Essays on the Law of Treaties, A collection of Essays in Honour of Bert Vierdag; The Hague, 1998, S. 7; zitiert: Seil-Hohenveldern, FS Vierdag

–; Widersprüchliche Völkerrechtliche Verpflichtungen vor internationalen Rechtsprechungsorganen, in: *Glossner, Ottoarndt; Reimers, Walter*; Festschrift für Martin Luther, München 1976; zitiert: Seidl-Hohenveldern, FS Luther

Simma, Bruno; Das Reziprozitätselement im Zustandekommen von völkerrechtlichen Verträgen, Berlin 1972

Sinclair, Ian; The Vienna Convention on the Law of Treaties, 2. Aufl., Manchester 1984; zitiert: Sinclair, Vienna Convention

Sörensen, Max; „Eigene Rechtsordnungen", Skizze zu einigen systemanalytischen Betrachtungen über ein Problem der internationalen Organisationen, in: *Grewe, Wilhelm G. u. a. (Hrsg.)*; Europäische Gerichtsbarkeit, Festschrift für Hans Kutscher, Baden-Baden 1981, S. 415 ff.; zitiert: Sörensen, FS Kutscher

Stein, Torsten; "Bananen-Split"? – Entzweien sich BVerfG und EuGH über den Bananenstreit?, in: EuZW 1998, 261

Streinz, Rudolf; Europarecht, 6. Auflage, Heidelberg 2003; zitiert: Streinz, Europarecht

Strupp, Karl; Schlochauer, Hans-Jürgen (Hrsg.); Wörterbuch des Völkerrechts, Bd. 3, 2. Aufl. Berlin 1962; zitiert: Bearbeiter, Wörterbuch des Völkerrechts, Bd. 3

Taraschka, Klaus; Die Kompetenzen der Europäischen Gemeinschaft im Bereich der Handelspolitik, Frankfurt a. M. 2002; zitiert: Taraschka, Handelspolitik

Triepel, Heinrich; Völkerrecht und Landesrecht, Leipzig 1899

Tzimas, Andreas; Die Zwangslizenzen an internationalen Patenten und an Gemeinschaftspatenten und der freie Warenverkehr im Binnenmarkt der europäischen Union; Saarbrücken 1995; zitiert: Tzimas, Zwangslizenzen

Verdross, Alfred; Simma, Bruno; Universelles Völkerrecht, 3. Aufl., Berlin 1984; zitiert: Verdross/Simma, Völkerrecht

Verhoeven, Ameryllis; How Democratic Need European Union Members Be? Some Thoughts After Amsterdam, in: ELRev 1998, 217

Villiger, Marc E.; Customary International Law and Treaties, A Study of their Interactions with Special Consideration of the 1969 Vienna Convention on the Law of Treaties; Dordrecht, Boston, Lancaster 1985; zitiert: Villiger, Customary International Law

Villiger, Marc E., Customary International Law and Treaties; A Manual on the Theory and Practice of the Interrelation of Sources, Fully Revised Second Edition; The Hague, London Boston 1997; zitiert: Villiger, Customary International Law II

Vitzthum, Wolfgang Graf von (Hrsg.); Völkerrecht, 3., neu bearbeitete Aufl., Berlin 2004; zitiert: Bearbeiter, in: Vitzthum, Völkerrecht

Voss, Rüdiger; Die Bindung der Europäischen Gemeinschaft an vorgemeinschaftliche Verträge ihrer Mitgliedstaaten, SZIER 1996, 161

Waelbroeck, Michel; Les effets internes des accords internationaux conclus par la Communauté économique européenne, Mélanges Chaumont, Paris 1984, S. 579; zitiert: Waelbroeck, FS Chaumont

Waldock, Humphrey; Third Report on the Law of Treaties, UN Doc. A/CN.4/167 and Add. 1-3 (1964), in: YILC 1964 II, S. 6 ff.

Weissenberg, Paul; Die Kompetenz der Europäischen Wirtschaftsgemeinschaft zum Abschluss von Handels- und Kooperationsabkommen gemäß Art. 113 EWG-Vertrag, Berlin 1978; zitiert: Weissenberg, Handels- und Kooperationsabkommen

Wetter, Irmgard; Die Grundrechtscharta des Europäischen Gerichtshofs, Frankfurt am Main 1998; zitiert: Wetter, Grundrechtscharta

White, Kevin; Urteilsanmerkung zu Rs. 812/79, Burgoa, in: ELRev 1981, 398

Widdows, Kelvin; The Unilateral Denunciation of Treaties Containing no Denunciation Clause, in: BYIL 1982, 83

Wiehler, Frank (Hrsg.); Die Erweiterung der Europäischen Union – Eine Herausforderung, Baden-Baden 1998

Wilting, Wilhelm Heinrich; Vertragskonkurrenz im Völkerrecht, Köln, Berlin, Bonn, München 1996; zitiert: Wilting, Vertragskonkurrenz

Wohlfarth, Ernst; Everling, Ulrich; Glaesner, Hans-Joachim; Sprung, Rudolf; Die Europäische Wirtschaftsgemeinschaft, Kommentar zum Vertrag, Frankfurt 1960; zitiert: Bearbeiter, in: W/E/G/S

Wolfke, Karol; Treaties and Custom: Aspects of Interrelation, in: Klabbers, Jan; Lefeber, René (eds.), Essays on the Law of Treaties, A collection of Essays in Honour of Bert Vierdag; The Hague, 1998, S. 31; zitiert: Wolfke, FS Vierdag

Wormuth, Wolfram; Die Bedeutung des Europarechts für die Entwicklung des Völkerrechts, Frankfurt a. M. u. a., 2003

Wünschmann, Antje; Geltung und gerichtliche Geltendmachung völkerrechtlicher Verträge im Europäischen Gemeinschaftsrecht, Berlin 2003; zitiert: Wünschmann, Geltung und Geltendmachung völkerrechtlicher Verträge

Zuleeg, Manfred; Die Auslegung des Europäischen Gemeinschaftsrechts, in: EuR 1969, 97

Urteile des Europäischen Gerichtshofs und des Gerichts Erster Instanz (chronologisch)

Budejovický Budvar, národní podnik ./. Rudolf Ammersin GmbH, Urteil des Gerichtshofs vom 18. November 2003, Rs. C-216/01, www.curia.eu.int (noch nicht in der Slg. veröffentlicht)

Kommission der Europäischen Gemeinschaften ./. Bundesrepublik Deutschland, Urteil vom 5. November 2002, RS C-476/98, Slg. 2002 I-9855

Land NRW ./. Beata Pokrzeptowicz-Meyer, Urteil vom 29. Januar 2002, Rs. C-162/00, Slg. 2002 I-1049

Aldona Malgorzata Jany u. a. ./. Staatssecretaris van Justitie, Urteil vom 20. November 2001, Rs. C-268/99, Slg. 2001 I-8615

The Queen ./. Secretary of State for the Home Department, ex parte Wieslaw Gloszczuk und Elsbieta Gloszczuk, Urteil vom 27. September 2001, Rs. C-63/99, Slg. 2001 I-6369

The Queen ./. Secretary of State for the Home Department, ex parte Julius Bakoci und Marcel Malik, Urteil vom 27. September 2001, Rs. C-259/99, Slg. 2001 I-6557

The Queen ./. Secretary of State for the Home Department, ex parte Eleanora Ivanova Kondova, Urteil vom 27. September 2001, Rs. C-235/99, Slg. 2001 I-6427

Banatrading GmbH ./. Rat der Europäischen Union, Urteil des Gerichts vom 12. Juli 2001, Rs. T-3/99, Slg. 2001 II-2123

T. Port GmbH & Co. KG ./. Rat der Europäischen Union, Urteil des Gerichts vom 12. Juli 2001, Rs. T-2/99, Slg. 2001 II-2093

OGT Fruchthandelsgesellschaft mbH ./. Hauptzollamt Hamburg-St. Annen, Beschluss des Gerichtshofs vom 2. Mai 2001, Rs. C-307/99, Slg. 2001 I-3159

Parfums Christian Dior S. A. ./. TUK Consultancy BV und Assco Gerüste GmbH und Rob van Dijk, handelnd unter der Firma "Assco Holland Steigers Plettac Nederland" ./. Wilhelm Layher GmbH & Co KG und Layher BV, Urteil vom 14. Dezember 2000, verb. RS C-300/98 und C-392/98, Slg. 2000 I-11307, zitiert: „Dior u. a."

Kommission der Europäischen Gemeinschaften ./. Portugiesische Republik, Urteil vom 4. Juli 2000, RS C-84/98, Slg. 2000 I-5215

Kommission der Europäischen Gemeinschaften ./. Portugiesische Republik, Urteil vom 4. Juli 2000, RS C-62/98, Slg. 2000 I-5171

Portugiesische Republik ./. Rat der Europäischen Union, Urteil vom 23. November 1999, Rs. C-149/96, Slg. 1999 I-8395
Kommission der Europäischen Gemeinschaften ./. Königreich Belgien, Urteil vom 14. September 1999, RS C-170/98, Slg. 1999 I-5493
Kommission der Europäischen Gemeinschaften ./. Königreich Belgien und Großherzogtum Luxemburg, Urteil vom 14. September 1999, verb. Rs. C-171, 201 und 202/98, Slg. 1999 I-5525
Sema Sürül ./. Bundesanstalt für Arbeit, Urteil vom 4. Mai 1999, Rs. C-262/96, Slg. 1999 I-2685
Hilmar Kellinghusen und Ernst-Detlef Ketelsen ./. Amt für Land- und Wasserwirtschaft Kiel, Urteil vom 22. Oktober 1998, verb. RS C-36/97 und C-37/97, Slg. 1998 I-6337
A. Racke GmbH & Co. ./. Hauptzollamt Mainz, Urteil vom 16. Juni 1998, Rs. C-162/92, Slg. 1998 I-3655
T. Port GmbH & Co. KG ./. Hauptzollamt Hamburg-Jonas (T. Port II) Urteil vom 10. März 1998, verb. Rs. C-364/98 und C-365/98, Slg. 1998 I-1023
Hermès International ./. FHT Marketing Choice BV, Urteil vom 16.06.1998, Rs. C-53/96, Slg. 1998 I-3603
Henia Babahenini ./. Belgischer Staat, Urteil vom 15. Januar 1998, Rs. C-113/97, Slg. 1998 I-183
Bundesrepublik Deutschland ./. Europäisches Parlament und Rat der Europäischen Union, Urteil vom 13. Mai 1997, Rs. C-233/94, Slg. 1997 I-2405 (Einlagensicherungssysteme)
Kommission ./. Französische Republik, Urteil vom 13. März 1997, Rs. C-197/96, Slg. 1997 I-1489
Kommission ./. Italienische Republik, Urteil vom 4.Dezember 1997, Rs. C-207/96, Slg. 1997 I-6869
Affish BV ./. Rijksdienst voor de keuring van Vee en Vlees, Urteil vom 17. Juli 1997, Rs. C-183/95, Slg. 1997 I-4315
Ebony Maritime SA und Loten Navigation Co. Ltd ./. Prefetto della Provincia di Brindisi u. a., Urteil vom 27. Februar 1997, Rs. C-177/95, Slg. 1997 I-1111
Opel Austria GmbH ./. Rat der Europäischen Union, Urteil des Gerichts vom 22. Januar 1997, Rs. T-155/94, Slg. 1997 II-39
R. ./. HM Treaasury, ex parte Centro-Com Srl, Urteil vom 14. Januar 1997, Rs. C-124/95, Slg. 1997 I-81
T. Port ./. Bundesanstalt für Landwirtschaft und Ernährung (T. Port I), Urt. v. 26.November 1996, Rs. C-68/95, Slg. 1996, I-6065
A. Hallouzi-Choho ./. Bestuur van de Sociale Verzekeringsbank, Urteil vom 3. Oktober 1996, Rs. C-126/95, Slg. 1996 I-4807

Bosphorus Hava Yollari Trizm ve Ticaret A. S. ./. Minister for Transport, Energy and Communications, u. a., Urt. v. 30. Juli 1996, Rs. C-84/95, Slg. 1996, I-3953

Italienische Finanzverwaltung ./. Chiquita Italia SpA, Urteil vom 12. Dezember 1995, Rs. C-469/93, Slg. 1995 I-4533

Jean-Louis Thévenon und Stadt Speyer, Sozialamt ./. Landesversicherungsanstalt Rheinland-Pfalz, Urteil vom 9. November 1995, Rs. C-475/93, Slg. 1995 I-3183

Zoulika Krid ./. Caisse Nationale d'Assurance Vieillesse des Travailleurs Salariés, Urteil vom 5. April 1995, Rs. C-193/94, Slg. 1995 I-719

R ./. Secretary of State for the Home Department, ex parte Eans Medical Ltd und Macfarlan Smith Ltd, Urteil vom 28. März 1995, Rs. C-324/93, Slg. 1995 I-563

Thomas O'Dwyer u. a. ./. Rat der Europäischen Union, Urteil des Gerichts vom 13. Juli 1995, verb. Rs. T-466, 469, 473, 474, 477/93, Slg. 1995 II-2075

The Queen ./. Minister of Agriculture, Fisheries and Food, ex parte SP Anastasiou u. a., Urteil vom 5. Juli 1994, Rs. C-423/92, Slg. 1994 I-3087

Office national de l'emploi ./. Madeleine Minne, Urteil vom 3. Februar 1994, Rs. C-13/93, Slg. 1994 I-371

Strafverfahren gegen Jean-Claude Levy, Urteil vom 2. August 1993, Rs. C-158/91, Slg. 1993 I-4287

Zoubir Yousfi ./. Belgischer Staat, Urteil vom 20. April 1993, Rs. C-58/93, Slg. 1994 I-1353

Office national de l'emploi ./. Bahia Kziber, Urteil vom 31.01.1991, Rs. C-18/90, Slg. 1991 I-199

Gutachten 1/91, *Europäischer Wirtschaftsraum I,* Gutachten des Gerichtshofs vom 14. Dezember1991, Slg. 1991, I-6084

Strafverfahren gegen Alfred Stoeckel, Urteil vom 25. Juli 1991, Rs. C-345/89, Slg. 1991 I-4047

The British Broadcasting Corporation und BBC Enterprises Limited ./. Kommission der Europäischen Gemeinschaften, Urteil des Gerichts (Zweite Kammer) vom 10. Juli 1991, Rs. T-70/89, Slg. 1991 II-535

Independent Television Publications Limited ./. Kommission der Europäischen Gemeinschaften, Urteil des Gerichts (Zweite Kammer) vom 10. Juli 1991, Rs. T-76/89, Slg. 1991 II-575

Radio Telefis Eireann ./. Kommission der Europäischen Gemeinschaften, Urteil des Gerichts (Zweite Kammer) vom 10. Juli 1991, Rs. T-69/89, Slg. 1991 II-485

Nikolaos Athanasopoulos u. a. ./. Bundesanstalt für Arbeit, Urteil vom 11. Juni 1991, Rs. C-251/89, Slg. 1991 I-2797

Nakajima All Precision Co. Ltd ./. Rat der Europäischen Gemeinschaften, Urteil vom 7. Mai 1991, Rs. C-69/89, Slg. 1991 I –2069

J. J. Zwartveld u. a., Beschluss des Gerichtshofs vom 13. Juli 1990, RS C-2/88, Slg. 1990 I-3365

Hubert Wachauf ./. Bundesamt für Ernährung und Forstwirtschaft, Urteil vom 13. Juli 1989, Rs. 5/88, Slg. 1989, 2609

Vereinigung der Ölmühlenindustrie der EWG (Fediol) ./. Kommission (Fediol I-II), Urteil vom 22. Juni 1989, Rs. 70/87, Slg. 1989, 1781

Ministère Public ./. Deserbais, Urteil vom 22. September 1988, Rs. 286/86, Slg. 1988, 4907

Meryem Demirel ./. Stadt Schwäbisch Gmünd, Urteil vom 30. September 1987, Rs. 12/86, Slg. 1987, 3719

Ministère Public ./. Lucas Asjes u.a., Urteil vom 30. April 1986, verb. Rs. 209 bis 213/84, Slg. 1986, 1425

Conegate Limited ./. HM Customs and Excise, Urteil vom 11. Februar 1986, Rs. 121/85, Slg. 1986, 1007

Deutsche Milchkontor u. a. ./. Bundesrepublik Deutschland, Urteil vom 21. September 1983, Rs. 205-215/82, Slg. 1983, 2633, 2669,

Administrazione delle finanze dello Stato ./. Società Petrolifera Italiana S.p.A. (SPI) und S.p.A. Michelin Italiana (SAMI), Urteil vom 16. März 1983, verb. Rs. 267-269/81, Slg. 1983, 801

Società Italiana per l'Oleodotto Transalpino (SIOT) ./. Ministero delle finanze, Minitero della marina mercantile, Circoscizione doganale di Trieste und Ente autonomo del porto di Trieste, Urteil vom 16. März.1983, Rs. 266/81, Slg. 1983, 731

Großherzogtum Luxemburg ./. Europäisches Parlament, Urteil vom 10. Februar 1983, Rs. 230/81, Slg. 1983, 255

Seeverwaltung der Südwestküste und Staatsanwalt ./. Alfonso Campandeguy Sagarzazu; Seeverwaltung, Bayonne und Staatsanwalt ./. Antonio Echevarria Sagasti, Urteil vom 28. Oktober 1982, verb. Rs. 137 und 140/81, Slg. 1982, 3847

Seeverwaltung der Südwestküste und Staatsanwalt ./. Javier Maricorena-Otazo und Manuel Prego Parada, Urteil vom 28. Oktober 1982, Rs. 138 und 139/81, Slg. 1982, 3819

Hauptzollamt Mainz ./. C.A. Kupferberg & Cie. KG a.A., Urteil vom 26. Oktober 1982, Rs. 104/81, Slg. 1982, 3641

Polydor Limited und RSO Records Inc. ./. Harlequin Record Shops Limited und Simons Records Limited, Urteil vom 9. Februar 1982, Rs. 270/80, Slg. 1982, 329

Procureur Général ./. Arbelaiz-Emazabel, Urteil vom 8. Dezember 1981, Rs. 181/80, Slg. 1981, 2961

Strafverfahren gegen José Crujeiras Tome und Anton Yurrita, Urteil vom 8. Dezember 1981, verb. Rs. 180/80 und 266/80, Slg. 1981, 2997

Strafverfahren gegen Juan C. Burgoa (Ersuchen um Vorabentscheidung), Urteil vom 14. Oktober 1980, Rs. 812/79, Slg. 1980, 2787

Strafverfahren gegen Giovanni Carciati (Ersuchen um Vorabentscheidung), Urteil vom 9. Oktober 1980, Rs. 823/79, Slg. 1980, 2773

Strafverfahren gegen Maurice Donald Henn und John Frederick Ernest Darby, Urteil vom 14. Dezember 1979, Rs. 34/79, Slg. 1979, 3795

Liselotte Hauer ./. Land Rheinland-Pfalz, Urteil vom 13. Dezember 1979, Rs. 44/79, Slg. 1979, 3727

August Töpfer & Co GmbH ./. Kommission der Europäischen Gemeinschaften, Urteil vom 3. Mai 1978, Rs. 112/77, Slg. 1978, 1019

Staatliche Finanzverwaltung ./. S.p.A. Simmenthal – "Simmenthal II", Urteil vom 9. März 1978, Rs. 10/77, Slg. 1978, 629

Kommission der Europäischen Gemeinschaften ./. Königreich der Niederlande, Urteil vom 12. Juli 1977, Rs. 89/76, Slg. 1977, 1355

Officier Van Justitie ./. Cornelis Kramer, Urteil vom 14. Juli 1976, verb. Rs. 3, 4, 6/76, Slg. 1976, 1279

Conceria Daniele Bresciani ./. Italienische Finanzverwaltung, Urteil vom 5. Februar 1976, Rs. 87/75, Slg. 1976, 129

Zollagent der NV Nederlandse Spoorwegen ./. Inspektor der Einfuhrzölle und Verbrauchssteuern, Rs. 38/75, Urteil vom 19. November 1975, Slg. 1975, 1439

Staatsanwaltschaft ./. Benoît und Gustave Dassonville, Rs. 8/74, Urteil vom 11. Juli 1974, Slg. 1974, 837

R. & V. Haegemann ./. Belgischer Staat, Urteil vom 30. April 1974, Rs. 181/73, Slg. 1974, 449

Magdalena Vandeweghe u. a. ./. Berufsgenossenschaft für die chemische Industrie, Urteil vom 27. November 1973, Rs. 130/73, Slg. 1973, 1329

Carl Schlüter ./. Hauptzollamt Lörrach, Urteil vom 24. Oktober 1973, Rs. 9/73, Slg. 1973, 1135

International Fruit Company NV u. a. ./. Produktschap voor groenten en fruit, Urteil vom 12. Dezember 1972, verb. Rs. 21-24/72, Slg. 1972, 1219

Kommission der Europäischen Gemeinschaften ./. Rat der Europäischen Gemeinschaften (AETR), Urteil vom 31. März 1971, Rs. 22/70, Slg. 1971, 263

Internationale Handelsgesellschaft mbH ./. Einfuhr- und Vorratsstelle für Getreide und Futtermittel, Urteil vom17. Dezember 1970, Rs. 11/70, Slg. 1970, 1125

Costa ./. ENEL, Urteil vom 15. Juli 1964, Rs. 6/64, Slg. 1964, 1251
Kommission der Europäischen Wirtschaftsgemeinschaft/Regierung der Italienischen Republik, Urteil vom 27. Februar 1962, Rs. 10/61, Slg. 1962, 5
Fédération Charbonnière de Belgique ./. Hohe Behörde, Urteil vom 29. November 1956, Rs. 8/55, Slg. 1955/56, 297

Anhang

Textauszug der Verordnung (EWG) Nr. 4055/86 des Rates vom 22. Dezember 1986 zur Anwendung des Grundsatzes des freien Dienstleistungsverkehrs auf die Seeschiffahrt zwischen Mitgliedstaaten sowie zwischen Mitgliedstaaten und Drittländern[866]

Artikel 1

(1) Der Grundsatz des freien Dienstleistungsverkehrs im der Seeschiffahrt zwischen Mitgliedstaaten sowie zwischen Mitgliedstaaten und Drittländern gilt für Staatsangehörige der Mitgliedstaaten mit Sitz in einem anderen Mitgliedstaat als dem des Dienstleistungsnehmers.
(2) Diese Verordnung gilt auch für außerhalb der Gemeinschaft ansässige Staatsangehörige der Mitgliedstaaten und für Linienreedereien mit Sitz außerhalb der Gemeinschaft, die von Staatsangehörigen eines Mitgliedstaats kontrolliert werden, sofern deren Schiffe in diesem Mitgliedstaat nach den dort geltenden Rechtsvorschriften registriert sind.
(3) Die Bestimmungen der Artikel 55 bis 58 und des Artikels 62 des Vertrages finden auf das von dieser Verordnung geregelte Sachgebiet Anwendung.

Artikel 2

Abweichend von Artikel 1 werden vor dem 1. Juli 1986 bestehende einseitige nationale Beschränkungen im Bereich der Beförderung bestimmter Güter, die ganz oder teilweise Schiffen der eigenen Flagge vorbehalten sind, spätestens gemäß folgendem Zeitplan beendet:
- Beförderung zwischen Mitgliedstaaten mit Schiffen unter der Flagge eines Mitgliedstaats: 31. Dezember 1989
- Beförderung zwischen Mitgliedstaaten und Drittländern mit Schiffen unter der Flagge eines Mitgliedstaats: 31. Dezember 1991
- Beförderung zwischen Mitgliedstaaten sowie zwischen Mitgliedstaaten und Drittländern mit anderen Schiffen: 1. Januar 1993

866 ABl. 1986 Nr. L 378, S. 1

Artikel 3

Ladungsanteilvereinbarungen in bestehenden zweiseitigen Abkommen zwischen Mitgliedstaaten und Drittländern werden beendet oder gemäß Artikel 4 angepasst.

Artikel 4

(1) Bestehende Ladungsanteilvereinbarungen, die nicht gemäß Artikel 3 beendet werden, sind gemäß den gemeinschaftlichen Rechtsvorschriften anzupassen; dabei gilt insbesondere folgendes:
   a) Im Verkehr gemäß dem UN-Verhaltenskodex für Linienkonferenzen müssen sie mit diesem Kodex sowie mit den Verpflichtungen der Mitgliedstaaten nach der Verordnung (EWG) Nr. 954/79 in Einklang stehen;
   b) Im Nichtkodex-Verkehr sind die Abkommen so bald wie möglich, auf jeden Fall aber vor dem 1. Januar 1993, so anzupassen, dass ein angemessener, freier und nicht diskriminierender Zugang aller Angehörigen der Gemeinschaft im Sinne des Artikels 1 zu den Ladungsanteilen des betreffenden Mitgliedstaates vorgesehen wird.

(2) Einzelstaatliche Maßnahmen gemäß Absatz 1 werden umgehend den Mitgliedstaaten und der Kommission mitgeteilt. Das in der Entscheidung 77/587/EWG vorgesehene Konsultationsverfahren ist anwendbar.

(3) Über Fortschritte bei den in Absatz 1 Buchstabe b) genannten Anpassungen erstatten die Mitgliedstaaten der Kommission Bericht, und zwar anfänglich alle sechs Monate und in der Folgezeit jährlich.

(4) Treten bei der Anpassung von Abkommen gemäß Absatz 1 Buchstabe b) Schwierigkeiten auf, so setzt der betreffende Mitgliedstaat den Rat und die Kommission davon in Kenntnis. In Fällen, in denen Abkommen mit Absatz 1 Buchstabe b) unvereinbar sind, ergreift der Rat auf Vorschlag der Kommission geeignet Maßnahmen, sofern der betreffende Mitgliedstaat dies beantragt.

Artikel 5

(1) Ladungsanteilvereinbarungen in künftigen Abkommen mit Drittländern sind untersagt, es sei denn, dass aufgrund außergewöhnlicher Umstände die Linienreedereien der Gemeinschaft sonst keinen tatsächlichen Zugang zum Handelsverkehr mit dem betreffenden Drittland hätten. In diesen Fällen können solche Vereinbarungen nach Maßgabe des Artikels 6 zugelassen werden.

(2) Sucht ein Drittland beim Verkehr mit flüssigen oder festen Massengutladungen einem Mitgliedstaat gegenüber Ladungsanteilvereinbarungen zur Bedin-

gung zu machen, so beschließt der Rat geeignete Maßnahmen nach Maßgabe der Verordnung (EWG) Nr. 4058/86 vom 22. Dezember 1986 für ein koordiniertes Vorgehen zum Schutz des freien Zugangs zu Ladungen in der Seeschifffahrt.[867]

867 ABl. 1986 Nr. L 378/3 vom 31.12.86

Bernhard Braune

Rechtsfragen der nachhaltigen Entwicklung im Völkerrecht

Eine Untersuchung unter besonderer Berücksichtigung des Handels- und Investitionsrechts

Frankfurt am Main, Berlin, Bern, Bruxelles, New York, Oxford, Wien, 2005.
257 S.
Europäische Hochschulschriften: Reihe 2, Rechtswissenschaft. Bd. 4214
ISBN 978-3-631-53890-6 · br. € 45.50*

Dieses Buch geht der Frage nach, wie sich der Begriff der nachhaltigen Entwicklung über den Bereich des Politischen hinaus auf den völkerrechtlichen Bereich ausgeweitet hat. Dabei werden zunächst die Rechtsgebiete des Umwelt- und Entwicklungsvölkerrechts umrissen, um in einem weiteren Schritt die Genese des Begriffs der nachhaltigen Entwicklung nachzuzeichnen. Im Anschluss an eine Diskussion rechtswissenschaftlicher Definitionsansätze wird der Begriff an den einschlägigen Völkerrechtsquellen gemessen. Handelt es sich bereits um einen Rechtsbegriff, der als völkerrechtliches Prinzip das Verhalten der Staaten prägt? Der Befund wird daraufhin anhand der Völkerrechtsgebiete des Handelsrechts sowie des Investitionsschutzrechts verifiziert. Es werden hierbei einschlägige Entscheidungen der WTO-Streitbeilegungsgremien, aber auch internationale Investitionsstreitbeilegungsgremien untersucht.

Aus dem Inhalt: Nachhaltige Entwicklung als Rechtsbegriff des Völkerrechts · Nachhaltige Entwicklung im internationalen Handelsrecht · Kollisionen zwischen Handel und nachhaltiger Entwicklung · Nachhaltige Entwicklung im internationalen Investitionsrecht

FSC
www.fsc.org
MIX
Papier | Fördert
gute Waldnutzung
FSC® C083411

Kolibri 360 GmbH
Ferdinand-Jühlke-Straße 7
99095 Erfurt, Deutschland
produktsicherheit@kolibri360.de

Druck:
CPI Druckdienstleistungen GmbH
im Auftrag der
Kolibri 360 GmbH
Ferdinand-Jühlke-Str. 7
99095 Erfurt